Cambridge Patristic Texts.

GENERAL EDITOR—A. J. MASON, D.D.,
MASTER OF PEMBROKE COLLEGE, CAMBRIDGE.

ΠΕΡΙ ΙΕΡΩΣΥΝΗΣ
(*DE SACERDOTIO*)
OF
ST JOHN CHRYSOSTOM.

Τῷ ὄντι αὕτη μοι φαίνεται τέχνη τις εἶναι τεχνῶν καὶ ἐπιστήμη ἐπιστημῶν, ἄνθρωπον ἄγειν, τὸ πολυτροπώτατον τῶν ζῴων καὶ ποικιλώτατον.

GREGORY OF NAZIANZUS.

Ars est artium regimen animarum.

GREGORY THE GREAT.

Give me the Priest these Graces shall possess;
Of an Ambassador the just Address,
A Father's Tenderness, a Shepherd's Care,
A Leader's Courage, which the Cross can bear,
A Ruler's Arm, a Watchman's wakeful Eye,
A Pilot's Skill, the Helm in Storms to ply,
A Fisher's Patience and a Lab'rer's Toil,
A Guide's Dexterity to disembroil,
A Prophet's Inspiration from Above,
A Teacher's Knowledge, and a Saviour's Love.

BISHOP KEN.

ΠΕΡΙ ΙΕΡΩΣΥΝΗΣ
(*DE SACERDOTIO*)

OF

ST JOHN CHRYSOSTOM

EDITED BY

J. ARBUTHNOT NAIRN, Litt.D., B.D.,

HEADMASTER OF MERCHANT TAYLORS' SCHOOL, AND SOMETIME
FELLOW OF TRINITY COLLEGE, CAMBRIDGE.

WIPF & STOCK · Eugene, Oregon

Wipf and Stock Publishers
199 W 8th Ave, Suite 3
Eugene, OR 97401

De Sacerdotio of St. John Chrysostom
By Nairn, J. Arbuthnot
ISBN 13: 978-1-62032-671-8
Publication date 12/15/2012
Previously published by Cambridge University Press, 1906

PREFACE.

CHRYSOSTOM'S famous treatise on the Priesthood, though several times edited abroad, has been only once separately edited in this country. It is now nearly two hundred years since the appearance of that edition. Like the present, it was published at Cambridge, and printed at the Cambridge University Press.

The main object of the present edition is determined by the guiding principles of the series of Patristic texts of which it forms a part. It is primarily intended to meet the requirements of Theological Students: and to such students, even if we interpret the phrase in the widest sense, the present treatise may be said to be of peculiar interest. It has been well described as a work 'full of counsels and warnings which the clergy of every age may study with advantage': and previous editors (Bengel and Seltmann, for example) have also aimed at adapting their commentaries to the needs of candidates for Holy Orders.

In the second place, it may be pointed out that the *de sacerdotio* forms, by its subject-matter, its treatment, and attractive style, a fitting introduction to the study of the Fathers; and some of those who, without having any previous acquaintance with this branch of study, chance to take up the present volume, may thereby be induced to extend their knowledge of Patristic writings.

PREFACE

In preparing this edition, which has occupied the scanty leisure of the past three years, I have received much assistance from various sources. To Dr Mason, the editor of the series in which the book appears, I am indebted for constant help of the most practical kind, and for continued encouragement at every stage of the work. The Managers of the Hort Fund, by their generous grant made in 1904, facilitated my researches among the manuscripts of the Bibliothèque Nationale, Paris. M. Henri Omont extended to me (as to so many others) the utmost courtesy and kindness while I was at work in that library. Mr Vincent Benson, Scholar of New College, Oxford, collated for me in full both the New College and the Corpus Christi College manuscripts of the *de sacerdotio*. The Rev. T. Allen Moxon rendered valuable assistance in the correction of the proofs, and also in the compilation of the indices, a task which naturally involved considerable labour. For help of various kinds I am also indebted to the following: the Archbishop of Sinai, Dr Bigg, Mr E. W. Brooks, Dr A. E. Cowley, Mrs Gibson, Dr Kenyon, Prof. J. E. B. Mayor, my colleague Mr C. W. Mitchell, Dr Swete, M. l'Abbé Toiton, and the librarians at Berlin, Munich, the Vatican, Vienna, and other libraries on the Continent. To each and all of those who have assisted me in a first and no doubt imperfect essay in the domain of Theology, I hereby express my hearty thanks.

J. ARBUTHNOT NAIRN.

MERCHANT TAYLORS' SCHOOL,
    August 6, 1906.

CONTENTS.

		PAGE
INTRODUCTION		
§ 1.	On the character, date, and genuineness of the *de sacerdotio*.	ix
§ 2.	On some points in the teaching of Chrysostom which are illustrated by the *de sacerdotio*	xvii
§ 3.	Other ancient treatises on Pastoral Theology	xxix
§ 4.	The style of the *de sacerdotio*	xxxii
§ 5.	The identity of the Basil of the *de sacerdotio*	xxxiv
§ 6.	History of the Text.	xxxvi
§ 7.	Bibliography	lvi
DE SACERDOTIO.		1
APPENDIX		174
INDICES		
I.	Subjects	178
II.	Scripture Texts	182
III.	Greek Words	185

INTRODUCTION.

§ 1. ON THE CHARACTER, DATE, AND GENUINENESS OF THE *DE SACERDOTIO*.

JOHN, surnamed Chrysostom, that is 'golden-mouthed,' from the splendour of his eloquence, was born at Antioch about 345 A.D. He was baptised about the year 368, certainly before 370: and became an ἀναγνώστης, or reader of the Scriptures, at the same time. In 374 or 375 he went to the mountains near Antioch, where he spent several years as a hermit. In 380 he returned to Antioch: and in the Church of Antioch he served as deacon from 381 to 386, and as presbyter from 386 to 398. In 398 he became Bishop of Constantinople. In 404 he was exiled from that city, and he died in exile in the year 407[1].

The occasion which eventually led to the composition of the *de sacerdotio* is described at considerable length in the opening chapters of this treatise: and a brief statement will suffice here[2]. Chrysostom had been on the point of entering upon the monastic life in company with his intimate friend Basil, when he learnt that he and Basil had been chosen for consecration as bishops, though they were not yet even deacons. Chrysostom's deep sense of the weight and responsibility of the

---

[1] For the chronology of Chrysostom's life see E. Preuschen in Hauck-Herzog *Encyklopädie* iv 101—111 (1898). Gibbon's description of Chrysostom should be read: *Decline and Fall* ch. xxxii. Cp. also Tillemont vol. xi, and other works mentioned in § 7 (Bibliography).

[2] Compare the account in *DCB*, article 'Chrysostom.'

priestly office, and of his own unworthiness, made him shrink from the idea of ordination. On the other hand, he considered that Basil was eminently fitted for the duties of a bishop: and he resolved that the Church should not lose the services of his friend[1].

When therefore Basil proposed that they should act in concert, and should together either accept or reject the proffered honour, Chrysostom pretended to acquiesce, while at the same time resolving to take separate action. Thus, when the time of consecration arrived, Basil was seized and brought before the bishops: and was duly consecrated, in spite of his reluctance. Chrysostom had meanwhile concealed himself, and was nowhere to be found. Basil, who at the time of his consecration had been assured that Chrysostom had already submitted to be consecrated, soon discovered the deception which his friend had practised. He visited Chrysostom in the hermit's cell where the latter had apparently taken refuge. As he struggled with his emotion, Chrysostom burst into laughter, and expressed his pleasure at the success of his plot: but being reproached by Basil in language of great dignity and gentleness, he proceeded to defend and to explain his past conduct.

The defence, briefly put, is to the effect that the end justifies the means. Though it is difficult to read this part of the treatise (i 1 to ii 6) without being repelled by the duplicity which Chrysostom had shewn,—or, if the account is partly imaginary, was willing to be thought to have shewn,—it must not be forgotten that several of the Fathers take a view different from our own on the subject of 'pious fraud,' and that what Chrysostom carried out in practice had been advocated

[1] *de sac.* i 1—4.

long before his time¹. He takes, however, much surer ground, when, in explanation of his conduct, he enlarges upon the heavy responsibilities of the episcopal office, combined with his own unfitness, as the cause of his desertion of Basil (ii 7 to vi 13). In these eloquent and moving descriptions of the dignity of the priesthood lies the main interest of the present work: it is these which have given it its title περὶ ἱερωσύνης, and which make it of permanent value to the clergy of every age.

The date when the events above described took place is probably 373²; a year or so before Chrysostom left Antioch, and entered upon that life of monastic retirement which, as we have seen, lasted until 380.

The date of the composition of the *de sacerdotio* is a quite distinct question: and from ancient times different opinions have been held on this subject. Some have assigned the work to Chrysostom's diaconate (381—386), others to an earlier period, that which he passed in retirement (374—380). It can, I think, be shewn that neither view is correct, but that the work was written after 386.

The evidence may be arranged thus:

I. External Evidence
  (*a*) hitherto available, and (*b*) first used in the present edition.

II. Internal evidence of the *de sacerdotio*.

I (*a*) Socrates³, the Church historian (fifth century), and George of Alexandria⁴ (seventh century), tell us that

---

¹ See note on i 5 (εἰ δὲ οὐκ ἀεὶ κτλ.) with regard to the question of οἰκονομία, as Chrysostom calls such deceit.

² This is the date thought most probable by Bardenhewer *Patrologie*² p. 283, Preuschen in Hauck-Herzog *l.c.*, and Venables in *DCB* i 520. Montfaucon places the date somewhere between 372 and 375 (see his *Monitum* prefixed to the *de sac.*).   ³ *H.E.* vi 3.

⁴ In his life of Chrysostom: see Savile's edition of Chrysostom viii 176.

Chrysostom composed the *de sacerdotio* during his diaconate. On the other hand, Symeon Metaphrastes[1] (tenth century) assigns the work to the earlier period 374—380.

(*b*) Chrysostom himself, in a sermon[2] preached at Antioch, the genuineness of which is beyond question, refers to a work on the priesthood which he intends to publish at a future date. This work cannot be other than the treatise περὶ ἱερωσύνης which we possess. For not only is there no evidence that Chrysostom wrote more than one work on this subject, but the context of the passage in the sermon in question shews close similarity with the topics handled in the *de sacerdotio*, as the following analysis of the passage will prove. Chrysostom is speaking of the audacity of King Uzziah, who 'transgressed against the Lord his God, and went into the temple of the Lord to burn incense upon the altar of incense,' and is led to speak of the office of the priest as greater than that of the king: ἱερωσύνη γὰρ καὶ αὐτῆς τῆς βασιλείας σεμνοτέρα, καὶ μείζων ἐστὶν ἀρχή[3]. The throne of the priesthood is set up not on earth, like that of the king, but in heaven: τίς ταῦτά φησιν; αὐτὸς ὁ τῶν οὐρανῶν βασιλεύς· ὅσα γὰρ ἂν δήσητέ, φησιν, ἐπὶ τῆς γῆς, ἔσται δεδεμένα ἐν τοῖς οὐρανοῖς· καὶ ὅσα ἂν λύσητε ἐπὶ τῆς γῆς, ἔσται λελυμένα ἐν τοῖς οὐρανοῖς[4]. Again, ὁ δεσπότης (i.e. God) ἕπεται τῷ δούλῳ (i.e. the priest), καὶ ἅπερ ἂν οὗτος κάτω κρίνῃ, ταῦτα ἐκεῖνος ἄνω κυροῖ[5]. Then he adds ἀλλὰ περὶ μὲν ἱερω-

[1] *ap.* Savile viii 378.
[2] *in illud vidi dominum* v (one of the six *Homm. in Oziam*) 132 C—133 A. The reference, but not the conclusion based on it, is due to Bengel (Leo-Bengel p. xviii).   [3] Cp. *de sac.* iii 1 (notes).
[4] Cp. *de sac.* iii 5, where the same passage of St Matthew (xviii 18) is quoted.
[5] Cp. *de sac.* iii 5 ἅπερ ἂν ἐργάσωνται κάτω οἱ ἱερεῖς, ταῦτα ὁ θεὸς ἄνω κυροῖ· καὶ τὴν τῶν δούλων γνώμην ὁ δεσπότης βεβαιοῖ. Note also the similar use of δεσπότης and δοῦλος in the two passages.

σύνης, καὶ ὅσον τῆς ἀξίας τὸ μέγεθος, ἐν ἑτέρῳ καιρῷ δηλώσομεν. Now the *de sacerdotio* (see footnotes) contains a comparison between the priestly and the kingly offices, in favour of that of the priest: it contains the same quotation from St Matthew's Gospel, used for the same purpose: and it contains the same remarkable expression that God 'confirms' above (in heaven) what the priest does, or decides, below (on earth). There seems to be no room for doubt that the treatise on the priesthood promised in the words περὶ ἱερωσύνης...ἐν ἑτέρῳ καιρῷ δηλώσομεν is the treatise which we possess.

II. The evidence afforded by the *de sacerdotio* itself supports the conclusion that it belongs not to the time of monastic retirement, but to a later period in Chrysostom's life. The maturity of thought and sobriety of tone which appear in this work, as contrasted with the characteristics of writings of undoubtedly early date, are proof that it marks a later development of Chrysostom's mind and outlook upon the world. This is particularly noticeable in what he says of the ascetic life of the monk[1]. Towards monasticism Chrysostom adopts in the *de sacerdotio* a critical, not to say an antagonistic attitude, which does not harmonize with the view that he was himself a monk when he wrote this work, but is entirely consistent with the view that at the time of writing it he had already abandoned the ascetic life and had been ordained for the ordinary service of the Church.

Thus external and internal evidence combine to shew that the *de sacerdotio* is later than the time of his retirement (374—380). It is also later than his diaconate (381—386). For at Antioch, as we know

[1] *de sac.* vi 5—7 (notes).

from Chrysostom himself, *preaching was not part of the duty of a deacon*: but was confined to the bishop and the 'wiser of the presbyters[1].' Hence the sermon in question is certainly later than Chrysostom's ordination as presbyter. Bardenhewer[2] places it in 386. Tillemont[3] and Montfaucon[4] incline to place it later still, in 388.

Thus 386 is the *terminus post quem* for the date of the *de sacerdotio*. The *terminus ante quem* is afforded by Jerome, who, in a work written in 392, refers to the *de sacerdotio* as already known to him[5]. And we must apparently place the *terminus ante quem* earlier than 392 in order to allow the reputation of the book time to reach Jerome. Hence we infer that the *de sacerdotio* was written between the years 386 and 390.

The date of the work cannot perhaps be fixed with greater precision on the evidence now available. But if we may have recourse to *à priori* considerations, we shall incline to place the date at the beginning rather than at the end of this period (386—390). For the beginning of Chrysostom's priesthood was the natural and fitting moment for him to publish a work in which the high claims of the priesthood are so strongly emphasized, and its prerogatives so glowingly described. Again, this was also a natural moment for him to set forth to the world the true motives of his action at the time of Basil's consecration. His own conduct on that occasion had—as we may infer from the *de sacerdotio* itself—been misrepresented: and he may very possibly have felt that now, when he had been called to the higher office of priest, it was desirable to

---

[1] *Homm. in* 1 *Cor.* 19 B: ἐπεὶ καὶ νῦν τοῖς μὲν ἀφελεστέροις τῶν πρεσβυτέρων τοῦτο (i.e. τὸ βαπτίζειν) ἐγχειρίζομεν, τὸν δὲ διδασκαλικὸν λόγον τοῖς σοφωτέροις: and, for the bishop, *Homm. in* 1 *Tim.* 599 D.

[2] *Patrologie*² p. 290.   [3] xi p. 561 (ed. 1706).

[4] *Monitum* to *Homm. in Oziam.*   [5] See below, p. xvii and footnote ².

strengthen his work and power for good by refuting the aspersions to which he had been exposed.

The conclusion, therefore, to which we are led by all the evidence before us is that the *de sacerdotio* was published shortly after 386, and most probably in the year 387.

The scene of the dialogue is laid at Antioch, the birthplace of Chrysostom, and, as seems probable, of Basil also.

The contents of the six books into which the treatise is divided are, in the main, as follows:

BOOK I describes the events (already recounted) which preceded Basil's consecration: also his visit to Chrysostom, and Chrysostom's defence against his friend's reproaches.

BOOK II describes the heavy responsibilities of the priestly office: and shews that while Basil is fitted for that office, Chrysostom is unworthy of holding it. Those who nominated him, instead of resenting his refusal of the honour, may congratulate themselves that he did not bring discredit upon them by accepting it and then proving his unfitness.

BOOK III sets forth the dignity of the priestly office, and the faults of Chrysostom's character, which would have entailed disaster to him and others. The qualities for which we ought to look in a bishop, and his various duties, are also described.

BOOK IV shews that the priest, or bishop, must be a stalwart defender of the faith against heretics: and contains an eloquent eulogy of St Paul in regard to his skill in expounding Christian doctrine.

BOOK V emphasizes the need of careful preparation before preaching.

BOOK VI describes the duties of the priest as contrasted with those of the monk. The responsibilities of the priest are shewn to be greater, for the souls of others are in his keeping. The fierce character of the warfare carried on by Satan against mankind is also delineated. The book ends with a promise given by Chrysostom that he will assist Basil by his counsel in fulfilling the duties of his office.

It is not always easy to distinguish the various stages of Chrysostom's argument, which is somewhat desultory and is at times interrupted by digressions. He occasionally returns to a subject which he seemed to have fully discussed already. Thus the Eucharist is twice described in much the same terms[1]; the same may be said of the contrast between the priest and the monk[2], and the faults of Chrysostom's character[3].

The genuineness of the *de sacerdotio* is attested by quotations made from it by the following authors:

(1) George of Alexandria (seventh century) quotes the passage in which Anthusa entreats her son not to leave her[4]. The citation is somewhat free, but presupposes a text substantially as we now have it.

(2) Suidas (tenth century) singles out the *de sacerdotio* for praise on account of its admirable style and its lofty eloquence[5]. He also quotes from it two passages of considerable length[6].

(3) 'Anonymus Scriptor vitae Chrysostomi' (after

---

[1] At iii 4 and vi 4.
[2] See iii 12—15 and vi 5—7.
[3] See iii 8, 14 and vi 12.
[4] i 1: see Savile's edition of Chrysostom viii p. 176.
[5] *s.v.* Ἰωάννης: οἱ περὶ ἱερωσύνης ὑπερβάλλουσι λόγοι τῷ τε ὕψει καὶ τῇ φράσει καὶ τῇ λειότητι καὶ τῷ κάλλει τῶν ὀνομάτων.
[6] From iii 16 and vi 4: see p. liv.

950) quotes the passage which is cited by George of Alexandria[1].

We also find references to the treatise in the following:

(4) St Jerome, writing in 392, tells us that he had read this work of Chrysostom. He knew Chrysostom by reputation as a prolific author[2].

(5) Isidore of Pelusium (fifth century), a disciple of Chrysostom, says that his master wrought this treatise to such a pitch of perfection that all who read it saw, reflected therein, their own virtues or failings[3].

(6) Socrates, the Church historian (fifth century) states, as we have seen, that Chrysostom wrote the *de sacerdotio* during his diaconate.

§ 2. ON SOME POINTS IN THE TEACHING OF CHRYSOSTOM WHICH ARE ILLUSTRATED BY THE *DE SACERDOTIO*.

(a) *The dignity of the priestly office.*

Chrysostom's deep sense of the dignity and importance of the office of priest pervades the whole of the *de sacerdotio*. We know that such views were characteristic of the Syrian Church: but they find in Chrysostom perhaps their most eloquent and convinced exponent. Yet he lays stress, not only on the dignity of the office,

---

[1] See Savile *ubi supra* viii p. 300.

[2] *de viris illustribus* 129: 'Joannes...multa composuisse dicitur, de quibus περὶ ἱερωσύνης tantum legi.'

[3] *Ep. ad Eustathium* 156: οὕτως αὐτὴν (τὴν ἱερωσύνην) λεπτῶς καὶ πυκνῶς ἠκρίβωσεν, ὥστε πάντας...ἐν ταύτῃ τὰ οἰκεῖα εὑρίσκειν κατορθώματά τε καὶ σκώμματα.

but also on its responsibilities. As Bishop Gore has well said[1]: 'Chrysostom is emphatic in asserting that orthodoxy is of no avail to justify a Christian body unless its priesthood is secured by proper ordination. But if he thus shews himself to be alive to the spiritual dignity of the priesthood, in virtue alike of its sacrificial and of its judicial powers, he is equally alive to its responsibility for individual souls, laying immense stress on the necessity for considerateness, for gentle and patient self-adaptation to the different characters and needs and weaknesses of men, whether of high or low estate.'

(*b*) *The Doctrine of the Holy Eucharist.*

None of the Fathers takes a more exalted view of this Sacrament than Chrysostom. At the moment, he tells us, when the bread and wine are consecrated, the heavens open and the angels come down to earth: and he quotes with approval a report that angels had actually been seen within the sanctuary at the time that the Eucharistic sacrifice was being offered. The greatest purity, he argues, is therefore required of those who participate in that service, while the priest who celebrates far surpasses in dignity, by virtue of that fact, the High Priest of the old covenant[2].

---

[1] *The Church and the Ministry*[4] p. 146. Upon the subject of the priesthood and so-called 'Sacerdotalism' see also Moberly *Ministerial Priesthood*, with its instructive criticism of Lightfoot's essay on 'The Christian Ministry'.

[2] *de sac.* iii 4. It ought, however, to be remembered that ceremonial is not all in all to Chrysostom. He thinks more of the spiritual inwardness of the priestly office: thus we are reminded in reading him of the words of Dr Moberly in regard to the priesthood: 'the formal celebration of the Eucharist may be the very highest of its administrative methods...yet priesthood itself is something more vitally inclusive than any mystery of formal executive privilege': *Ministerial Priesthood* p. 286.

INTRODUCTION

With regard to Chrysostom's doctrine of the Eucharist, there has been much discussion as to whether certain passages in the *de sacerdotio* favour, or do not favour, the doctrine of Transubstantiation. Thus, for example, he says to each of those present at the Eucharist: 'thou seest thy Lord sacrificed, and lying (before thee), and the priest standing over the sacrifice and praying, and all (around) reddened with His precious Blood....He that sits above with the Father is at the same time held in our hands, and suffers Himself to be held and clasped by all who wish[1].'

Chrysostom taught that there was complete identity of the consecrated elements with the Body and Blood of Christ. But this language, alike in the passage just quoted and elsewhere, fails to support the doctrine of Transubstantiation, which tries to explain on the basis of mediaeval scholasticism the manner whereby the bread and wine became, upon consecration, the Body and Blood of our Lord. 'When the Fathers asserted,' says Pusey, 'that what is consecrated, and what we receive, are the Body and Blood of Christ, they mean this not in any physical or carnal way, but spiritually, sacramentally, Divinely, mystically, ineffably, through the operation of the Word of Christ and of God the Holy Ghost. But in this meaning they do speak of the objective presence of the Body and Blood of Christ as following upon the consecration[2].'

The Roman controversialists who cite this passage of Chrysostom, among others, in support of Transubstantiation have been effectively answered by Cosin, Bishop of Durham from 1660 to 1672. 'We deny not,' he says, 'that some things emphatical and even hyperbolical have been said of the Sacrament by Chrysostom, and

---

[1] *de sac.* iii 4.
[2] *The Presence of Christ in the Holy Eucharist* (1853) pp. 46–7.

some others: and that those things may easily lead unwary men into error. That was the ancient fathers' care, as it is ours still, to instruct the people not to look barely on the outward elements, but in them to eye with their minds the Body and Blood of Christ, and with their hearts lift up to feed on that heavenly meat: for all the benefit of a Sacrament is lost if we look no farther than the elements. Hence it is that those holy men, the better to teach this lesson to their hearers, and move their hearts more efficaciously, spake of the signs as if they had been the thing signified, and, like orators, said many things which will not bear a literal sense, nor a strict examen[1].' And Cosin cites the passage quoted above from the *de sacerdotio* as an example of such rhetorical expressions on the subject of the Sacrament.

I am indebted to the kindness of Dr Mason for an illuminating discussion of the actual wording of the passage in question (iii 4). Dr Mason takes, for example, the use of the word φοινισκομένους. This, he thinks, probably refers to being sprinkled with the blood, not as I have explained it *ad loc*. But at any rate it does not refer to the colour left upon the lips of the people by the Eucharistic *species*. It is, he remarks, in the same region as the word 'blood,' not in the region of the word 'wine': and is therefore not intended literally. The upholder of Transubstantiation would not say that the 'blood' of Christ literally 'reddens' those who receive. Then if one word in the passage is metaphorical, it is at least

---

[1] See Cosin *History of Popish Transubstantiation* Book vi ch. 8 (English Translation of 1676); and cp. Schwane *Dogmengeschichte* (Rom. Cath.) vol. ii p. 783 sqq., and (for the sacrifice) p. 816 sqq. In the former passage Schwane gives his account of expressions which go *beyond* the Roman doctrine of Transubstantiation (e.g. φοινισκομένους in iii 4, on which see above). Batiffol's criticism of Schwane (*Études d'histoire et de théologie positive* 2me série p. 260 sqq.) is also of importance.

possible to suppose that others also are, e.g. τεθυμένον καὶ κείμενον, περιπτύξασθαι καὶ περιλαβεῖν. Finally, Dr Mason points out that Chrysostom's glowing metaphors do not necessarily go any further than (for instance) Wesley's

> 'With joy unspeakable we feel
> The Holy Ghost sent down from Heaven:
> The altar streams with sacred blood,
> And all the temple flames with God[1]':

or George Herbert's

> 'At Communion-times, he is in a great confusion, as being not only to receive God, but to break and administer Him[2].'

'Neither Herbert nor Wesley held the theory of Transubstantiation; and they had no fear (even after that theory had been formulated) of their words being understood to suppose it.' Their object was to impress, not to define.

(c) *Penitence, Confession, and Absolution.*

Penitence, as a system of discipline, had its origin and sanction in the New Testament: and primarily in the promise of Christ to which Chrysostom, as we have seen, makes reference more than once. Several passages in the *de sacerdotio* recognize the need of penitence: but Chrysostom also insists that the priest must study the varying characters of men in order that his discipline may be effective[3].

---

[1] *Hymns on the Lord's Supper* lxxxix; probably suggested by this passage of Chrysostom and its application of the story of Elijah.

[2] *Priest to the Temple* chap. xxii. Cp. *The Temple*, poems on *The Priesthood, The Invitation.*

[3] *de sac.* ii 4 (notes) and vi 4 ποικίλον αὐτὸν εἶναι δεῖ κτλ. On Penance see Schwane *Dogmengeschichte* (Rom. Cath.) vol. ii p. 826, and Batiffol *Études d'histoire et de théologie positive* 1902.

In regard to confession, Chrysostom taught that it might be made either mediately, to the priest, or immediately to God. Confession to the priest is implied in the *de sacerdotio*[1], confession to God is alluded to in other writings: for example, the *de incomprehensibili Dei natura*, where he says, 'I do not bring you before an audience of your fellow-servants, nor do I compel you to reveal your sins to men. Unfold your conscience in the presence of God, shew Him your wounds, and seek relief from Him[2].' Thus Chrysostom is not so strong an advocate of auricular Confession as e.g. Cyprian, Basil, or Gregory of Nyssa.

The power of absolution was entrusted to the Church by our Lord. Chrysostom refers to it when, after quoting the words in which Christ conferred the power of the keys, he adds, 'that which the priests do (have done) below (i.e. on earth), God ratifies above (i.e. in heaven): and the Master confirms the decision of His servants[3].' The absolution in the *de sac.* consists (in the case of the unbaptized) in admitting to Baptism: or (in the case of baptized persons who have undergone penance) in re-admitting them to Communion.

(d) Persecution of heretics.

Chrysostom held that heretics ought not to be persecuted on account of their beliefs, but should by gentle

[1] *de sac.* ii 2 *ad fin.* (notes).

[2] *de incomprehensibili D. n.* v 490 C οὐδὲ γὰρ εἰς θέατρόν σε ἄγω τῶν συνδούλων τῶν σῶν, οὐδὲ ἐκκαλύψαι τοῖς ἀνθρώποις ἀναγκάζω τὰ ἁμαρτήματα· τὸ συνειδὸς ἀνάπτυξον ἔμπροσθεν τοῦ θεοῦ, καὶ αὐτῷ δεῖξον τὰ τραύματα, καὶ παρ' αὐτοῦ τὰ φάρμακα αἴτησαι.

[3] *de sac.* iii 5 ἅπερ ἂν ἐργάσωνται κάτω οἱ ἱερεῖς κτλ. (quoted above p. xii n. 5). Chrysostom seems to take for granted the justice of the priestly acts referred to, and does not mean to commit God to a compulsory submission to what may have been an unjust sacerdotal act. See *The Ancient Fathers on the Office and Work of the Priesthood* p. 15 (note).

measures be brought, if possible, to the true faith. This view is expressed by him not only in the present treatise[1], but also elsewhere[2]. It is somewhat at variance with the practice which he occasionally adopted of employing imperial decrees for the coercion of heretics and pagans[3].

(e) *The office of the Bishop.*

From the *de sacerdotio* we may derive considerable information with regard to the office of bishop in the fourth century.

Some care is, however, required to distinguish between passages which refer to the bishop, and those which refer to the priest; the same word ἱερεύς being commonly employed to denote both[4]. In the following analysis I proceed according to the order in which the topics discussed appear in the article 'Bishop' in the *Dictionary of Christian Antiquities.*

i. *Title.* Besides ἱερεύς we find ὁ προστάτης[5], ὁ ἐπίσκοπος[6], ὁ πατήρ[7]; besides periphrases such as ὁ τὴν ἐπισκοπὴν λαχών[8].

ii. *Electors.* We hear much of those who elected Chrysostom and Basil to the office which Chrysostom declined to fill. The electors, who are described some-

---

[1] *de sac.* ii 4 : cp. Creighton *Hulsean Lectures* (on Persecution and Toleration) 1894.

[2] *de anathemate* 696 A τὰ γὰρ αἱρετικὰ δόγματα...ἀναθεματίζειν χρή, καὶ τὰ ἀσεβῆ δόγματα ἐλέγχειν, πᾶσαν δὲ φειδὼ ἀνθρώπων ποιεῖσθαι, καὶ εὔχεσθαι ὑπὲρ τῆς αὐτῶν σωτηρίας.

[3] Theodoret, *H.E.* v 29, 31 : see also Puech *St Jean Chrysostome* p. 103. We may compare the tone adopted in iv 4 οἱ τὴν Σαβελλίου μαινόμενοι μανίαν, καὶ οἱ τὰ Ἀρείου λυττῶντες κτλ.

[4] See note on τῆς ἱερωσύνης i 3. In Chrysostom's tenth homily on 1 Tim. iii (598 E) ἐπίσκοπος is used, and ambiguity is thus avoided.

[5] iii 16. We also have ὁ προεστώς iii 6 (note).

[6] iii 15, 17.   [7] iii 17, 17.   [8] iii 15 (note), vi 8.

times as 'the fathers[1],' sometimes as those 'who select' or 'who raise to honour[2],' consisted probably of the metropolitan and the comprovincial bishops, in whom the choice was vested by the Council of Laodicea in 365. This Council, by denying the laity a voice in this matter, took the first step towards the ultimate practical extinction of really popular elections.

iii. *Conditions of eligibility.* (*a*) *Status.* It was laid down by the tenth canon of the Council of Sardica (343) that no one should become a bishop *per saltum*, but should previously go through the several offices of reader, deacon, and priest. At the time when it was proposed to make Chrysostom a bishop he was merely a reader (ἀναγνώστης). A similar exceptional case is mentioned by St Augustine (*Ep.* cxlii). Instances of deacons being made bishops are more common.

(β) *Age.* The Council of Neo-Caesarea (314) insisted that no one should be appointed bishop until he was at least 30 years of age. Special merits, however, and the precedent of Timothy, repeatedly set aside this rule in practice. Chrysostom, even if we put the year of his birth as early as 344, was not more than 29 at the time of the proposed consecration (373).

iv. *Ordainers.* Chrysostom seems to speak of Basil being consecrated by one bishop only[3]. Inasmuch, however, as the rule in the East and elsewhere required consecration by not less than three bishops, we may suppose that the one bishop mentioned in this con-

---

[1] i 3 εἶξαι τῇ τῶν πατέρων κρίσει. For the word πατήρ used to designate the bishop see above.

[2] ii 7 τῶν ἑλομένων, i 4 (perf.) τοὺς τετιμηκότας.

[3] i 3 τοῦ μέλλοντος ἡμᾶς χειροτονήσειν ἐλθόντος.

nexion is the metropolitan: with him, in all probability, were associated some of the comprovincial bishops.

v. *Place of Ordination.* The consecration of Basil took place in Antioch[1]. From this we may infer that Basil's see lay within the province which had as its metropolitan the Bishop of Antioch: for at this time the metropolitan see of a province was usually the place of ordination of bishops whose sees fell within that province. This has a bearing on the question which is discussed in § 5 as to the identity of the Basil of the *de sacerdotio.*

vi. *Removal by resignation.* Chrysostom argues in favour of voluntary resignation of his see by any bishop who is conscious of serious guilt[2]. Examples of resignation are not wanting: for example, Gregory of Nazianzus, when archbishop of Constantinople, voluntarily resigned with the consent of the Council of Constantinople: so also Meletius, when Bishop of Sebaste in Armenia. At the same time the feeling of the Church ran strongly against resignation, as being tantamount to giving up work for Christ[3].

vii. *Removal by deposition.* This is contemplated as an alternative to voluntary resignation in the passage just quoted from the *de sacerdotio.* The grounds on which deposition is based in this passage seem to be those general irregularities which affected all clergy, and therefore inclusively bishops also: we may note that the 58th Apostolic Canon deposes for negligence

[1] The home of Basil was (at this time, at least) in Antioch: and the bishop came thither for the ordination (cp. ἐλθόντος in the previous note).

[2] *de sac.* iii 10 ἐχρῆν δὲ...μὴ περιμένειν τὰς ἑτέρων κρίσεις, εἴ ποτε συμβαίη καθαίρεσιν ἱκανὸν ἐργάσασθαι ἁμάρτημα, ἀλλὰ προλαβόντα ἐκβάλλειν ἑαυτὸν τῆς ἀρχῆς.

[3] *DCA* 'Bishop' i 227.

in pastoral care. The special offences for which bishops, as such, might be deposed from their office do not seem to be in question[1].

viii. *The duties of a bishop.* Those which call for notice in connexion with the *de sacerdotio* are the duty of preaching, the administration of discipline, the management of Church property, Church patronage, arbitration of lawsuits, and protection of the widows and virgins of the Church. The references given will enable Chrysostom's statements on these various subjects to be studied in detail. I will sum up these statements briefly.

(*a*) The bishop, according to Chrysostom, ought, if possible, to be a good preacher[2]: and whether he be so or not, he must take pains with the preparation of his sermons. The high standard which he sets, and which he followed in his own practice both at Antioch (as presbyter) and at Constantinople, is in accordance with the duty of teaching, upon which he lays so much stress[3].

(β) In the administration of discipline the bishop took the lead, the presbyters holding a subordinate place under him, and forming his Council. The bishop, however, was the chief and ordinarily the sole judge in the first instance in cases of excommunication: and this is borne out by the *de sacerdotio*[4], apart from a mass of other evidence.

(γ) The income and offerings of the Church, and its alms, were in the first instance under the disposition of

---

[1] *DCA* i 228.   [2] See book v *passim.*   [3] *DCA* i 231.
[4] This is assumed in *de sac.* ii 4, for instance: cp. iii 18 τί ἄν τις λέγοι τὰς λύπας ἃς ὑπομένουσιν ἡνίκα ἂν δέῃ τινὰ τοῦ τῆς ἐκκλησίας περικόψαι πληρώματος;

the bishop, to be dispensed either by himself or by his proper officers: with, however, the general sanction of his presbyters. But the Council of Antioch (A.D. 341) forbids the bishop to deal with Church revenues without the consent of the presbyters or deacons: and orders him to render an account of those revenues to the provincial synod. Chrysostom dwells upon the necessity of taking precautions against a possible charge of misappropriation of the funds of the Church: and his own later experience illustrates the importance of the advice[1].

(δ) The right of Church patronage was vested in the bishop. He, as a rule, collated to the benefices within his diocese, conferring, by ordination to a particular 'title,' the spiritual jurisdiction which drew with it the temporal endowments.

In filling up the various ecclesiastical offices which fell vacant the bishop was assisted by the body of presbyters acting collectively. According to Chrysostom the appointments to these offices were made at the 'public festivals': and often caused acute dissension between the bishop and the presbyters[2].

(ε) The bishop became a judge or arbitrator in secular causes between Christians: but only by the consent of both parties, and by an authority voluntarily conceded to him. This judicial authority, which attached to the bishop as a matter of Christian feeling, became gradually an authority recognized and enlarged by State law. Chrysostom tells us that it imposed a heavy burden upon the bishop, and exposed him to unpopularity with disappointed claimants[3].

---

[1] *de sac.* vi 9 (notes).   [2] *de sac.* iii 15 (notes).
[3] *de sac.* iii 18 (notes).

(ζ) The office of protecting all that were distressed and helpless was assigned to bishops. Among these were included widows, virgins, minors, orphans, prisoners. Chrysostom describes at length the difficulties and anxieties entailed by the protection of widows[1] and virgins[2] in particular.

(η) Finally, various other details of the bishop's duties may be briefly alluded to: thus he was expected to shew hospitality to strangers. The virtue of hospitality is strongly inculcated in the New Testament, and was practised most liberally by the early Christians. Presbyters, and afterwards bishops, were specially expected to excel in this respect. Thus Chrysostom praises Flavian, bishop of Antioch, for keeping open house for the benefit of strangers and travellers, whom he entertained so generously that it might be doubted whether his house was the travellers' home instead of the bishop's[3].

The bishop was also expected to visit not only the sick, but also those who merely desired to gratify their own self-importance by entertaining him. The description of the ordeal which he often had to face in such houses is vivid, and not without a touch of humour. Every trifling action on his part is carefully scrutinized: men scan his countenance, striving to read his thoughts: the very 'quality of his laugh' does not escape notice, and if he bestows too genial a smile upon anyone it is likely to provoke resentment in someone else[4].

Nowhere, probably, have the responsibilities of the Episcopal office been more fully set forth than in the

---

[1] *de sac.* iii 16 (notes).   [2] *de sac.* iii 17 (notes).
[3] *DCA* i 785, alluding to *in Genesim* i 4.
[4] *de sac.* iii 18 ἤδη δὲ καὶ βλέμματος εὐθύνας ὑπέχουσιν κτλ.

present treatise: yet no one, on the other hand, has described with greater eloquence than Chrysostom the privileges of that office, and the opportunities for good afforded to him who holds it.

§ 3. OTHER ANCIENT TREATISES ON PASTORAL THEOLOGY[1].

The *de sacerdotio* may be considered the most celebrated treatise, at least of those written in ancient times, on the subject of the priestly office and priestly duties. But Chrysostom is by no means alone in dealing with this subject. 'The majority of the Fathers,' as Dr Swete has said, 'were not only writers and preachers, but diligent and experienced guides of souls[2].' Thus Cyprian, Ambrose, Basil, Theodoret all have contributed to that body of *Pastoralia* which has, in recent years especially, done much to stimulate and encourage the pastoral activities of men placed in the midst of a civilisation very different from that for which those Fathers wrote.

The set treatises, nevertheless, on the pastoral life are not numerous. The most noteworthy are the *de fuga* of Gregory of Nazianzus, the *de officiis ministrorum* of St Ambrose, St Jerome's letter to Nepotianus, the *regula pastoralis* of Gregory the Great, and the *de moribus et officio episcoporum* of St Bernard.

1. The second oration of Gregory of Nazianzus, named *de fuga* from the fact that it was written to explain his reasons for voluntarily withdrawing from the priest-

---

[1] The most important passages from patristic writers on the subject of the priesthood have been collected in a work styled ' *The Ancient Fathers on the Office and Work of the Priesthood*' : London, Skeffington and Son, 1891, which is an English translation of a portion of a work ' *du sacerdoce*' : Paris, Vivés, 1857.

[2] Swete *Patristic Study* (Longmans) p. 178.

hood (in 362), though he afterwards returned to his duties, has long been regarded as closely akin to the *de sacerdotio*: for Gregory takes the opportunity of describing the importance and the responsibilities of the priestly office from the same point of view as that which we find in Chrysostom. An examination of the *de sacerdotio* and the *de fuga* side by side shews many close parallels and resemblances both of subject-matter and of phraseology which can scarcely be entirely due to accident. Thus the topic of voluntary retirement[1] is handled in both of these works in the same way: in both we find a list of the chief heresies[2] prevailing in the fourth century: in both the suggestion that ill-regulated violence against any given heresy may drive us into a heresy of opposite tendency[3]: in both a long and elaborate encomium upon the character and work of St Paul[4].

The *de fuga* dates from 362; and the *de sacerdotio* (as we have seen) is about a quarter of a century later. The question of an indebtedness of the later to the earlier work cannot, perhaps, be definitely decided: but it seems at any rate probable that Chrysostom was acquainted with the *de fuga*[5]. He probably knew of and sympathized with the action of Gregory of Nazianzus in resigning his see in 381, a few years before the *de sacerdotio* was written: and, if so, this sympathy may have turned his thoughts towards the work in which Gregory had defended in theory the action which in 362 he did not finally carry out, but which he did effectually carry out by his resignation in 381.

[1] Greg. Naz. xxxv 407 sqq. (Migne): cp. *de sac.* iii 10.
[2] Greg. Naz. xxxv 444: cp. *de sac.* iv 4.
[3] Greg. Naz. xxxv 446: cp. *de sac.* iv 4.
[4] Greg. Naz. xxxv 461—468: cp. *de sac.* iv 6.
[5] Migne (xxxv 406) asserts that both the *de sacerdotio* and the *regula pastoralis* (see below) are a mere expansion of the *de fuga*.

2. The *de officiis ministrorum* of St Ambrose, in three books (date about 391), is a manual of Christian ethics which derives great importance from the noble character, wide experience, and statesmanlike views of its author. The form of the treatise is suggested by Cicero's *de officiis*, to which it presents an interesting and instructive contrast.

Resemblances to Chrysostom have been detected in a work *de dignitate sacerdotali*, attributed to St Ambrose[1]. This work, however, is spurious and of late date.

3. St Jerome's letter to Nepotianus (*Ep.* lii: date 394) contains an interesting discussion of the duties of the presbyters and monks of that time.

4. The *regula* (or *cura*) *pastoralis*[2] of Gregory the Great (Bishop of Rome 590 to 604) was written by him for the instruction of his clergy, and is of special interest to Englishmen because King Alfred thought so highly of it that he himself translated it for the use of the English clergy of his time. The original work, which at one time was given to every bishop at his consecration, resembles the *de sacerdotio* in the emphasis which it lays upon the necessity of the study of individual temperaments by the priest, and the value of a knowledge of human nature[3].

5. St Bernard of Clairvaux, who died 1153, wrote a work entitled *de moribus et officio episcoporum*, which he addressed to Henry, Archbishop of Sens. The *de consideratione* also presents many points of resemblance to the work of Chrysostom.

---

[1] See Bengel's notes to his edition of the *de sac.* (*passim*).

[2] It has been edited (with an English translation) by H. R. Bramley (Parker, Oxford): and translated by Dr Barmby in the *Nicene and Post-Nicene Fathers*.   [3] See notes on *de sac.* ii 4.

§ 4. THE STYLE OF THE *DE SACERDOTIO*[1].

The treatise is cast in the form of a dialogue (on the model of those of Plato) between Chrysostom and Basil: but Chrysostom has by far the larger share allotted to him, and in the later books Basil is for the most part a mere listener.

The style of the *de sacerdotio* is highly elaborated, and bears clear traces of the care which Chrysostom took with its composition. Its long and often complicated periods are constructed on the basis of the rules of Greek rhetoric. One sentence may be cited at length in illustration of this: καθάπερ γὰρ οἱ σωμάτων ἐρῶντες, ἕως μὲν ἂν πλησίον εἶναι τῶν ἐρωμένων ἐξῇ, χαλεπωτέραν τοῦ πάθους τὴν βάσανον ἔχουσιν, ὅταν δὲ ὡς πορρωτάτω τῶν ποθουμένων ἑαυτοὺς ἀπαγάγωσι, καὶ τὴν μανίαν ἀπήλασαν· οὕτω καὶ τοῖς ταύτης ἐπιθυμοῦσι τῆς ἀρχῆς, ὅταν μὲν πλησίον αὐτῆς γένωνται, ἀφόρητον γίγνεται τὸ κακόν, ὅταν δὲ ἀπελπίσωσι, καὶ τὴν ἐπιθυμίαν μετὰ τῆς προσδοκίας ἔσβεσαν[2]. In this sentence we have as careful a use of πάρισωσις and παρομοίωσις as in Isocrates himself.

Other traces of the influence of the rhetorical training of Chrysostom upon his writings may be seen in the repetition of words for the sake of emphasis, and in the use of two almost synonymous words to express a single idea[3].

[1] In this and the next section I am largely indebted to a dissertation 'de Joannis Chrysostomi dialogo qui inscribitur περὶ ἱερωσύνης' by A. Cognet: Paris, 1900.

[2] *de sac.* iii 11 (quoted by Cognet *l.c.* p. 75). Libanius, his teacher, confessed that Chrysostom would have deserved to succeed him as head of his school of rhetoric had he not been stolen away by the Christians: Gibbon ch. xxxii.

[3] See note on μάτην καὶ εἰκῇ i 2.

INTRODUCTION

The frequent use of similes and metaphors is characteristic of the Syrian school: and no one employs them more frequently than Chrysostom[1].

The vocabulary of the *de sacerdotio* contains, as befits the elevation of the subject and style, certain words which are more frequent in poetry than in prose[2]. Here again we are reminded of Plato.

The treatise contains several references, which are here collected, to classical authors.

(*a*) Homer is once alluded to[3] (but not by name): and once a phrase is borrowed from him[4]. In a third passage it is possible that Chrysostom imitates a Homeric simile[5].

(*b*) Sophocles may possibly be referred to in one passage[6]: but this is uncertain.

(*c*) Euripides almost certainly suggests to Chrysostom a sentiment on the subject of invalids[7].

(*d*) Aristophanes seems to be imitated in one passage[8]. There is some reason to believe that Chrysostom was fond of reading Aristophanes[9], who probably at-

---

[1] Cognet *l.c.* p. 69. The similes in vi 12 are probably too elaborate and highly coloured for the taste of most modern readers.

[2] e.g. καλαῦροψ, σκόπελος, περίδακρυς, ἀγνὸς, αἰνιγμός: Cognet p. 68.

[3] *de sac.* iii 9 (σκόπελον) ὃν οἱ μυθοποιοὶ τερατεύονται: cp. *Od.* xii 73.

[4] διώκων ἀκίχητα (vi 10) : cp. *Il.* xvii 75.

[5] vi 12 καὶ ἀντιλαμπέτω μὲν ἡλίῳ τῶν ὅπλων ὁ χαλκός : cp. *Il.* xxii 135 (Cognet p. 69).

[6] iv 4 τῷ οἰκείῳ ξίφει περιπαρείς, possibly an allusion to Soph. *Aias*.

[7] iii 16 δυσάρεστον γὰρ οἱ νοσοῦντες: cp. Eur. *Or.* 226.

[8] vi 12 εὐσωματῇ καὶ σφριγᾷ : cp. Ar. *Nub.* 797.

[9] Milton's *Areopagitica* (Ed. Cotterill, Macmillan) p. 6: 'holy Chrysostom, as is reported, nightly studied...the same author, and had the art to cleanse a scurrilous vehemence into the style of a rousing sermon.' For the source of this statement see the Editor's note.

tracted him by his vivacity, exuberance, and literary sense, however great the difference between them in other respects.

(*e*) Isocrates, Demosthenes, Thucydides, and Plato are mentioned by name in one passage[1] as being, each in his own way, masters of prose style.

(*f*) Vergil seems to be echoed in one passage[2], probably unconsciously.

§ 5. THE IDENTITY OF THE BASIL OF THE *DE SACERDOTIO*.

The following historical personages have been identified with the Basil of the dialogue. I put first the view which seems to me most probable.

(1) The Basil who became Bishop of Raphanea, a town in Syria not far from Antioch. This suits the conclusion of the dialogue where Chrysostom promises to visit his friend from time to time. In this there would be no difficulty if one was at Antioch, the other at Raphanea. We find a Basil bishop of Raphanea present at the Synod of Constantinople in 381, eight years after the probable date of the consecration of the Basil of the *de sacerdotio*.

This is the view which seems to have gained general acceptance. It is adopted, for instance, by Fronto Ducaeus, Baronius, Tillemont, Montfaucon, Bardenhewer.

[1] iv 7 ἐγὼ δὲ εἰ μὲν τὴν λειότητα Ἰσοκράτους ἀπῄτουν κτλ. (see note). For Demosthenes see also notes on pp. 26, 1 and 69, 3: for Plato, note on p. 17, 2.

[2] iv 6 τίς γὰρ τόπος τῆς οἰκουμένης...τοῦ δικαίου τοὺς ἄθλους ἠγνόησεν; cp. Verg. *Aen.* i. 459.

(2) Basil the Great, bishop of Caesarea in Cappadocia. This view is thought to gain support from a passage in the historian Socrates: but Socrates' words, rightly considered, merely prove that Chrysostom was intimate with Basil of Caesarea: they have no reference to the *de sacerdotio*. The great Basil, who was born in 331 (according to others in 327), was at least 13 years older than Chrysostom, and therefore could scarcely have been (as the Basil of the dialogue certainly was) Chrysostom's fellowstudent. Moreover the consecration of Basil as bishop of Caesarea would naturally take place at Caesarea, not at Antioch; and if, as seems certain, the *de sacerdotio* was written after 380, it would scarcely have been possible for Chrysostom to exclude all reference to Basil's noteworthy episcopate at Caesarea (370–379) had the Basil of the dialogue and Basil the Great been identical.

(3) Basil, bishop of Seleucia, who took a leading part in the Council of Constantinople (held 448), in which Eutyches was condemned. This view was held by Photius[1], who comments on the similarity which he discerned between the writings of Chrysostom and those of Basil of Seleucia. But this Basil, who was alive in 458, cannot possibly have been in his youth a comrade of Chrysostom, who was much senior to him.

(4) Maximus, bishop of Mopsuestia, who was according to Socrates induced by Chrysostom to abandon a career of worldly ambition. No reason, however, has been given for the change of name from Maximus to Basilius. It is clear from the dialogue itself that the

[1] *Bibl.* cxlviii πολλὰ γὰρ ἴχνη τῶν ἐκείνου (Χρυσοστόμου) λόγων καὶ νοημάτων, καὶ μάλιστα τῶν κατὰ τὴν θείαν γραφὴν, ἐν τοῖς τοῦ Βασιλείου λόγοις ἐπιφαίνεται, ὡς ἂν ἀπὸ τῆς αὐτῆς πηγῆς τῶν μαθημάτων ἀρυσαμένων ἄμφω τὰ πρόσφορα.

circumstances in which Chrysostom deceived his friend were widely known and had been freely canvassed: and the change of name would have been quite purposeless. The distance between Antioch and Mopsuestia (in Cilicia) is another argument against this view, which has indeed nothing to recommend it.

(5) It has also been held that the character, and therefore the name, of Basil is a pure figment of Chrysostom's imagination. It is surely beyond question that the episode on which the *de sacerdotio* is based is an historical one, not merely invented: and so it has been taken by an overwhelming majority of those who have written on the subject.

§ 6. HISTORY OF THE TEXT[1].

I. *List of the most important Editions.*

1. The *de sacerdotio* was printed separately long before the appearance of the first complete edition of the works of Chrysostom in the original Greek. In 1525 the *editio princeps* of the *de sac.*[2] was issued from the printing press of Froeben, at Basle. It contained the Greek text, with a prefatory letter addressed by Erasmus to Wilibald Pirkheimer, the learned humanist

---

[1] See F. W. Lomler *Joannis Chrysostomi opera praestantissima Graece et Latine* (Rudolstadt, 1837) Tom. i pars 1 (no further portion of this work was ever issued): the introduction contains a useful list of early editions of the *de sacerdotio*. Bardenhewer *Patrologie*[2] p. 302, Hoffmann *Lexicon Bibliographicum* ii 544 sqq., Fabricius-Harles *Bibl. Gr.* (Hamburg, 1802) viii 454—583, should also be consulted.

[2] The title of the book is *Quod multae quidem dignitatis, sed difficile sit, episcopum agere—dialogi sex: Graece.*

of Nürnberg, and the host, friend, and adviser of almost all the scholars of Germany[1].

The text of this edition is admirable from a typographical point of view. It has, however, no critical value.

2. The next edition is equally void of critical importance. In 1529 the publisher Rutgers Rescius brought out, at Louvain, a text of the *de sacerdotio*, of which the editor was Nicolas Clenard[2].

3. In the two editions just named no mention is made of the manuscripts on which the text is based. In 1599 a step in advance was made, when David Hoeschel published an edition of the *de sacerdotio*[3] based on the readings of certain specified manuscripts: viz. the Palatinus (in the Palatine library at Heidelberg), the Augustanus (in the library at Augsburg), the Coloniensis (at Cologne), and others of less importance. Hoeschel regarded the Palatinus and the Augustanus as especially valuable: the former of these seems to have disappeared, a fate which will not appear remarkable to those who remember the vicissitudes of the Palatine library in the Thirty Years' war. The Augustanus is now in the Hof- und Staatsbibliothek at Munich.

Hoeschel's preface is addressed to 'Albertus a Steten, Reipublicae August. Consul,' and from it we learn the

[1] On Pirkheimer see Bp Creighton, *History of the Papacy* (ed. of 1903) vol. vi pp. 18, 19.

[2] *Quod multae quidem dignitatis, sed difficile sit episcopum agere: a Nicolao Clenardo. Graece. Lovanii per Rutgers Rescium.*

[3] *S. Joannis Chrysostomi de sacerdotio libri VI. Graece et Latine. DCC amplius locis emendati aucti illustrati ope librorum MSS ex bibliothecis Palatina et Augustana. opera Davidis Hoeschelii.* Augustae Vindelicòrum [i.e. Augsburg] 1599. A life of Chrysostom occupies pp. 483—499, and notes on text pp. 500—539 of this work.

principles by which the editor was guided in the formation of his text. He states that he made a careful collation of the Palatinus and Augustanus, removing their errors, filling up their *lacunae*[1], and appending an *apparatus criticus* which he had compiled from the readings of these manuscripts.

There is no copy of Hoeschel's edition in the British Museum; and I have been unable to obtain one from any other source. However, through the kindness of my friend Mr Vincent Benson, scholar of New College, Oxford, I have secured a transcript of the most important of the critical notes, and I am satisfied that nothing of importance has escaped his attention and acumen.

The chief value of Hoeschel's edition lies not in the text, which seems to contain little to justify the somewhat confident statement on the title-page (see previous page, footnote 3), but in the marginal readings, derived from the manuscripts above mentioned. It should, however, be added that many of these *marginalia* are of little or no value, and that Hoeschel seems to have made no attempt to estimate the relative importance of his two best manuscripts.

4. After Hoeschel no *separate* edition of the *de sacerdotio* appeared for more than a century. But in 1610, eleven years after the publication of Hoeschel's book, there appeared the first volume of the great edition in Greek of the complete works of Chrysostom by Sir Henry Savile[2]. This work has justly earned for Savile a reputation as one of the most eminent Greek

[1] '(*libros*) *diligenter contuli, errata sustuli, lacunas explevi, lectionis varietatem annotavi.*'

[2] Τοῦ ἐν ἁγίοις πατρὸς ἡμῶν ΙΩΑΝΝΟΥ Ἀρχιεπισκόπου Κωνσταντινουπόλεως τοῦ ΧΡΥΣΟΣΤΟΜΟΥ τῶν εὑρισκομένων Τόμος πρῶτος κτλ. δι' ἐπιμελείας καὶ ἀναλωμάτων ΕΡΡΙΚΟΥ τοῦ ΣΑΒΙΛΙΟΥ ἐκ παλαιῶν ἀντιγράφων ἐκδοθείς. Etonae 1612 etc.

scholars that this country has produced; and in many respects it exhibits a scientific conception of the duties of an editor which it would be difficult to parallel until quite recent times. Savile spared neither labour nor expense to make his edition perfect. He gave occupation to a whole army of scribes, whom he engaged to copy the manuscripts of Chrysostom in the various libraries of Europe. He was assisted by many eminent scholars: e.g. Jacques de Thou, Andreas Schottus, Isaac Casaubon, Janus Gruter, David Hoeschel: and the influence of James I, whose interest in theological studies is well known, was exerted to enlist the active cooperation of foreign princes and English ambassadors on behalf of Savile's enterprise. Every precaution was taken by both editor and printer—John Norton, the king's printer—to ensure accuracy. The preparation of the edition is said to have cost Savile £8000: and, as a result, this sumptuous undertaking has been called by Hallam, not unreasonably, the first work of learning on a great scale published in England[1].

Savile tells us that as the basis of his own text of the *de sacerdotio* he used that of Hoeschel: but had corrected it with the aid of two manuscripts at Oxford, one in the library of Corpus Christi College, the other in that of New College. The amount of new material that he utilized in the case of this treatise was thus comparatively small: but his extensive knowledge of patristic Greek, and his sound judgment, helped him no less in the *de sacerdotio* than in other portions of his edition. His text is one of the most trustworthy that has appeared: and I have never differed from him without hesitation.

[1] See the article on Sir Henry Savile in the *Dictionary of National Biography*.

At the end of the eighth and concluding volume of Savile's edition there are Latin notes, both critical and explanatory, on the *de sac.* They are by the editor and certain of his English friends—John Boys, Canon of Ely, Richard Montagu, and others.

5. While in England the edition just described was being passed through the press, the French Jesuit Fronto Ducaeus (Fronton du Duc) was engaged in Paris on a similar task. His edition[1], which included a Latin translation of the Greek original, was left unfinished at Fronto's early death: but was completed in six volumes by Federicus and Claudius Morellus. In 1636 an edition in twelve volumes was published, and this was reprinted at Frankfurt (1697), Mainz (1702), and again at Frankfurt (1723).

Variant readings and notes, in Latin, are to be found at the end of volumes 1, 4, and 6 of the original edition. The Latin translation, which was by Fronto himself, was based on that of Germanus Brixius (1534). According to Fuller, in his *Worthies of England*, the Latin text was derived from proof-sheets of Savile's work, which had been secured by fraud. But though Savile's text seems to have been employed, there is no evidence that it was fraudulently obtained[2].

---

[1] The title of the fourth volume is: *S. patris nostri Joannis Chrysostomi Archiepiscopi Constantinopolitani de sacerdotio libri VI etc. nunc primum Graece et Latine coniunctim editi*—[*edidit*] *Fronto Ducaeus, Societatis Jesu Theologus*—*Lutetiae Parisiorum apud Claudium Morellum* 1614. See Seltmann p. xii: the number of this volume, according to Seltmann, was given as X in his copy; this must be a mere misprint, for there was no tenth volume of the work until 1636.

[2] See the article on Sir Henry Savile in the *Dictionary of National Biography*. But it would rather appear from Fuller's words that it was the *Greek* text of Savile that was thus used by Fronto. 'The papists in Paris had their emissaries in England, who surreptitiously procured this knight's [Savile's] learned labours and sent them over weekly by the post into

INTRODUCTION xli

For the text of the *de sacerdotio*, Fronto used the Augustanus of Hoeschel, adding readings from two 'Regii libri': of these one was bought by Francis I (this is styled by Fronto 'F'): the other was bought by Henry II (Fronto styles this MS. 'H'). He also had before him 'membranae nobilissimi viri Fr. Olivarii' ('O'): and the *vetus interpretatio*, which he consulted in the edition published at Paris in 1524 by Petrus Gromorsus. The *editio princeps* to which Fronto refers is not that of 1525, but the Louvain edition of 1529, which he usually cites as L or Lo.

6. In the year 1710 John Hughes, Fellow of Jesus College, Cambridge, brought out an edition of the *de sacerdotio*, '*typis academicis, impensis Edm. Jeffery*[1].' The book contains the Greek text of the treatise, with Latin translation. Prefixed to the text are valuable dissertations on the Christian priesthood: also a life of Chrysostom taken from Cave's *historia litteraria*, which had in turn been borrowed from the life by Savile included in his edition of the works of Chrysostom. Notes, chiefly of a critical character, conclude Hughes' work.

In the first few sentences of these notes Hughes explains the principle in accordance with which he had prepared his text; he followed, he tells us, Savile's

France.... Then Fronto Ducaeus...caused them to be printed there with implicit faith and blind obedience...only joining thereunto a Latin translation and some other inconsiderable additions': cp. J. G. Scheidt *de optimis Chrysostomi editionibus* (Dissert.) Wittenberg p. 35.

[1] Jeffery was a bookseller. The title of this edition is: *S. Joannis Chrysostomi Archiepiscopi Constantinopolitani de sacerdotio libri VI, Graece et Latine: accessere dissertationes quaedam prooemiales de dignitate sacerdotali, item S. Chrysostomi vita e celeberrimi Cavii historia litteraria desumta. Editionem adornavit, praefationemque adiecit Joannes Hughes A.M., Collegii Jesu apud Cantabrigiensis socius. Cantabrigiae*...1710.

edition, as being the best of all: but in a few passages he had adopted the readings of Hoeschel and Fronto. Occasionally he had differed from all three editors, and had used for the correction of the text the manuscript evidence accumulated by Fronto. Hughes' text is in no respect better than those of his predecessors: but in his notes he often advocates the true reading, and supports his views with considerable learning and judgment.

7. It is convenient to reckon as an independent edition that of S. Thirlby, which appeared in Cambridge in 1712: but this does not profess to be more than a second edition of Hughes' work, upon which Hughes himself was engaged at the time of his death. Besides the *de sacerdotio*, however, Thirlby's edition of Hughes contained the *oratio apologetica de fuga* of Gregory of Nazianzus, the subject of this oration being, as we have seen, closely akin to that of Chrysostom's treatise on the priesthood[1].

As regards the text, Thirlby tells us that the first two books, and part of the third, of the *de sacerdotio* remained unchanged. He had, however, taken steps, by a fresh collation of manuscripts—these manuscripts are not specified—to ensure greater correctness in the text of the remaining portion of the work.

---

[1] The title of Thirlby's edition is: *S. Joannis Chrysostomi de sacerdotio libri VI. Graece et Latine: quibus dissertationes quasdam praemisit contra librum falso inscriptum 'Ecclesiae Christianae Iura Vindicata,' notasque adiecit Joannes Hughes A.M., Collegii Jesu Cantabr. Socius.—Editio altera, priore illa emendatior et auctior: accessit S. Gregorii Nazianzeni eiusdem sedis Archiepiscopi de eodem argumento conscripta oratio apologetica. Opera S. Thirlby A.B., eiusdem Collegii alumni. Cantabrigiae, typis academicis, impensis Edm. Jeffery, Bibliopolae Cantabr.* MDCCXII.

INTRODUCTION

8. We now come to that which is generally regarded as the standard edition of Chrysostom. I refer to the edition by Dom Bernard de Montfaucon[1], a Benedictine monk of the order of St Maur. From 1718 to 1738 Montfaucon was engaged on this work: and considering his advanced age (eighty-three) at the time when it was completed it certainly bears testimony to his indefatigable activity. There is no doubt that Montfaucon was energetic in the collection of new material: and a number of homilies by Chrysostom were for the first time published in his edition. His prefatory remarks prefixed to each treatise, and the life of Chrysostom with the *diatribae*, or dissertations, in his concluding volume, although of a somewhat unmethodical character, are nevertheless very valuable. It is, however, impossible to be satisfied with the way in which he has dealt with the problems of textual criticism.

For a long time scholars have been aware of the unsatisfactory nature of the critical side of Montfaucon's otherwise useful edition: and I am thus relieved from the necessity of demonstrating its inadequacy in regard to the text of the *de sacerdotio* in particular. I need only refer to the clear and convincing proof of Montfaucon's remissness given by Dr F. Field, one of the most eminent editors of Chrysostom, in his edition of the Homilies on St Matthew[2]: and with this statement I entirely

---

[1] It seems hardly worth while to give the long and rather pretentious title of this work, which, thanks to reprints, may be found in most libraries.

[2] See Field's ed. of *Homm. in Matt.* (Cambridge 1839) *Praefatio* pp. xiii sqq.: thus (p. xiv) "'*codices non modo non contulit bonus monachus, sed interdum ne inspexit quidem...*' *ne unum quidem* (*codicem*) *nominatim appellat, sed 'unum,' 'duo,' 'alios,' hoc vel illud legere monens, umbris ac simulacris lectorem ludit*" etc. For illustrations of the unsatisfactory nature of Montfaucon's *apparatus* to the *de sac.*, see *Journal of Theol. Studies*, July 1906, p. 588.

associate myself so far as concerns the present treatise. Montfaucon's reports of MS. readings are extremely meagre: he never refers to a MS by a designation which would enable us to identify it, but tells us vaguely that a given reading has the support of 'two,' 'three,' or more MSS.: his statements with regard to readings, where I have been able to test them (and nearly all of the MSS. he used for the *de sac.* have been in my hands), I have found inaccurate, often seriously so. Furthermore, while recording mere mistakes of spelling, of little or no significance, he omits points of real importance. The language and style of Chrysostom he had not sufficiently mastered, so that he is often led to prefer an inferior reading. In short, the critical part of Montfaucon's edition is that which it is least possible to praise.

The MSS. which Montfaucon claims to have consulted for the text of the *de sac.* are ten in number: viz. four Regii codices, nos. 1819, 1900, 1973, 2491: five from the library of the Comte de Seignelay (called the Bibliothèque Colbert), nos. 247, 248, 974, 3055, 3061: and one from the library of the Bishop of Metz, Henri Charles de Cambout de Coislin (Bibliothèque Coislin), no. 262. Montfaucon also used the editions by Savile and Morell. The title-page speaks of 'codices anglicani' as having been also consulted: but there is ground for believing that these 'codices' are simply Savile's edition under a disguised and high-sounding name.

9. Leaving to a later section the reprint of Montfaucon which appeared in 1839, and following chronological sequence, we next come to Bengel's edition of 1725. J. A. Bengel, the well-known author of the *Gnomon Novi Testamenti*, in that year brought out a useful edition of the *de sacerdotio*, the Greek text being

accompanied by Latin notes[1]. There is a strong flavour of Lutheran theology in these notes, and the contrast between this edition and Seltmann (as to whom see further on) is instructive and occasionally entertaining. It need hardly be said that the scholarship shewn in Bengel's observations is sound and thorough. He also added a Latin translation.

From Bengel himself we learn little as to the method which he followed in constituting his text. He speaks in general terms of having used the best of the manuscripts of early date. He praises the Augustanus (of which he made a fresh collation), but regards the Palatinus as interpolated. The version by the *vetus interpres* he has used with care, as 'perhaps older than all existing manuscripts.' Montfaucon's edition was also utilized by him, but only for the notes and the sixth book of the text: he had been unable to procure a copy of vol. i earlier, though it was published seven years before.

We have, however, from Leo (see the next section) who prepared the second edition of Bengel's work, the statement that Bengel's practice was to choose the 'middle reading' in case of a difference between several manuscripts. He adds that Bengel used as the basis of his text the edition of 1525.

Bengel's principle of preferring the reading that seemed to be the mean between conflicting readings may not indeed commend itself to us. It did not

---

[1] *Johannis Chrysostomi de sacerdotio libri sex graece et latine. Utrinque recogniti et notis indicibusque aucti, eo maxime consilio ut coenobiorum Wirtembergicorum alumni, et ceteri qui Novo Testamento Graece imbuti sunt, ad scriptores ecclesiasticos suavi gustu invitentur facilique methodo praeparentur. Opera Io. Alberti Bengelii. Stutgardiae* 1725. Besides the revised edition by Leo (see below) there have been many reprints of Bengel in the stereotyped Tauchnitz edition (in 1825, 1865, 1872, 1887, 1900).

escape attack in earlier days. But most will probably agree with Leo that Bengel shewed sound critical judgment[1]. His knowledge of the Greek Fathers was considerable: and though he contributed little to our knowledge of manuscript evidence he made a judicious choice, on the whole, among the readings known to him.

10. We can now pass to Leo's work, published at Leipzig in 1834[2]. This is a revised edition of Bengel; but with additional notes by Leo himself, and without the Latin translation which Bengel had appended. The text is in the main that of Bengel; Leo contented himself with a few alterations, mostly of small importance. He also made no fresh collations of manuscripts.

11. In 1837 F. W. Lomler edited at Rudolstadt selected works of Chrysostom[3], including the *de sacerdotio*. Of more importance than the text is the introduction, which gives a valuable list of the early editions of the treatise.

12. In 1839 appeared the first volume (containing *inter alia* the *de sacerdotio*) of a revised Benedictine edition[4]. The publishers were Gaume Frères: the editor was Theobald Fix, who has set forth with great clearness the improvements introduced into Montfaucon's text in this recension.

The most important assistance was derived from Savile's edition: and the editor explicitly states the

[1] Leo *Praefatio* (to his edition) p. ix.
[2] *Johannis Chrysostomi de sacerdotio libri VI. Ex recensione Bengelii cum eiusdem prolegomenis, animadversionibus integris et indicibus, edidit suasque notas adiecit Aenotheus Eduardus Leo.* Lipsiae 1834.
[3] *Joannis Chrysostomi opera praestantissima Graece et Latine.* Rudolstadt 1837. Tom. i, Pars 1 was all that appeared of this work.
[4] This revised edition will be referred to in future by the designation Bened.²

value which he came to attach to the work of the English scholar, which he had at first rated less highly. The passage, which is quoted below[1], will be found instructive by those who may still doubt the superiority of Savile's text to that of Montfaucon.

In regard to the *de sacerdotio* the editor of the revised Benedictine edition rendered a valuable service to scholars by publishing very full and accurate collations of three manuscripts, Parisinus 492, Parisinus 799 and codex Passioneus. These collations may be found at the end of the first complete volume (i.e. of vol. i *pars altera*) of the edition.

13. In Migne's *Patrologia Graeca*, Chrysostom's works occupy volumes 47 to 64. The *de sacerdotio* is in volume 48. There is nothing to indicate what new MSS., if any, were consulted. Montfaucon's list of ten MSS. is merely reprinted, and the critical notes are almost entirely based on Montfaucon, though supplemented by readings from Savile.

14. In 1861, Fr. Dübner[2], who had assisted Th. Fix in the labour of re-editing Chrysostom in the Benedictine edition, published a volume of selections from Chrysostom in the Firmin Didot series. It was to have been followed by volumes containing select works of other Greek

---

[1] Benedictine (revised) edition of 1839: vol. xiii, p. iii of *Epilogus Novae Editionis: Is* (*usus editionis Savilii*) *per universa volumina duodecim Montfauconiano operi incredibiliter profuit: sed quominus ab ipso statim initio et ubique penitus omnia ex Saviliana transumerentur quibus emendari potuerit Chrysostomus, obstitit primo disertum testimonium Benedictinorum de melioribus et copiosioribus subsidiis ex quibus se...orationem Chrysostomicam constituisse profitentur* etc....*Maiorem ei* (*Savilio*) *procedente opere auctoritatem, evidentibus documentis tandem cedentes, debebamus tribuere.*

[2] *S. Joannis Chrysostomi opera selecta Graece et Latine:* vol. i, Paris 1861.

Fathers, with Latin versions; but the enterprise did not get beyond the volume just mentioned.

Dübner tells us that he consulted, for the text of the *de sacerdotio*, four manuscripts; of these, three were of the tenth century, the remaining manuscript of the eleventh century.

The manuscripts used by him include Parisinus 492 and Parisinus 799, of which full collations were (as stated) published in 1839.

15. In 1867 D. Euelpides published at Athens the first part of a projected edition of the *de sacerdotio*, consisting of the first book with an introduction. This edition I have not seen. There is no copy in the British Museum.

16. In 1887, Carl Seltmann[1] edited the *de sacerdotio* with notes, chiefly of a homiletic tendency, for the use of Roman Catholic Seminaries. He made no independent investigation of the manuscripts; but his notes contain a useful statement of the readings adopted by the early editors, and of the manuscripts which support those readings.

17. The text of the present edition is based on a fresh survey of old, and on a collection of much new material. Of this new material the larger part was amassed during a visit to Paris in December 1904, when I had the opportunity of examining the treasures of the Bibliothèque Nationale. The richness of that library in manuscripts of the *de sacerdotio* will be seen from the following list.

The evidence which we possess as to the original

---

[1] *Des hl. Johannes Chrysostomus περὶ ἱερωσύνης λόγοι ἕξ—de sacerdotio libri sex: mit anmerkungen neu herausgegeben von Carl Seltmann.* Münster und Paderborn 1887.

form of the text of the *de sacerdotio* is of three kinds: viz. (1) manuscripts, (2) citations found in later writers, and (3) translations into other languages.

I. Manuscripts.

The following MSS. have been used in the present edition:

a = Codex Augustanus: once at Augsburg (Augusta Vindelicorum), now in the Hof- und Staatsbibliothek at Munich, where it is cod. graec. monac. no. 354. Saec. xi parch. The *de sac.* occupies foll. 140—207. See Ign. Hardt *Catalogus codicum MSS. graecorum Bibliothecae Regiae Bavaricae* (Munich 1810) vol. iv pp. 22—27.

This is one of the MSS. to which Hoeschel attached most importance (see list of editions, no. 3 above). A number of its readings is quoted by him. I have added others which were supplied to me by the courtesy of the Director of the Munich Library. See also E. Nestle *Bengel als Gelehrter* (1893) p. 35.

b = Codex Palatinus. I am unable to trace this manuscript. Hoeschel, as we have seen, used it for his edition, and his report of its readings is the only information that I have been able to use. In 1599, when he wrote, it was in the library at Heidelberg. It is not in the Universitäts-Bibliothek of that town at the present time: nor does it appear to be among the Palatine MSS. in the Vatican Library.

c = Cod. Reg. 492. Bibliothèque Nationale, Paris[1]. Saec. x ('copié en 910'), parch. 316 foll. The *de sac.* is contained in foll. 240—316. Omont further designates this MS. as Fontebl. Reg. 2290. A full collation of its readings will be found at the end of vol. i of the Benedictine edition of 1839 (Bened.²).

d = Cod. Reg. 581. Bibliothèque Nationale, Paris. Saec. xi parch. 256 foll. Of the *de sac.* this MS. contains (in foll. 119—139) only a fragment, consisting of part of the fifth and the whole of the sixth book. Omont adds the designation Colbert 418.

e = Cod. Reg. 765 A. Bibliothèque Nationale, Paris. Saec. xi. parch. This MS. appears twice in Omont's Index; once, correctly, as 765 A, but also as 565 A, a number to which there is no corresponding entry in the text of Omont's work.

---

[1] For the MSS. in the Bibliothèque Nationale see H. Omont *Inventaire sommaire des manuscrits grecs de la Bibliothèque Nationale* Paris 1898. I may add that while I have consulted most of the MSS. of the IXth to the XIIth cent. in that library, I have not had time to examine any of later date.

INTRODUCTION

Also, the *de sac.* does not occupy foll. 40—80, as stated by Omont, but foll. 1—75. The MS. has been unintelligently handled by the binder. Fol. 75 ends with the words δεικνύτω λόχους (vi 12).

f = Cod. Reg. 799. Bibliothèque Nationale, Paris. Saec. xii parch. peint. 395 foll. The *de sac.* occupies foll. 1—87 r. A full collation is given at the end of Bened.[2] vol. i.

g = Cod. Reg. 800. Bibl. Nat., Paris. Saec. xi parch. 310 foll. In Omont libri iv should be libri vi. The *de sac.*, which is complete, occupies foll. 1—64.

h = Cod. Reg. 801. Bibl. Nat., Paris. Saec. xi parch. 427 foll. Contains the *de sac.* in foll. 3—73. Omont also styles it Colbert 974. This is one of the MSS. consulted by Montfaucon.

i = Cod. Reg. 802. Bibl. Nat., Paris. Saec. xi parch. 309 foll. Contains the *de sac.* in foll. 2—68 r. Also styled Colbert 247. It was used by Montfaucon.

k = Cod. Reg. 803. Bibl. Nat., Paris. Saec. xi parch. 298 foll. Contains the *de sac.* in foll. 2—72. Also styled Colbert 248: used by Montfaucon.

l = Cod. Reg. 804. Bibl. Nat., Paris. Saec. xi parch. 698 foll. Contains Bks iii—vi of the *de sac.* in foll. 1—104. It came from Constantinople.

m = Cod. Reg. 805. Bibl. Nat., Paris. Saec. xi ('is codex manu Manuelis presbyteri anno 1064 exaratus est'): parch. 236 foll.: is also styled Reg. 2351. The *de sac.* is contained in foll. 1—66r. The MS. came from Chios.

n = Cod. Reg. 806. Bibl. Nat., Paris. Saec. xii parch. 321 foll. peint. Also styled Hurault-Reg. 1819. The *de sac.* is contained in foll. 1—48. Used by Montfaucon.

o = Cod. Reg. 807. Bibl. Nat., Paris. Saec. xi parch. 279 foll. Also styled Fontebl. Reg. 2354. It contains a fragment from the end of Bk vi (in foll. 1—5 r.).

p = Cod. Reg. 812. Bibl. Nat., Paris. Saec. xi parch. 249 foll.: also styled Colbert 3055. It contains the *de sac.* in foll. 196v.—249. It was used by Montfaucon.

q = Cod. Reg. 813. Bibl. Nat., Paris. Saec. xi parch. 244 foll.: also styled Mazarin-Reg. 1973. It contains in foll. 223—244 the first three books of the *de sac.*: the end of book ii and the beginning of book iii are mutilated. Of book vi only a fragment remains. This manuscript was used by Montfaucon.

r = Cod. Reg. 1024. Bibl. Nat., Paris. Saec. xii parch. 304 foll.: also styled Colbert 3061. It contains the *de sac.* in foll. 2—108r.: it was used by Montfaucon.

INTRODUCTION
li

s = Cod. Reg. 1181. Bibl. Nat., Paris. Saec. xii—xiii (copié par Nicolas), parch. 228 foll.: also styled Trichet-Dufresne-Reg. 2350. Contains the *de sac.* in foll. 50—160.

t = Cod. Coislinianus 61. Bibl. Nat., Paris. Saec. xi parch. 319 foll.: contains the *de sac.* in foll. 1—131 r.

u = Cod. Coislinianus 245. Bibl. Nat., Paris. Saec. xi parch. 218 foll.: contains in foll. 1—56 the *de sac.* with the beginnings of the books mutilated.

w = Cod. Coislinianus 246. Bibl. Nat., Paris. Saec. x parch. 275 foll. ('copié par le moine Jean'): contains the *de sac.* in foll. 1—79.

x = Codex Passioneus.
The manuscript breaks off at Montf. 379 A 11 (Bk ii 7): a full collation of the part that is preserved may be found in Bened.[2] vol. i.

y = Cod. Collegii Corporis Christi Oxon.: in C.C.C. Oxford. Saec. xiii parch. 140 foll. Coxe *Catalogus codicum MSS. in Collegiis Aulisque Oxonn.* pars 2 p. 5 n. 21.
This MS. was used by Savile; who, however, does not specify it by name in recording his readings. I owe a full collation of it to my friend Mr Vincent Benson. For the marginal readings in this MS., which are numerous, I have used the symbol *y'*.

z = Cod. Novi Collegii Oxon.: in New College, Oxford. Saec. xii parch. 360 foll. Coxe *ubi supra* pars 1 p. 23 no. 79. Savile used this MS. also: my collation of it is by Mr V. Benson.

Berl = Codex Berolinensis: in the Königliche Bibliothek, Berlin. It is cod. 354 Ham.: see p. 232, no. 403 of the *Catalogus-Verzeichniss* (Berlin 1897). Saec. xii parch. foll. 274. A quaternion is missing after fol. 8. The *de sac.* occupies fol. 1 r to 118 v.
I have ascertained the readings of some 30 passages in this MS.

Franc = Codex Franciscanus. It belonged to Francis I, king of France, and was used by Fronto Ducaeus, who styled it Fr. I have not been able to trace it.

Henr = Codex Henricianus. It belonged to Henry II, king of France, and was used by Fronto, who styled it H. Present whereabouts unknown.

Marg = Codex Margunii. This belonged to Maximus Margunius, bishop of Cythera, who corresponded with Savile. We possess only one or two of its readings, which are given in the early editions.

Olio = Codex Olivarii. Fronto, who used this MS., and styled it O, refers to it as 'membranae nobilissimi viri Fr. Olivarii.' Present whereabouts unknown.

Sin = Codex Sinaiticus: in the library of the monastery on Mt Sinai. Gardthausen *Catal. codicum graecorum Sinaiticorum* (Oxford 1886) no. 375. Saec. ix (it is dated 893 A.D.) parch.
I owe my knowledge of the readings of this MS. to the kindness of Archbishop Porphyrios.

There are several other MSS. of the *de sac.* at Florence[1], Rome[2], Venice[3], and Vienna[4] which seem to be of importance. I regret that I have been unable to make satisfactory arrangements for an examination of their readings.

Owing, no doubt, to the popularity of the *de sac.* and the consequent multiplication of copies, the lines of demarcation between the MSS. are not so clearly marked as in the case of some other authors. But the following groups seem to be distinguishable[5]. They are, in order of excellence, as follows:

Group 1 contains *a, f, p.*
    „ 2 „ *b, d, e, h, k, l, o, q, s, t, z, henr.*
    „ 3 „ *g, i, r, w, y.*
    „ 4 „ *c, m, n, u, x, berl, franc, marg, oliv, sin.*

In group 1, *a* is better than *f* or *p*, and seems to me to be the best single MS. of the *de sac.*

---

[1] See Baudin's Catalogue of the Laurentian Library I pp. 251, 458, 505. The most important MS. seems to be that numbered pluteus 11 cod. 9 (no. 25).

[2] There are four MSS. of relatively early date (xi century) in the Vatican Library: viz. Vatic. Palat. gr. 15, 72, 553, 570. The first of these is perhaps the most important, as it seems that the text of the *editio princeps* is derived from this MS. For this information I am indebted to Father Ehrle.

[3] In the Library of San Marco there are three MSS. (105, 107, 108).

[4] In the Kaiserl. und Königliche Bibliothek there are three fairly old ('ziemlich alte') MSS. of the *de sac.*: viz. Theol. gr. 64, 111, 148. The last is imperfect. See Nessel's Catalogue I 192, 226: Lambecius *Commentarii de Bibl. Caesarea Vindobonensi* II 787.

[5] For a fuller discussion of the MSS. of the *de sac.* see an article in the *Journal of Theological Studies*, July 1906, pp. 575—590.

In group 2 there is a close affinity between *b* and *henr.* Also between *h, t, z.* In *h* there are elements in common with group 4.

In group 3 there is a noteworthy harmony between its component MSS., so that in this group there is greater uniformity of reading than in other groups. The readings, however, are inferior, and not seldom bear traces of interpolation.

In group 4, *c, x, berl,* and *sin,* have elements in common with group 3. In group 4 we may also place the marginal readings of *y* (*y'*), with which the readings of the vulgate text (Montfaucon's edition) often agree.

In a number of cases, groups 1, 2, 3 are combined together against 4: and in such cases the reading of the three groups is usually preferable. The combination of the groups 2, 3 seems to present better readings than that of groups 1, 4, in the not very frequent cases where these respective combinations occur.

The readings of the MSS. of group 3 are often, as has been said, identical. It seemed desirable to have a symbol to represent the consensus of these MSS.: and in this edition the symbol adopted is *G* (from *g*, the first MS. in this group). Similarly in group 4, the symbol *C* is used to denote the consensus of the MSS. *c, m, n, u, x,* which often give identical readings. As in previous volumes of this series, an asterisk is used to denote the first hand of a MS., the figure 1 to denote the corrector's hand, e.g. y^*, y^1. For convenience the readings of Montfaucon's edition of 1718 have been cited as *Vulg.*

II. Citations from the *de sac.* in later writers.

The following writers quote passages from the *de sacerdotio*:

Anon. = Anonymus Scriptor Vitae S. Chrysostomi (later than 950 A.D.): see Savile's edition viii p. 299. The passage quoted is from Anthusa's appeal to her son. It begins καθίσασα πλησίον (i 2) and ends with εὐδοκιμήσεως ἐξ ἴσης ἐμοί.

Georg. = Georgius Alexandrinus (seventh century): Savile viii p. 167. The passage quoted begins καθίσασα πλησίον (i 2), as above, and ends οὗτος ὁ δεσμὸς κατεχέτω σε πρὸς ἡμᾶς. This citation is of little value for critical purposes, being more of the nature of a paraphrase.

Suidas[1] quotes two passages from the *de sac.*, which he embodies together in one long quotation, viz. (1) iii 16 ἐννόησον οὖν ὁποῖόν τινα κ.τ.λ. and (2) vi 4 ποικίλον αὐτὸν εἶναι δεῖ κ.τ.λ.

Sym. = Symeon Metaphrastes (tenth century): Savile viii. p. 376. The passage cited begins ἐπεὶ γὰρ ᾔσθετο (of Anthusa) i 2, and ends εὐδοκιμήσεως ἐξ ἴσης ἐμοί.

III. Ancient translations of the *de sacerdotio*.

(*a*) Syriac.

The following Syriac MSS. in the British Museum contain versions of portions of the *de sac.* I have given the references by the numeration of Montfaucon.

1. Add. 14,612 = Catal. 753. 1. e. Saec. vi or vii. Contains the first book, which begins on fol. 53 v. of the MS. (Montf. 362 A 1 to 371 B 2).
2. Add. 14,612 = Catal. 753. 1. k. Saec. vi or vii. Contains discontinuous extracts from book iii, beginning on fol. 73 v. (Montf. 382 C 13 to 394 E 1).
3. Add. 17,173 = Catal. 762. 18. Saec. vii ('ut videtur'). Contains an extract from book iii, beginning on fol. 145 v. (Montf. 390 A 2 to 390 C 1).
4. Add. 17,191 = Catal. 864. 30. b. Saec. ix—x. A palimpsest: contains on fol. 43 v. sqq. an extract from book iv (Montf. 403 D 5 to 404 A 1).
5. Add. 17,193 = Catal. 861. 13, 14. Saec. ix (it is dated 874 A.D.). Contains on fol. 5 v. sqq., an extract from book vi (Montf. 430 B 8 to 430 C 4).
6. Add. 18,817 = Catal. 801. 3. b. Saec. ix. Contains an extract from book vi, beginning on fol. 71 r. (Montf. 434 C 11 to 434 D 4).

---

[1] *s.v.* Ἰωάννης, Ἀντιοχεύς: Gaisford's *Suidas* vol. i p. 1787. Neither the source of these two passages nor the fact that there are two and not merely one seems to be recognized by Gaisford or by Bernhardy, the chief recent editors of Suidas. The text of the citations presents an interesting problem, for the discussion of which see *Journal of Theol. Studies* (*l.c.*).

7. Add. 14,611=Catal. 813. 16 (2). Saec. x. Contains an extract from book vi, beginning on fol. 1 r. (Montf. 428 B 7 sqq.).
8. Add. 12,164. Saec. vi. On fol. 131 r. there is a quotation from the *de sac.* in a treatise by Philoxenos of Hierapolis (Montf. 394 B 4 sqq.). Also, on fol. 139 v. (from the same treatise) we have Montf. 376 A 9 sqq.
9. Add. 14,612. Contains the first citation under 8 (with one verbal difference).

All my knowledge of these Syriac MSS. is derived from information which Mr E. W. Brooks was kind enough to furnish. He writes to the effect that the Syriac is a very loose translation in these passages from the Greek, so that to make a complete collation would amount to copying out the whole. He has, however, provided me with the chief variations, especially in those passages where various readings are noted by the editors of Chrysostom. None of the readings suggested by the Syriac version seems to be of importance[1].

(*b*) Latin.

A large number of Latin translations of the *de sac.* has been published. But the only one which can throw light on the original Greek text is the *vetus interpretatio*[2], to which reference has been made in connexion with Bengel's edition of the treatise. This ancient version was known to Bengel in an edition published soon after the discovery of printing: neither the place nor date at which it appeared is mentioned

---

[1] No Arabic or Armenian version is known to me. The Arabic versions would probably come from the Syriac or the Coptic, and thus be comparatively late. Ethiopic versions also (if any exist) would almost certainly be as late as the 15th or 16th century, as I learn from Dr A. Cowley of the Bodleian Library. For Coptic and Slavonic versions see Bardenhewer *op. cit.* p. 328 sqq.

[2] Its author is generally alluded to as *vetus interpres*.

on the title-page. It may be observed that Lomler speaks of three separate versions *sine anni et loci notitia*: and possibly Bengel's copy belonged to one of these editions. In 1504 the *vetus interpretatio* was published at Basle, but with various alterations. Another edition appeared in 1524 at Paris *apud Petrum Gromorsum*.

The value of this version by the *vetus interpres* is considerable. His identity has not yet been made out: many hold that he was Anianus the Deacon, of Celeda, who defended Pelagianism: see Jerome, *Epp.* 143 2.

§ 7. BIBLIOGRAPHY.

The following books may be found useful for reference. They are arranged according to the subjects of the various sections of the introduction.

1. On Chrysostom's life and works.

    Bardenhewer, *Patrologie*[2], pp. 283—307.

    Batiffol, *Anciennes littératures chrétiennes: la littérature grecque*, 1897.

    Dictionary of Christian Biography, vol. i, art. on Chrysostom.

    Fabricius-Harles, *Bibl. Gr.*, viii pp. 454—583.

    Hauck-Herzog, *Real-Encyklopädie*, iv 101—111, 1898, art. by E. Preuschen.

    Montfaucon, edition of Chrysostom, 1718—1738, Introductions, and Indices (in vol. xiii).

    Tillemont, *Mémoires pour servir à l'Histoire Ecclésiastique*, vol. xi.

2. On Chrysostom's doctrine.

    Batiffol, *Études d'histoire et de théologie positive*, 2me série, Paris, 1905.

    Brightman, *Eastern and Western Liturgies*, vol. i, Oxford, 1896.

    Chase, *Chrysostom: a study in the history of Biblical interpretation*. London, 1887.

Förster, *Chrysostomus in seinem Verhältniss zur antiochenischen Schule.* Gotha, 1869.

Harnack, *History of Dogma,* Eng. Tr., vol. iv, p. 297. London, etc., 1898.

Nägle, *die Eucharistielehre des hl. Joh. Chrysostomus.* Strassburg, 1900.

Neander, *der hl. Joh. Chrysostomus*[3]. Berlin, 1848, 1858.

Puech, *St Jean Chrysostome et les mœurs de son temps.* Paris, 1900. Especially valuable.

Puller, *The Primitive Saints and the See of Rome*[3]. London, 1900.

Schwane, *Dogmengeschichte* (Rom. Cath.) vol. ii pp. 783 sqq., 816, 826.

3. Pastoral Theology in the Fathers.

The most important passages are collected in a book which bears the title *The ancient Fathers on the office and work of the Priesthood in the Church of Christ*[3], London, 1891 (an Eng. Tr. of a portion of a work named 'du sacerdoce,' Paris, 1857). See also St Basil's *Moralia,* and the works of Gregory of Nazianzus, Gregory the Great, etc.

4. On the style of Chrysostom's works, especially the *de sacerdotio.*

Ackermann, *die Beredsamkeit des hl. Joh. Chrysostomus.* Würzburg, 1889.

Albert, *St Jean Chrysostome considéré comme orateur populaire.* Paris, 1858.

Cognet, *de Joannis Chrysostomi dialogo qui inscribitur περὶ ἱερωσύνης.* Paris, 1900.

Croiset, Alfred et Maurice, *Littérature grecque,* vol. v pp. 951 sqq. Paris, 1899.

5. On the identity of Basil.

Cognet, *op. cit.,* pp. 16 sqq.

Montfaucon, *Monitum* to the *de sacerdotio* in his edition of Chrysostom (vol. i, p. 440 of reprint).

Tillemont, *Mémoires,* vol. xi.

6. Text of Chrysostom.

Field, Introductions to his editions of the *Homm. in Matthaeum* (Cambridge, 1839), and the *Homm. in Epistolas Paulinas* (Oxford, 1849—1862).

For the text of the *de sacerdotio* see references given already in the text.

INTRODUCTION

7. English translations of the *de sacerdotio*.

    The following have published translations of the *de sac.* into English:

    H. Hollier, London, 1728: J. Bunce, London, 1759: T. Mason, Philadelphia, 1826: F. W. Hohler, London, 1837: E. G. Marsh, London, 1844: B. Harris Cowper, London, 1866: W. R. W. Stephens (the late Dean of Winchester) in Ph. Schaff's *Select Library of Nicene and Post Nicene Fathers*, series i, vol. 9, 1892.

    So far as I have tested these translations, the last named seems to be the best. The *de sacerdotio* has also been translated into French, German, Italian, Spanish, Danish and no doubt other European languages: for details see Lomler.

ΠΕΡΙ ΙΕΡΩΣΥΝΗΣ
ΛΟΓΟΣ Α'.

Τάδε ἔνεστιν ἐν τῷ α' λόγῳ.

I. Βασίλειος ὁ πάντας τοὺς τοῦ Χρυσοστόμου φίλους ὑπερβαλλόμενος.
II. Ἡ ὁμόνοια Βασιλείου καὶ Χρυσοστόμου, καὶ συζήτησις περὶ πάντων.
III. Ὁ ζυγὸς ἄνισος ἐν τῇ τοῦ μοναστικοῦ βίου μεταδιώξει.
IV. Ἡ πρόθεσις περὶ κοινῆς οἰκήσεως ἀμφοτέρων.
V. Αἱ τῆς μητρὸς ἐπῳδαί.
VI. Ἡ ἀπάτη Χρυσοστόμου, ᾗ ἐχρήσατο ἐν τῇ χειροτονίᾳ.
VII. Βασιλείου κατηγορία ἐπιεικὴς καὶ ἀφελής.
VIII. Χρυσοστόμου ἀπολογία ἀντιληπτική.
IX. Ἀπάτης εὐκαίρου μέγα κέρδος. Θέσις καὶ κοινὸς τόπος.

(*In Books* 1—3 *the division into chapters is that of Bengel and Seltmann. Montfaucon follows the Greek table of contents throughout.*)

I. 1. Ἐμοὶ πολλοὶ μὲν ἐγένοντο φίλοι γνήσιοί τε καὶ

1 εμοι μεν πολλοι fwxyz

I. *Of the many friends of Chrysostom, by far the closest was Basil. The two were united by affinity of tastes and association in study, and were for a time inseparable companions: but eventually Basil adopted the monastic life, while Chrysostom was still swayed by worldly ambitions.* Basil nevertheless continued to urge his friend to join him, and it seemed that his arguments were likely to prevail.

1. φίλοι] These included Euagrius, Theodorus (afterwards Bishop of Mopsuestia), and Maximus (Socrates *H. E.* vi 3).

ἀληθεῖς, καὶ τοὺς τῆς φιλίας νόμους καὶ εἰδότες καὶ φυλάττοντες ἀκριβῶς· εἶς δέ τις τουτωνὶ τῶν πολλῶν, ἅπαντας αὐτοὺς ὑπερβαλλόμενος τῇ πρὸς ἡμᾶς φιλίᾳ, τοσοῦτον ἐφιλονείκησεν ἀφεῖναι κατόπιν αὐτούς, ὅσον ἐκεῖνοι τοὺς 5 ἁπλῶς πρὸς ἡμᾶς διακειμένους. 2. Οὗτος τῶν τὸν ἅπαντά μοι χρόνον παρηκολουθηκότων ἦν. καὶ γὰρ μαθημάτων ἡψάμεθα τῶν αὐτῶν, καὶ διδασκάλοις ἐχρησάμεθα τοῖς αὐτοῖς· ἦν δὲ ἡμῖν καὶ προθυμία καὶ σπουδὴ περὶ τοὺς λόγους, οὓς ἐπονούμεθα, μία, ἐπιθυμία τε ἴση καὶ ἐκ τῶν 10 αὐτῶν τικτομένη πραγμάτων. οὐ γὰρ ὅτε εἰς διδασκάλους μόνον ἐφοιτῶμεν, ἀλλὰ καὶ ἡνίκα ἐκεῖθεν ἐξελθόντας βουλεύεσθαι ἐχρῆν ὁποίαν ἑλέσθαι τοῦ βίου βέλτιον ἡμῖν ὁδόν, καὶ ἐνταῦθα ὁμογνωμονοῦντες ἐφαινόμεθα. 3. Καὶ ἕτερα δὲ

1 και τους] om και z ‖ 8 και προθυμια] om και fxyz ‖ 9 εποιουμεθα codd omnes praeter cy' (επονουμεθα) et h (επαινουμεθα) ‖ 10 ουτε γαρ οτε f ‖ διδασκαλου ac oliv ‖ 12 ποιαν g

2. εἶς] i.e. Basil (Βασίλειος), not mentioned by name until c. 4. The identity of this Basil has not yet been definitely determined. It is, however, certain that he was not Basil the Great, of Caesarea in Cappadocia: see *Introduction* p. xxxiv.
3. τοσοῦτον κτλ.] '*strove as hard to leave them behind*,' i.e. to outstrip them in the competition for Chrysostom's friendship. For ἀφεῖναι κατόπιν cp. vi 12 πολλῷ τῷ μέτρῳ κατόπιν ἀφεῖναι.
5. ἁπλῶς...διακ.] '*who were neutrally disposed towards me*': that is, had no special affection.
6. μαθημάτων] Chrys. intended to adopt the career of an advocate: cp. τὸν δικαστηρίῳ προσεδρεύοντα below.
7. διδασκάλοις] Chrys. learnt rhetoric from Libanius, the famous sophist: and philosophy from Andragathius (of whom nothing else seems to be known): see Socrates *H. E.* vi 3, and Sievers *Leben des Libanius* p. 150. His teachers in Christian doctrine were Meletius (then Bishop of Antioch), Diodorus, and Carterius: Soz. viii 2.
9. οὓς ἐπονούμεθα] For the use of the middle, πονεῖσθαι, instead of the active, cp. ii 1 τῷ περὶ ταῦτα πονουμένῳ, and v 5 τοῦ πονεῖσθαι ἀπήλλακται (where it is used, as here, of rhetorical exercises): also *Homm. in* 2 *Cor.* 503 E ὁ γεωργὸς δι' ὅλου πονεῖται τοῦ ἔτους. The accus. with πονεῖσθαι is more common in verse.
13. καὶ ἕτερα δέ κτλ.] '*And other bonds besides these remained unbroken and secure*': i.e. besides having tastes in common, Chrysostom and Basil were well matched in respect of (a) fatherland, (b) wealth, and (c) position. Ἐφυλάττετο, lit. 'were preserved,' indicates that all these bonds of union remained unchanged as they grew up. The vulgate reading (see critical note) gives an easier construction: but it seems to be interpolated.

DE SACERDOTIO

πρὸς τούτοις ἡμῖν ἐφυλάττετο ἀρραγῆ τε καὶ βέβαια. οὔτε γὰρ ἐπὶ πατρίδος μεγέθει ἕτερος ἑτέρου μᾶλλον φρονεῖν εἶχεν· οὔτε ἐμοὶ μὲν πλοῦτος ὑπέρογκος ἦν, ἐκεῖνος δὲ ἐσχάτῃ συνέζη πενίᾳ· ἀλλὰ καὶ τὸ τῆς οὐσίας μέτρον τὸ τῆς προαιρέσεως ἰσοστάσιον ἐμιμεῖτο· καὶ γένος δὲ ἡμῖν 5 ὁμότιμον ἦν, καὶ πάντα τῇ γνώμῃ συνέτρεχεν. 4. Ἐπειδὴ δὲ ἔδει τὸν μακάριον τὸν τῶν μοναχῶν μεταδιώκειν βίον καὶ τὴν φιλοσοφίαν τὴν ἀληθῆ, οὐκέτι ἡμῖν ὁ ζυγὸς οὗτος ἴσος ἦν, ἀλλ' ἡ μὲν ἐκείνου πλάστιγξ ἐκουφίζετο μετέωρος· ἐγὼ δ' ἔτι ταῖς τοῦ κόσμου πεπεδημένος 10 ἐπιθυμίαις καθεῖλκον τὴν ἐμαυτοῦ, καὶ ἐβιαζόμην κάτω μένειν, νεωτερικαῖς αὐτὴν ἐπιβρίθων φαντασίαις. 5. Ἐν-

1 την ομονοιαν ταυτην εφυλαττεν αρραγη (τε) και βεβαιαν Chy' sin vulg ‖ 3 ειχομεν G ‖ 5 γενος μεν Gp vulg ‖ 8 ουκετι] και ουκετι c ‖ 9 η μεν πλαστιγξ εκεινου fwxyz ‖ 11 ηδοναις oliv ‖ την εμαυτου]+ψυχην omnes praeter cxz

2. πατρίδος] Antioch, the capital of Syria. For a description of its splendour see Libanius I 275 sqq. (ed. Reiske): and cp. A. Puech *St Jean Chrysostome et les mœurs de son temps* pp. 15 sqq.

3. οὔτε ἐμοὶ μέν κτλ.] οὔτε affects not merely the μέν-clause, but the whole sentence: see Field on *Homm. in Matt.* 363 A, who quotes Dio Chrysostom p. 517 44 (Reiske): καὶ μετὰ ταῦτα οὐχ ὁ μὲν δῆμος, ὑμεῖς, ἐπεθυμήσατε τῶν ἔργων, τῶν δὲ ἐν τέλει τις ἀντεῖπεν...ἀλλὰ πάντες κτλ. We may add Demosthenes *de Corona* 179 οὐκ εἶπον μὲν ταῦτα, οὐκ ἔγραψα δέ, 'I was not content to speak without proposing.'

5. τὸ...ἰσοστ.] 'equality': from ἴσος, and ἱστάναι 'to weigh.'

8. τὴν φιλοσοφίαν τ. ἀλ.] The word φιλοσοφία is commonly found after the time of Eusebius in the technical sense of the ascetic and monastic life: see Greg. Nyss. *Or. Cat.* 18 (p. 76 ed. Srawley), Suicer *Thesaurus, s.v.*; and, for the earlier history of the word, Lightfoot on Col. ii 8. It is sometimes used, more widely, of the practice of the Christian religion (Mason *Five Orations of Greg. Naz.* p. 10): but not apparently by Chrysostom: see Field's Index to *Homm. in Matt. s.v.* φιλοσοφία.

9. ὁ ζυγός] 'the beam' of the balance: this word keeps up the metaphor of τὸ ἰσοστάσιον above. In the sense here required the masculine ὁ ζυγός, instead of τὸ ζυγόν, is used by Plato (*Timaeus*, 63 B).

ib. πλάστιγξ] '*pan*' of a balance. There may be an allusion to the game of cottabos: the word πλάστιγξ is sometimes applied to the saucer or scale into which wine was thrown by the players (see L. and S. *s.v.* κότταβος).

11. τὴν ἐμαυτοῦ] sc. πλάστιγγα. The word ψυχήν, which is added in some MSS, seems to be a marginal gloss.

12. νεωτ. ἐπιβ. φ.] 'weighing it down with youthful vanities.' For the transitive use of ἐπιβρίθειν cp.

1—2

ταῦτα λοιπὸν ἡ μὲν φιλία βέβαιος ἔμενεν ἡμῖν, καθάπερ καὶ πρότερον· ἡ δὲ συνουσία διεκόπτετο. οὐ γὰρ ἦν τοὺς μὴ περὶ τὰ αὐτὰ σπουδάζοντας κοινὰς ποιεῖσθαι τὰς διατριβάς. 6. Ὡς δὲ μικρὸν καὶ αὐτὸς ἀνέκυψα τοῦ 5 βιωτικοῦ κλύδωνος, δέχεται μὲν ἡμᾶς ἄμφω τὼ χεῖρε· τὴν δὲ ἰσότητα οὐδὲ οὕτως ἰσχύσαμεν φυλάξαι τὴν προτέραν. Καὶ γὰρ καὶ τῷ χρόνῳ φθάσας ἡμᾶς, καὶ πολλὴν τὴν σφοδρότητα ἐπιδειξάμενος, ἀνωτέρω πάλιν ἡμῶν ἐφέρετο καὶ εἰς ὕψος ᾔρετο μέγα. 7. Πλὴν ἀλλ' ἀγαθός τε ὤν, 10 καὶ πολλοῦ τὴν ἡμετέραν τιμώμενος φιλίαν, ἁπάντων ἑαυτὸν ἀποστήσας τῶν ἄλλων, ἡμῖν τὸν ἅπαντα χρόνον συνῆν· ἐπιθυμῶν μὲν τούτου καὶ πρότερον, ὅπερ δὲ ἔφην, ὑπὸ τῆς ἡμετέρας κωλυόμενος ῥαθυμίας. 8. Οὐ γὰρ ἦν τὸν δικαστηρίῳ προσεδρεύοντα, καὶ περὶ τὰς ἐν τῇ σκηνῇ 15 τέρψεις ἐπτοημένον, συγγίνεσθαι πολλάκις τῷ βίβλοις

1 εμενεν εν ημιν hikusxz εμεινεν εν ημιν ftny ‖ καθαπερ το προτερον y ‖ 5 τω χειρε]+προτεινας xy' vulg ‖ 7 και γαρ τω χρονω cwxy franc ‖ προφθασας c franc ‖ 9 πλην αγαθος τε ων fy ‖ 14 παρεδρευοντα Gbkstz henr

βρίθηται (passive) ii 7: for φαντασία = 'pomp,' 'vanity,' cp. *adv. oppugn. vitae monast.* II 67 A τὴν βιωτικὴν καταπατήσας φαντασίαν.
4. ἀνέκυψα κτλ.] '*rose from the sea of worldly cares.*' For ἀνακύπτειν cp. *ad Theodorum lapsum* II 40 D ἀνακύψαι τῶν κυμάτων, Plat. *Phaedo* 109 E (where it is used of fish).
5. βιωτικοῦ] '*worldly,*' from βίος, which is often used = *vita saecularis*: cp. βιωτικὰς φροντίδας i 2, ἄνθρωποι βιωτικοί iii 15. See also Lk. xxi 34, 1 Cor. vi 3.
ib. κλύδωνος] For the metaphor cp. i 2 τοῦ χειμῶνος ἐκείνου καὶ τοῦ κλύδωνος, i 4 ἀγρίων κυμάτων: also in *Hamlet*: 'to take up arms against a sea of troubles.'
ib. ἄμφω τὼ χεῖρε] '*with open arms.*' The phrase is cast in a proverbial form, hence its elliptical character. It occurs again in *Homm.*

in 1 *Thess.* 458 F. Προτείνας, which is found in one or two inferior MSS, appears to be a gloss, inserted to fill up the ellipse: see, for a similar phenomenon in St Paul's Epistles, Lightfoot *Notes on Epp. of St Paul* p. 199.
9. πλὴν ἀλλά] used in late Greek instead of the simple πλήν or ἀλλά: Schmid *Atticismus* i 285.
14. προσεδρεύοντα] '*attending constantly*': cp. *quod regulares feminae viris* etc. 260 A παρθένον...τῷ νυμφίῳ προσεδρεύουσαν. In the other two passages of the *de sac.* where it occurs the verb means 'to lie in wait for': ii 2 στρατόπεδον ὠμόν... ταύτῃ προσεδρεῦον τῇ ποίμνῃ; and iii 17 ἐχθρὸς...ἐφέστηκε καὶ προσεδρεύει.
ib. τῇ σκηνῇ] Qn the passion of the Antiochenes for the theatre see Puech pp. 268 sqq.

προσηλωμένῳ, καὶ μηδὲ εἰς ἀγορὰν ἐμβαλόντι ποτέ.

9. Διὰ τοῦτο οὖν ἦν διειργόμενος ἡμῶν· ἐπειδὴ δέ ποτε ἡμᾶς ἔλαβεν εἰς τὴν αὐτὴν τοῦ βίου κατάστασιν, ἀθρόως ἣν πάλαι ὤδινεν ἐπιθυμίαν ἀπέτεκε τότε· καὶ οὐδὲ τὸ βραχύτατον τῆς ἡμέρας μέρος ἡμᾶς ἀπολιμπάνειν ἠνείχετο, 5 διετέλει τε παρακαλῶν, ἵνα τὴν οἰκίαν ἕκαστος ἀφέντες τὴν ἑαυτοῦ κοινὴν ἄμφω τὴν οἴκησιν ἔχοιμεν· καὶ ἔπεισέ γε, καὶ τὸ πρᾶγμα ἦν ἐν χερσίν.

II. 10. Ἀλλά με αἱ συνεχεῖς τῆς μητρὸς ἐπῳδαὶ διεκώλυσαν ταύτην ἐκείνῳ δοῦναι. τὴν χάριν, μᾶλλον δὲ 10 ταύτην λαβεῖν παρ' ἐκείνου τὴν δωρεάν. ἐπειδὴ γὰρ ᾔσθετο ταῦτα βουλευόμενον, λαβοῦσά με τῆς δεξιᾶς, εἰσήγαγεν εἰς τὸν ἀποτεταγμένον οἶκον αὐτῇ· καὶ καθίσασα πλησίον ἐπὶ τῆς εὐνῆς ἧς ἡμᾶς ὤδινε, πηγάς τε ἠφίει

2 δια τουτο ουν προτερον διειρ. ημων επειδη ποτε vulg || 7 αμφοτεροι vulg || εχωμεν c vulg || 8 χεροιν fwx || 13 αυτης x || 14 om επι anon georg

1. εἰς ἀγορὰν ἐμβ.] In this phrase, which is classical (see L. and S. *s.v.* ἐμβάλλω), ἐμβάλλειν is intransitive: cp. i 4, iii 17.
3. ἀθρόως] '*suddenly.*' See other instances of this meaning of the word in Index III to this edition, and the corresponding Index to Mason's *Five Orations of Greg. Naz.*
4. ἣν π. ὤδ. ἐπ. ἀπ. τ.] lit. 'he then gave birth to the desire with which he had long been labouring': i.e. he expressed a wish which he had long been anxious to make known: cp. *Homm. in Rom.* 733 D ἵνα τὴν ἐπιθυμίαν, ἣν πάλαι ὤδινον, ταύτην ἀποτέκω.
8. ἦν ἐν χερσίν] '*was in hand,*' i.e. was being arranged.
II. But at this point Anthusa, the mother of Chrysostom, interferes. She tearfully recalls to her son's memory the anxieties of her widowhood, and the sacrifices which she has made on his behalf. She begs him to stay with her until her death.

After that event, which cannot be long delayed, he will be free to do as he desires.
9. τῆς μητρός] Anthusa. Upon her had fallen the entire responsibility of Chrysostom's education, her husband (Secundus) having died when Chrys. was a mere infant: cp. τὰς γὰρ ὠδῖνας τὰς ἐπὶ σοὶ διαδεξάμενος ὁ θάνατος ἐκείνου below.
ib. ἐπῳδαί] The singular ἐπῳδή is a 'spell' or 'enchantment.' Hence the plural = '*entreaties*' which exercise a spell or charm: cp. *adv. oppugn. vit. monast.* II 60 A.
10. διεκώλυσαν κτλ.] At this period parents frequently tried to prevent their sons from embracing the monastic life: see Chrysostom's treatise *adversus oppugnatores vitae monasticae*; esp. II 59 D, where we have an appeal made by a father to his son much in the same vein as that of Anthusa. See also Puech pp. 251 sqq.
14. ἐπὶ τῆς εὐνῆς ἧς] i.e. ἐπὶ τῆς εὐνῆς ἐφ' ἧς: cp. i 4 ἀπὸ τῆς ἡμέρας

δακρύων καὶ τῶν δακρύων ἐλεεινότερα προσετίθη τὰ ῥήματα, τοιαῦτα πρὸς ἡμᾶς ἀποδυρομένη. 11. Ἐγώ, φησι, παιδίον, τῆς ἀρετῆς τοῦ πατρὸς τοῦ σοῦ οὐκ ἀφείθην ἀπολαῦσαι ἐπὶ πολύ, τῷ θεῷ τοῦτο δοκοῦν· τὰς γὰρ
5 ὠδῖνας τὰς ἐπὶ σοὶ διαδεξάμενος ὁ θάνατος ἐκείνου, σοὶ μὲν ὀρφανίαν, ἐμοὶ δὲ χηρείαν ἐπέστησεν ἄωρον, καὶ τὰ τῆς χηρείας δεινά, ἃ μόναι αἱ παθοῦσαι δύναιντ' ἂν εἰδέναι καλῶς. 12. Λόγος γὰρ οὐδεὶς ἂν ἐφίκοιτο τοῦ χειμῶνος ἐκείνου καὶ τοῦ κλύδωνος, ὃν ὑφίσταται κόρη, ἄρτι μὲν τῆς
10 πατρῴας οἰκίας προελθοῦσα, καὶ πραγμάτων ἄπειρος οὖσα· ἐξαίφνης δὲ πένθει τε ἀσχέτῳ βαλλομένη, καὶ ἀναγκαζομένη φροντίδων καὶ τῆς ἡλικίας καὶ τῆς φύσεως ἀνέχεσθαι μειζόνων. 13. Δεῖ γάρ, οἶμαι, ῥᾳθυμίας τε οἰκετῶν ἐπιστρέφειν καὶ κακουργίας παρατηρεῖν, συγγενῶν ἀποκρούε-
15 σθαι ἐπιβουλάς, τῶν τὰ δημόσια πραττόντων τὰς ἐπηρείας καὶ τὴν ἀπήνειαν ἐν ταῖς τῶν εἰσφορῶν καταβολαῖς φέρειν γενναίως. 14. Εἰ δὲ καὶ παιδίον καταλιπὼν ὁ τεθνηκὼς ἀπέλθοι, θῆλυ μὲν ὄν, πολλὴν καὶ οὕτω παρέξει τῇ μητρὶ τὴν φροντίδα, ὅμως δὲ καὶ ἀναλωμάτων καὶ δέους ἀπηλ-
20 λαγμένην. ὁ δὲ υἱὸς μυρίων αὐτὴν φόβων καθ' ἑκάστην ἐμπίμπλησι τὴν ἡμέραν, καὶ πλειόνων φροντίδων· τὴν

1 τα ρηματα] om τα cy anon sym || 8 καλως] σαφως anon sym || 12 φροντιδας—μειζονας cm φροντιδος μειζονος vulg || 15 εισπραττοντων hm vulg || 17 ο τεθνεως απελθη vulg

ἐκείνης ἧς (i.e. ἀφ' ἧς) τὴν φιλίαν ἔστερξα τὴν σήν.
3. τοῦ πατρὸς τοῦ σοῦ] Secundus (see above), who held the important position of *magister militiae* at Antioch.
ib. οὐκ ἀφείθην] '*I was not allowed*' (from ἀφίημι).
6. τὰ τῆς χηρ. δεινά] See on this subject Chrysostom's treatise *ad viduam iuniorem*, and *in Annam* I 707 c: Puech p. 134.
8. λόγος γὰρ οὐδεὶς κτλ.] '*no words could adequately express*': lit. 'could reach.'

12. φροντίδων κτλ.] '*cares beyond her age and sex.*' Anthusa was left a widow at about the age of 20: cp. below on δευτέροις ὁμιλῆσαι γάμοις, and on οἱ δὲ γεγηρακότες.
15. τῶν τὰ δημ. κτλ.] '*the insults of tax-gatherers.*' δημόσιον = 'a tax,' Lat. *publicum*, and πράττειν = 'to collect' (cp. the *v.l.* εἰσπραττόντων). At vi 4, however, δημόσια πράττειν = 'to be a public man, politician,' Lat. *rem publicam agere.*
16. τ. τ. εἰ. καταβολαῖς] '*payment of taxes.*'

DE SACERDOTIO

γὰρ τῶν χρημάτων ἐῶ δαπάνην, ὅσην ὑπομένειν ἀναγκάζεται, ἐλευθερίως αὐτὸν ἀναθρέψαι ἐπιθυμοῦσα. 15. Ἀλλ' ὅμως οὐδέν με τούτων ἔπεισε δευτέροις ὁμιλῆσαι γάμοις, οὐδὲ ἕτερον ἐπεισαγαγεῖν νυμφίον τῇ τοῦ πατρὸς οἰκίᾳ τοῦ σοῦ· ἀλλ' ἔμενον ἐν τῇ ζάλῃ καὶ τῷ θορύβῳ, καὶ τὴν 5 σιδηρᾶν τῆς χηρείας οὐκ ἔφυγον κάμινον, πρῶτον μὲν ὑπὸ τῆς ἄνωθεν βοηθουμένη ῥοπῆς· 16. ἔφερε δέ μοι παραμυθίαν οὐ μικρὰν τῶν δεινῶν ἐκείνων, καὶ τὸ συνεχῶς τὴν σὴν ὄψιν ὁρᾶν, καὶ εἰκόνα μοι τοῦ τετελευτηκότος φυλάσσεσθαι ἔμψυχον πρὸς ἐκεῖνον ἀπηκριβωμένην καλῶς. 10 διά τοι τοῦτο καὶ ἔτι νήπιος ὤν, καὶ μηδὲ φθέγγεσθαί πω μαθών, ὅτε μάλιστα τέρπουσι τοὺς τεκόντας οἱ παῖδες, πολλήν μοι παρεῖχες τὴν παράκλησιν. 17. Καὶ μὴν οὐδὲ ἐκεῖνό γ' ἂν ἔχοις αἰτιάσασθαι, ὅτι τὴν μὲν χηρείαν γενναίως ἠνέγκαμεν, τὴν δὲ οὐσίαν σοι τὴν πατρῴαν 15 ἠλαττώσαμεν διὰ τὴν τῆς χηρείας ἀνάγκην, ὅπερ πολλοὺς τῶν ὀρφανίαν δυστυχησάντων οἶδα παθόντας ἐγώ. καὶ γὰρ καὶ ταύτην ἀκέραιον ἐφύλαξα πᾶσαν· καὶ τῶν ὀφει-

2 θρέψαι m vulg || 8 των δεινων] + ομως z || εκεινων om anon sym || την σην] εις την σην hmus || 9 εικονα μοι] + λογιζεσθαι z || 10 εμψυχον] + και y anon vulg || εκεινην gy || 14 εχοις] + ειπειν και C vulg || 17 ορφανιᾳ ixy' vulg

1. ἐῶ] 'I say nothing of': lit. 'omit.'
3. δευτέροις ὁμ. γ.] See ad viduam iun. 2, where Chrysostom relates that one day his 'sophist' (i.e. probably, his teacher Libanius) questioned him about his mother Anthusa: ὡς δὲ εἶπον ὅτι ἐτῶν τεσσαράκοντα γεγονυῖα εἴκοσιν ἔχει λοιπὸν, ἐξ οὗ τὸν πατέρα ἀπέβαλε τὸν ἐμὸν, ἐξεπλάγη, καὶ ἀνεβόησε μέγα, καὶ πρὸς τοὺς παρόντας ἰδών· Βαβαί, ἔφη, οἷαι παρὰ Χριστιανοῖς γυναῖκές εἰσιν. Chrys., like St Paul (1 Cor. vii 40), discouraged second marriages, but did not absolutely forbid them: see his treatise de non iterando coniugio, and Puech p. 110.

4. ἐπεισαγαγεῖν] Similarly we find the phrase μητρυιὰν παισὶν ἐπεισάγειν of a widower marrying again: L. and S. s.v. ἐπεισάγω.
6. κάμινον] (a refining) 'furnace': metaphorically applied to a state of trial, as in Deut. iv 20, Jer. xi 4 (with σιδηρᾶ); Is. xlviii 10 (LXX): cp. iii 11 below.
17. ὀρφανίαν δυσ.] For the accusative with δυστυχεῖν in post-classical Greek cp. Synesius Ep. cliv. γυνὴ δυστυχήσασα χηρείαν (quoted by Hoeschel).
18. τῶν ὀφειλ. κτλ.] 'I omitted nothing of the expenditure necessary for your credit (reputation).'

λόντων εἰς τὴν εὐδοκίμησιν δαπανηθῆναι τὴν σὴν ἐνέλιπον οὐδέν, ἐκ τῶν ἐμαυτῆς καὶ ὧν ἦλθον οἴκοθεν ἔχουσα δαπανῶσα χρημάτων. 18. Καὶ μή τοι νομίσῃς ὀνειδίζουσάν με ταῦτα λέγειν νῦν. ἀλλ᾿ ἀντὶ πάντων σε τούτων 5 μίαν αἰτῶ χάριν, μή με δευτέρᾳ χηρείᾳ περιβαλεῖν, μηδὲ τὸ κοιμηθὲν ἤδη πένθος ἀνάψαι πάλιν· ἀλλὰ περίμεινον τὴν ἐμὴν τελευτήν· ἴσως μετὰ μικρὸν ἀπελεύσομαι χρόνον. 19. Τοὺς μὲν γὰρ νέους ἐλπὶς καὶ εἰς γῆρας ἥξειν μακρόν· οἱ δὲ γεγηρακότες ἡμεῖς οὐδὲν ἕτερον ἢ τὸν θάνατον ἀνα-
10 μένομεν. 20. Ὅταν οὖν με τῇ γῇ παραδῷς καὶ τοῖς ὀστέοις τοῦ πατρὸς ἀναμίξῃς τοῦ σοῦ, στέλλου μακρὰς ἀποδημίας, καὶ πλέε θάλατταν ἣν ἂν ἐθέλῃς· τότε ὁ κωλύσων οὐδείς· ἕως δ᾿ ἂν ἐμπνέωμεν, ἀνάσχου τὴν μεθ᾿ ἡμῶν οἴκησιν. μὴ δὴ προσκρούσῃς τῷ θεῷ μάτην καὶ εἰκῆ,
15 τοῖς τοσούτοις ἡμᾶς περιβάλλων κακοῖς ἠδικηκότας οὐδέν. 21. Εἰ μὲν γὰρ ἔχεις ἐγκαλεῖν, ὅτι σὲ εἰς βιωτικὰς περιέλκω φροντίδας, καὶ τῶν πραγμάτων ἀναγκάζω προστῆναι τῶν ἐμῶν· μὴ τοὺς τῆς φύσεως νόμους, μὴ τὴν

1 ελιπον (ενελιπον) εκ των εμαυτης ουδεν και ων fpwxy ‖ 6 κοιμισθεν henr ‖ περιμενομεν anon ‖ 14 μη δη]+ουν z ‖ 17 προστηναι] φροντιζειν (ex φροντιδας, ut videtur, ortum) omnes praeter C franc oliv: vet. int. praeesse ‖ των σων vulg

5. χηρείᾳ περιβ.] Cp. περιβάλλων κακοῖς below, γέλωτι περιβάλλει i 5.
9. οἱ δὲ γεγηρ.] Note the gender: a woman, when speaking of herself in the plural number, uses the masculine. The statement in the text, that Anthusa was so old as to be in daily expectation of death, is not to be taken literally. For if Chrysostom was born in 345, his mother, who was not more than 20 at the time of his birth (see on δευτέροις ὁμιλῆσαι γάμοις above) was born not earlier than 325, and in that case, at the time of the events recorded in the present passage, which is probably about 373, she was not more than 48 years of age.

We must then suppose that her excitement leads her to exaggerate.
10. τ. ὀστέοις τ. πατρός] Contrast the words of the dying Monnica to her sons: Augustine *Conf.* ix 27: *ponite hoc corpus ubicunque: nihil vos eius cura conturbet* etc.
12. ὁ κωλ. οὐδείς] Cp. i 4 ὁ δὲ ἐξαιρησόμενός σε—οὐκ ἔστιν. The present participle is also found in such clauses: ὁ γὰρ καταναγκάζων... οὐκ ἔστιν ii 3.
14. μάτην καὶ εἰκῆ] The use of two almost synonymous words side by side is a feature of Chrysostom's style: cp. μανθάνω καὶ συνίημι ii 4, ἐρυθριάσας καὶ φοινιχθείς ii 6, δέδοικε καὶ τρέμει iii 7, v 4.

DE SACERDOTIO

ἀνατροφὴν, μὴ τὴν συνήθειαν μηδὲ ἄλλο μηδὲν αἰδεσθεὶς, ὡς ἐπιβούλους φεῦγε καὶ πολεμίους. εἰ δὲ ἅπαντα πράττομεν ὥστε πολλήν σοι παρασκευάσαι σχολὴν εἰς τὴν τοῦ βίου τούτου πορείαν, εἰ καὶ μηδὲν ἕτερον, οὗτος γοῦν κατεχέτω σε παρ' ἡμῖν ὁ δεσμός. 22. Κἂν γὰρ μυρίους σε λέγῃς φιλεῖν, οὐδείς σοι παρέξει τοσαύτης ἀπολαῦσαι ἐλευθερίας· ἐπειδὴ μηδέ ἐστί τις, ὅτῳ μέλει τῆς σῆς εὐδοκιμήσεως ἐξ ἴσης ἐμοί. 23. Ταῦτα μὲν καὶ τὰ τούτων πλείονα πρὸς ἐμὲ μὲν ἡ μήτηρ, ἐγὼ δὲ πρὸς τὸν γενναῖον ἔλεγον ἐκεῖνον. ὁ δὲ οὐ μόνον οὐκ ἐδυσωπεῖτο τοῖς ῥήμασι τούτοις, ἀλλὰ καὶ πλέον ἐνέκειτο, ταὐτὰ ἀπαιτῶν, ἅπερ καὶ πρότερον.

III. 24. Ἐν τούτῳ δὲ ἡμῶν ὄντων, καὶ τοῦ μὲν συνεχῶς ἱκετεύοντος, ἐμοῦ δὲ οὐκ ἐπινεύοντος, ἄφνω τις ἐπιστᾶσα φήμη διετάραξεν ἀμφοτέρους· ἡ δὲ φήμη ἦν, εἰς τὸ τῆς ἱερωσύνης ἡμᾶς ἀξίωμα μέλλειν προάγεσθαι. 25. Ἐγὼ μὲν οὖν, ἅμα τῷ τὸν λόγον ἀκοῦσαι τοῦτον, δέει τε καὶ ἀπορίᾳ συνειχόμην· δέει μὲν, μή ποτε καὶ ἄκων ἁλῶ·

1 αιδεσθης ως c αιδεσθης αλλ ως hkpst vulg ‖ 3 ωστε] υπερ του vulg ‖ 7 τις]+των αλλων c ‖ 16 επισκοπης vulg ‖ παραγεσθαι C

7. *ἐπειδὴ μηδέ*] After *ἐπεί* (*ἐπειδή*) and *ὅτε* the use of *μή* for *οὐ* is very common in late Greek: cp. iii 14 *ἐπεὶ μηδὲ πῦρ...ὑπόκειται*, ii 1 *ὅτι μηδὲ ἀπάτην δεῖ...καλεῖν*: and see Clement of Alexandria *Stromateis* vii (ed. Hort-Mayor) pp. 289, 295.

10. *οὐκ ἐδυσ.*] 'was not put out of countenance.'

III. Suddenly the rumour is spread that Basil and Chrysostom are to be made bishops. Chrysostom agrees to submit to consecration should this be forced upon his friend: but secretly resolves not to carry out his part of the agreement. Presently, when the critical moment arrives, Chrys. conceals himself; Basil is consecrated alone: and soon after comes in great despondency to Chrys., who is merely amused at his distress.

16. *ἱερωσύνης*] The vulgate reading *ἐπισκοπῆς*, for which I cannot discover any MS. authority, no doubt gives the correct sense. From ii 2 *ὅταν δὲ ἐκκλησίας προστῆναι δέῃ* κτλ., iii 12 and following chapters, it is clear that what was proposed was to consecrate Basil and Chrys. as bishops, and not to ordain them presbyters or deacons. In iii 15 we have τὸν ἐπίσκοπον mentioned specifically.

It has been objected that Chrys. at this time was not yet 30 years old, and hence was not eligible for consecration, according to the canons of the Council of Neo-Caesarea. See, however, Bingham *Origines Ecclesiasticae* Book II x 1: *Introduction* p. xxiv. Athanasius was possibly under 30 when he was made bishop: but cp. Gwatkin *Studies of Arianism* p. 71 n.

18. *ἄκων ἁλῶ*] For examples of

ἀπορίᾳ δέ, ζητῶν πολλάκις, πόθεν ἐπῆλθε τοῖς ἀνδράσιν ἐκείνοις ἐνθυμηθῆναί τι τοιοῦτο περὶ ἡμῶν. εἰς γὰρ ἐμαυτὸν ἀφορῶν, οὐδὲν εὕρισκον ἔχοντα τῆς τιμῆς ἄξιον ἐκείνης. 26. Ὁ δὲ γενναῖος οὑτοσὶ προσελθών μοι κατ'
5 ἰδίαν, καὶ κοινωσάμενος περὶ τούτων ὡς ἀνηκόῳ γε ὄντι τῆς φήμης, ἐδεῖτο, κἀνταῦθα καὶ πράττοντας καὶ βουλευομένους ὀφθῆναι τὰ αὐτά, καθάπερ καὶ πρότερον· ἕψεσθαι γὰρ αὐτὸν ἑτοίμως ἡμῖν, καθ' ὁποτέραν ἂν ἡγώμεθα τῶν ὁδῶν, εἴτε φεύγειν εἴτε ἑλέσθαι δέοι.
10 27. Αἰσθόμενος τοίνυν αὐτοῦ τῆς προθυμίας ἐγώ, καὶ ζημίαν ἡγησάμενος οἴσειν παντὶ τῷ κοινῷ τῆς ἐκκλησίας, εἰ νέον οὕτως ἀγαθόν, καὶ πρὸς τὴν τῶν ἀνθρώπων ἐπιστασίαν ἐπιτήδειον, ἀποστεροίην τοῦ Χριστοῦ τὴν ἀγέλην διὰ τὴν ἀσθένειαν τὴν ἐμαυτοῦ, οὐκ ἀπεκάλυψα τὴν
15 γνώμην, ἣν εἶχον περὶ τούτων, ἐκείνῳ, καίτοι γε μηδέποτε πρότερον ἀνασχόμενος λαθεῖν τι τῶν βουλευμάτων αὐτὸν τῶν ἐμῶν· ἀλλ' εἰπὼν δεῖν τὴν ὑπὲρ τούτων βουλὴν εἰς ἕτερον ἀναβαλέσθαι καιρὸν (οὐ γὰρ νῦν τοῦτο κατεπείγειν), ἔπεισά τε εὐθέως μηδὲν ὑπὲρ τούτων φροντίζειν, καὶ ὑπὲρ
20 ἐμαυτοῦ παρέσχον θαρρεῖν, ὡς ὁμογνωμονήσοντος, εἴ ποτέ τι τοιοῦτον συμβαίη παθεῖν. 28. Χρόνου δὲ παρελθόντος οὐ πολλοῦ, καὶ τοῦ μέλλοντος ἡμᾶς χειροτονήσειν ἐλθόντος καὶ κρυπτομένου μου, μηδὲν τούτων εἰδώς, ἄγεται μὲν ὡς ἐφ' ἑτέρᾳ προφάσει· δέχεται δὲ τὸν ζυγόν, ἐλπίζων,

9 φυγειν cyz vulg ‖ 12 νεου αγαθου—επιτηδειον vulg ‖ την των πολλων επι. c vulg ‖ 17 υπερ] περι f ‖ 18 αναβαλλεσθαι z vulg ‖ 21 συμβαινη vulg ‖ 23 μου]+αυτος xy vulg

forced ordinations see Bingham *Origg. Eccles.* Book IV vii 1—4; and compare the cases of St Ambrose, St Augustine, and St Martin of Tours.
6. καὶ πρ. κ. βουλ. ὀφθῆναι τὰ αὐτά] '*to be seen to agree in both our actions and our plans.*'
11. παντὶ τῷ κοινῷ] '*all the commonweal.*'
12. νέον οὔ. ἀγ.] This and τὴν ἀγέλην are both dependent on ἀποστεροίην.
22. χειροτονήσειν] '*to ordain.*' The word was originally used of the election of the clergy, and was afterwards applied to their ordination: see Suicer *Thesaurus, s.v.*, Mason *Five Orations* p. 16, Gore *The Church and the Ministry*[4] p. 275 n. On the form of ordination see *DCA* art. '*Bishop.*'

DE SACERDOTIO

ἐξ ὧν ὑπεσχημένος ἤμην αὐτῷ, καὶ ἡμᾶς πάντως ἕψεσθαι, μᾶλλον δὲ νομίζων ἡμῖν ἀκολουθεῖν. 29. Καὶ γάρ τινες τῶν ἐκεῖ παρόντων, ἀσχάλλοντα πρὸς τὴν σύλληψιν ὁρῶντες, ἠπάτησαν, βοῶντες ὡς ἄτοπον εἴη τὸν μὲν θρασύτερον εἶναι δοκοῦντα παρὰ πᾶσιν (ἐμὲ λέγοντες) μετὰ πολλῆς τῆς ἐπιεικείας εἶξαι τῇ τῶν πατέρων κρίσει, ἐκεῖνον δὲ τὸν πολὺ συνετώτερον καὶ ἐπιεικέστερον θρασύνεσθαι καὶ κενοδοξεῖν, σκιρτῶντα καὶ ἀποπηδῶντα καὶ ἀντιλέγοντα. 30. Τούτοις εἴξας τοῖς ῥήμασιν, ἐπειδὴ ἤκουσεν ὅτι διέφυγον, εἰσελθὼν πρός με μετὰ πολλῆς τῆς κατηφείας, καθέζεται πλησίον, καὶ ἐβούλετο μέν τι καὶ εἰπεῖν, ὑπὸ δὲ τῆς ἐπηρείας κατεχόμενος, καὶ λόγῳ παραστῆσαι τὴν βίαν, ἣν ὑπέμεινεν, οὐκ ἔχων, ἅμα τῷ χᾶναι ἐκωλύετο φθέγξασθαι, τῆς ἀθυμίας, πρὶν ἢ τοὺς ὀδόντας ὑπερβῆναι, διακοπτούσης τὸν λόγον. 31. Ὁρῶν τοίνυν ἐγὼ περίδακρυν ὄντα καὶ πολλῆς πεπληρωμένον τῆς ταραχῆς, καὶ τὴν αἰτίαν εἰδὼς, ἐγέλων τε ὑπὸ πολλῆς τῆς ἡδονῆς, καὶ τὴν δεξιὰν κατέχων ἐβιαζόμην καταφιλεῖν, καὶ τὸν θεὸν ἐδόξαζον, ὅτι μοι τὸ τῆς μηχανῆς τέλος εἶχε καλὸν καὶ οἷον ηὐχόμην ἀεί. 32. Ὡς δὲ εἶδε περιχαρῆ τε ὄντα καὶ φαιδρὸν, καὶ πρότερον ἠπατημένος ὑφ' ἡμῶν ᾔσθετο, καὶ μᾶλλον ἐδάκνετο καὶ ἐδυσχέραινε.

1 υποσχομενος fwxyz || 2 ημιν] ηδη z || 12 της απορίας y' vulg || 14 φθεγγεσθαι vulg, et dehinc + υπο kt vulg εκωλ. υπο της αθ. φθεγξασθαι, της επηρειας πριν η κτλ. Gh || 18 φιλειν cfx || 19 τα της μηχανης vulg || 21 και μαλλον] om και cz

1. ἐξ ὧν κτλ.] i.e. ἐκ τούτων ἅ; 'from what I had promised.'
3. ἀσχάλλοντα π. τ. σ.] 'chafing at his capture.'
8. σκιρτῶντα] 'being restive' (like a young colt). Possibly ἀποπηδῶντα continues the metaphor, in the sense of 'shying': cp. i 4 ἀποπηδᾶν.
10. πρός με] Apparently Chrys. had not returned, after the period of concealment, to his home, but was living by himself: cp. vi 7 οὐδὲ πρὸς αὐτήν (i.e. Anthusa) ἐστί μοί τι κοινόν, vi 12 διὰ ταῦτα τὸν οἰκίσκον ('cell') φυλάττω τοῦτον κτλ.
12. ἐπηρείας] 'indignation': cp. adv. oppugn. vit. monast. II 72 E ἐπηρεάζεσθε (indigne fertis) ἅτε οὐκ ἀρκούσης τῆς ἡλικίας πρὸς τὴν ἀπόλαυσιν. At i 4 the substantive bears its ordinary sense of 'insult,' 'abuse.'
19. τὸ τῆς μηχανῆς]=ἡ μηχανή, 'the stratagem.' τέλος...καλόν is the object of εἶχε.

IV. Καί ποτε μικρὸν ἀπ' ἐκείνου καταστὰς τοῦ θορύβου τῆς ψυχῆς, Ἀλλ' εἰ καὶ τὸ ἡμέτερόν, φησι, διέπτυσας, καὶ λόγον ἡμῶν ἔχεις οὐδένα λοιπὸν (ὡς ἔγωγε οὐκ οἶδα ἀνθ' ὅτου)· τῆς γοῦν ὑπολήψεως ἔδει σε φροντίσαι τῆς
5 σῆς. νῦν δὲ τὰ πάντων ἠνέῳξας στόματα, καὶ δόξης σε ἐρῶντα κενῆς τὴν λειτουργίαν ταύτην παρῃτῆσθαι λέγουσιν ἅπαντες· ὁ δὲ ἐξαιρησόμενός σε τῆς κατηγορίας ταύτης οὐκ ἔστιν. 33. Ἐμοὶ δὲ οὐδὲ εἰς ἀγορὰν ἐμβαλεῖν ἀνεκτόν· τοσοῦτοι οἱ προσιόντες ἡμῖν καὶ καθ' ἑκάστην
10 ἐγκαλοῦντες τὴν ἡμέραν. †ὅταν γὰρ ἴδωσί που φανέντα τῆς ἡμέρας μέρος τῆς πόλεως, λαβόντες κατὰ μόνας ὅσοι πρὸς ἡμᾶς οἰκείως ἔχουσι, τῷ πλείονί με τῆς κατηγορίας ὑποβάλλουσι μέρει. εἰδότα γὰρ αὐτοῦ τὴν γνώμην, φασὶν (οὐδὲ γὰρ ἄν τι σὲ ἐλάνθανε τῶν
15 ἐκείνου), οὐκ ἔδει ἀποκρύψασθαι, ἀλλ' ἡμῖν ἀνακοινώσασθαι ἐχρῆν· καὶ πάντως οὐκ ἂν ἠπορήσαμεν πρὸς τὴν ἄγραν μηχανῆς. 34. Ἐγὼ δέ, ὅτι μέν σε οὐκ ᾔδειν ἐκ πολλοῦ ταῦτα βουλευόμενον, αἰσχύνομαι καὶ ἐρυθριῶ πρὸς ἐκείνους εἰπεῖν, μήποτε καὶ ὑπόκρισιν τὴν ἡμετέραν εἶναι

2 ψυχης]+και ο Βασιλειος (et sic passim) f ‖ 6 παραιτησασθαι wyz ‖ 7 κακηγοριας c ‖ 11 μερει της πολεως fp φανεντα που της πολεως C vulg ‖ 14 σε ελαθε τι vulg ‖ 15 om εδει c

IV. Basil proceeds to describe the difficult position in which he has been placed by the action of Chrys. He is constantly blamed, he says, for not having known beforehand his friend's intention: while those who selected Chrys. for consecration are indignant at being openly flouted. Basil then reproaches his friend, more in sorrow than in anger, for the deception which he has practised.
2. διέπτυσας] 'you despised.'
4. ὑπολήψεως] 'reputation': cp. iv 2, 7; and Homm. in Matt. 523 B τῶν ἄλλων ἐντολῶν πρεσβύτερον ἦν, καὶ πλείονα εἶχε τὴν ὑπόληψιν.
5. δόξης κτλ.] 'all men say that it was through love of empty fame that you declined this ministry.' For λειτουργία in the sense of 'sacerdotal ministration' see Lightfoot on Phil. ii 17.
8. εἰς ἀγορὰν ἐμβ.] Cp. i 1 εἰς ἀγορὰν ἐμβαλόντι (note).
10. ὅταν γὰρ ἴδωσι κτλ.] The text seems to be corrupt. Possibly we should read τῆς Ἡμέρας, with μέρος τῆς πόλεως as a gloss on Ἡμέρας: but I cannot find any trace of this as the name of a suburb of Antioch.
11. λαβόντες κατὰ μόνας] 'taking me aside.' κατὰ μόνας (καταμόνας) occurs in Thuc. i 32 and elsewhere.
15. ἡμῖν] 'to us,' i.e. to the friends of Basil.

νομίσωσι φιλίαν. εἰ γὰρ καὶ ἔστιν, ὥσπερ οὖν καὶ ἔστιν, καὶ οὐδὲ ἂν αὐτὸς ἀρνηθείης, ἐξ ὧν εἰς ἡμᾶς ἔπραξας νῦν, ἀλλὰ τοὺς ἔξωθεν καὶ μετρίαν γοῦν περὶ ἡμῶν ἔχοντας δόξαν καλὸν τὰ ἡμέτερα κρύπτειν κακά. 35. Εἰπεῖν μὲν οὖν πρὸς αὐτοὺς τἀληθὲς, καὶ ὡς ἔχει τὰ καθ' ἡμᾶς, ὀκνῶ· 5 ἀναγκάζομαι δὲ λοιπὸν σιωπᾶν, καὶ κύπτειν εἰς γῆν, καὶ τοὺς ἀπαντῶντας ἐκτρέπεσθαι, καὶ ἀποπηδᾶν. 36. Κἂν γὰρ τὴν προτέραν ἐκφύγω κατάγνωσιν, ψεύδους ἀνάγκη με κρίνεσθαι λοιπόν. οὐδὲ γὰρ ἐθελήσουσι πιστεῦσαί ποτε, ὅτι καὶ Βασίλειον μετὰ τῶν ἄλλων ἔταξας, οἷς οὐ 10 θέμις εἰδέναι τὰ σά. 37. Ἀλλὰ τούτων μὲν οὐ πολύς μοι λόγος, ἐπειδὴ σοὶ τοῦτο γέγονεν ἡδύ. τῶν δὲ λοιπῶν πῶς οἴσομεν τὴν αἰσχύνην; οἱ μὲν γὰρ ἀπονοίας, οἱ δὲ φιλοδοξίας σὲ γράφονται· ὅσοι δὲ εἰσὶν ἀφειδέστεροι τῶν αἰτιωμένων, ταῦθ' ἡμῖν ἐγκαλοῦσιν ἀμφότερα ὁμοῦ, καὶ 15 προστιθέασι τὴν εἰς τοὺς τετιμηκότας ὕβριν· 38. δίκαια πεπονθέναι λέγοντες αὐτούς, καὶ εἰ μείζονα τούτων ἀτιμασθέντες ἔτυχον παρ' ἡμῶν· ὅτι τοσούτους καὶ τηλικούτους ἀφέντες ἄνδρας, μειράκια χθὲς καὶ πρώην ἔτι ταῖς τοῦ

2 ουδ' αν αρνηθειης εξ ων αυτος εις ημας κτλ. fhpwxyz || 5 om προς αυτους c || 9 εθελησουσι]+μοι fz vulg || 12 την δε λοιπην x vulg || 13 την αισχυνην] om την vulg || 15 ταυτα τε ημιν αμφ. εγκ. ομου vulg || 16 εις] προς c

3. τοὺς ἔξωθεν] 'the outside world.' Cp. παρὰ τῶν ἔξωθεν, πρὸς τοὺς ἔξωθεν in this chapter, τῆς παρὰ τῶν ἔξωθεν δόξης i 5, οἱ ἔξωθεν δικασταί ii 3, τῶν ἔξωθεν ἀρχόντων iii 15, οἱ τοῖς ἔξωθεν δικάζειν καθήμενοι iii 18. But at v 8 οἱ ἔξωθεν means 'pagans': οἱ τούτους (τοὺς λόγους) ἀσκοῦντες ἐν τιμῇ, οὐ παρὰ τοῖς ἔξωθεν μόνον, ἀλλὰ καὶ παρὰ τοῖς τῆς πίστεως οἰκείοις. See also ii 4, where Chrys. quotes 1 Tim. iii 7 δεῖ δὲ αὐτὸν καὶ μαρτυρίαν ἔχειν καλὴν ἀπὸ τῶν ἔξωθεν, and note ad loc. At ii 7 λόγων τῶν ἔξωθεν = 'secular learning.'
7. ἐκτρέπεσθαι] 'to avoid.'

ib. ἀποπηδᾶν] Cp. on i 3 (σκιρτῶντα).
10. Βασίλειον] Cp. on i 1 (εἶς).
13. ἀπονοίας] 'arrogance,' the regular meaning of the word in Chrys.: cp. ii 4 εἰς ἀπόνοιαν αἴρονται πολλοί, Homm. in Matt. 652 D ἐξ ἀπονοίας ἥμαρτεν ὁ πρῶτος ἄνθρωπος, προσδοκήσας ἰσοθεῖαν, Homin. in Rom. 661 D τοιοῦτοι οἱ ἐπὶ σοφίᾳ μέγα φρονοῦντές εἰσι, καὶ εἰς ἀπόνοιαν ἐκπίπτοντες τὴν ἐσχάτην.
14. γράφονται] 'indict': with genitive of the accusation (ἀπονοίας).
16. τοὺς τετιμ.] i.e. those who selected Chrys. and Basil as worthy of consecration.

βίου μερίμναις ἐγκαλινδούμενα (ἵνα χρόνον βραχὺν τὰς
ὀφρῦς συναγάγωσι, καὶ φαιὰ περιβάλλωνται, καὶ κατήφειαν
ὑποκρίνωνται) ἐξαίφνης εἰς τοσαύτην ἤγαγον τιμὴν, ὅσην
οὐδὲ ὄναρ λήψεσθαι προσεδόκησαν. καὶ οἱ μὲν ἐκ πρώτης
5 ἡλικίας εἰς ἔσχατον γῆρας τὴν ἑαυτῶν ἐκτείναντες ἄσκησιν
ἐν τοῖς ἀρχομένοις εἰσίν· ἄρχουσι δὲ αὐτῶν οἱ παῖδες
αὐτῶν καὶ μηδὲ τοὺς νόμους ἀκηκοότες, καθ' οὓς δεῖ ταύτην
αὐτοὺς διέπειν τὴν ἀρχήν. ταῦτα καὶ πλείονα τούτων
λέγοντες συνεχῶς ἡμῖν ἐπιφύονται. 39. Ἐγὼ δὲ ὅ τι μὲν
10 ἀπολογήσομαι πρὸς ταῦτα, οὐκ ἔχω· δέομαι δὲ σοῦ φράσαι
μοι. οὐδὲ γὰρ ἁπλῶς οὐδὲ εἰκῇ ταύτην οἶμαί σε φυγεῖν
τὴν φυγὴν, καὶ πρὸς ἄνδρας οὕτω μεγάλους τοσαύτην
ἀναδέξασθαι τὴν ἔχθραν, ἀλλὰ μετά τινος λογισμοῦ καὶ
σκέψεως ἐπὶ τοῦτο ἐλθεῖν· ὅθεν καὶ λόγον ἕτοιμον εἶναί
15 σοι πρὸς ἀπολογίαν στοχάζομαι. εἰπὲ οὖν εἴ τινα πρό-
φασιν δικαίαν πρὸς τοὺς ἐγκαλοῦντας δυνησόμεθα λέγειν.
40. Ὧν γὰρ αὐτὸς ἠδίκημαι παρά σου, οὐδένα ἀπαιτῶ
λόγον, οὐχ ὧν ἠπάτησας, οὐχ ὧν προὔδωκας, οὐχ ὧν
ἀπέλαυσας παρ' ἡμῶν ἅπαντα τὸν ἔμπροσθεν χρόνον.
20 41. Ἡμεῖς μὲν γὰρ καὶ τὴν ψυχὴν τὴν ἡμετέραν (ὡς

7 om αυτων y ‖ 8 om αυτους mux vulg ‖ διεπειν] διοικειν cmnz vulg ‖ om τουτων y ‖ 10 om προς ταυτα wy ‖ 19 απηλαυσας w vulg

1. μερίμναις ἐγκ.] '*engrossed in cares.*'
ib. ἵνα χρόνον κτλ.] '*if they contract their brows for a brief space*': note that ἵνα here = ἐάν: cp. *Homm. in Matt.* 501 D καὶ ὁ μὲν ἵνα τι εἴπῃ ἀστεῖον, ἐμπλησθεὶς ἀπῆλθεν, and for other instances see Field's note on *Homm. in Matt.* 404 E, and on *Homm. in* 1 *Cor.* 71 D. We may perhaps compare the use of *ut* in Latin (after *ita*) to denote limitation or restriction.
2. φαιὰ περιβ.] '*robe themselves in black,*' as a sign of grief and humility.
6. οἱ παῖδες αὐτῶν] i.e. those who are young enough to be their sons.
9. ἐπιφύονται] '*fasten upon,*' like hounds upon a quarry: see Field's note on *Homm. in Eph.* 25 E: also Mason *Five Orations* p. 6.
11. ἁπλῶς] '*thoughtlessly*': in this sense it recurs in iii 10, 13, 18.
ib. φυγεῖν τὴν φυγήν] For the cognate accusative cp. κερδανοῦμεν κέρδος below, ἔπληξεν πληγήν iii 14; and see Cognet *de Johannis Chrysostomi dialogo qui inscribitur περὶ ἱερωσύνης* p. 73.
17. ὧν γὰρ αὐτός] ὧν = τούτων ἅ, the genitive going with λόγον: '*satisfaction for the injuries which I have received.*'

I. IV] DE SACERDOTIO 15

εἰπεῖν) φέροντες ἐνεθήκαμέν σου ταῖς χερσί· σὺ δὲ τοσαύτῃ
πρὸς ἡμᾶς ἐχρήσω τῇ πανουργίᾳ, ὅσηπερ ἂν εἰ πολεμίους
σοί τινας φυλάξασθαι προὔκειτο. 42. Καίτοι γε ἐχρῆν,
εἰ μὲν ὠφέλιμον ταύτην ᾔδεις οὖσαν τὴν γνώμην, μηδὲ
αὐτὸν τὸ κέρδος φυγεῖν· εἰ δὲ ἐπιβλαβῆ, καὶ ἡμᾶς, οὓς 5
πάντων ἀεὶ προτιμᾶν ἔλεγες, ἀπαλλάξαι τῆς ζημίας.
43. Σὺ δὲ καὶ ὅπως ἐμπεσούμεθα, ἅπαντα ἔπραξας· καὶ
δόλου σοι καὶ ὑποκρίσεως ἐδέησε πρὸς τὸν ἀδόλως καὶ
ἁπλῶς ἅπαντα καὶ λέγειν καὶ πράττειν εἰωθότα πρὸς σέ.
44. Ἀλλ' ὅμως, ὅπερ ἔφην, οὐδὲν τούτων ἐγκαλῶ νῦν, 10
οὐδὲ ὀνειδίζω τὴν ἐρημίαν εἰς ἣν κατέστησας ἡμᾶς, τὰς
συνόδους διακόψας ἐκείνας, ἐξ ὧν καὶ ἡδονὴν καὶ ὠφέλειαν
οὐ τὴν τυχοῦσαν ἐκαρπωσάμεθα πολλάκις. 45. Ἀλλὰ
πάντα ταῦτα ἀφίημι, καὶ φέρω σιγῇ καὶ πράως· οὐκ
ἐπειδὴ πράως εἰς ἡμᾶς ἐπλημμέλησας, ἀλλ' ἐπειδὴ τοῦτον 15
ἔθηκα ἐμαυτῷ τὸν νόμον, ἀπὸ τῆς ἡμέρας ἐκείνης, ἧς τὴν
φιλίαν ἔστερξα τὴν σήν, ὑπὲρ ὧν ἂν ἡμᾶς ἐθελήσῃς λυπεῖν,
μηδέποτέ σε εἰς ἀπολογίας ἀνάγκην καθιστᾶν. 46. Ἐπεὶ
ὅτι γε οὐκ εἰς μικρὰ τὴν ζημίαν ἡμῖν ἐπήγαγες, οἶσθα καὶ
αὐτός· εἴγε μέμνησαι τῶν ῥημάτων, καὶ τῶν παρὰ τῶν 20
ἔξωθεν περὶ ἡμῶν, καὶ τῶν ὑφ' ἡμῶν, λεγομένων ἀεί.
ταῦτα δὲ ἦν, ὅτι πολὺ κέρδος ἡμῖν ὁμοψύχους εἶναί τε καὶ
φράττεσθαι τῇ πρὸς ἀλλήλους φιλίᾳ. 47. Καὶ οἱ μὲν
ἄλλοι πάντες ἔλεγον καὶ ἑτέροις πολλοῖς οὐ μικρὰν ὠφέ-

4 μηδε αυτης gktwrs vulg μηδε αυτος cy μηδε σεαυτον fp || 8 εδεησε]+ουδεν vulg || 17 εθελησης scripsi ηθελησας codd. omnes θελης vulg || 19 εις μικρα] μικραν cy′ vulg ουχι σμικραν a εις μακραν mu || 22 ομοψυχοις xy

1. φέροντες ἐνεθ.] 'freely entrusted': φέροντες conveys the idea of promptitude: cp. ii 4 φέρων ἑαυτὸν κατεκρήμνισε.
4. τὴν γνώμην] 'the decision,' i.e. to consecrate Basil and Chrysostom.
ib. μηδὲ αὐτόν] sc. σέ.
13. τὴν τυχοῦσαν] 'ordinary,' 'common': this use of the word is also found at ii 4, iii 10, iv 2: cp. (e.g.) Acts xix 11.
19. οὐκ εἰς μικρά κτλ.] Cp. ii 2 οὐκ εἰς χρήματα, ἀλλὰ εἰς τὴν ἑαυτοῦ ψυχήν, τὴν ζημίαν ὑφίσταται, iii 8 init. ἔνθα μὲν εἰς χρήματα ἡ ζημία κτλ.
20. παρὰ τῶν ἔξωθεν] See on τοὺς ἔξωθεν above.

λείαν τὴν ἡμετέραν οἴσειν ὁμόνοιαν. ἐγὼ δὲ ὠφέλειαν
μὲν οὐδέποτε ἐνενόησα, τό γε εἰς ἐμὲ ἧκον, παρέξειν τισίν·
ἔλεγον δέ, ὅτι τοῦτο γοῦν ἀπ' αὐτῆς κερδανοῦμεν κέρδος οὐ
μικρόν, τὸ δυσχείρωτοι γενέσθαι τοῖς καταγωνίσασθαι
5 βουλομένοις ἡμᾶς. 48. Καὶ ταῦτά σε ὑπομιμνήσκων οὐκ
ἐπαυσάμην ποτέ· χαλεπὸς ὁ καιρός, οἱ ἐπιβουλεύοντες
πολλοί· τὸ τῆς ἀγάπης γνήσιον ἀπόλωλεν, ἀντεισῆκται δὲ
ὁ τῆς βασκανίας ὄλεθρος· ἐν μέσῳ παγίδων διαβαίνομεν,
καὶ ἐπὶ ἐπάλξεων πόλεων περιπατοῦμεν. οἱ μὲν ἕτοιμοι
10 τοῖς ἡμετέροις ἐφησθῆναι κακοῖς, εἴποτέ τι συμβαίη, πολ-
λοὶ καὶ πολλαχόθεν ἐφεστήκασιν· ὁ δὲ συναλγήσων οὐδείς,
ἢ καὶ εὐαρίθμητοι λίαν. ὅρα μὴ διαστάντες ποτὲ πολὺν
τὸν γέλωτα ὄφλωμεν, καὶ τοῦ γέλωτος μείζονα τὴν ζημίαν.
Ἀδελφὸς ὑπὸ ἀδελφοῦ βοηθούμενος ὡς πόλις ὀχυρά, καὶ
15 ὡς μεμοχλευμένη βασιλεία. μὴ δὴ διαλύσῃς ταύτην τὴν
γνησιότητα, μηδὲ διακόψῃς τὸν μοχλόν. 49. Ταῦτα καὶ
τὰ τούτων πλείονα ἔλεγον συνεχῶς· οὐδὲν μέν ποτε
ὑποπτεύων τοιοῦτον, ἀλλὰ καὶ πάνυ σε τὰ πρὸς ἡμᾶς
ὑγιαίνειν νομίζων, ἐκ περιουσίας δὲ καὶ ὑγιαίνοντα θερα-
20 πεύειν βουλόμενος· ἐλάνθανον δέ, ὡς ἔοικε, νοσοῦντι τὰ
φάρμακα ἐπιτιθείς. καὶ οὐδὲ οὕτως ὁ δείλαιος ὤνησα,
οὐδὲ γέγονέ μοί τι πλέον ἐκ ταυτησὶ τῆς ἄγαν προμηθείας.

4 γενεσθαι] ειναι fhiyz ‖ 9 πολεως f ‖ 10 πολλοι δε πολλαχ. vulg ‖
13 οφλησωμεν x vulg ‖ 17 τα om fhwxyz ‖ μεντοι fx ‖ 20 αρρωστουντι x

2. τό γε εἰς ἐμὲ ἧκον] 'so far as
I am concerned': cp. iii 10 τό γε εἰς
ἡμᾶς ἧκον, vi 2 ὅσον εἰς ἀνθρωπείαν
ἧκε δύναμιν.
8. ἐν μέσῳ παγίδων] Ecclus. ix
13, where the true reading is δια-
βαίνεις — περιπατεῖς, changed by
Chrys. to first person plural.
14. ἀδελφός κτλ.] Prov. xviii 19,
where the LXX text has ἀδελφὸς ὑπ.
ἀδ. βοηθ. ὡς πόλις ὀχυρὰ καὶ ὑψηλή,
ἰσχύει δὲ ὥσπερ τεθεμελιωμένον βασί-
λειον. Hence Leo would read in the
present passage μεμοχλευμένα βασί-
λεια (neut. plur.). Chrys., however,

probably quoted from memory: cp.
on ii 1 τίς ἄρα κτλ., ii 2 οὐδεὶς γάρ
κτλ., iii 16 κλῖνον, etc., also Ap-
pendix p. 175.
19. ἐκ περιουσίας] 'needlessly':
i.e. although it was not strictly
necessary. The word περιουσία
occurs again at iii 16 ἐν πολλῇ
περιουσίᾳ ('wealth'), and vi 11 ὁρᾷς
μεθ' ὅσης δείκνυσι τῆς περιουσίας
('fullness') ὁ θεός.
22. οὐδὲ γέγονε κτλ.] 'nor have
I gained any advantage.' For the
use of πλέον cp. note on vi 12 (τῆς
ὑλακῆς).

50. Πάντα γὰρ ἐκεῖνα ῥίψας ἀθρόως καὶ οὐδὲ εἰς νοῦν βαλλόμενος, ὥσπερ ἀνερμάτιστον πλοῖον εἰς πέλαγος ἡμᾶς ἄπειρον ἀφῆκας, οὐδὲν τῶν ἀγρίων ἐκείνων ἐννοήσας κυμάτων, ἅπερ ἡμᾶς ὑπομένειν ἀνάγκη. 51. Εἰ γάρ ποτε συμβαίη συκοφαντίαν ἢ χλευασίαν ἢ καὶ ἄλλην τινὰ ὕβριν καὶ ἐπήρειαν ἡμῖν ἐπενεχθῆναί ποθεν (πολλάκις δὲ συμβαίνειν τὰ τοιαῦτα ἀνάγκη)· πρὸς τίνα καταφευξόμεθα; τίνι κοινωσόμεθα τὰς ἡμετέρας ἀθυμίας; τίς ἡμῖν ἀμῦναι θελήσει; καὶ τοὺς μὲν λυποῦντας ἀνακόψει καὶ ποιήσει μηκέτι λυπεῖν, ἡμᾶς δὲ παραμυθήσεται καὶ παρασκευάσει τὰς ἑτέρων φέρειν ἀπαιδευσίας; οὐκ ἔστιν οὐδείς, σοῦ πόρρωθεν ἑστηκότος τοῦ δεινοῦ τούτου πολέμου, καὶ μηδὲ κραυγὴν ἀκοῦσαι δυναμένου ποτέ. 52. Ἆρα οἶδας ὅσον εἴργασταί σοι κακόν; ἆρα νῦν γοῦν μετὰ τὸ πλῆξαι ἐπιγινώσκεις, ὡς καιρίαν ἡμῖν ἔδωκας τὴν πληγήν; 53. Ἀλλὰ ταῦτα μὲν ἀφείσθω (οὐδὲ γάρ ἐστι τὰ γενόμενα ἀναλῦσαι λοιπόν, οὐδὲ πόρον τοῖς ἀπόροις εὑρεῖν)· τί πρὸς τοὺς ἔξωθεν ἐροῦμεν; τί πρὸς τὰς αἰτίας ἀπολογησόμεθα τὰς ἐκείνων;

V. 54. Θάρσει, ἔφην ἐγώ. οὐ γὰρ ὑπὲρ τούτων εἰμὶ

1 και μηδε εις cx vulg ‖ 2 βαλομενος vulg ‖ 3 επαφηκας c ‖ 5 συμβαινη vulg ‖ 7 καταφευξ.] post hoc, verba σου πορρωθεν εστηκοτος—ποτε (11—13) collocat f ‖ 13 om ποτε vulg ‖ 18 om ερουμεν w ‖ 20 om ειμι c

2. ὥσπερ ἀνερμ. πλ.] 'like a vessel without ballast.' The phrase is probably from Plato *Theaetetus* 144 A φέρονται ὥσπερ τὰ ἀνερμάτιστα πλοῖα. For the indebtedness of Chrys. to classical authors see *Introd.* p. xxxiii.
5. συκοφαντίαν] 'calumny': χλευασίαν 'mockery': ὕβριν 'wanton insolence': ἐπήρειαν 'abuse.'
9. ἀνακόψει] 'beat back,' 'check.'
15. καιρίαν] 'deadly.'
16. τὰ γενόμενα ἀν.] 'to undo the past.'
17. οὐδὲ πόρον κτλ.] Cp. i 5 τέχνην ἱκανὴν πολλοὺς πόρους ἐν τοῖς ἀπόροις εὑρεῖν.
ib. πρὸς τοὺς ἔξωθεν] See above on τοὺς ἔξωθεν.
V. Chrysostom begins his reply. He admits the deception, but claims that it was justifiable, being intended for Basil's benefit. He gives instances where deceit is by common consent allowed to be practised: thus (a) in war (b) in the art of medicine. The examples of Michal, Jonathan, and St Paul are also cited by him in support of this contention.

μόνον ἕτοιμος εὐθύνας ὑπέχειν· ἀλλὰ καὶ ὧν ἀνευθύνους ἡμᾶς ἀφῆκας, καὶ τούτων πειράσομαί σοι δοῦναι λόγον, ὡς ἂν οἷός τε ὦ. καὶ εἰ βούλει γε, ἀπ' αὐτῶν πρῶτον τῆς ἀπολογίας τῶν λόγων ποιήσομαι τὴν ἀρχήν. 55. Καὶ 5 γὰρ ἂν εἴην ἄτοπος καὶ λίαν ἀγνώμων, εἰ τῆς παρὰ τῶν ἔξωθεν δόξης φροντίζων, καὶ ὅπως παύσαιντο ἡμῖν ἐγκαλοῦντες πάντα ποιῶν, τὸν ἁπάντων μοι φίλτατον, καὶ τοσαύτῃ πρὸς ἡμᾶς αἰδοῖ κεχρημένον ὡς μηδὲ ὑπὲρ ὧν ἠδικῆσθαί φησιν ἐγκαλέσαι θελῆσαι, ἀλλὰ φροῦδα τὰ 10 αὑτοῦ θέμενον ἔτι τῶν ἡμετέρων φροντίζειν,—μὴ δυναίμην, ὡς οὐκ ἀδικῶ, πεῖσαι, ἀλλὰ μείζονι περὶ αὐτὸν φαινοίμην κεχρημένος ῥᾳθυμίᾳ, ἧς αὐτὸς περὶ ἡμᾶς ἐπεδείξατο σπουδῆς. 56. Τί ποτ' οὖν σὲ ἠδικήσαμεν; ἐπειδὴ καὶ ἐντεῦθεν ἐγνώκαμεν εἰς τὸ τῆς ἀπολογίας ἀφεῖναι πέλαγος· ἆρα ὅτι 15 σε παρεκρουσάμεθα, καὶ τὴν ἡμετέραν ἐκρύψαμεν γνώμην; ἀλλ' ἐπὶ κέρδει καὶ τοῦ ἀπατηθέντος σοῦ, καὶ οἷς ἀπατήσαντές σε προὐδώκαμεν. 57. Εἰ μὲν γὰρ δι' ὅλου τὸ τῆς κλοπῆς κακὸν, καὶ οὐκ ἔστιν εἰς δέον αὐτῷ χρήσασθαί ποτε, δοῦναι ἕτοιμοι δίκην ἡμεῖς, ἣν ἂν αὐτὸς ἐθέλῃς· μᾶλλον δὲ 20 σὺ μὲν οὐδέποτε παρ' ἡμῶν ἀνέξῃ δίκην λαβεῖν, ἡμεῖς δὲ ἑαυτῶν καταγνωσόμεθα ταῦτα, ἃ τῶν ἀδικούντων οἱ δικά-

1 ανευθυνους ημ. αφηκ.] αν ημας ευθυνας απαιτωσι (απατωσι) wy* ‖ 4 om των λογων c ‖ 6 παυσωνται vulg ‖ οι εγκαλουντες vulg ‖ 9 φρουδην agikrtwx παρ' ουδεν c vulg ‖ 11 αλλα]+και c ‖ 13 ηδικηκαμεν vulg ‖ 18 απατης c ‖ αυτη c

4. καὶ γὰρ ἂν κτλ.] 'For I should be peculiar, indeed most perverse, if while anxious for the good opinion of the laity, and eager to prevent them from accusing us, I should fail to convince of my innocence my greatest friend: who has, moreover, shewn such tenderness for me that he will not accuse me even for my alleged ill-treatment of him, but sets aside his own interests, and can still think of mine.'
In this sentence εἰ goes with μὴ δυναίμην, and ὅπως παύσαιντο depends on πάντα ποιῶν. ὡς (after

κεχρημένον) is=ὥστε, and goes with the infinitive θελῆσαι.
12. ἧς—σπουδῆς] i.e. σπουδῆς ἦν.
14. ἐγνώκαμεν κτλ.] 'we have determined to set sail on the sea of apology': ἀφεῖναι is here used for πλοῖον ἀφεῖναι (solvere navem): cp. i 4 ὥσπερ πλοῖον...ἡμᾶς ἀφῆκας.
15. παρεκρους.] 'misled,' 'deceived.'
16. καὶ οἷς ἀπατ.] i.e. καὶ ἐκείνων οἷς κτλ.
17. τὸ τῆς κλοπῆς] Cp. τὸ τῆς μηχανῆς i 3 sub fin.

ζοντες, ὅταν αὐτοὺς ἕλωσιν οἱ κατήγοροι. 58. Εἰ δὲ οὐκ ἀεὶ τὸ πρᾶγμα ἐπιβλαβές, ἀλλὰ παρὰ τὴν τῶν χρωμένων προαίρεσιν γίνεται φαῦλον ἢ καλόν, ἀφεὶς ἐγκαλεῖν τὸ ἠπατῆσθαι δεῖξον ἐπὶ κακῷ τοῦτο τεχνησαμένους· ὡς ἕως ἂν τοῦτο ἀπῇ, μὴ ὅτι μέμψεις καὶ αἰτίας ἐπάγειν, ἀλλὰ καὶ ἀποδέ- 5 χεσθαι τὸν ἀπατῶντα δίκαιον ἂν εἴη τούς γε εὐγνωμόνως διακεῖσθαι βουλομένους. 59. Τοσοῦτον γὰρ ἔχει κέρδος εὔκαιρος ἀπάτη καὶ μετὰ τῆς ὀρθῆς γινομένη διανοίας, ὡς πολλούς, ὅτι μὴ παρεκρούσαντο, καὶ δίκην δοῦναι πολλάκις. 60. Καὶ εἰ βούλει γε τῶν στρατηγῶν τοὺς ἐξ αἰῶνος 10 εὐδοκιμήσαντας ἐξετάσαι, τὰ πλείονα αὐτῶν τρόπαια τῆς ἀπάτης εὑρήσεις ὄντα κατορθώματα, καὶ μᾶλλον τούτους ἐπαινουμένους, ἢ τοὺς ἐκ τοῦ φανεροῦ κρατοῦντας. 61. Οἱ μὲν γὰρ μετὰ πλείονος τῆς δαπάνης, καὶ τῆς τῶν χρημάτων καὶ τῆς τῶν σωμάτων, κατορθοῦσι τοὺς πολέμους· ὡς 15

1 ελεγχωσιν kmnstuxz || 4 τεχνασαμενους yz vulg || 9 παρεκρουσ.] χρησαιντο y

1. εἰ δὲ οὐκ ἀεὶ κτλ.] A certain kind of deception, or 'pious fraud,' which Chrys. here defends, is styled by him οἰκονομία ('good management'): see later on in this chapter μᾶλλον δὲ οὐδὲ ἀπάτην τὸ τοιοῦτον δεῖ καλεῖν, ἀλλ' οἰκονομίαν τινα. His attitude towards falsehoods which have an honourable object is the same as that of Plato: in *Rep.* 389 B (cp. 382 D) it is laid down that the rulers of the city may deceive ἢ πολεμίων ἢ πολιτῶν ἔνεκα ἐπ' ὠφελείᾳ τῆς πόλεως. Cp. also Clem. Alex. *Stromateis* vii 9 (p. 279 ed. Hort-Mayor) quoted on τῶν ἰατρῶν below. In other passages, however, Chrys. denounces dissimulation and extols veracity. Cp. *Homm. in Joann.* 164 B οὐδὲν τῆς ἀληθείας φανερώτερον κτλ., and other passages referred to in Montfaucon's Index Rerum *s.v.* 'Veritas,' and in Cognet p. 27. For other early Christian views on the subject see Augustine *de mendacio* and *Enchir.* 18: *Acta S. Iuliani Anazarb.* (*Analecta Boll.* vol. xv).

2. παρὰ τὴν προ. κτλ.] 'is made bad or good by the intention of those who employ it.' Παρά = 'because of': this use, with accus., is found in classical authors (*v.* L. and S. *s.v.*): cp. also, for exx. in Chrys., Field on *Homm. in Matt.* 512 C, who quotes e.g. the phrase οὐδὲν παρὰ τοῦτο, *nihil hinc* (*eveniet*).

4. δεῖξον κτλ.] sc. ἡμᾶς: 'prove that I contrived this with intent to hurt.'

5. μὴ ὅτι] 'to say nothing of,' 'so far from' (bringing).

ib. ἀποδέχεσθαι] The subject of this verb is τοὺς βουλομένους; and its object is τὸν ἀπατῶντα.

11. τῆς ἀπάτης...κατορθ.] 'successes won by deception': cp. κατορθοῦσι τοὺς πολέμους below.

2—2

μηδὲν αὐτοῖς πλέον ἀπὸ τῆς νίκης γίγνεσθαι, ἀλλὰ παρ᾽ οὐδὲν τὰ τῶν ἡττωμένων τοὺς κρατοῦντας δυστυχεῖν, καὶ τῶν στρατευμάτων ἀνηλωμένων, καὶ τῶν ταμιείων κεκενωμένων. πρὸς δὲ τούτοις οὐδὲ τῆς ἐπὶ τῇ νίκῃ δόξης αὐτοὺς
5 ἀφίησιν ἀπολαῦσαι πάσης. μέρος γὰρ αὐτῆς οὐ μικρὸν συμβαίνει καὶ τοὺς πεπτωκότας καρποῦσθαι, διὰ τὸ ταῖς ψυχαῖς νικῶντας τοῖς σώμασιν ἡττᾶσθαι μόνοις· ὡς, εἴ γε ἐνῆν βαλλομένους μὴ πίπτειν, μηδὲ ὁ θάνατος ἐπελθὼν αὐτοὺς ἔπαυσεν, οὐκ ἂν ἔστησαν τῆς προθυμίας ποτέ.
10 62. Ὁ δὲ ἀπάτῃ κρατῆσαι δυνηθεὶς οὐ συμφορᾷ μόνον ἀλλὰ καὶ γέλωτι περιβάλλει τοὺς πολεμίους. οὐ γὰρ, ὥσπερ ἐκεῖ τοὺς ἐπαίνους ἐξ ἴσης ἀποφέρονται ἀμφότεροι τοὺς ἐπὶ τῇ ῥώμῃ, οὕτω καὶ ἐνταῦθα τοὺς ἐπὶ τῇ φρονήσει, ἀλλ᾽ ὅλον τῶν νικώντων ἐστὶ τὸ βραβεῖον· καὶ, τὸ τούτων
15 οὐκ ἔλαττον, τὴν ἀπὸ τῆς νίκης ἡδονὴν ἀκέραιον τῇ πόλει φυλάττουσιν. οὐ γάρ ἐστιν, ὥσπερ ὁ τῶν χρημάτων πλοῦτος καὶ τὸ τῶν σωμάτων πλῆθος, ἡ τῆς ψυχῆς φρόνησις· ἀλλ᾽ ἐκεῖνα μὲν, ὅταν τις αὐτοῖς ἐν τοῖς πολέμοις χρῆται συνεχῶς, δαπανᾶσθαι συμβαίνει καὶ ἀπολείπειν
20 τοὺς ἔχοντας· αὕτη δὲ, ὅσῳπερ ἄν τις αὐτὴν ἀνακινῇ, τοσούτῳ μᾶλλον αὔξεσθαι πέφυκεν. 63. Οὐκ ἐν τοῖς πολέμοις δὲ μόνον, ἀλλὰ καὶ ἐν εἰρήνῃ πολλὴν καὶ ἀναγκαίαν εὕροι τις ἂν τῆς ἀπάτης τὴν χρείαν· καὶ οὐ πρὸς τὰ

2 ηττημενων—κρατησαντας mnu παρ᾽ ουδεν ηττον των ηττημ. τους κρατησαντας vulg (ηττον γ΄) ‖ 3 ταμειων vulg ‖ 5 αφιασιν mn vulg ‖ 7 ηττηθηναι vulg ‖ 10 μονη fwxyz ‖ 12 φερονται c

1. παρ᾽ οὐδέν κτλ.] 'the victors suffer almost as much loss as the vanquished.' Παρ᾽ οὐδέν = 'with no difference,' i.e. 'propemodum,' 'almost': παρά has here the same force as in παρ᾽ ὀλίγον, παρὰ τοσοῦτον.
The word ἧττον, which rests on little or no authority, is no doubt a gloss, due to a misconception of παρ᾽ οὐδέν, which was thought to be = οὐδέν. See Field's discussion of this passage, note on Homm. in Matt. 641 A.
5. ἀφίησιν] sc. τὸ ἐκ τοῦ φανεροῦ κρατεῖν.
7. εἴ γε ἐνῆν κτλ.] 'if they could have prevented themselves from falling beneath the shower of missiles.' I cannot find any MS authority for the reading βουλομένους found in some early editions.
14. βραβεῖον] 'prize': cp. ἔπαθλον ii 1.

τῆς πόλεως πράγματα μόνον, ἀλλὰ καὶ ἐν οἰκίᾳ πρὸς γυναῖκα ἀνδρί, καὶ πρὸς ἄνδρα γυναικί, καὶ πατρὶ πρὸς υἱόν, καὶ πρὸς φίλον φίλῳ, ἤδη δὲ καὶ πρὸς πατέρα παισί. 64. Καὶ γὰρ τῶν τοῦ Σαοὺλ χειρῶν ἡ τοῦ Σαοὺλ θυγάτηρ οὐκ ἴσχυσεν ἂν ἑτέρως ἐξελέσθαι τὸν ἄνδρα τὸν αὐτῆς, ἀλλ' ἢ μετὰ τοῦ παραλογίσασθαι τὸν πατέρα. ὁ ταύτης δὲ ἀδελφός, τὸν ὑπ' ἐκείνης διασωθέντα σῶσαι βουλόμενος κινδυνεύοντα, πάλιν τοῖς αὐτοῖς ὅπλοις ἐχρήσατο οἷσπερ καὶ ἡ γυνή. 65. Καὶ ὁ Βασίλειος, 'Αλλ' οὐδὲν τούτων πρὸς ἐμέ, φησιν. οὐδὲ γὰρ ἐχθρὸς ἐγὼ καὶ πολέμιος, οὔτε τῶν ἀδικεῖν ἐπιχειρούντων, ἀλλὰ πᾶν τοὐναντίον. τῇ γὰρ σῇ γνώμῃ τὰ ἐμαυτοῦ πάντα ἐπιτρέψας ἀεί, ταύτῃ εἰπόμην, ᾗπερ ἐκέλευσας. ΙΩ. 66. 'Αλλ' ὦ θαυμάσιε καὶ ἀγαθώτατε, διὰ τοῦτο γὰρ καὶ αὐτὸς φθάσας εἶπον, ὅτι οὐκ ἐν πολέμῳ μόνον, οὐδ' ἐπὶ τοὺς ἐχθρούς, ἀλλὰ καὶ ἐν εἰρήνῃ καὶ ἐπὶ τοὺς φιλτάτους ταύτῃ χρήσασθαι καλόν. 67. Ὅτι γὰρ οὐ τοῖς ἀπατῶσι μόνον ἀλλὰ καὶ τοῖς ἀπατωμένοις τοῦτο χρήσιμον, προσελθών τινι τῶν ἰατρῶν ἐρώτησον, πῶς ἀπαλλάττουσι τῆς νόσου τοὺς κάμνοντας; καὶ ἀκούσῃ παρ' αὐτῶν, ὅτι οὐκ ἀρκοῦνται τῇ τέχνῃ μόνῃ, ἀλλ' ἔστιν ὅπου καὶ τὴν ἀπάτην παραλαβόντες καὶ τὴν παρ' αὐτῆς βοήθειαν καταμίξαντες, οὕτως ἐπὶ τὴν ὑγίειαν τὸν ἀσθενοῦντα ἐπανήγαγον. 68. Ὅταν γὰρ τὸ δυσάρεστον τῶν ἀρρωστούντων καὶ τῆς νόσου δὲ αὐτῆς τὸ δυστράπελον μὴ

5 om αν cfhxy || 6 και ο τ. y || 8 εκεχρητο c || 11 αλλ' απαν vulg || 16 χρησθαι vulg || 22 τους ασθενουντας aby henr vulg

4. ἡ τοῦ Σ. θ.] Michal: see 1 Sam. xix 11—18.
6. ὁ τ. δ. ἀδελφός] Jonathan: 1 Sam. xx. 5 sqq.
13. ἀγαθώτατε] For this form of the superlative of ἀγαθός, instead e.g. of βέλτιστε, cp. iv 1 ὦ πάντων ἀγαθώτατε σύ: and see Lobeck *Phrynichus* p. 93, Blass *Gr. N. T.* 11 (4), p. 34 E. Tr.
14. φθάσας εἶπον] '*I said before*': cp. ἐν τοῖς φθάσασιν, 'in the preceding part,' Greg. Nyss. *Or. Cat.* 35

(p. 133 Srawley). In the sense 'I said before' we also find ἔφθην εἰπών: adv. oppugn. vit. monast. I 55 A.
18. τῶν ἰατρῶν] Cp. Clem. Alex. *Stromateis* vii 9 ἰατρὸς πρὸς νοσοῦντας ἐπὶ σωτηρίᾳ τῶν καμνόντων ψεύσεται, and see on εἰ δὲ οὐκ ἀεί above.
23. τὸ δυσάρ. τ. ἀρρ.] Cp. iii 16 δυσάρεστον γάρ πως οἱ νοσοῦντες (note).
24. τῆς νόσου...τὸ δυστρ.] '*the intractable* (obstinate) *nature of the disease itself does not admit of the*

προσίηται τὰς τῶν ἰατρῶν συμβουλάς, τότε τὸ τῆς ἀπάτης
ὑποδῦναι προσωπεῖον ἀνάγκη· ἵν', ὥσπερ ἐπὶ σκηνῆς, τὴν
τῶν γινομένων ἀλήθειαν κρύψαι δυνηθῶσιν. 69. Εἰ δὲ
βούλει, καὶ ἐγώ σοι διηγήσομαι δόλον ἕνα ἐκ πολλῶν, ὧν
5 ἤκουσα κατασκευάζειν ἰατρῶν παῖδας. ἐπέπεσέ ποτέ
τινι πυρετὸς ἀθρόως μετὰ πολλῆς τῆς σφοδρότητος, καὶ
ἡ φλὸξ ᾔρετο· καὶ τὰ μὲν δυνάμενα σβέσαι τὸ πῦρ ἀπε-
στρέφετο ὁ νοσῶν, ἐπεθύμει δέ, καὶ πολὺς ἐνέκειτο, τοὺς
εἰσιόντας πρὸς αὐτὸν ἅπαντας παρακαλῶν, ἄκρατον ὀρέξαι
10 πολύν, καὶ παρασχεῖν ἐμφορηθῆναι τῆς ὀλεθρίου ταύτης
ἐπιθυμίας. οὐ γὰρ τὸν πυρετὸν ἐκκαύσειν μόνον ἔμελλεν,
ἀλλὰ καὶ παραπληξίᾳ παραδώσειν τὸν δείλαιον, εἴ τις
αὐτῷ πρὸς ταύτην εἶξε τὴν χάριν. 70. Ἐνταῦθα τῆς
τέχνης ἀπορουμένης, καὶ οὐδεμίαν ἐχούσης μηχανήν, ἀλλὰ
15 παντελῶς ἐκβεβλημένης, εἰσελθοῦσα τοσαύτην ἐπεδείξατο
τὴν αὑτῆς δύναμιν ἡ ἀπάτη, ὅσην αὐτίκα παρ' ἡμῶν ἀκούσῃ.
71. Ὁ γὰρ ἰατρὸς ἄρτι τῆς καμίνου προελθὸν ἄγγος
ὀστράκου λαβών, καὶ βάψας οἴνῳ πολλῷ, εἶτα ἀνασπάσας
κενόν, καὶ πλήσας ὕδατος, κελεύει τὸ δωμάτιον, ἔνθα κατέ-

2 επι]+της vulg ‖ 3 γενομενων vulg ‖ 5 επεσε abhwz ‖ 17 αρτι]+απο vulg

plans of the physicians': i.e. does not allow them to be carried into effect. For προσίηται cp. Plat. *Phaedo* 97 B τοῦτον (τὸν τρόπον) οὐδαμῇ προσίεμαι, 'I cannot accept.'
1. τὸ τῆς ἀπάτης κτλ.] '*to put on the mask of deception*.' προσωπεῖον is also used by Plutarch and Lucian, instead of the more classical πρόσωπον.
2. ἐπὶ σκηνῆς] Chrysostom's early passion for the stage (cp. i 1 περὶ τὰς ἐν τῇ σκηνῇ τέρψεις ἐπτοημένον) suggests similes drawn from that source.
5. ἰατρῶν παῖδας] Cp. ἰατρῶν παισίν vi 4. It is a periphrasis for ἰατρούς: cp. υἷες Ἀχαιῶν (Homer), παῖδες Ἰνδῶν (Herodotus): also frequent in LXX.
7. ἡ φλόξ] '*the fever-heat.*'
8. πολὺς ἐνέκειτο] '*was impor-*

tunate,' '*insisted.*' The phrase is cited from Hdt. vii 158.
10. ἐμφορηθ...ἐπιθυμίας] Cp. *ad Theodorum lapsum* I 30 A ἐμφορηθῆναι τῆς ἐπιθυμίας.
11. οὐ γάρ] The γάρ explains the epithet ὀλεθρίου.
14. ἀπορουμένης] Probably middle; ἀποροῦμαι=ἀπορῶ is also found in Hdt. and Xenophon. It might, however, be passive: for Chrys. uses ἀπορεῖν τινα = 'to place someone in a difficulty': cp. *Homm. in Matt.* 579 A.
15. ἐκβεβλημένης] '*having been rejected*,' i.e. as valueless.
17. ἄρτι...προελθόν] The taste of the newly-baked clay would help to deceive the patient, and to persuade him that the water was really wine. Προελθών (masc.) of several editions seems to be merely a misprint.

κείτο ὁ νοσῶν, συσκιάσαι παραπετάσμασι πολλοῖς, ἵνα μὴ τὸ φῶς ἐλέγξῃ τὸν δόλον, καὶ δίδωσιν ἐκπιεῖν ὡς ἀκράτου πεπληρωμένον. 72. Ὁ δὲ πρὶν εἰς τὰς χεῖρας λαβεῖν, ὑπὸ τῆς ὀσμῆς προσπεσούσης εὐθέως ἀπατηθεὶς, οὐδὲ πολυπραγμονεῖν ἠνέσχετο τὸ δοθέν· ἀλλὰ ταύτῃ πειθό- 5 μενος, καὶ τῷ σκότει κλαπεὶς, ὑπό τε τῆς ἐπιθυμίας ἐπειγόμενος, ἔσπασε τοῦ δοθέντος μετὰ πολλῆς τῆς προθυμίας· καὶ ἐμφορηθεὶς ἀπετινάξατο τὸ πνῖγος εὐθέως, καὶ τὸν ἐπικείμενον ἐξέφυγε κίνδυνον. 73. Εἶδες τῆς ἀπάτης τὸ κέρδος; καὶ εἰ πάντας βούλοιτό τις τῶν ἰατρῶν καταλέγειν 10 τοὺς δόλους, εἰς ἄπειρον ἐκπεσεῖται μῆκος ὁ λόγος. 74. Οὐ μόνον δὲ τοὺς τὰ σώματα θεραπεύοντας, ἀλλὰ καὶ τοὺς τῶν ψυχικῶν νοσημάτων ἐπιμελομένους εὕροι τις ἂν συνεχῶς τούτῳ κεχρημένους τῷ φαρμάκῳ. οὕτω τὰς πολλὰς μυριάδας ἐκείνας τῶν Ἰουδαίων ὁ μακάριος προση- 15 γάγετο Παῦλος. μετὰ ταύτης τῆς προαιρέσεως περιέτεμε τὸν Τιμόθεον, ὁ Γαλάταις ἐπιστέλλων, ὅτι Χριστὸς οὐδὲν ὠφελήσει τοὺς περιτεμνομένους. διὰ τοῦτο ὑπὸ νόμον ἐγίνετο, ὁ ζημίαν ἡγούμενος μετὰ τὴν εἰς Χριστὸν πίστιν τὴν ἀπὸ τοῦ νόμου δικαιοσύνην. 75. Πολλὴ γὰρ ἡ τῆς 20 ἀπάτης ἰσχὺς, μόνον μὴ μετὰ δολερᾶς προσαγέσθω τῆς προαιρέσεως· μᾶλλον δὲ οὐδὲ ἀπάτην τὸ τοιοῦτον δεῖ καλεῖν, ἀλλ' οἰκονομίαν τινὰ, καὶ σοφίαν, καὶ τέχνην ἱκανὴν

6 σκοτῳ cfhwxz || 7 εσπ. το δοθεν mnx vulg || εσπουδασε του δοθεντος μετα π. τ. προθ. λαβειν c σπουδασαι του δοθεντος μ. π. τ. πρ. λαβειν girw || 8 τον επικινδυνον εξεφ. θανατον w || 9 εφυγε vulg || 11 απειλων y' vulg || 21 προαγεσθω vulg

5. πολυπραγμονεῖν τ. δ.] 'to enquire closely into what was offered him.' For this use of πολυπραγμονεῖν 'to examine,' with accus., cp. Greg. Nyss. Or. Cat. 32 πολυπραγμονεῖν τὸ θειότερον.
ib. ταύτῃ] sc. τῇ ὀσμῇ.
7. ἔσπασε] 'drained': cp. ἕλκω, Lat. duco, in the same sense. The genitive with σπᾶν is cited from Athenaeus and Philo. The reading τὸ δοθέν (see critical note) is probably due to πολυπρ. ἠνέσχ. τὸ δοθέν above (Bengel).
15. μυριάδας ἐκείνας] A reference to Acts xxi 20.
16. περιέτεμε τὸν Τιμ.] Acts xvi 3.
17. ὁ Γαλ.] Gal. v 2.
18. ὑπὸ νόμον] 1 Cor. ix 20.
19. ὁ ζημ. ἡγ.] Phil. iii 7.
23. οἰκονομίαν] Cp. on εἰ δὲ οὐκ ἀεί above: and see Suicer s.v.

πολλοὺς πόρους ἐν τοῖς ἀπόροις εὑρεῖν, καὶ πλημμελείας ἐπανορθῶσαι ψυχῆς. 76. Οὐδὲ γὰρ τὸν Φινεὲς ἀνδροφόνον εἴποιμ' ἂν ἔγωγε, καίτοι γε μιᾷ πληγῇ δύο σώματα ἀνεῖλεν· ὥσπερ οὐδὲ τὸν Ἠλίαν μετὰ τοὺς ἑκατὸν στρα-
5 τιώτας καὶ τοὺς τούτων ἡγεμόνας καὶ τὸν πολὺν τῶν αἱμάτων χειμάρρουν, ὃν ἐκ τῆς τῶν ἱερωμένων τοῖς δαίμοσιν ἐποίησε ῥεῦσαι σφαγῆς. 77. Εἰ γὰρ τοῦτο συγχωρήσαιμεν, καὶ τὰ πράγματά τις τῶν πεποιηκότων τῆς προαιρέσεως γυμνώσας ἐξετάζοι καθ' ἑαυτά, καὶ τὸν
10 Ἀβραὰμ παιδοκτονίας ὁ βουλόμενος κρινεῖ, καὶ τὸν ἔγγονον τὸν ἐκείνου καὶ τὸν ἀπόγονον κακουργίας καὶ δόλου γράψεται· οὕτω γὰρ ὁ μὲν τῶν τῆς φύσεως ἐκράτησε πρεσβείων, ὁ δὲ τὸν τῶν Αἰγυπτίων πλοῦτον εἰς τὸν τῶν Ἰσραηλιτῶν μετήνεγκε στρατόν. 78. Ἀλλ' οὐκ ἔστι
15 ταῦτα, οὐκ ἔστιν· ἄπαγε τῆς τόλμης· οὐ γὰρ μόνον αὐτοὺς αἰτίας ἀφίεμεν, ἀλλὰ καὶ θαυμάζομεν διὰ ταῦτα· ἐπεὶ καὶ ὁ θεὸς αὐτοὺς διὰ ταῦτα ἐπῄνεσεν. 79. Καὶ γὰρ ἀπατεὼν ἐκεῖνος ἂν εἴη καλεῖσθαι δίκαιος ὁ τῷ πράγματι κεχρημένος ἀδίκως, καὶ πολλάκις ἀπατῆσαι δέον καὶ τὰ μέγιστα
20 διὰ ταύτης ὠφελῆσαι τῆς τέχνης. ὁ δὲ ἐξ εὐθείας προσενεχθεὶς κακὰ μεγάλα τὸν οὐκ ἀπατηθέντα εἰργάσατο.

8 τα πραγματα της των πεποι. προαιρ. τις vulg || 9 και τον Αβ. παιδοκτονον αποφαινομενος ερει z || 10 εκγονον afwxy || 19 αδικως]+ουχ ο μεθ' υγιους γνωμης τουτο ποιων a'x vulg

In one or two passages of the de sac. (e.g. iii 11) οἰκονομία = 'office,' 'administration': see Lightfoot's discussion of the word, *Notes on Eph. of St Paul* p. 319.
2. Φινεές] Numb. xxv 7.
3. καίτοι γε] instead of the simple καίτοι: it is found again in ii 1 (*bis*).
4. Ἠλίαν] 2 Kings i 12: and 1 Kings xviii 40.
10. Ἀβραάμ] Gen. xxii.
ib. ἔγγονον] The distinction drawn by some between ἔγγονος = 'son' and ἔκγονος 'descendant' does not seem to be universally accepted: Field *Homm. in* 1 *Thess.* 500 A. The sense required here is 'grandson.'
12. ὁ μέν] Jacob: Gen. xxvii.
13. ὁ δέ] Moses: Ex. xi 2.
14. οὐκ ἔστι κτλ.] Cp. iii 5 οὗτοι γάρ εἰσιν, οὗτοι: iii 10 δεινὸν γὰρ ἀληθῶς, δεινόν. The repetition is rhetorical: Cognet p. 79.
15. ἄπαγε τῆς τόλμης] '*out on their effrontery*': cp. ἄπαγε τῆς μανίας iii 5.
20. ἐξ εὐθείας] '*in a straightforward manner*': cp. τὸν ἐπ' εὐθείας δρόμον vi 8.

ΛΟΓΟΣ Β'.

Τάδε ἔνεστιν ἐν τῷ β' λόγῳ.

I. Ὅτι μέγιστον ἡ ἱερωσύνη τεκμήριον τῆς εἰς Χριστὸν ἀγάπης.
II. Ὅτι ἡ ταύτης ὑπηρεσία τῆς τῶν ἄλλων μείζων.
III. Ὅτι μεγάλης δεῖται ψυχῆς καὶ θαυμαστῆς.
IV. Ὅτι πολλῆς τὸ πρᾶγμα δυσκολίας γέμει, καὶ κινδύνων.
V. Ὅτι τῆς εἰς Χριστὸν ἀγάπης ἕνεκεν τὸ πρᾶγμα ἐφύγομεν.
VI. Ἀπόδειξις τῆς ἀρετῆς τοῦ Βασιλείου, καὶ τῆς ἀγάπης τῆς σφοδρᾶς.
VII. Ὅτι οὐχ ὑβρίσαι βουλόμενοι τοὺς ψηφισαμένους ἐφύγομεν τὴν χειροτονίαν.
VIII. Ὅτι καὶ μέμψεως αὐτοὺς ἀπηλλάξαμεν διὰ τῆς φυγῆς.

I. 80. Ὅτι μὲν οὖν ἔστι καὶ ἐπὶ καλῷ τῇ τῆς ἀπάτης κεχρῆσθαι δυνάμει, μᾶλλον δὲ ὅτι μηδὲ ἀπάτην δεῖ τὸ τοιοῦτον καλεῖν, ἀλλ' οἰκονομίαν τινὰ θαυμαστὴν, ἐνῆν μὲν καὶ πλείονα λέγειν. ἐπειδὴ δὲ καὶ τὰ εἰρημένα πρὸς

I., II. Chrysostom develops his argument that the deception was for Basil's good, as it was the means of helping him to fulfil the highest duty of a Christian: viz. that imposed by Christ upon St Peter when He bade him 'feed His sheep.' Chrysostom adds that the difficulty of guarding the sheep of Christ is far greater than any earthly analogy could suggest.

1. ἐπὶ καλῷ] 'with good intent.'
2. κεχρῆσθαι] The perfect of χρῆσθαι seems to be occasionally used with a present meaning, perhaps on the analogy of κεκτῆσθαι: see Clem. Alex. *Stromateis* vii (ed. Hort-Mayor) p. 226.

ἀπόδειξιν ἱκανὰ γέγονε, φορτικὸν καὶ ἐπαχθὲς περιττὸν τῷ λόγῳ προστιθέναι μῆκος· σὸν δὲ ἂν εἴη δεικνύναι λοιπόν, εἰ μὴ τῷ πράγματι τούτῳ πρὸς τὸ κέρδος ἐχρησάμεθα τὸ σόν, 81. Καὶ ὁ Βασίλειος· Καὶ ποῖον ἡμῖν
5 κέρδος, φησὶν, ἐκ ταύτης γέγονε τῆς οἰκονομίας, ἢ σοφίας, ἢ ὅπως ἂν αὐτὴν χαίρῃς καλῶν, ἵνα πεισθῶμεν ὅτι οὐκ ἠπατήμεθα παρὰ σοῦ; 82. Καὶ τί τούτου τοῦ κέρδους, ἔφην, ἂν γένοιτο μεῖζον, ἢ τὸ ταῦτα φαίνεσθαι πράττοντας, ἅπερ δείγματα τῆς εἰς τὸν Χριστὸν ἀγάπης αὐτὸς ἔφησεν
10 εἶναι ὁ Χριστός; 83. Πρὸς γὰρ τὸν κορυφαῖον τῶν ἀποστόλων διαλεγόμενος, Πέτρε, φησὶν, φιλεῖς με; τούτου δὲ ὁμολογήσαντος, ἐπιλέγει· Εἰ φιλεῖς με, ποίμαινε τὰ πρόβατά μου. 84. Ἐρωτᾷ τὸν μαθητὴν ὁ διδάσκαλος, εἰ φιλοῖτο παρ᾽ αὐτοῦ, οὐχ ἵνα αὐτὸς μάθῃ· πῶς γὰρ, ὁ τὰς ἁπάντων
15 ἐμβατεύων καρδίας; ἀλλ᾽ ἵνα ἡμᾶς διδάξῃ, ὅσον αὐτῷ μέλει τῆς τῶν ποιμνίων ἐπιστασίας τούτων. τούτου δὲ ὄντος δήλου, κἀκεῖνο ὁμοίως ἔσται φανερόν, ὅτι πολὺς καὶ ἄφατος ἀποκείσεται μισθὸς τῷ περὶ ταῦτα πονουμένῳ, ἃ πολλοῦ τιμᾶται ὁ Χριστός. 85. Εἰ γὰρ ἡμεῖς, ὅταν ἴδωμεν
20 τῶν οἰκετῶν ἢ τῶν θρεμμάτων τῶν ἡμετέρων ἐπιμελουμένους τινὰς, τῆς περὶ ἡμᾶς ἀγάπης τὴν εἰς ἐκεῖνα σπουδὴν

13 ηρωτα cf || 20 om η ektz

1. φορ. καὶ ἐπ.] (it would be) 'wearisome and tedious': cp. Dem. de Pace 4 οὕτως ἡγοῦμαι φορτικὸν καὶ ἐπαχθές...ὥστε ἀποκνῶ. Chrys. frequently imitates Demosthenes: see *Introd.* p. xxxiii.
2. σόν] i.e. σὸν ἔργον, 'your duty.'
8. φαίνεσθαι πρ.] 'to be seen to do.'
10. τὸν κορυφαῖον] The fact that St Peter is here styled the 'leader' or 'chief' of the Apostles is no indication of Chrysostom's views with regard to the Roman See: cp. on ἕτερός τις iv 3: also Puller *The Primitive Saints and the See of Rome*[2] pp. 117–128.
11. Πέτρε] Jn. xxi 15 (Σίμων Ἰωάνου, ἀγαπᾷς με πλέον τούτων; κτλ. WH.).
14. ὁ τὰς ἁπάντων] The words ὁ...καρδίας form an iambic (senarius comicus). For other instances in the *de sac.* where the words of Chrys. compose a verse see iii 11 ὡς Χριστιανοῖς ἐστὶ προσῆκον ἀνδράσιν, iii 14 πρὸς τοὺς ἀγῶνας, ῥᾳδίως ἐλέγχεται, iv 2 πόθεν γὰρ ἔστιν ἐλπίσαι σωτηρίαν;. In these cases an iambic is formed. At iii 14, τοῦ καπνοῦ προσέφλεξε καὶ ἠμαύρωσεν ἅπασαν, we have a hexameter: and at iii 16, βιάζωνται διὰ τὴν τῆς γαστρὸς ἀνάγκην, part of a hexameter.
15. ἐμβατεύων] 'visiting': used in classical Greek with accus. or gen., not dative.

DE SACERDOTIO

τιθέμεθα σημεῖον, καίτοι γε ταῦτα πάντα χρημάτων ἐστὶν ὠνητά· ὁ μὴ χρημάτων μηδὲ ἄλλου τινὸς τοιούτου, ἀλλ' ἰδίῳ θανάτῳ τὸ ποίμνιον πριάμενος τοῦτο καὶ τιμὴν τῆς ἀγέλης τὸ αἷμα δοὺς τὸ ἑαυτοῦ, πόσῃ τοὺς ποιμαίνοντας αὐτὸ ἀμείψεται δωρεᾷ; διά τοι τοῦτο εἰπόντος τοῦ μαθη- 5 τοῦ· 86. Σὺ οἶδας, κύριε, ὅτι φιλῶ σε, καὶ μάρτυρα τῆς ἀγάπης αὐτὸν τὸν ἀγαπώμενον καλέσαντος· οὐκ ἔστη μέχρι τούτου ὁ σωτήρ, ἀλλὰ καὶ τὸ τῆς ἀγάπης προσέθηκε σημεῖον. 87. Οὐ γὰρ ὅσον ὁ Πέτρος αὐτὸν ἐφίλει, τότε ἐπιδεῖξαι ἐβούλετο (καὶ γὰρ ἐκ πολλῶν τοῦτο ἤδη ἡμῖν 10 γέγονε δῆλον)· ἀλλ' ὅσον αὐτὸς τὴν ἐκκλησίαν ἀγαπᾷ τὴν ἑαυτοῦ, καὶ Πέτρον καὶ πάντας ἡμᾶς μαθεῖν ἠθέλησεν, ἵνα καὶ ἡμεῖς πολλὴν περὶ αὐτὰ εἰσφέρωμεν τὴν σπουδήν. 88. Διὰ τί γὰρ υἱοῦ καὶ μονογενοῦς οὐκ ἐφείσατο ὁ θεός, ἀλλ' ὃν μόνον εἶχεν, ἐξέδωκεν; ἵνα τοὺς ἐχθρωδῶς πρὸς 15 αὐτὸν διακειμένους ἑαυτῷ καταλλάξῃ καὶ ποιήσῃ λαὸν περιούσιον. διὰ τί καὶ τὸ αἷμα ἐξέχεεν; ἵνα τὰ πρόβατα κτήσηται ταῦτα, ἃ τῷ Πέτρῳ καὶ τοῖς μετ' ἐκεῖνον ἐνεχείρισεν. 89. Εἰκότως ἄρα καὶ δικαίως ἔλεγεν ὁ Χριστός· Τίς ἄρα ὁ πιστὸς δοῦλος καὶ φρόνιμος, ὃν καταστήσει ὁ 20

5 αυτην y' vulg || 8 τουτων c vulg || 13 περι ταυτα cmu vulg || 15 εχθρως cu || 18 ενεχειριζεν ayz || 19 om και δικαιως vulg || 20 φρονιμος]+οικοδομος afxyz henr || κατεστησεν vulg

1. χρημάτων...ὠνητά] 'may be bought with money': the gen. is one of price, cp. ἄλλου τινὸς τοιούτου (next line). 'Ἰδίῳ θανάτῳ, on the other hand, is dative of the instrument: 'by means of His own death.'
3. τιμὴν τ. ἀγ.] 'as the price of His flock.'
7. τὸν ἀγαπώμενον] i.e. Christ.
ib. οὐκ ἔστη μέχρι τ.] 'did not stop at this point': cp. iii 15 οὐδὲ μέχρι τούτων ἵστανται μόνον, ii 7 οὐδὲ μέχρι ἐννοίας τετόλμηται: and (in an affirmative sentence) ii 2 μέχρι τῶν χρημάτων ἡ ζημία, iii 8 ὁ κίνδυνος σωματικοῦ μέχρι θανάτου. See Mason Five Orations p. 36.
14. υἱοῦ καὶ μονογ.] 'even His only-begotten Son': Jn i 18, iii 16.
ib. οὐκ ἐφείσατο] Rom. viii 32.
16. λαὸν περιούσιον] Tit. ii 14. Chrys. himself explains περιούσιον (Homm. in Tit. 759 D) as ἐξειλεγμένον, οὐδὲν ἔχοντα κοινὸν πρὸς τοὺς λοιποὺς. See also Ex. xix 5, Deut. vii 6 (LXX).
18. τῷ Πέτρῳ κτλ.] The successors of Peter are bishops in every country and every age: Puller l.c.
20. τίς ἄρα κτλ.] Matt. xxiv 45; cp. Lk. xii 42. Instead of ἐπὶ τῆς οἰκετείας (θεραπείας) of the Gospels, Chrys., quoting from memory, gives ἐπὶ τὴν οἰκίαν. WH. read κατέστησεν in Matt., καταστήσει in Lk.

κύριος αὐτοῦ ἐπὶ τὴν οἰκίαν αὐτοῦ; πάλιν τὰ μὲν ῥήματα ἀποροῦντος, ὁ δὲ φθεγγόμενος αὐτὰ οὐκ ἀπορῶν ἐφθέγγετο· ἀλλ' ὥσπερ τὸν Πέτρον ἐρωτῶν, εἰ φιλοῖτο, οὐ μαθεῖν δεόμενος τοῦ μαθητοῦ τὸν πόθον ἠρώτα, ἀλλὰ δεῖξαι
5 βουλόμενος τῆς οἰκείας ἀγάπης τὴν ὑπερβολήν, οὕτω καὶ νῦν λέγων· Τίς ἄρα ὁ πιστὸς δοῦλος καὶ φρόνιμος; οὐ τὸν πιστὸν καὶ φρόνιμον ἀγνοῶν ἔλεγεν, ἀλλὰ παραστῆσαι θέλων τὸ τοῦ πράγματος σπάνιον, καὶ τῆς ἀρχῆς ταύτης τὸ μέγεθος. ὅρα γοῦν καὶ τὸ ἔπαθλον ὅσον· Ἐπὶ πᾶσι
10 τοῖς ὑπάρχουσιν αὐτοῦ καταστήσει αὐτόν. 90. Ἔτι οὖν ἀμφισβητήσεις ἡμῖν τοῦ μὴ καλῶς ἠπατῆσθαι, πᾶσι μέλλων ἐπιστήσεσθαι τοῦ θεοῦ τοῖς ὑπάρχουσι, καὶ ταῦτα πράττων, ἃ καὶ τὸν Πέτρον ποιοῦντα ἔφησε δυνήσεσθαι τῶν ἀποστόλων ὑπερακοντίσαι τοὺς λοιπούς. Πέτρε γάρ,
15 φησι, φιλεῖς με πλεῖον τούτων; ποίμαινε τὰ πρόβατά μου. 91. καίτοι γ' ἐνῆν εἰπεῖν πρὸς αὐτόν, Εἰ φιλεῖς με, νηστείαν ἄσκει, χαμευνίαν, ἀγρυπνίας συντόνους, προΐστασο τῶν ἀδικουμένων, γίνου ὀρφανοῖς ὡς πατήρ, καὶ ἀντὶ ἀνδρὸς τῇ

1 επι της οικιας c ‖ 9 ποσον fxz oliv ‖ 10 αυτον]+φησιν vulg ‖ 13 πραττειν abfxyz henr ‖ εφηκε y vulg ‖ 14 των αποστολων] και των αποστολων vulg ‖ 15 om ποιμαινε τα προβατα μου c

1. τὰ μὲν ῥήματα] sc. ἐστί. 'The words indicate perplexity.' For the construction cp. vi 11 τοῦτο οὐδὲν ἕτερον δηλοῦντός ἐστιν ἢ κτλ. (note).
7. παραστῆσαι κτλ.] 'desirous of proving how rare this is' (i.e. fidelity).
12. ταῦτα πράττων κτλ.] The order of the words is ἃ ποιοῦντα τὸν Πέτρον ἔφησε κτλ.: 'by doing which Peter would be able (so Christ said) to surpass' etc. The subject of ἔφησε is ὁ Χριστός (to be supplied from the context). For the general structure of the sentence cp. ii 1 ἅπερ δείγματα τῆς...ἀγάπης αὐτὸς ἔφησεν εἶναι ὁ Χριστός, ii 11 εἰκότως ἄρα τῆς...ἀγάπης τὴν...σπουδὴν ὁ

Κύριος ἔφησεν εἶναι σημεῖον. Ἐφῆκεν, 'permitted,' which is the vulgate reading, could not take a *future* infin. (δυνήσεσθαι).
16. νηστείαν] Chrys. often maintains the necessity of fasting (especially during Lent): cp. iii 12, vi 5: Puech p. 214.
17. χαμευνίαν] 'couching on the ground': a species of mortification of the flesh practised by ascetics in all ages: cp. Hom. *Il*. xvi 235 (of the Σελλοί, priests at Dodona) ἀνιπτόποδες χαμαιεῦναι, Chrys. *adv. oppugn. vit. monast.* II 59 B ἔστω δὲ καὶ ἀνυπόδετος καὶ χαμαὶ καθευδέτω: see also *DCA* 'Mortification.'
18. γίνου ὀρφανοῖς ὡς π.] Ecclus. iv 10.

μητρὶ αὐτῶν. νῦν δὲ πάντα ταῦτα ἀφεὶς τί φησι; Ποίμαινε τὰ πρόβατά μου. II. 92. Ἐκεῖνα μὲν γάρ, ἃ προεῖπον, καὶ τῶν ἀρχομένων πολλοὶ δύναιντ' ἂν ἐπιτελεῖν ῥᾳδίως, οὐκ ἄνδρες μόνον, ἀλλὰ καὶ γυναῖκες· ὅταν δὲ ἐκκλησίας προστῆναι δέῃ καὶ ψυχῶν ἐπιμέλειαν πιστευ- 5 θῆναι τοσούτων, πᾶσα μὲν ἡ γυναικεία φύσις παραχωρείτω τῷ μεγέθει τοῦ πράγματος, καὶ ἀνδρῶν δὲ τὸ πλέον· 93. ἀγέσθωσαν δὲ εἰς μέσον οἱ πολλῷ τῷ μέτρῳ πλεονεκτοῦντες ἁπάντων, καὶ τοσοῦτον ὑψηλότεροι τῶν ἄλλων κατὰ τὴν τῆς ψυχῆς ὄντες ἀρετήν, ὅσον τοῦ παντὸς ἔθνους 10 Ἑβραίων κατὰ τὸ τοῦ σώματος μέγεθος ὁ Σαούλ, μᾶλλον δὲ καὶ πολλῷ πλέον. 94. Μὴ γάρ μοι μόνον ὑπερωμίας ἐνταῦθα ζητείσθω μέτρον, ἀλλ' ὅση πρὸς τὰ ἄλογα τῶν λογικῶν ἀνθρώπων ἡ διαφορά, τοσοῦτον τοῦ ποιμένος καὶ τῶν ποιμαινομένων ἔστω τὸ μέσον, ἵνα μὴ καὶ πλέον τι 15 εἴπω· καὶ γὰρ περὶ πολλῷ μειζόνων ὁ κίνδυνος. 95. Ὁ μὲν γὰρ πρόβατα ἀπολλὺς, ἢ λύκων ἁρπασάντων ἢ λῃστῶν ἐπιστάντων, ἢ λοιμοῦ τινος ἢ καὶ ἄλλου συμπτώματος ἐπιπεσόντος, τύχοι μὲν ἄν τινος καὶ συγγνώμης παρὰ τοῦ κυρίου τῆς ποίμνης· εἰ δὲ καὶ δίκην ἀπαιτοῖτο, μέχρι τῶν 20 χρημάτων ἡ ζημία. ὁ δὲ ἀνθρώπους πιστευθείς, τὸ λογικὸν τοῦ Χριστοῦ ποίμνιον, πρῶτον μὲν οὐκ εἰς χρήματα, ἀλλ' εἰς τὴν ἑαυτοῦ ψυχὴν τὴν ζημίαν ὑφίσταται, ὑπὲρ τῆς τῶν

5 εμπιστευθηναι fx

II. 5. ἐπιμέλειαν π.] For the accus. with πιστεύεσθαι cp. Rom. iii 2 (ἐπιστεύθησαν τὰ λόγια τοῦ θεοῦ), 1 Cor. ix 17. Verbs which in the active take a dative of the person and an accus. of the thing retain the latter in the passive: Lightfoot *Notes on Epp. of St Paul* p. 21.
8. οἱ πολλῷ κτλ.] '*those who are far beyond all others.*' For πλεονεκτεῖν with gen. cp. iv 7 τῶν ἄλλων ἀποστόλων ἐπλεονέκτησεν ὁ μακάριος.
11. ὁ Σαούλ] 1 Sam. ix 2.
12. ὑπερωμίας] '*the part above the shoulders*': so used in the LXX at 1 Sam. ix 2, x 23.
13. ὅση πρὸς κτλ.] '*let the difference between shepherd and sheep be as great as the distinction between rational and irrational creatures*': i.e. between men and animals. For examples of this use of τὸ μέσον see Index III: and for the variation ἡ διαφορά...τὸ μέσον cp. vi 5 τὸ διάφορον...τὸ μέσον.
20. εἰ δὲ καὶ δίκην κτλ.] '*even if he were called on to make reparation.*'

προβάτων ἀπωλείας. 96. Ἔπειτα καὶ τὸν ἀγῶνα πολλῷ μείζονα καὶ χαλεπώτερον ἔχει. οὐ γὰρ αὐτῷ πρὸς λύκους ἡ μάχη, οὐδὲ ὑπὲρ λῃστῶν δέδοικεν, οὐδὲ ἵνα λοιμὸν ἀπελάσῃ τῆς ποίμνης φροντίζει. 97. Ἀλλὰ πρὸς τίνας
5 ὁ πόλεμος; μετὰ τίνων ἡ μάχη; ἄκουε τοῦ μακαρίου Παύλου λέγοντος· Οὐκ ἔστιν ἡμῖν ἡ πάλη πρὸς αἷμα καὶ σάρκα, ἀλλὰ πρὸς τὰς ἀρχάς, πρὸς τὰς ἐξουσίας, πρὸς τοὺς κοσμοκράτορας τοῦ σκότους τοῦ αἰῶνος τούτου, πρὸς τὰ πνευματικὰ τῆς πονηρίας, ἐν τοῖς ἐπουρανίοις. εἶδες
10 πολεμίων πλῆθος δεινὸν, καὶ φάλαγγας ἀγρίας, οὐ σιδήρῳ πεφραγμένας, ἀλλ' ἀντὶ πάσης πανοπλίας ἀρκουμένας τῇ φύσει; 98. Βούλει καὶ ἕτερον στρατόπεδον ἰδεῖν ἀπηνὲς καὶ ὠμὸν, ταύτῃ προσεδρεῦον τῇ ποίμνῃ; καὶ τοῦτο ἀπὸ τῆς αὐτῆς ὄψει περιωπῆς. ὁ γὰρ περὶ ἐκείνων διαλεχθεὶς,
15 οὗτος καὶ τούτους ἡμῖν ὑποδεικνύει τοὺς ἐχθροὺς, ὧδέ πως λέγων· Φανερὰ δέ ἐστι τὰ τῆς σαρκὸς ἔργα, ἅτινά ἐστι, πορνεία, μοιχεία, ἀκαθαρσία, ἀσέλγεια, εἰδωλολατρεία, φαρμακεία, ἔχθραι, ἔρεις, ζῆλοι, θυμοί, ἐριθεῖαι, καταλαλιαί, ψιθυρισμοὶ, φυσιώσεις, ἀκαταστασίαι, καὶ ἕτερα
20 τούτων πλείονα. οὐ γὰρ πάντα κατέλεξεν, ἀλλ' ἐκ τού-

4 φροντίζει] post hoc, verba αλλα πως τους πιστευοντας διασωσῃ απο των αει εφεδρευοντων δαιμονων· οτι προς τουτους και μετα τουτων η μαχη, ακουε του μακαριου Παυλου κτλ. habent htz ‖ 5 μαχη] παλη cfmnpuw berl ‖ 14 εκεινων]+ημιν vulg ‖ 15 υποδεικνυσι vulg ‖ εχθρους] ορους c ‖ 18 φαρμακεῖαι fyz henr

6. οὐκ ἔστιν ἡμῖν] Eph. vi 12 (τοῦ σκότους τούτου WH., omitting τοῦ αἰῶνος).
11. ἀντὶ πάσης κτλ.] 'content with nature (i.e. their natural ferocity) instead of any suit of armour.'
12. στρατόπεδον] 'army.' The simile of the two armies is more fully worked out in vi 12.
ib. ἀπηνὲς καὶ ὠμόν] 'cruel and savage.'
13. προσεδρεῦον] See on i 1 (προσεδρεύοντα).

14. περιωπῆς] 'place of vantage,' commanding a wide view.
15. ὧδέ πως λέγων] Gal. v 19 and 2 Cor. xii 20: cf. Rom. i 29. See Lightfoot Galatians⁹ p. 49, and his notes on v 19. WH. read τὰ ἔργα τῆς σαρκός (not τὰ τ. σ. ἔργα), ἔρις not ἔρεις, ζῆλος not ζῆλοι, and omit μοιχεία. Καταλαλιαί and the three following words are from 2 Cor. xii 20.
18. φαρμακεία='witchcraft': ἐριθεῖαι='caballings,' 'factiousness.'

DE SACERDOTIO

τῶν ἀφῆκεν εἰδέναι καὶ τὰ λοιπά. 99. Καὶ ἐπὶ μὲν τοῦ ποιμένος τῶν ἀλόγων, οἱ βουλόμενοι διαφθεῖραι τὴν ἀγέλην, ὅταν ἴδωσι τὸν ἐφεστῶτα φεύγοντα, τὴν πρὸς ἐκεῖνον μάχην ἀφέντες ἀρκοῦνται τῇ τῶν θρεμμάτων ἁρπαγῇ· ἐνταῦθα δὲ, κἂν ἅπασαν λάβωσι τὴν ποίμνην, οὐδ᾽ οὕτω 5 τοῦ ποιμαίνοντος ἀφίστανται, ἀλλὰ μᾶλλον ἐφεστήκασι, καὶ πλέον θρασύνονται, καὶ οὐ πρότερον παύονται, ἕως ἂν ἢ καταβάλωσιν ἐκεῖνον ἢ νικηθῶσιν αὐτοί. 100. Πρὸς δὲ τούτοις τὰ μὲν τῶν θρεμμάτων νοσήματα καθέστηκε φανερὰ, κἂν λιμὸς ᾖ, κἂν λοιμὸς, κἂν τραῦμα, κἂν ὁτιδηποτοῦν ἕτερον 10 ᾖ τὸ λυποῦν· οὐ μικρὸν δὲ τοῦτο δύναιτ᾽ ἂν πρὸς τὴν τῶν ἐνοχλούντων ἀπαλλαγήν. 101. Ἔνι δέ τι καὶ ἕτερον τούτου μεῖζον, τὸ ποιοῦν ταχεῖαν τῆς ἀρρωστίας ἐκείνης τὴν λύσιν. τί δὲ τοῦτό ἐστι; μετὰ πολλῆς τῆς ἐξουσίας καταναγκάζουσι τὰ πρόβατα οἱ ποιμένες δέχεσθαι τὴν ἰατρείαν, 15 ὅταν ἑκόντα μὴ ὑπομένῃ. καὶ γὰρ δῆσαι εὔκολον, ὅταν καῦσαι δέῃ καὶ τεμεῖν· καὶ φυλάξαι ἔνδον ἐπὶ χρόνον πολὺν, ἡνίκα ἂν τοῦτο συμφέρῃ· καὶ ἑτέραν δὲ ἀνθ᾽ ἑτέρας προσαγαγεῖν τροφὴν, καὶ ἀποκωλῦσαι ναμάτων· καὶ τὰ ἄλλα δὲ πάντα, ὅσα περ ἂν δοκιμάσωσι πρὸς τὴν ἐκείνων 20 ὑγίειαν συμβαλέσθαι, μετὰ πολλῆς προσάγουσι τῆς εὐκολίας. 102. Τὰς δὲ τῶν ἀνθρώπων ἀρρωστίας πρῶτον μὲν οὐκ ἔστιν ἀνθρώπῳ ῥᾴδιον ἰδεῖν· οὐδεὶς γὰρ οἶδε τὰ τοῦ

2 την ποιμνην cxy vulg || 6 του ποιμενος cxy vulg || 9 προβατων abfxyz henr || 14 τι δαι fx || 19 προσαγειν vulg || 21 συμβαλλεσθαι vulg || 23 οιδε(ν)] + ανθρωπων yz vulg

1. ἐπὶ μὲν τ. π.] 'in the case of the shepherd.'
10. κἂν ὁτιδ. κτλ.] 'whatever else the trouble may be.'
16. ὅταν καῦσαι κτλ.] 'when it is necessary to use cautery or the knife': i.e. to resort to drastic methods of treatment. Cp. ii 3 καῦσαι καὶ τεμεῖν, Greg. Nyss. Or. Cat. 8 (p. 46 Srawley) τομαὶ καὶ καυτήρια.
19. ναμάτων] 'water' (adv. oppugn. vit. monast. II 61 A): a word

chiefly used in verse, but also in prose by Plato.
23. οὐδεὶς γάρ κτλ.] 1 Cor. ii 11, apparently cited from memory. WH. read τίς γὰρ οἶδεν ἀνθρώπων τὰ τοῦ ἀνθρώπου εἰ μὴ κτλ. The present passage has been used to illustrate the attitude of Chrys. towards confession. While he sometimes lays stress on the power of the priest to forgive sins (iii 5), at other times he urges sinners to confess directly to God: de incom-

ἀνθρώπου, εἰ μὴ τὸ πνεῦμα τοῦ ἀνθρώπου τὸ ἐν αὐτῷ.
III. πῶς οὖν τις προσαγάγοι τῆς νόσου τὸ φάρμακον, ἧς τὸν τρόπον οὐκ οἶδε, πολλάκις δὲ μηδὲ εἰ τυγχάνοι νοσῶν δυνάμενος συνιδεῖν; 103. Ἐπειδὰν δὲ καὶ καταφανὴς
5 γένηται, τότε πλεῖον αὐτῷ παρέχει τὴν δυσχέρειαν. οὐ γάρ ἐστι μετὰ τοσαύτης ἐξουσίας ἅπαντας θεραπεύειν ἀνθρώπους, μεθ᾽ ὅσης τὸ πρόβατον ὁ ποιμήν. ἔστι μὲν γὰρ καὶ ἐνταῦθα καὶ δῆσαι, καὶ τροφῆς ἀπεῖρξαι, καὶ καῦσαι, καὶ τεμεῖν· ἀλλ᾽ ἡ ἐξουσία τοῦ δέξασθαι τὴν
10 ἰατρείαν οὐκ ἐν τῷ προσάγοντι τὸ φάρμακον ἀλλ᾽ ἢ ἐν τῷ κάμνοντι κεῖται. τοῦτο γὰρ καὶ ὁ θαυμάσιος ἐκεῖνος ἀνὴρ συνειδὼς Κορινθίοις ἔλεγεν· Οὐχ ὅτι κυριεύομεν ὑμῶν τῆς πίστεως, ἀλλὰ συνεργοί ἐσμεν τῆς χαρᾶς ὑμῶν. 104. Μάλιστα μὲν γὰρ ἁπάντων Χριστιανοῖς οὐκ ἐφεῖται πρὸς βίαν
15 ἐπανορθοῦν τὰ τῶν ἁμαρτανόντων πταίσματα. ἀλλ᾽ οἱ μὲν ἔξωθεν δικασταὶ τοὺς κακούργους ὅταν ὑπὸ τοῖς νόμοις λάβωσι, πολλὴν ἐπιδείκνυνται τὴν ἐξουσίαν, καὶ ἄκοντας τοῖς τρόποις κωλύουσι χρῆσθαι τοῖς αὐτῶν· ἐνταῦθα δὲ οὐ βιαζόμενον ἀλλὰ πείθοντα δεῖ ποιεῖν ἀμείνω τὸν τοιοῦτον.

5 δυσκολιαν Cx vulg || 10 αλλ᾽ εν τω καμνοντι yz vulg || 12 συνιδων mnuy vulg

prehensibili v 7 (490 C): see Puech p. 212, Montfaucon *Diatriba* I.
For Chrysostom's views on the subject of penance see *Introd.* p. xxi sq.
III. *In cases of spiritual sickness among his flock, the Christian shepherd must use gentle, in preference to drastic, remedies.*
6. ἅπαντας] This word has been suspected, and various conjectures (κάμνοντας, ἄκοντας) have been made. But the text seems to be right. *All* men cannot be treated with a high hand, though some can: cp. vi 4 οὐ γάρ ἐστιν ἐνὶ τρόπῳ χρῆσθαι τοῖς ἀρχομένοις ἅπασιν, ἐπειδὴ μηδὲ...ἐνὶ νόμῳ τοῖς κάμνουσι πᾶσι προσφέρεσθαι καλόν.
11. ὁ θαυμάσιος...ἀνήρ] St Paul: the passage here cited is 2 Cor. i 24.
14. Χριστιανοῖς] We may recall the fact that this name was first given to the disciples in Chrysostom's native city, Antioch: Acts xi 26, cp. *Homm. in Matt.* 116 A. The right, or at least the expediency, of persecution for religious belief is here contested: see on this Puech pp. 202 sqq. The practice of Chrysostom was not always on a level with his precepts, as Puech shews.
15. οἱ μὲν ἔξωθεν] See on i 4 (τοὺς ἔξωθεν).
16. ὑπὸ τοῖς νόμοις] Cp. vi 12 ὑπὸ τοῖς ὀρθοῖς αὐτὰ τίθησι λογισμοῖς.

105. Οὔτε γὰρ ἡμῖν ἐξουσία τοσαύτη παρὰ τῶν νόμων δέδοται πρὸς τὸ κωλύειν τοὺς ἁμαρτάνοντας, οὔτε, εἰ καὶ ἔδωκαν, εἴχομεν ὅποι καὶ χρησόμεθα τῇ δυνάμει· οὐ τοὺς ἀνάγκῃ τῆς κακίας, ἀλλὰ τοὺς προαιρέσει ταύτης ἀπεχομένους στεφανοῦντος τοῦ θεοῦ. 106. Διὰ τοῦτο πολλῆς χρεία τῆς μηχανῆς, ἵνα πεισθῶσιν ἑκόντες ἑαυτοὺς ὑπέχειν ταῖς παρὰ τῶν ἱερέων θεραπείαις οἱ κάμνοντες· καὶ οὐ τοῦτο μόνον, ἀλλ᾽ ἵνα καὶ χάριν εἰδῶσι τῆς ἰατρείας αὐτοῖς. 107. Ἄν τε γάρ τις σκιρτήσῃ δεθεὶς (κύριος γάρ ἐστι τούτου), χεῖρον εἰργάσατο τὸ δεινόν· ἄν τε τοὺς σιδήρου τέμνοντας δίκην παραπέμψηται λόγους, προσέθηκε διὰ τῆς καταφρονήσεως τραῦμα ἕτερον, καὶ γέγονεν ἡ τῆς θεραπείας πρόφασις νόσου χαλεπωτέρας ὑπόθεσις. ὁ γὰρ καταναγκάζων καὶ ἄκοντα θεραπεῦσαι δυνάμενος οὐκ ἔστι. IV. 108. Τί οὖν ἄν τις ποιήσειε; καὶ γὰρ ἐὰν πραότερον προσενεχθῇς τῷ πολλῆς ἀποτομίας δεομένῳ, καὶ μὴ δῷς βαθεῖαν τὴν τομὴν τῷ τοιαύτης χρείαν ἔχοντι, τὸ μὲν περιέκοψας, τὸ δὲ ἀφῆκας τοῦ τραύματος. 109. Κἂν ἀφειδῶς τὴν ὀφειλομένην ἐπαγάγῃς τομήν, πολλάκις

1 ου γαρ fxyz vulg ‖ 3 οπου χρησ. vulg ‖ 4 κακιας]+απεχομενους vulg ‖ 6 πεισωσιν εκοντας...τους καμνοντας abcfxyz ‖ 9 τις] ποτε y vulg ‖ κυριος δε εστι ch ‖ 17 την πληγην Cx vulg

2. οὔτε εἰ καὶ κτλ.] 'and even if they (the laws) gave the power, we should not know how (lit. to what purpose) to use it: since God crowns (rewards) not those who are forcibly kept from evil, but those who deliberately refrain from it.'
9. κύριος γάρ ἐ. τ.] 'for he can still do this' (in spite of his bonds).
10. εἰργάσατο] gnomic aorist.
ib. ἄν τε τούς κτλ.] 'and if he neglect the words which cut like steel': i.e. sharp words of rebuke. Σιδήρου δίκην are to be taken together: cp. φωτὸς δίκην 'like a light' vi 4, καπνοῦ δίκην vi 8 sub fin.
13. ὑπόθεσις] 'foundation.'

ib. ὁ...καταναγκ.] Cp. on i 2 (ὁ κωλύσων οὐδείς).
IV. The particular kind of treatment will vary with the character of each individual, and this must be carefully studied. Excessive severity may be very harmful: on the other hand, offenders must not be allowed to go altogether unpunished.
On the subject of this chapter, viz. the differences of individual temperament and the need for studying them, cp. vi 4, and see Gore The Church and the Ministry[4] p. 146. Gregory the Great gave the matter special prominence in his Regula Pastoralis (ii, iii).

ἀπογνοὺς πρὸς τὰς ἀλγηδόνας ἐκεῖνος, ἀθρόως πάντα ἀπορρίψας, καὶ τὸ φάρμακον καὶ τὸν ἐπίδεσμον, φέρων ἑαυτὸν κατεκρήμνισε, συντρίψας τὸν ζυγὸν καὶ διαρρήξας τὸν δεσμόν. καὶ πολλοὺς ἂν ἔχοιμι λέγειν, τοὺς εἰς ἔσχατα 5 ἐξοκείλαντας κακά, διὰ τὸ δίκην ἀπαιτηθῆναι τῶν ἁμαρτημάτων ἀξίαν. 110. Οὐ γὰρ ἁπλῶς πρὸς τὸ τῶν ἁμαρτημάτων μέτρον δεῖ καὶ τὴν ἐπιτιμίαν ἐπάγειν, ἀλλὰ καὶ τῆς τῶν ἁμαρτανόντων στοχάζεσθαι προαιρέσεως· μή ποτε ῥάψαι τὸ διερρωγὸς βουλόμενος, χεῖρον τὸ σχίσμα ποιήσῃς, 10 καὶ ἀνορθῶσαι τὸ καταπεπτωκὸς σπουδάζων, μείζονα ἐργάσῃ τὴν πτῶσιν. 111. Οἱ γὰρ ἀσθενεῖς καὶ διακεχυμένοι, καὶ τὸ πλέον τῇ τοῦ κόσμου προσδεδεμένοι τρυφῇ, ἔτι δὲ καὶ ἐπὶ γένει καὶ δυναστείᾳ μέγα φρονεῖν ἔχοντες, ἠρέμα μὲν καὶ κατὰ μικρὸν, ἐν οἷς ἂν ἁμαρτάνωσιν, ἐπιστρεφόμενοι, 15 δύναιντ᾽ ἄν, εἰ καὶ μὴ τέλεον, ἀλλὰ γοῦν ἐκ μέρους· τῶν κατεχόντων αὐτοὺς ἀπαλλαγῆναι κακῶν· ἂν δὲ ἀθρόον τις ἐπαγάγῃ τὴν παίδευσιν, καὶ τῆς ἐλάττονος αὐτοὺς ἀπεστέρησε διορθώσεως. 112. Ψυχὴ γὰρ ἐπειδὰν ἅπαξ ἀπερυθριᾶσαι βιασθῇ, εἰς ἀναλγησίαν ἐκπίπτει, καὶ οὔτε 20 προσηνέσιν εἴκει λόγοις λοιπὸν, οὔτε ἀπειλαῖς κάμπτεται, οὔτε εὐεργεσίαις προτρέπεται, ἀλλὰ γίνεται πολὺ χείρων τῆς πόλεως ἐκείνης, ἣν ὁ προφήτης κακίζων ἔλεγεν· Ὄψις πόρνης ἐγένετό σοι, ἀπηναισχύντησας πρὸς πάντας. 113. Διὰ τοῦτο πολλῆς δεῖ τῆς συνέσεως τῷ ποιμένι καὶ

1 απαντα ριψας Cx vulg || 5 παραπτωματων vulg || 12 δεδεμενοι yz || 15 αλλ᾽ ουν εκ μερους fpxyz || 16 αθροαν vulg || 17 παιδειαν x vulg || 18 εις απαξ vulg || 19 εμπιπτει f || 21 ουκ ενεργ. vulg || 23 προς] εις y

1. ἀπογνούς κτλ.] 'in despair at his sufferings.'
2. φέρων] Cp. on i 4 (φέροντες ἐνεθήκαμεν).
3. συντρίψας τ. ζ.] Jer. v 5.
5. ἐξοκείλαντας] 'stranded,' 'run aground.'
9. τὸ διερρωγός] 'the torn part' (διαρρήγνυμι): cp. Matt. ix 16.
11. διακεχυμένοι] 'dissipated':

cp. Homm. in Matt. 354 A γυναῖκα πολλῇ τῇ τρυφῇ διαχεομένην.
18. ψυχὴ γάρ κτλ.] Compare the similar passage ad Theodorum lapsum I 27 C ψυχὴ γὰρ ἐπειδὰν ἅπαξ ἀπαγορεύσῃ τὴν σωτηρίαν τὴν ἑαυτῆς κτλ.
19. ἀπερυθρ.] 'to lose the sense of shame.'
22. ὁ προφήτης] Jer. iii 3.

μυρίων ὀφθαλμῶν, πρὸς τὸ περισκοπεῖν πάντοθεν τὴν τῆς ψυχῆς ἕξιν. 114. Ὥσπερ γὰρ εἰς ἀπόνοιαν αἴρονται πολλοὶ καὶ εἰς ἀπόγνωσιν τῆς ἑαυτῶν καταπίπτουσι σωτηρίας, ἀπὸ τοῦ μὴ δυνηθῆναι πικρῶν ἀνασχέσθαι φαρμάκων· οὕτως εἰσί τινες, οἳ διὰ τὸ μὴ δοῦναι τιμωρίαν τῶν ἁμαρτημάτων ἀντίρροπον, εἰς ὀλιγωρίαν ἐκτρέπονται, καὶ πολλῷ γίνονται χείρους, καὶ πρὸς τὸ μείζονα ἁμαρτάνειν προάγονται. 115. Χρὴ τοίνυν μηδὲν τούτων ἀνεξέταστον ἀφεῖναι, ἀλλὰ πάντα διερευνησάμενον ἀκριβῶς, καταλλήλως τὰ παρ' ἑαυτοῦ προσάγειν τὸν ἱερωμένον, ἵνα μὴ μάταιος αὐτῷ γίγνηται ἡ σπουδή. 116. Οὐκ ἐν τούτῳ δὲ μόνον, ἀλλὰ καὶ ἐν τῷ τὰ ἀπερρηγμένα τῆς ἐκκλησίας μέλη συνάπτειν, πολλὰ ἴδοι τις ἂν αὐτὸν ἔχοντα πράγματα. 117. Ὁ μὲν γὰρ τῶν προβάτων ποιμὴν ἔχει τὸ ποίμνιον ἑπόμενον, ᾗπερ ἂν ἡγῆται· εἰ δὲ καὶ ἐκτρέποιτό τινα τῆς εὐθείας ὁδοῦ, καὶ τὴν ἀγαθὴν ἀφιέντα νομὴν λεπτόγεα καὶ ἀπόκρημνα βόσκοιτο χωρία, ἀρκεῖ βοήσαντα σφοδρότερον συνελάσαι πάλιν, καὶ εἰς τὴν ποίμνην ἐπαναγαγεῖν τὸ χωρισθέν· 118. εἰ δὲ ἄνθρωπος τῆς εὐθείας ἀποπλανηθείη πίστεως, πολλῆς δεῖ τῷ ποιμένι τῆς πραγματείας, τῆς καρτερίας, τῆς ὑπομονῆς. οὐ γὰρ ἑλκύσαι πρὸς βίαν ἐστὶν, οὐδὲ ἀναγκάσαι φόβῳ· πείσαντα δὲ δεῖ πάλιν πρὸς τὴν ἀλήθειαν ἀγαγεῖν ὅθεν ἐξέπεσε τὴν ἀρχήν. 119. Γενναίας οὖν δεῖ ψυχῆς, ἵνα μὴ περικακῇ, ἵνα μὴ ἀπογινώσκῃ τὴν τῶν πεπλανημένων σωτηρίαν, ἵνα συνεχῶς ἐκεῖνο καὶ

9 ακριβως και κατ. f || 12 μονω vulg || 16 λεπτογαια abiz λεπτογεια henr || 17 επικρημνα fp || 23 επαναγαγειν cx || 25 πλανωμενων cx vulg

2. ἀπόνοιαν] 'arrogance': cp. on i 4.
9. καταλλήλως] 'correspondingly': the adj. is found at iv 3 τροφαὶ...κατάλληλοι.
16. λεπτ. καὶ ἀπ.] 'barren and precipitous.' Thucydides (i 2) uses λεπτόγεως in reference to the soil of Attica. Field (*Homm. in 1 Cor.*

239 A) prefers the form λεπτόγαιος: see also critical note on v 8 (λεπτόγεων).
20. πραγματείας] 'care,' 'industry.'
24. ἵνα μὴ περικακῇ] 'lest he despair.' The verb is cited from Polybius by L. and S.

λογίζηται καὶ λέγῃ· Μήποτε δῷ αὐτοῖς ὁ θεὸς ἐπίγνωσιν ἀληθείας, καὶ ἀπαλλαγῶσι τῆς τοῦ διαβόλου παγίδος. 120. Διὰ ταῦτα τοῖς μαθηταῖς ὁ κύριος διαλεγόμενος ἔφη· Τίς ἄρα ὁ πιστὸς δοῦλος καὶ φρόνιμος; ὁ μὲν γὰρ ἑαυτῷ ἀσκῶν εἰς ἑαυτὸν μόνον περιίστησι τὴν ὠφέλειαν· τὸ δὲ τῆς ποιμαντικῆς κέρδος εἰς ἅπαντα διαβαίνει τὸν λαόν. καὶ ὁ μὲν χρήματα διανέμων τοῖς δεομένοις, ἢ καὶ ἑτέρως πως ἀδικουμένοις ἀμύνων, ὤνησε μέν τι καὶ οὗτος τοὺς πλησίον, τοσούτῳ δὲ ἔλαττον τοῦ ἱερέως, ὅσον τὸ μέσον σώματος πρὸς ψυχήν. 121. Εἰκότως ἄρα τῆς εἰς αὐτὸν ἀγάπης τὴν περὶ τὰ ποίμνια σπουδὴν ὁ κύριος ἔφησεν εἶναι σημεῖον.

122. Σὺ δέ, φησιν, οὐ φιλεῖς τὸν Χριστόν; ΙΩ. Καὶ φιλῶ καὶ φιλῶν οὐ παύσομαί ποτε· δέδοικα δὲ μὴ παροξύνω τὸν φιλούμενον ὑπ᾽ ἐμοῦ. 123. Καὶ τί τούτου γένοιτ᾽ ἂν αἴνιγμά, φησιν, ἀσαφέστερον; εἰ ὁ μὲν Χριστὸς τὸν φιλοῦντα αὐτὸν ποιμαίνειν προσέταξεν αὐτοῦ τὰ πρόβατα, σὺ δὲ διὰ τοῦτο φῇς οὐ ποιμαίνειν, ἐπειδὴ τὸν τοῦτο προστάξαντα φιλεῖς. 124. Οὐκ ἔστιν αἴνιγμα, ἔφην, ὁ λόγος, ἀλλὰ καὶ λίαν σαφὴς καὶ ἁπλοῦς. εἰ μὲν γὰρ ἱκανῶς ἔχων διοικῆσαι τὴν ἀρχὴν ταύτην, καθὼς ὁ Χριστὸς ἠθέλησεν, εἶτα ἀπέφυγον, ἔδει πρὸς τὸ παρ᾽ ἐμοῦ λεγόμενον ἀπορεῖν· ἐπειδὴ δὲ ἄχρηστόν με πρὸς τὴν διακονίαν ταύτην ἡ τῆς ψυχῆς ἀσθένεια καθίστησι, ποῦ ζητήσεως ἄξιον τὸ λεγόμενον; 125. Καὶ γὰρ δέδοικα, μὴ τὴν

1 επιγνωσιν κτλ.] μετανοιαν εις επιγνωσιν αληθειας, και ανανηψωσιν εκ (απαλλαγωσι) της κτλ. iyz vulg || 4 εν εαυτω htz (vet int *in se solo*) εαυτον u || 8 επαμυνων fhx || ονησι (sic) vulg || 9 οσω vulg || 10 προς ψυχην] και ψυχης abhiyz henr || 21 εχων] ειχον y*z

1. μήποτε κτλ.] 2 Tim. ii. 25, 26. WH. read μήποτε δώῃ αὐτοῖς ὁ θεὸς μετάνοιαν εἰς ἐπίγνωσιν ἀληθείας, καὶ ἀνανήψωσιν ἐκ τῆς τοῦ διαβ. παγίδος.
4. τίς ἄρα] Matt. xxiv 45: cp. ii 1.
9. τὸ μέσον] Cp. on ii 2 (ὅση πρός κτλ.). Σώματος πρὸς ψυχήν is here used instead of σώματος καὶ ψυχῆς, the more usual form (found in some MSS).
24. ποῦ ζητήσεως κτλ.] 'why do you quarrel with my words?': lit. 'in what do they call for enquiry?'

DE SACERDOTIO

ἀγέλην τοῦ Χριστοῦ σφριγῶσαν καὶ εὐτραφῆ παραλαβὼν, εἶτα ὑπὸ τῆς ἀπειρίας λυμηνάμενος, παροξύνω κατ' ἐμαυτοῦ τὸν οὕτως αὐτὴν ἀγαπήσαντα θεὸν ὡς ἑαυτὸν ἐκδοῦναι διὰ τὴν ταύτης σωτηρίαν τε καὶ τιμήν. 126. Παίζων λέγεις ταῦτά, φησιν, εἰ γὰρ οὐ παίζων, οὐκ οἶδα πῶς ἂν ἑτέρως μᾶλλον ἡμᾶς ἀπέδειξας δικαίως ἀλγοῦντας, ἢ διὰ τῶν ῥημάτων τούτων, δι' ὧν ἀποκρούσασθαι τὴν ἀθυμίαν ἐσπούδασας. ἐγὼ γὰρ καὶ πρότερον, εἰδὼς, ὅτι με ἠπάτησας καὶ προὔδωκας, νῦν δὲ πολλῷ πλέον, ὅτε καὶ τὰ ἐγκλήματα ἀποδύσασθαι ἐπεχείρησας, τοῦτο μανθάνω καὶ συνίημι καλῶς, οἷ τῶν κακῶν με ἤγαγες. 127. Εἰ γὰρ διὰ τοῦτο σαυτὸν ὑπεξήγαγες τῆς τοιαύτης λειτουργίας, συνειδὼς οὐκ ἀρκοῦσάν σου τὴν ψυχὴν πρὸς τὸν τοῦ πράγματος ὄγκον, ἐμὲ πρότερον ἐξελέσθαι ἐχρῆν, καὶ εἰ πολλὴν πρὸς τοῦτο ἔχων τὴν ἐπιθυμίαν ἐτύγχανον, μὴ ὅτι καὶ πᾶσαν τὴν ὑπὲρ τούτων ἐπέτρεψά σοι βουλήν. 128. Νῦν δὲ τὸ σαυτοῦ μόνον ἰδὼν τὸ ἡμέτερον παρεῖδες· εἴθε μὲν οὖν παρεῖδες, καὶ ἀγαπητὸν ἂν ἦν· σὺ δὲ καὶ ὅπως εὐχείρωτοι γενώμεθα τοῖς βουλομένοις λαβεῖν ἐπεβού-

2 ειτα αυτην εξ απροσεξιας λυμην. γ' vulg || 5 ου παιζων] σπουδαζων cuxy' vulg παιζων λεγεις τ. φ. ου σπουδαζων· ει γαρ ου παιζων κτλ. h || 9 νυν πολλῳ cfxyz || 10 απολυσασθαι a απολουσασθαι oliv απεκδυσασθαι henr || 13 οτι συνειδες vulg || 16 την υπερ τουτων επραξας σπουδην xz την υπερ τουτου πραξαι σπουδην y* || 17 ειδως fy*

1. σφρ. καὶ εὐτρ.] 'in good condition and well-nourished' (Stephens).
3. οὕτως ἀγαπ.... θεόν] 'God, who loved it so well that He gave Himself': ὡς = ὥστε.
4. παίζων...οὐ παίζων] 'in jest' ...'in earnest.' Παίζων is similarly contrasted with ἀληθεύων ii 4 sub fin.
7. ἀποκρούσ. τὴν ἀθυμ.] 'to dispel my despondency.'
9. νῦν δέ] δέ merely marks the main sentence: cp. its use in apodosis.
ib. τὰ ἐγκ. ἀποδύσ.] 'to refute the charges': cp. iii 18 ἀποδύεσθαι τὰ παρ' ἐκείνων ἐγκλήματα. There is some authority for the readings ἀπολύσασθαι and ἀπολύεσθαι in these passages respectively: they are equally possible (Field on Homm. in Matt. 449 E and Index II s.v. ἀποδύεσθαι): but ἀποδύσασθαι and ἀποδύεσθαι have better MS support.
12. λειτουργίας] Cp. i 4 δόξης κτλ. (note).
15. μὴ ὅτι] 'not to mention that': cp. i 5.
18. ἀγαπητὸν ἂν ἦν] 'I should have been content.'

λευσας. 129. Οὐδὲ γὰρ εἰς ἐκεῖνο καταφυγεῖν ἔχοις ἂν, ὅτι ἡ τῶν πολλῶν δόξα ἠπάτησέ σε, καὶ μεγάλα τινὰ καὶ θαυμαστὰ περὶ ἡμῶν ὑποπτεύειν ἔπεισεν· οὔτε γὰρ τῶν θαυμαζομένων καὶ ἐπισήμων ἡμεῖς, οὔτε, εἰ καὶ τοῦτο οὕτως 5 ἔχον ἐτύγχανε, τὴν τῶν πολλῶν δόξαν τῆς ἀληθείας προτιμῆσαι ἐχρῆν. 130. Εἰ μὲν γὰρ μηδέποτέ σοι πεῖραν τῆς ἡμετέρας ἔδομεν συνουσίας, ἐδόκει τις εἶναί σοι πρόφασις εὔλογος, ἀπὸ τῆς τῶν πολλῶν φήμης φέροντι τὴν ψῆφον· εἰ δὲ οὐδεὶς οὕτω τὰ ἡμέτερα οἶδεν, ἀλλὰ καὶ τῶν 10 γεγεννηκότων καὶ θρεψαμένων αὐτῶν τὴν ἡμετέραν μᾶλλον ἐπίστασαι ψυχὴν, τίς οὕτως ἔσται σοι λόγος πιθανὸς, ὡς δυνηθῆναι πεῖσαι τοὺς ἀκούοντας ὅτι οὐχ ἑκὼν ἡμᾶς εἰς τοῦτον ὦσας τὸν κίνδυνον; 131. Ἀλλὰ γὰρ ταῦτα ἀφείσθω νῦν· οὐδὲ γὰρ ὑπὲρ τούτων σὲ ἀναγκάζομεν κρίνεσθαι. 15 τί πρὸς τοὺς ἐγκαλοῦντας ἀπολογησόμεθα, λέγε. 132. Ἀλλ' οὐδὲ αὐτὸς πρότερον, ἔφην, ἐπ' ἐκεῖνα πορεύσομαι, ἕως ἂν διαλύσωμαι τὰ πρὸς σὲ, κἂν μυριάκις αὐτὸς ἡμᾶς τῶν ἐγκλημάτων ἐθέλῃς ἀπολύειν. 133. Σὺ μὲν γὰρ ἔφης τὴν ἄγνοιαν ἡμῖν φέρειν συγγνώμην, καὶ πάσης ἂν ἡμᾶς 20 ἀφεῖναι κατηγορίας, εἰ μηδὲν τῶν σῶν εἰδότες εἶτά σε εἰς τὰ παρόντα ἠγάγομεν· ἐπειδὴ δὲ οὐκ ἀγνοοῦντας προδοῦναι, ἀλλ' ἀκριβῶς ἐπισταμένους τὰ σὰ, διὰ τοῦτο πᾶσαν ἡμῖν πρόφασιν εὔλογον καὶ ἀπολογίαν ἀνῃρῆσθαι δικαίαν. 134 Ἐγὼ δὲ πᾶν τοὐναντίον φημί. διὰ τί; ὅτι 25 τὰ τοιαῦτα πολλῆς δεῖται τῆς ἐξετάσεως, καὶ τὸν μέλλοντα παραδώσειν τὸν εἰς ἱερωσύνην ἐπιτήδειον οὐ δεῖ τῇ τῶν

7 εδωκαμεν b vulg || 10 αυτων] ημας f || 17 διαλυσωμεθα a || 24 δικαιον fiz henr || φημι· διοτι τα τοιαυτα z vulg

3. ὑποπτεύειν] 'to expect': cp. iii 2 θαυμαστά τινα καὶ μεγάλα... ὑποπτεύειν. In the ordinary sense, 'to suspect,' the verb occurs below κίνδυνον ὑποπτεῦσαι, ii. 6 ἵνα μή τις ὑποπτεύσῃ κτλ.
8. φέροντι τ. ψ.] 'giving your verdict': cp. iii 14 εἰ...φέρεις τὴν ψῆφον.

9. τῶν γεγενν.] with μᾶλλον: 'better than your parents.'
13. ὦσας] for ἕωσας (ὠθέω).
16. ἕως ἂν διαλύσ.] 'till I have come to terms with you.'
19. φέρειν συγγν.] 'forms an excuse': lit. 'brings pardon.'
21. ἐπειδὴ δέ] sc. ἔφης from the preceding clause.

πολλῶν ἀρκεῖσθαι φήμῃ μόνον, ἀλλὰ μετ' ἐκείνης καὶ αὐτὸν μάλιστα πάντων καὶ πρὸ πάντων ἐξητακέναι τὰ ἐκείνου. 135. Καὶ γὰρ ὁ μακάριος Παῦλος εἰπὼν, Δεῖ δὲ αὐτὸν καὶ μαρτυρίαν ἔχειν καλὴν ἀπὸ τῶν ἔξωθεν, οὐκ ἀναιρεῖ τὴν ἀκριβῆ καὶ βεβασανισμένην ἔρευναν, οὐδ' ὡς 5 προηγούμενον τεκμήριον τοῦτο τίθησι τῆς τῶν τοιούτων δοκιμασίας. καὶ γὰρ πολλὰ πρότερον διαλεχθεὶς, ὕστερον τοῦτο προσέθηκε, δεικνὺς, ὡς οὐκ αὐτῷ μόνον ἀρκεῖσθαι δεῖ πρὸς τὰς τοιαύτας αἱρέσεις, ἀλλὰ μετὰ τῶν ἄλλων καὶ αὐτὸ παραλαμβάνειν χρή. συμβαίνει γὰρ πολλάκις τὴν 10 τῶν πολλῶν ψεύδεσθαι φήμην· τῆς δὲ ἀκριβοῦς ἐξετάσεως ἡγησαμένης, οὐδένα ἐκ ταύτης κίνδυνόν ἐστιν ὑποπτεῦσαι λοιπόν. 136. Διὰ τοῦτο μετὰ τὰ ἄλλα [τὰ παρὰ τῶν ἔξωθεν] αὐτὸ τίθησιν. οὐ γὰρ ἁπλῶς ἔφησε, Δεῖ δὲ αὐτὸν μαρτυρίαν ἔχειν καλὴν, ἀλλὰ τὸ καὶ παρενέβαλε, δηλῶσαι 15 βουλόμενος, ὅτι πρὸ τῆς τῶν ἔξωθεν φήμης πρὸς ἀκρίβειαν αὐτὸν διερευνήσασθαι δεῖ. 137. Ἐπεὶ οὖν καὶ αὐτὸς ᾔδειν τὰ σὰ τῶν γεγεννηκότων μᾶλλον, ὡς καὶ αὐτὸς ὡμολόγησας, διὰ τοῦτο δίκαιος ἂν εἴην πάσης ἀφεῖσθαι αἰτίας. 138. Δι' αὐτὸ μὲν οὖν τοῦτό, φησιν, οὐκ ἂν ἀπέφυγες, εἴ τίς 20

8 ουκ αν αυτω vulg ‖ μονω hiy ‖ 11 φημην] δοξαν fhixz ‖ 13 λοιπον] +ποτε y ‖ 14 αυτο] αυτω pr αυτου x vulg ‖ 15 το και]+παρα των εξωθεν yz vulg ‖ 16 προς τη—φημη y ‖ 17 δει] χρη yz ‖ 19 αφιεσθαι hiyz αφιστασθαι x ‖ 20 ουκ αν εφυγες vulg

1. μετ' ἐκείνης] i.e. τῆς φήμης.
2. τὰ ἐκείνου] 'his manner of life.'
3. δεῖ δὲ αὐτόν κτλ.] 1 Tim. iii 7, on which passage Dean Bernard remarks (Pitt Press Edition) that οἱ ἔξω 'is St Paul's regular description for those who are not Christians and so οἰκεῖοι τῆς πίστεως.' See also on τοὺς ἔξωθεν i 4. WH. omit αὐτόν.
5. ἀκριβῆ κτλ.] 'painstaking and accurate investigation.'
6. προηγούμενον] 'chief,' 'principal.'
12. ἐκ ταύτης] sc. τῆς τῶν πολλῶν φήμης.
13. [τὰ παρὰ τ. ἔξ.]] These words I enclose in brackets, as a gloss on αὐτό. Hughes suggests that ἔξωθεν should be ἔσωθεν: 'after the proofs of inward fitness.'
15. ἀλλὰ τὸ καὶ π.] 'but he inserted the word "also"': i.e. in the phrase δεῖ δὲ αὐτὸν καὶ μαρτυρίαν ἔχειν καλήν κτλ.
16. πρὸς ἀκρίβ.] i.e. ἀκριβῶς: cp. πρὸς ἀλήθειαν = ἀληθῶς, ii 5.
19. δίκαιος κτλ.] 'I should deserve to be acquitted of all blame.'

σε γράφεσθαι ἤθελεν. ἢ οὐ μέμνησαι καὶ παρ' ἡμῶν ἀκούσας πολλάκις, καὶ διὰ τῶν ἔργων αὐτῶν διδαχθεὶς, τὸ τῆς ψυχῆς ἀγεννὲς τῆς ἐμῆς; οὐ διὰ τοῦτο εἰς μικροψυχίαν ἡμᾶς διετέλεις σκώπτων ἀεὶ, ὅτι καὶ ταῖς τυχού-
5 σαις φροντίσι καταπίπτομεν εὐκόλως; 139. Μέμνημαι μὲν καὶ ταῦτα πολλάκις, ἔφην, ἀκούσας παρὰ σοῦ τὰ ῥήματα, καὶ οὐκ ἂν ἀρνηθείην. ἐγὼ δέ σε εἴ ποτε ἔσκωπτον, παίζων, οὐκ ἀληθεύων, τοῦτο ἐποίουν. V. ἀλλ' ὅμως οὐδὲν ὑπὲρ τούτων φιλονεικῶ νῦν· ἀξιῶ δὲ καὶ αὐτὸν
10 τὴν ἴσην μοι παρασχεῖν εὐγνωμοσύνην, ὅταν θελήσω τινὸς ἐπιμνησθῆναι τῶν σοι προσόντων ἀγαθῶν. 140. Κἂν γὰρ ἐπιχειρήσῃς ἡμᾶς ἀπελέγξαι ψευδομένους, οὐ φεισόμεθα, ἀλλ' ἀποδείξομεν μετριάζοντά σε μᾶλλον ἢ πρὸς ἀλήθειαν ταῦτα φθεγγόμενον, ἑτέρῳ μὲν οὐδενὶ, τοῖς δὲ λόγοις τοῖς
15 σοῖς καὶ ταῖς πράξεσι μάρτυσι κεχρημένοι πρὸς τὴν τῶν λεγομένων ἀλήθειαν. 141. Πρῶτον δέ σε ἐκεῖνο ἐρέσθαι βούλομαι· οἶσθα πόση τῆς ἀγάπης ἡ δύναμις; ὁ μὲν γὰρ Χριστὸς τὰ τεράστια πάντα ἀφεὶς, ἅπερ ἔμελλεν ὑπὸ τῶν ἀποστόλων τελεῖσθαι· Ἐν τούτῳ, φησὶ, γνώσονται οἱ
20 ἄνθρωποι ὅτι ἐμοί ἐστε μαθηταὶ, ἐὰν ἀγαπᾶτε ἀλλήλους. ὁ δὲ Παῦλος πλήρωμα τοῦ νόμου φησὶν αὐτὴν εἶναι, καὶ ταύτης ἀπούσης οὐδὲν τῶν χαρισμάτων ὄφελος. 142. Τοῦτο δὴ τὸ ἐξαίρετον ἀγαθὸν, τὸ γνώρισμα τῶν τοῦ Χριστοῦ μαθητῶν, τὸ τῶν χαρισμάτων ἀνωτέρω κείμενον,

2 και πολλακις vulg ‖ 9 αυτον] σεαυτον y vulg ‖ 15 χρωμενοι bfy ‖ 18 δια των αποστολων fx ‖ 21 του νομου]+και προφητων cfhixyz ‖ 22 ουδεν]+ειναι yz vulg

3. εἰς μικροψ.] 'on the score of pusillanimity.'
4. ταῖς τυχ. φρ.] 'ordinary cares': cp. i 4 τὴν τυχοῦσαν (note).
V., VI. *The efficacy of Christian charity is illustrated by an anecdote, recounted by Chrysostom of Basil.*
9. αὐτόν] i.e. αὐτὸν σέ: 'you, for your part.'
13. μετριάζοντα] 'out of modesty': cp. ii 6 μετριάζειν μᾶλλον ἢ ἀληθεύειν

βουλόμενον, vi 7 οὐ μετριάζων ταῦτα λέγω: also *Homm. in Matt.* 314 B δεδοικὼς μὴ μετριάζων ἀνανεύσῃ.
19. ἐν τούτῳ] Jn xiii 35 (ἐν τούτῳ γνώσονται πάντες ὅτι ἐμοὶ μαθηταί ἐστε, ἐὰν ἀγάπην ἔχητε ἐν ἀλλήλοις WH.).
21. πληρ. τ. ν.] Rom. xiii 10.
22. ταύτης ἀπούσης κτλ.] a paraphrase of 1 Cor. xiii 3.

εἶδον γενναίως ἐν τῇ σῇ πεφυτευμένον ψυχῇ, καὶ πολλῷ βρύον τῷ καρπῷ. 143. Ὅτι μὲν πολλή μοί, φησι, τοῦ πράγματος ἡ φροντὶς, καὶ μεγίστην ποιοῦμαι τὴν σπουδὴν ὑπὲρ ταύτης τῆς ἐντολῆς, καὶ αὐτὸς ὁμολογῶ· ὅτι δὲ οὐδὲ ἐξ ἡμισείας αὐτὴν διηνύσαμεν, καὶ αὐτὸς ἄν μοι μαρτυ- ρήσαις, εἰ τὸ πρὸς χάριν λέγειν ἀφεὶς τιμῆσαι τἀληθὲς βουληθείης. VI. 144. Οὐκοῦν ἐπὶ τοὺς ἐλέγχους τρέψομαι, ἔφην· καὶ ὅπερ ἠπείλησα, ποιήσω νῦν, μετριάζειν μᾶλλον ἢ ἀληθεύειν βουλόμενον ἀποδείξας. ἐρῶ δὲ πρᾶγμα ἄρτι συμβεβηκὸς, ἵνα μή τις ὑποπτεύσῃ τὰ παλαιά με διηγούμενον, τῷ πλήθει τοῦ χρόνου τἀληθὲς ἐπισκιάζειν ἐπιχειρεῖν, τῆς λήθης οὐκ ἀφιείσης ἐπισκῆψαι τοῖς πρὸς χάριν λεγομένοις παρ' ἡμῶν. 145. Ὅτε γὰρ τῶν ἐπιτηδείων τις τῶν ἡμετέρων, ἐπ' ἐγκλήμασιν ὕβρεως καὶ ἀπονοίας συκοφαντηθεὶς, περὶ τῶν ἐσχάτων ἐκινδύνευε, τότε οὔτε ἐγκαλοῦντός σοί τινος, οὔτε ἐκείνου τοῦ κινδυνεύειν μέλλοντος δεηθέντος, εἰς μέσους σαυτὸν ἔρριψας τοὺς κινδύνους. 146. Καὶ τὸ μὲν ἔργον τοῦτο ἦν. ἵνα δέ σε καὶ ἀπὸ τῶν ῥημάτων ἐλέγξωμεν· ἐπειδὴ γὰρ τὴν προθυμίαν ταύτην οἱ μὲν οὐκ ἀπεδέχοντο, οἱ δὲ ἐπῄνουν καὶ ἐθαύμαζον· Καὶ τί πάθω; πρὸς τοὺς ἐγκαλοῦντας ἔφης· ἑτέρως γὰρ οὐκ οἶδα φιλεῖν, ἀλλ' ἢ μετὰ τοῦ καὶ τὴν ψυχὴν ἐκδιδόναι τὴν ἐμαυτοῦ, ἡνίκα ἄν τινα τῶν ἐπιτηδείων κινδυνεύοντα διασῶσαι δέῃ· 147. ῥήμασι μὲν

5 μαρτυρησεις vulg || 12 της ληθης] της αληθειας cfmx vulg || 15 εκινδυνευσε vulg || 19 ελεγξωμεν]+και αυτων των ειρημενων σοι μνημονευσωμεν (-σομεν) cehkntz henr vulg || om γαρ vulg

4. οὐδὲ ἐξ ἡμισ.] 'have not completed it by half': i.e. are still far short of perfection in it.
VI. 10. ἵνα μή τις] Chrys. forgets dramatic propriety, and speaks as one writing for the public, not conversing privately with his friend.
12. τῆς λήθης] 'forgetfulness not allowing anyone to find fault with my words of praise.' If Chrys. had selected an example from a much earlier time, it might have been said that he was counting on the shortness of men's memories. Hence he takes a recent instance. For πρὸς χάριν cp. διδασκαλίαι πρὸς ἡδονήν iii 9.
21. καὶ τί πάθω;] Cp. iv 1 τί σοι πάθω; vi 7 ἀλλὰ τί πάθω;
22. ἑτέρως...ἀλλ' ἢ κτλ.] 'unless accompanied by a readiness to give up' etc.

ἑτέροις, διανοία δὲ τῇ αὐτῇ, τὰ τοῦ Χριστοῦ φθεγγόμενος ἃ πρὸς τοὺς μαθητὰς ἔλεγε, τῆς τελείας ἀγάπης τοὺς ὅρους τιθείς. Μείζονα γὰρ ταύτης ἀγάπην οὐδεὶς ἔχει, φησὶν, ἢ ἵνα τις τὴν ψυχὴν αὐτοῦ θῇ ὑπὲρ τῶν φίλων αὐτοῦ. εἰ
5 τοίνυν μείζονα ταύτης οὐκ ἔστιν εὑρεῖν, ἐπὶ τὸ τέλος αὐτῆς ἔφθασας· καὶ δι' ὧν ἔπραξας καὶ δι' ὧν εἶπας τῆς κορυφῆς ἐπέβης αὐτῆς. 148. Διὰ τοῦτό σε προὐδώκαμεν, διὰ τοῦτο τὸν δόλον ἐρράψαμεν ἐκεῖνον. ἀρά σε πείθομεν, ὅτι οὔτε ἐκ κακονοίας, οὔτε εἰς κίνδυνον ἐμβαλεῖν βουλόμενοι,
10 ἀλλὰ χρήσιμον ἔσεσθαι εἰδότες, εἰς τὸ στάδιον εἵλκομεν τοῦτο; 149. Εἶτα ἀρκεῖν οἴει, φησὶ, πρὸς τὴν τῶν πλησίον διόρθωσιν τὴν τῆς ἀγάπης δύναμιν; 150. Μάλιστα μὲν πολὺ μέρος, ἔφην, πρὸς τοῦτο συμβαλέσθαι δύναιτ' ἄν. εἰ δὲ βούλει καὶ τῆς φρονήσεως ἡμᾶς τῆς σῆς δεί-
15 γματα ἐξενεγκεῖν, καὶ ἐπὶ ταύτην βαδιούμεθα, καὶ δείξομεν συνετὸν ὄντα μᾶλλον ἢ φιλόστοργον. 151. Ἐπὶ τούτῳ ἐρυθριάσας ἐκεῖνος καὶ φοινιχθείς, Τὰ μὲν ἡμέτερά, φησι, παρείσθω νῦν· οὐδὲ γὰρ παρὰ τὴν ἀρχήν σε τὸν ὑπὲρ τούτων λόγον ἀπῄτουν. εἰ δέ τι πρὸς τοὺς ἔξωθεν δίκαιον
20 ἔχεις εἰπεῖν, ἡδέως ἂν τοὺς ὑπὲρ τούτων ἀκούοιμι λόγους. διὸ τὴν σκιαμαχίαν ταύτην ἀφεὶς εἰπέ, τί πρὸς τοὺς λοιποὺς ἀπολογησόμεθα, καὶ τοὺς τετιμηκότας, καὶ τοὺς ὑπὲρ ἐκείνων ὡς ὑβρισμένων ἀλγοῦντας; VII. 152. Καὶ

6 ειπες vulg ‖ 13 συμβαλλεσθαι z vulg ‖ 16 επι τουτοις yz vulg ‖ 18 παρα την αρχην] om παρα y ‖ 23 εις εκεινους vulg

3. μείζονα] Jn xv 13 (WH. omit γὰρ and ἢ).
6. ἔφθασας] 'you have come.' The idea of anticipation had already disappeared from this verb in the N.T.: cp. also Mason *Five Orations* Index III s.v.
10. στάδιον] 'arena': lit. 'race course.'
13. πολὺ μέρος κτλ.] 'could contribute largely to this end.'
18. παρὰ τὴν ἀρχήν] 'at the outset': cp. ii 7 τὰ μὲν παρὰ τὴν ἀρχὴν λεγόμενα.

21. σκιαμαχίαν] ('fight with a shadow'), i.e. 'mock-fight.'
VII. Basil had said that Chrys., by his withdrawal, cast a slur upon those who recommended him for consecration. Chrys. replies that, properly considered, his action deserves praise, not blame, from such persons. For if he had yielded to their wishes, his weak points would speedily have been found out, to the discomfiture of all who had supported him.

DE SACERDOTIO

αὐτὸς λοιπόν, ἔφην, πρὸς τοῦτο ἐπείγομαι. ἐπειδὴ γὰρ ὁ πρός σέ μοι διήνυσται λόγος, εὐκόλως καὶ ἐπὶ τοῦτο τρέψομαι τῆς ἀπολογίας τὸ μέρος. τίς οὖν ἡ τούτων κατηγορία, καὶ τίνα τὰ ἐγκλήματα; ΒΑΣ. Ὑβρίσθαί φασιν ὑφ' ἡμῶν καὶ δεινὰ πεπονθέναι, ὅτι τὴν τιμήν, ἣν 5 τιμῆσαι ἠθέλησαν, οὐκ ἐδεξάμεθα. ΙΩ. 153. Ἐγὼ δὲ πρῶτον μὲν ἐκεῖνό φημι, ὅτι οὐδένα λόγον ποιεῖσθαι δεῖ τῆς εἰς ἀνθρώπους ὕβρεως, ὅταν διὰ τῆς ἐκείνων τιμῆς ἀναγκαζώμεθα προσκρούειν θεῷ. οὐδὲ γὰρ τοῖς ἀγανακτοῦσιν αὐτοῖς τὸ δυσχεραίνειν ἐπὶ τούτοις ἀκίνδυνον, ἀλλὰ 10 καὶ πολλὴν ἔχει τὴν ζημίαν. δεῖ γὰρ οἶμαι τοὺς ἀνακειμένους θεῷ, καὶ πρὸς αὐτὸν βλέποντας μόνον, οὕτω διακεῖσθαι εὐλαβῶς, ὡς μηδὲ ὕβριν τὸ τοιοῦτο ἡγεῖσθαι, καὶ εἰ μυριάκις ἠτιμωμένοι τυγχάνοιεν. 154. Ὅτι δὲ οὐδὲ μέχρι ἐννοίας τετόλμηταί τι τοιοῦτον ἐμοί, δῆλον ἐκεῖθεν. 15 εἰ μὲν γὰρ ἀπονοίᾳ καὶ φιλοδοξίᾳ, ὡς πολλάκις ἔφης τινὰς διαβάλλειν, ἐπὶ τοῦτο ἦλθον ἐγώ, ψηφίσασθαι τοῖς κατηγόροις, τῶν τὰ μέγιστα ἠδικηκότων ἂν εἴην, ἀνδρῶν καταφρονήσας θαυμαστῶν καὶ μεγάλων, καὶ πρὸς τούτοις εὐεργετῶν. εἰ γὰρ τὸ τοὺς μηδὲν ἠδικηκότας ἀδικεῖν, 20

10 ακινδυνον] + φαιην αν y'z vulg || 11 εχειν z vulg || 13 υβριν το πραγμα fxyz || 15 εμοι] + η ετερον vulg, et codd omnes praeter cu || 20 om μηδεν a

2. καὶ ἐπὶ τοῦτο...τὸ μέρος] 'to this portion also.'
5. ἣν] a cognate accusative: cp. on i 4 (φυγεῖν τὴν φυγήν).
11. ἀνακειμένους] 'consecrated': ἀνάκειμαι is used as the passive of ἀνατίθημι (whence ἀνάθημα, 'offering').
14. οὐδὲ μέχρι ἐνν.] 'not even in thought': cp. οὐκ ἔστη μέχρι τούτου ii 1 (note).
17. ψηφίσασθαι τ. κ.] If these words are genuine (and they are found in all MSS known to me), they serve to explain τοῦτο. 'I came (was brought) to this, viz. to vote for (side with) my accusers.' It has been suggested that they are an interpolation, and that the true explanation of τοῦτο is τὸ διαφυγεῖν τὴν ἱερωσύνην (to be supplied from the context): cp. iv 2 τοὺς μὲν ἑλομένους εἰκὸς ὑπὸ δόξης ψευδοῦς ἀπατηθέντας ἐπὶ τοῦτο ἐλθεῖν, i.e. ἐπὶ τὸ ἑλέσθαι ἐλθεῖν. On the other hand ψηφίσασθαι is not a very likely word for an interpolator to use: so I make no change.
18. τῶν τὰ μ. ἠδ.] 'I should be one of the greatest offenders.'
20. τοὺς μηδὲν ἠδ.] If with one MS we omit μηδέν, the climax in τοὺς ἠδικ....τοὺς τιμ. προελ. ἀφ' ἑαυτῶν is more strongly marked: but we should then have expected καὶ τοὺς ἠδ. 'even those who have wronged us.'

κολάσεως ἄξιον· τοὺς τιμῆσαι προελομένους ἀφ' ἑαυτῶν (οὐδὲ γὰρ τοῦτο ἔχοι τις ἂν εἰπεῖν, ὅτι εὖ παθόντες ἢ μικρὸν ἢ μέγα παρ' ἐμοῦ, τῶν εὐεργεσιῶν ἐκείνων ἐξέτισαν τὰς ἀμοιβάς), πόσης οὐκ ἂν εἴη τιμωρίας ἄξιον, τοῖς 5 ἐναντίοις ἀμείβεσθαι; 155. Εἰ δὲ τοῦτο μὲν οὐδὲ εἰς νοῦν ἐβαλόμεθά ποτε, μεθ' ἑτέρας δὲ προαιρέσεως τὸ βαρὺ φορτίον ἐξεκλίναμεν, τί παρέντες συγγινώσκειν, εἴ γε ἀποδέχεσθαι μὴ βούλοιντο, ἐγκαλοῦσιν ὅτι τῆς ἑαυτῶν ἐφεισάμεθα ψυχῆς; 156. Ἐγὼ γὰρ τοσοῦτον ἀπέσχον 10 εἰς τοὺς ἄνδρας ὑβρίσαι ἐκείνους, ὅτι καὶ τετιμηκέναι αὐτοὺς φαίην ἂν τῇ παραιτήσει. καὶ μὴ θαυμάσῃς, εἰ παράδοξον τὸ λεγόμενον· ταχεῖαν γὰρ καὶ τούτου τὴν λύσιν ἐπάξομεν. 157. Τότε μὲν γάρ, εἰ καὶ μὴ πάντες, ἀλλ' οἷς τὸ κακῶς ἀγορεύειν ἡδύ, πολλὰ ἂν εἶχον καὶ 15 ὑποπτεῦσαι καὶ εἰπεῖν περί τε τοῦ χειροτονηθέντος ἐμοῦ, περί τε τῶν ἑλομένων—οἷον, ὅτι πρὸς πλοῦτον βλέπουσιν, ὅτι λαμπρότητα γένους θαυμάζουσιν, ὅτι κολακευθέντες ὑφ' ἡμῶν εἰς τοῦτο ἡμᾶς παρήγαγον· εἰ δὲ καὶ ὅτι χρήμασι πεισθέντες, οὐκ ἔχω λέγειν, εἴ τις καὶ τοῦτο ὑποπτεύσων

1 αφ' εαυτων]+πως τιμαν χρη vulg ‖ 4 ποσης]+ουκ y vulg ‖ 16 οιον οτι τε vulg ‖ 19 υποπτευων vulg

1. τοὺς τ. προελ.] accus. with ἀμείβεσθαι. The order of the words is πόσης...ἄξιον, [τὸ] τοῖς ἐναντίοις ἀμείβ. τοὺς τιμ. προελ. ἀφ. ἑ. There seems to be no MS authority for the words πῶς τιμᾶν χρή, added in the vulgate text after ἀφ' ἑαυτῶν. Note the contrast between κολάσεως and τιμωρίας. κόλασις = 'punishment' as correction, to check the further growth of the evil: τιμωρία = 'punishment' as retribution for a past offence: see Hort-Mayor, Index to Clem. Alex. *Stromateis* vii (*s.v.* τιμωρία). Cp. iii 17 below κόλασιν αἰώνιον τοῦ μίσους δίδωσι τὴν τιμωρίαν (note).

7. τί παρ. συγγ. κτλ.] '*why do they refuse* (lit. 'omit') *to pardon me, supposing that they cannot approve: and accuse me because I am anxious to spare their souls?*' Cp. iii. 10 (of God) τῆς ἡμετέρας φειδόμενος ψυχῆς.

13. λύσιν] '*explanation*.'

15. χειροτον.] '*ordained*': cp. i 3 χειροτονήσειν (note).

16. πλοῦτον...γένους] For Chrysostom's wealth and station see i 1.

18. παρήγαγον] '*promoted*' : παράγειν is found in this sense at iii 16, iv 2 (*ter*).

ib. εἰ δὲ καὶ ὅτι κτλ.] i.e. εἰ δὲ καὶ φήσει τις ὅτι χρ. πεισθ. εἵλοντο.

19. ὑποπτεύσων ἦν] ('was about to suspect' i.e.) '*would have suspected*.'

ἦν. 158. Καί· ὁ μὲν Χριστὸς ἁλιεῖς καὶ σκηνοποιοὺς καὶ τελώνας ἐπὶ ταύτην ἐκάλεσε τὴν ἀρχήν· οὗτοι δὲ τοὺς μὲν ἀπὸ τῆς ἐργασίας τῆς καθημερινῆς τρεφομένους διαπτύουσιν, εἰ δέ τις λόγων ἅψαιτο τῶν ἔξωθεν, καὶ ἀργῶν τρέφοιτο, τοῦτον ἀποδέχονται καὶ θαυμάζουσι. τί γὰρ 5 δήποτε τοὺς μὲν μυρίους ἀνασχομένους ἱδρῶτας εἰς τὰς τῆς ἐκκλησίας χρείας παρεῖδον· τὸν δὲ οὐδέποτε τοιούτων γευσάμενον πόνων, πᾶσαν δὲ τὴν ἡλικίαν ἐν τῇ τῶν ἔξωθεν λόγων ματαιοπονίᾳ καταναλώσαντα, ἐξαίφνης εἰς ταύτην εἵλκυσαν τὴν τιμήν; 159. Ταῦτα καὶ πλείονα 10 τούτων λέγειν εἶχον ἄν, δεξαμένων ἡμῶν τὴν ἀρχήν, ἀλλ' οὐ νῦν. πᾶσα γὰρ αὐτοῖς κακηγορίας ἐκκέκοπται πρόφασις· καὶ οὔτε ἐμοὶ κολακείαν, οὔτε μισθαρνίαν ἐκείνοις ἔχουσιν ἐγκαλεῖν, πλὴν εἴ τινες ἁπλῶς μαίνεσθαι βούλοιντο. 160. Πῶς γὰρ ὁ κολακεύων καὶ χρήματα ἀναλί- 15 σκων ἵνα τύχῃ τῆς τιμῆς, ἡνίκα ἔδει τυχεῖν, ἑτέροις ἂν ἀφῆκεν αὐτήν; ὅμοιον γὰρ ἂν εἴη τοῦτο, ὥσπερ ἂν εἴ τις πολλοὺς περὶ τὴν γῆν ἀνασχόμενος πόνους, ἵνα βρίθηται μὲν αὐτῷ τὸ λήϊον πολλῷ τῷ καρπῷ, οἴνῳ δὲ ὑπερβλύζωσιν αἱ ληνοί, μετὰ τοὺς μυρίους ἱδρῶτας καὶ τὴν πολλὴν 20 τῶν χρημάτων δαπάνην, ἡνίκ' ἂν καλαμᾶσθαι καὶ τρυγᾶν

11 ειχον λεγειν αναδεξαμενων bfyz franc henr oliv || 12 εκκοπτεται cz vulg || 14 μεμφεσθαι af || 20 μυριους] πολλους cfyz

1. ἁλιεῖς] e.g. Peter, Andrew, James, John: Matt. iv 18—21.
ib. σκηνοποιούς] e.g. Paul: Acts xviii 3.
2. τελώνας] e.g. Levi (Matthew): Lk. v 27.
3. ἀπὸ τῆς ἐργ. τ. κ.] Yet the Church at Antioch was wealthy: Puech p. 234.
4. λόγων τῶν ἔξ.] '*secular (profane) learning.*' Chrys. himself was trained by the pagan Libanius: cp. i 1 διδασκάλους (note). For τῶν ἔξωθεν cp. i 4 τοὺς ἔξωθεν (note).
ib. ἀργῶν τρέφοιτο] 'were to live in idleness.'
9. ματαιοπονίᾳ] This is contrasted with the πόνοι, the real and fruitful labours of the hard-working men who (it is alleged) ought to have been chosen.
13. μισθαρνίαν] '*venality,*' '*corruption.*'
16. ἡνίκα ἔδει τ.] '*when he was sure to obtain it.*'
18. βρίθηται] from βρίθειν (transitive): cp. on ἐπιβρίθων i 1.
19. ὑπερβλ.] '*overflow*': the verb is also found in Clement of Alexandria.
21. καλ. καὶ τρ.] '*to gather corn and pluck grapes*': καλ. refers back to λήϊον, τρ. to ληνοί.

δέῃ, τηνικαῦτα ἑτέροις τῆς τῶν καρπῶν ἐκσταίη φορᾶς.
161. Ὁρᾷς, ὅτι τότε μὲν εἰ καὶ πόρρω τῆς ἀληθείας ἦν τὰ λεγόμενα, ἀλλ᾽ ὅμως εἶχον πρόφασιν οἱ βουλόμενοι διαβάλλειν αὐτούς, ὡς οὐκ ὀρθῇ κρίσει λογισμῶν τὴν αἵρε-
5 σιν πεποιημένους; ἡμεῖς δὲ αὐτοῖς νῦν οὐδὲ χᾶναι, οὐδὲ ἁπλῶς διᾶραι τὸ στόμα συνεχωρήσαμεν. καὶ τὰ μὲν παρὰ τὴν ἀρχὴν λεγόμενα τοιαῦτα ἂν ἦν, καὶ τούτων πλείονα. 162. Μετὰ δὲ τὸ τῆς διακονίας ἅψασθαι οὐκ ἂν ἠρκέσαμεν καθ᾽ ἑκάστην ἡμέραν τοῖς ἐγκαλοῦσιν ἀπολογούμενοι, εἰ καὶ
10 πάντα ἡμῖν ἀναμαρτήτως ἐπράττετο, μὴ ὅτι καὶ πολλὰ διαμαρτάνειν ὑπό τε τῆς ἀπειρίας καὶ τῆς ἡλικίας ἠναγκάσθημεν ἄν· νῦν δὲ καὶ ταύτης αὐτοὺς τῆς κατηγορίας ἀπηλλάξαμεν, τότε δὲ μυρίοις ἂν αὐτοὺς περιεβάλλομεν ὀνείδεσι. 163. Τί γὰρ οὐκ ἂν εἶπον; παισὶν ἀνοήτοις
15 πράγματα οὕτω θαυμαστὰ καὶ μεγάλα ἐπέτρεψαν· ἐλυμήναντο τοῦ θεοῦ τὸ ποίμνιον· παίγνια καὶ γέλως γέγονε τὰ Χριστιανῶν. ἀλλὰ νῦν πᾶσα ἀνομία ἐμφράξει τὸ στόμα αὐτῆς· εἰ γὰρ καὶ διὰ σὲ ταῦτα λέγοιεν, ἀλλὰ ταχέως αὐτοὺς διδάξεις διὰ τῶν ἔργων, ὅτι οὐ χρὴ τὴν
20 σύνεσιν ἡλικίᾳ κρίνειν, οὐδὲ τὸν πρεσβύτην ἀπὸ τῆς πολιᾶς δοκιμάζειν, οὐδὲ τὸν νέον πάντως ἀπείργειν τῆς τοιαύτης διακονίας, ἀλλὰ τὸν νεόφυτον, πολὺ δὲ ἀμφοτέρων τὸ μέσον.

8 ηρκεσαν c ‖ 11 διαμαρτειν c vulg ‖ 12 κακηγοριας yz κακουργιας i ‖ 13 περιεβαλομεν yz vulg περιεβαλον c ‖ 14 τις γαρ ουκ αν ειπε vulg

5. οὐδὲ χᾶναι] Cp. ἅμα τῷ χᾶναι i 3.
6. διᾶραι τὸ στόμα] 'to open his lips': with negative, 'not to utter a sound,' ne hiscere quidem.
ib. παρὰ τὴν ἀρχήν] The same phrase occurred in ii 6 (note).
10. μὴ ὅτι...διαμ.] 'not to speak of my being forced to offend': i.e. much less if I offended though unavoidably.

14. εἶπον] sc. the party hostile to Chrysostom.
16. παίγνια καὶ γ.] 'a jest and laughing-stock.'
17. πᾶσα ἀνομία] Ps. cvii 42.
20. ἡλικ. κρ.] Wisd. iv 8, 9, 1 Tim. iv 12 (μηδείς σου τῆς νεότητος καταφρονείτω).
22. τὸν νεόφ.] 1 Tim. iii 6.
23. τὸ μέσον] 'the difference': see on ii 2 (ὅση πρός κτλ.).

ΛΟΓΟΣ Γ΄.

Τάδε ἔνεστιν ἐν τῷ γ΄ λόγῳ.

I. Ὅτι οἱ ὑπονοήσαντες δι' ἀπόνοιαν παρῃτῆσθαι ἡμᾶς, τὴν ἑαυτῶν ὑπόληψιν ἔβλαψαν.
II. Ὅτι οὐδὲ διὰ κενοδοξίαν ἐφύγομεν.
III. Ὅτι εἰ δόξης ἐπεθυμοῦμεν, ἑλέσθαι μᾶλλον τὸ πρᾶγμα ἐχρῆν.
IV. Ὅτι φρικτὸν ἡ ἱερωσύνη, καὶ πολὺ τῆς παλαιᾶς λατρείας ἡ καινὴ φρικωδεστέρα.
V. Ὅτι πολλὴ τῶν ἱερέων ἡ ἐξουσία καὶ τιμή.
VI. Ὅτι τῶν παρὰ τοῦ θεοῦ μεγίστων δωρεῶν εἰσι διάκονοι.
VII. Ὅτι καὶ Παῦλος περιδεὴς ἦν, πρὸς τὸ μέγεθος τῆς ἀρχῆς ὁρῶν.
VIII. Ὅτι πολλά τις ἁμαρτάνειν προάγεται, εἰς τὸ μέσον ἐλθὼν, ἂν μὴ σφόδρα γενναῖος ᾖ.
IX. Ὅτι κενοδοξίᾳ καὶ τοῖς ταύτης ἁλίσκεται δεινοῖς.
X. Ὅτι οὐχ ἡ ἱερωσύνη τούτων αἰτία, ἀλλ' ἡ ἡμετέρα ῥᾳθυμία.
XI. Ὅτι τὴν ἐπιθυμίαν τῆς φιλαρχίας ἐκβεβλῆσθαι δεῖ τῆς τοῦ ἱερέως ψυχῆς.

I. 164. Τῆς μὲν οὖν ὕβρεως ἕνεκεν τῆς εἰς τοὺς τετιμη-

vi εισιν αι διακονιαι vulg || viii πολλακις αμ. vulg || xi δει]+απο vulg
1 om ενεκεν vulg

I. *Those who accuse Chrysostom of arrogance because he rejected the proffered honour shew by so doing that they themselves fail to appreciate that honour at its true value: otherwise they would have seen that* no one could possibly reject it unless for the strongest of reasons, viz. a feeling of personal unworthiness.
1. τῆς ὕβρ. ἕνεκεν] 'as for the (alleged) insolence.'

κότας, καὶ ὅτι αὐτοὺς οὐ καταισχῦναι βουλόμενοι ταύτην ἐφύγομεν τὴν τιμὴν, ταῦτα ἂν ἔχοιμεν λέγειν, ἅπερ εἰρήκαμεν· ὅτι δὲ οὐδὲ ὑπὸ ἀπονοίας τινὸς φυσηθέντες, καὶ τοῦτο νῦν εἰς δύναμιν τὴν ἐμὴν πειράσομαί σοι ποιῆσαι
5 φανερόν. 165. Εἰ μὲν γὰρ στρατηγίας ἡμῖν ἢ βασιλείας αἵρεσις προὔκειτο, εἶτα ταύτην εἶχον τὴν γνώμην, εἰκότως ἄν τις τοῦτο ὑπέλαβεν· ἢ τότε μὲν ἀπονοίας οὐδεὶς, ἀνοίας δὲ πάντες ἂν ἡμᾶς ἔκριναν. ἱερωσύνης δὲ προκειμένης, ἢ τοσοῦτον ἀνωτέρω βασιλείας ἕστηκεν ὅσον πνεύματος καὶ
10 σαρκὸς τὸ μέσον, τολμήσει τις ἡμᾶς ὑπεροψίας γράφεσθαι; 166. Καὶ πῶς οὐκ ἄτοπον, τοὺς μὲν τὰ μικρὰ διαπτύοντας, ὡς παραπαίοντας αἰτιᾶσθαι· τοὺς δὲ ἐπὶ τῶν ἄγαν ὑπερεχόντων τοῦτο ποιοῦντας τῶν μὲν τῆς παραπληξίας ἐγκλημάτων ἐξαιρεῖν, ταῖς δὲ τῆς ὑπερηφανίας ὑποβάλλειν
15 αἰτίαις; ὥσπερ ἂν εἴ τις τὸν ἀγέλης βοῶν καταφρονοῦντα, καὶ μὴ βουλόμενον εἶναι βουκόλον, εἰς ὑπερηφανίαν μὲν οὐδαμῶς, εἰς δὲ φρενῶν ἔκστασιν αἰτιώμενος, τὸν ἁπάσης τῆς οἰκουμένης τὴν βασιλείαν καὶ τὸ γενέσθαι κύριον τῶν ἁπανταχοῦ στρατοπέδων μὴ καταδεχόμενον ἀντὶ τοῦ
20 μαίνεσθαι τετυφῶσθαι φαίη. 167. Ἀλλ᾽ οὐκ ἔστι ταῦτα, οὐκ ἔστιν· οὐδὲ ἡμᾶς μᾶλλον ἢ ἑαυτοὺς οἱ ταῦτα λέγοντες διαβάλλουσι. τὸ γὰρ ἐννοῆσαι μόνον, ὅτι δυνατὸν ἀνθρωπείᾳ φύσει τῆς ἀξίας ὑπερφρονῆσαι ἐκείνης, δεῖγμα κατ᾽

2 τιμην] φυγην cy || 6 ειτα] η f ει vulg || 7 αγνοιας δε byz || 9 τοσουτω—οσω bfz henr oliv || 10 γραψασθαι bz || 12 επι] υπερ yz || 19 δεχομενον vulg

4. εἰς δυν. τ. ἐμ.] 'to the best of my ability': cp. εἰς δύναμιν τὴν ἡμετέραν iv 1 (note).
5. στρατ....βασιλείας] Cp. vi 1 οὐ γὰρ ὑπὲρ στρατηγίας οὐδὲ βασιλείας ἡμῖν ὁ λόγος; and, for the contrast between βασιλεία and ἱερωσύνη, iv 1 τῆς βασιλείας, ἧς οὐ τοσοῦτος ὅσος τῆς ἱερωσύνης τῷ θεῷ λόγος. See too Chrysostom's treatises adv. oppugn. vit. monast. (esp. II 67 B), and comparatio regis et monachi: also DCB 'St Martin of Tours' for the story of St Martin and the Emperor Maximus.
7. ἀπονοίας...ἀνοίας] 'arrogance ...folly.'
11. τοὺς μέν κτλ.] 'to charge with folly those who reject small honours.' Παραπαίειν is, literally, 'to strike a false note': so 'to lose one's wits.'
13. τοῦτο ποι.] i.e. διαπτύοντας.
20. τετυφῶσθαι] 'to be puffed up with pride.'

III. i]   DE SACERDOTIO   49

αὐτῶν τῶν ἐκφερόντων ἐστὶν ἧς ἔχουσι περὶ τοῦ πράγματος δόξης. εἰ γὰρ μὴ τῶν τυχόντων αὐτὸ, καὶ ὧν οὐ πολὺς ὁ λόγος, ἐνόμιζον εἶναι, οὐδ' ἂν ὑποπτεῦσαι τοῦτο ἐπῆλθεν αὐτοῖς. 168. Διὰ τί γὰρ περὶ τῆς τῶν ἀγγέλων ἀξίας οὐδεὶς ἐτόλμησέ τι τοιοῦτον ὑποπτεῦσαί ποτε καὶ εἰπεῖν, 5 ὅτι ἔστιν ἀνθρωπίνη ψυχὴ δι' ἀπόνοιαν οὐκ ἂν ἑλομένη ἐπὶ τὸ τῆς φύσεως ἐκείνης ἀξίωμα ἐλθεῖν; μεγάλα γάρ τινα φανταζόμεθα περὶ τῶν δυνάμεων ἐκείνων, καὶ τοῦτο ἡμᾶς οὐκ ἀφίησι πιστεῦσαι, ὅτι δύναιτ' ἂν ἄνθρωπος τῆς τιμῆς φρονῆσαί τι μεῖζον ἐκείνης. 169. Ὥστε αὐτοὺς 10 μᾶλλον δικαίως ἄν τις γράψαιτο ἀπονοίας, τοὺς ἡμῶν τοῦτο κατηγοροῦντας· οὐ γὰρ ἄν ποτε περὶ ἑτέρων τοῦτο ὑπέλαβον, εἰ μὴ πρότερον αὐτοὶ τοῦ πράγματος, ὡς οὐδενὸς ὄντος, κατέγνωσαν. II. 170. Εἰ δὲ πρὸς δόξαν ὁρῶντας τοῦτο πεποιηκέναι φασὶ, περιπίπτοντες ἑαυτοῖς ἐλεγχθή- 15 σονται καὶ μαχόμενοι φανερῶς. οὐδὲ γὰρ οἶδα ποίους ἂν ἑτέρους πρὸ τούτων ἐζήτησαν λόγους, εἰ τῶν τῆς κενοδοξίας ἡμᾶς ἠθέλησαν ἀπαλλάξαι ἐγκλημάτων. εἰ γὰρ οὗτός με ποτὲ εἰσῆλθεν ὁ ἔρως, καταδέξασθαι μᾶλλον ἐχρῆν ἢ φυγεῖν. 171. Διὰ τί; ὅτι πολλὴν ἡμῖν τοῦτο τὴν δόξαν 20 ἤνεγκεν ἄν. τὸ γὰρ ἐν τούτῳ τῆς ἡλικίας ὄντα, καὶ πρὸ βραχέος ἀποστάντα τῶν βιωτικῶν φροντίδων, ἐξαίφνης οὕτω δόξαι παρὰ πᾶσιν εἶναι θαυμαστὸν, ὥστε τῶν τὸν

1 om αυτων cfyz ‖ 6 ουκ ανεχομενη codd omnes praeter cmu ‖ 9 δυναται z vulg ‖ 15 φησουσι bz henr ‖ 18 μοι ποτε fz

1. τῶν ἐκφερ.] 'those who express it': i.e. the thought in question.
ib. ἧς...δόξης] i.e. δόξης ἣν ἔχουσι.
2. τῶν τυχόντων] partitive genitive: 'a common-place matter': cp. i 4 τὴν τυχοῦσαν (note).
6. ὅτι ἔστιν ἀνθρ. ψ.] 'that there is any human soul which through arrogance would not care (choose) to accept the rank of that class (of beings).'
II. Ambition, again, was not his ruling motive: for that would have led him to accept so high an honour, not to reject it.
14. ὁρῶντας] sc. ἡμᾶς.
15. περιπίπτ. ἑ.] 'contradicting themselves': Field *Homm. in Matt.* Index II s.v. περιπίπτειν.
17. πρὸ τούτων] 'instead of these.'
21. ἐν τούτῳ τ. ἡ. ὄ.] 'being as young as I am': see i 3 ἱερωσύνης (note).
22. βιωτικῶν] Cp. βιωτικοῦ i 1 (note).

N. C.   4

ἅπαντα χρόνον ἐν τοῖς τοιούτοις ἐξαναλωθέντων πόνοις προτιμηθῆναι, καὶ πλείονας ψήφους πάντων ἐκείνων λαβεῖν, θαυμαστά τινα καὶ μεγάλα περὶ ἡμῶν πάντας ἂν ὑποπτεύειν ἔπεισε, καὶ σεμνοὺς ἂν ἡμᾶς καὶ περιβλέπτους
5 κατέστησε. 172. Νῦν δέ, πλὴν ὀλίγων, τὸ πλέον τῆς ἐκκλησίας μέρος οὐδὲ ἐξ ὀνόματος ἡμᾶς ἴσασιν· ὥστε οὐδὲ ὅτι παρῃτήμεθα πᾶσίν ἐστι φανερόν, ἀλλ᾽ ὀλίγοις τισίν· οὓς οὐδὲ αὐτοὺς οἶμαι τὸ σαφὲς εἰδέναι πάντας, εἰκὸς δὲ καὶ τούτων πολλοὺς ἢ μηδ᾽ ὅλως ἡμᾶς ᾑρῆσθαι νομίσαι ἢ
10 παρεῶσθαι μετὰ τὴν αἵρεσιν, ἀνεπιτηδείους εἶναι δόξαντας, οὐχ ἑκόντας φυγεῖν. III. 173. ΒΑΣ. Ἀλλ᾽ οἱ τἀληθὲς εἰδότες θαυμάσονται. ΙΩ. Καὶ μὴν τούτους ἔφης ὡς κενοδόξους καὶ ὑπερηφάνους διαβάλλειν ἡμᾶς. πόθεν οὖν ἐστιν ἐλπίσαι τὸν ἔπαινον; ἀπὸ τῶν πολλῶν; ἀλλ᾽ οὐκ
15 ἴσασι τὸ σαφές. ἀλλ᾽ ἐκ τῶν ὀλίγων; ἀλλὰ κἀνταῦθα ἡμῖν εἰς τοὐναντίον ὁ λόγος περιτέτραπται· οὐδὲ γὰρ ἑτέρου τινὸς ἕνεκεν ἐνθάδε εἰσῆλθες νῦν, ἀλλ᾽ ἵνα μάθῃς, τί πρὸς ἐκείνους ἀπολογήσασθαι δέοι. 174. Καὶ τί τούτων ἕνεκεν ἀκριβολογοῦμαι νῦν; ὅτι γάρ, εἰ καὶ πάντες
20 ᾔδεσαν τἀληθές, οὐδὲ οὕτως ἡμᾶς ἀπονοίας ἢ φιλοδοξίας ἔδει κρίνειν, μικρὸν ἀνάμεινον καὶ τοῦτο εἴσῃ σαφῶς· καὶ πρὸς τούτῳ πάλιν ἐκεῖνο, ὅτι οὐ τοῖς ταύτην τολμῶσι τὴν τόλμαν μόνον, εἴπερ τις ἐστιν ἀνθρώπων, οὐ γὰρ ἔγωγε πείθομαι, ἀλλὰ καὶ τοῖς περὶ ἑτέρων ὑποπτεύουσι κίνδυνος
25 ἀποκείσεται οὐ μικρός.

7 εσται vulg ‖ 8 αλλ᾽ εικος abcfyz henr oliv ‖ 10 παρεωρασθαι y henr ‖ 16 ο λογος] το πραγμα cnuy′ vulg ‖ 25 επικεισεται vulg

4. ὑποπτεύειν] 'to expect': cp. on ii 4 (ὑποπτεύειν).
9. μηδ᾽ ὅλως] 'not at all.'
10. παρεῶσθαι] 'that I was rejected' (παρωθεῖν).
III. Chrys. finally rests his defence on the magnitude and responsible character of the priestly office,
of which he feels himself to be unworthy.
16. εἰς τοὐναντίον κτλ.] 'your argument has veered completely round.'
23. οὐ γὰρ ἔγ. π.] sc. τινα εἶναι: 'I do not believe that there is such a man.'

III. IV] DE SACERDOTIO 51

IV. 175. Ἡ γὰρ ἱερωσύνη τελεῖται μὲν ἐπὶ γῆς, τάξιν δὲ ἐπουρανίων ἔχει πραγμάτων. καὶ μάλα γε εἰκότως· οὐ γὰρ ἄνθρωπος, οὐκ ἄγγελος, οὐκ ἀρχάγγελος, οὐκ ἄλλη τις κτιστὴ δύναμις, ἀλλ' αὐτὸς ὁ παράκλητος ταύτην διετάξατο τὴν ἀκολουθίαν, καὶ ἔτι μένοντας ἐν σαρ- 5 κὶ τὴν ἀγγέλων ἔπεισε φαντάζεσθαι διακονίαν. διὸ χρὴ τὸν ἱερωμένον ὥσπερ ἐν αὐτοῖς ἑστῶτα τοῖς οὐρανοῖς μεταξὺ τῶν δυνάμεων ἐκείνων οὕτως εἶναι καθαρόν. 176. Φοβερὰ μὲν γὰρ καὶ φρικωδέστατα καὶ τὰ πρὸ τῆς χάριτος, οἷον οἱ κώδωνες, οἱ ῥοΐσκοι, οἱ λίθοι οἱ τοῦ στήθους, οἱ τῆς 10 ἐπωμίδος, ἡ μίτρα, ἡ κίδαρις, ὁ ποδήρης, τὸ πέταλον τὸ χρυσοῦν, τὰ ἅγια τῶν ἁγίων, ἡ πολλὴ τῶν ἔνδον ἠρεμία·

1 επι της γης vulg || 2 ταγματων byz henr vulg || 6 την των αγγελων z vulg || 10 οι επι του στηθους b vulg

IV. The majesty of the High Priest under the old dispensation is as nothing when compared with that of the Christian Priest, above all at the time when he is celebrating the Holy Eucharist.
For the doctrine of Chrys. with regard to the Eucharist see Bp Cosin *Transubstantiation* c. vi art. 8 (Engl. Translation of 1679, pp. 109 sq.); Pusey *Presence of Christ in the Holy Eucharist* pp. 543—597, Brightman *Eastern and Western Liturgies* vol. i Appendix C, pp. 475—481 : see also *Introd.* p. xviii.
1. ἱερωσύνη] Cp. i 3 ἱερωσύνης (note).
2. τάξιν κτλ.] 'ranks among things celestial.'
5. ἀκολουθίαν] 'the order' of the priesthood.
6. φαντάζεσθαι] 'to represent.'
9. φρικωδέστατα] After the positive φοβερά we might have expected φρικώδη : but cp. iii 15 ἅγια καὶ φρικωδέστατα, vi 13 ἄγαν πολεμιωτάτους (note): also Mason *Five Orations* Index III *s.v.* ῥᾷστος.
ib. τὰ πρὸ τῆς χ.] χάρις is sometimes used, as here, to denote the new dispensation, καινὴ διαθήκη ; cp. *in* S. Barlaamum martyrem 686 D εἰ δὲ ἐπὶ τῆς παλαιᾶς διαθήκης ταῦτα ἀπηγόρευτο, πολλῷ μᾶλλον ἐπὶ τῆς χάριτος. This use is probably derived from Jn i 17 ὁ νόμος διὰ Μωϋσέως ἐδόθη, ἡ χάρις καὶ ἡ ἀλήθεια διὰ Ἰησοῦ Χριστοῦ ἐγένετο.
10. οἱ κώδωνες κτλ.] See the description of the dress of the High Priest in Ex. xxviii. Κώδωνες are the 'bells' (72 in number) on the hem of his upper-garment : ῥοΐσκοι = 'pomegranates,' also on the hem (*l.c.* vv. 33, 34) : λίθοι οἱ τ. στ. = the twelve stones in the breastplate, inscribed with the names of the twelve tribes (vv. 17—21), but according to others the Urim and Thummim (v. 30) : οἱ τῆς ἐπ., sc. λίθοι, = the stones on the shoulder-pieces (vv. 6—12) : ἡ μίτρα 'the mitre,' and ἡ κίδαρις 'the diadem,' which with the 'sacred crown' (τὸ πέταλον below) composed the High Priest's headdress (vv. 36—38) : ποδήρης (*tunica talaris*) = the robe reaching to the ground (v. 31). See Hastings' *DB* art. 'Priests and Levites,' 'Crown,' 'Mitre,' etc., and literature there quoted.

4—2

ἀλλ' εἴ τις τὰ τῆς χάριτος ἐξετάσειε, μικρὰ ὄντα εὑρήσει τὰ φοβερὰ καὶ φρικωδέστατα ἐκεῖνα, καὶ τὸ περὶ τοῦ νόμου λεχθὲν κἀνταῦθα ἀληθὲς ὄν, ὅτι Οὐ δεδόξασται τὸ δεδοξασμένον ἐν τούτῳ τῷ μέρει, ἕνεκεν τῆς ὑπερβαλλούσης 5 δόξης. 177. Ὅταν γὰρ ἴδῃς τὸν κύριον τεθυμένον καὶ κείμενον, καὶ τὸν ἀρχιερέα ἐφεστῶτα τῷ θύματι καὶ ἐπευχόμενον, καὶ πάντας ἐκείνῳ τῷ τιμίῳ φοινισκομένους αἵματι, ἆρα ἔτι μετὰ ἀνθρώπων εἶναι νομίζεις καὶ ἐπὶ γῆς ἑστάναι, ἀλλ' οὐκ εὐθέως ἐπὶ τοὺς οὐρανοὺς μετανίστασαι, καὶ πᾶσαν 10 σαρκικὴν διάνοιαν τῆς ψυχῆς ἐκβαλὼν γυμνῇ τῇ ψυχῇ καὶ τῷ νῷ καθαρῷ περιβλέπεις τὰ ἐν οὐρανοῖς; ὢ τοῦ θαύματος. ὢ τῆς τοῦ θεοῦ φιλανθρωπίας. ὁ μετὰ τοῦ πατρὸς ἄνω καθήμενος, κατὰ τὴν ὥραν ἐκείνην ταῖς ἁπάντων κατέχεται χερσί, καὶ δίδωσιν αὐτὸν τοῖς βουλομένοις 15 περιπτύξασθαι καὶ περιλαβεῖν, ποιοῦσι δὲ τοῦτο πάντες διὰ τῶν ὀφθαλμῶν τότε. ἆρά σοι τοῦ καταφρονεῖσθαι

6 τον ιερεα cfmpu vulg || 7 τω θειω φοιν. και τιμιω αιματι y || φοινισσομενους y vulg || 8 επι της γης vulg || 10 της σαρκος εκβαλων f || 15 ποιουσι] βλεπουσι c franc || 16 τοτε] της πιστεως bcfhkstz henr vulg

3. λεχθέν] 2 Cor. iii 10.
5. ὅταν γάρ κτλ.] This passage is of great importance as illustrating Chrysostom's conception of the Eucharist. While Gregory of Nyssa had taught a qualitative unity between the Eucharistic elements and the body of our Lord, Chrys. goes further, and speaks of a complete identity between them. See Harnack *History of Dogma* vol. iv (Engl. Translation) p. 297, Greg. Nyss. *Or. Cat.* (ed. Srawley) p. xl. This view was afterwards perfected by John of Damascus (Harnack *op. cit.* iv p. 301), and remains the doctrine of the Eucharist in the Greek Church to the present day. Cp. Joh. Damasc. *de fide orth.* iv 13 οὐκ ἔστι τύπος ὁ ἄρτος καὶ ὁ οἶνος τοῦ σώματος καὶ αἵματος Χριστοῦ (μὴ γένοιτο) ἀλλ' αὐτὸ τὸ σῶμα τοῦ Κυρίου τεθεωμένον. See also *Introd.* p. xviii.

7. πάντας ἐκείνῳ κτλ.] This implies that the cup was (as it still is) in the East given to the laity (hence πάντας); Brightman *op. cit.* i p. 479.
ib. φοινισκ.] Perhaps there is an allusion to the custom of applying the finger to the moistened lip after receiving the cup, and of touching the breast, eyes, and ears.
9. πᾶσαν σαρκ. διάν.] Cp. Liturgy of St James (Brightman, p. 41) and Liturgy of St Chrysostom (*ibid.* p. 377).
10. γυμνῇ] 'naked': i.e. free from the integuments of the body.
16. διὰ τῶν ὀφθ. τότε] Some MSS (see critical note) substitute τῆς πίστεως for τότε: but Chrys. (as Harnack has said) agrees with Gregory of Nyssa in the assumption of an essentially corporeal effect of the participation in the sacred elements.

ταῦτα ἄξια καταφαίνεται, ἢ τοιαῦτα εἶναι, ὡς δυνηθῆναί τινα καὶ ἐπαρθῆναι κατ' αὐτῶν; 178. Βούλει καὶ ἐξ ἑτέρου θαύματος τῆς ἁγιαστείας ταύτης ἰδεῖν τὴν ὑπερβολήν; ὑπόγραψόν μοι τὸν Ἠλίαν τοῖς ὀφθαλμοῖς, καὶ τὸν ἄπειρον ὄχλον περιεστῶτα, καὶ τὴν θυσίαν ἐπὶ τῶν λίθων κειμένην, καὶ πάντας μὲν ἐν ἡσυχίᾳ τοὺς λοιποὺς καὶ πολλῇ τῇ σιγῇ, μόνον δὲ τὸν προφήτην εὐχόμενον· εἶτα ἐξαίφνης τὴν φλόγα ἐκ τῶν οὐρανῶν ἐπὶ τὸ ἱερεῖον ῥιπτουμένην. θαυμαστὰ ταῦτα καὶ πάσης ἐκπλήξεως γέμοντα. 179. Μετάβηθι τοίνυν ἐκεῖθεν ἐπὶ τὰ νῦν τελούμενα, καὶ οὐ θαυμαστὰ ὄψει μόνον, ἀλλὰ καὶ πᾶσαν ἔκπληξιν ὑπερβαίνοντα. ἔστηκε γὰρ ὁ ἱερεύς, οὐ πῦρ καταφέρων, ἀλλὰ τὸ πνεῦμα τὸ ἅγιον· καὶ τὴν ἱκετηρίαν ἐπὶ πολὺ ποιεῖται, οὐχ ἵνα τις λαμπὰς ἄνωθεν ἀφθεῖσα καταναλώσῃ τὰ προκείμενα, ἀλλ' ἵνα ἡ χάρις ἐπιπεσοῦσα τῇ θυσίᾳ δι' ἐκείνης τὰς ἁπάντων ἀνάψῃ ψυχάς, καὶ ἀργυρίου λαμπροτέρας ἀποδείξῃ πεπυρωμένου. 180. Ταύτης οὖν τῆς φρικωδεστάτης τελετῆς τίς μὴ σφόδρα μαινόμενος μηδὲ ἐξεστηκὼς ὑπερφρονῆσαι δυνήσεται; ἢ ἀγνοεῖς, ὅτι οὐκ ἄν ποτε ἀνθρωπίνη ψυχὴ τὸ πῦρ ἐκεῖνο τῆς θυσίας ἐβάστασεν, ἀλλ' ἄρδην ἂν ἅπαντες ἠφανίσθησαν, εἰ μὴ πολλὴ τῆς τοῦ θεοῦ χάριτος ἦν ἡ βοήθεια; V. 181. Εἰ γάρ τις ἐννοήσειεν ὅσον ἐστὶν ἄνθρωπον ὄντα καὶ ἔτι σαρκὶ καὶ αἵματι

3 αγιστειας a αγιοτητος c ‖ 14 αφεθεισα yz εξαφθεισα f ‖ 18 μεμηνως c ‖ 20 εβαστaξεν cf

3. ἁγιαστείας] 'sacred office.'
4. τὸν Ἠλίαν] 1 Kings xviii.
12. ἔστηκε γάρ...τὸ ἅγ.] For the invocation of the Holy Spirit in the celebration of the Eucharist, see Brightman *op. cit.* i 480 n. 23.
13. τὴν ἱκετ. ἐπὶ π. π.] 'offers prayer for a long space.' Ἱκετηρίαν =ἱκεσίαν. For ἐπὶ πολύ cp. Justin Martyr i 65, *Didache* 10.
14. ἄνωθεν ἀφθεῖσα] 'kindled from above.'
18. ἐξεστηκώς] 'insane': cp. φρενῶν ἔκστασιν iii 1.

21. ἄρδην] 'utterly' (fr. αἴρω).
V. The power of absolution given to the priest puts him far above all earthly sovereigns, nay above the angels themselves. The priest is also entitled to greater respect than one's parents, because it is through him that men realize that they are the sons of God.
On the subject of confession and absolution, see notes on ii 2: also Batiffol *Études d'histoire et de théologie positive* (Paris 1902).

πεπλεγμένον τῆς μακαρίας καὶ ἀκηράτου φύσεως ἐκείνης ἐγγὺς δυνηθῆναι γενέσθαι, τότε ὄψεται καλῶς, ὅσης τοὺς ἱερεῖς τιμῆς ἡ τοῦ πνεύματος ἠξίωσεν χάρις. διὰ γὰρ ἐκείνων καὶ ταῦτα τελεῖται, καὶ ἕτερα τούτων οὐδὲν ἀπο-
5 δέοντα, καὶ εἰς ἀξιώματος καὶ εἰς σωτηρίας τῆς ἡμετέρας λόγον. 182. Οἱ γὰρ τὴν γῆν οἰκοῦντες καὶ ἐν ταύτῃ ποιούμενοι τὴν διατριβὴν τὰ ἐν οὐρανοῖς διοικεῖν ἐπετράπησαν, καὶ ἐξουσίαν ἔλαβον, ἣν οὔτε ἀγγέλοις οὔτε ἀρχαγγέλοις ἔδωκεν ὁ θεός. οὐ γὰρ πρὸς ἐκείνους εἴρηται·
10 "Ὅσα ἂν δήσητε ἐπὶ τῆς γῆς, ἔσται δεδεμένα καὶ ἐν τῷ οὐρανῷ· καὶ ὅσα ἂν λύσητε, ἔσται λελυμένα. 183. Ἔχουσι μὲν γὰρ καὶ οἱ κρατοῦντες ἐπὶ τῆς γῆς τὴν τοῦ δεσμεῖν ἐξουσίαν, ἀλλὰ σωμάτων μόνον· οὗτος δὲ ὁ δεσμὸς αὐτῆς ἅπτεται τῆς ψυχῆς, καὶ διαβαίνει τοὺς οὐρανούς, καὶ ἅπερ
15 ἂν ἐργάσωνται κάτω οἱ ἱερεῖς, ταῦτα ὁ θεὸς ἄνω κυροῖ, καὶ τὴν τῶν δούλων γνώμην ὁ δεσπότης βεβαιοῖ. 184. Καὶ τί γὰρ ἀλλ' ἢ πᾶσαν αὐτοῖς τὴν οὐράνιον ἔδωκεν ἐξουσίαν; Ὧν γὰρ ἄν, φησιν, ἀφῆτε τὰς ἁμαρτίας, ἀφέωνται· καὶ ὧν ἂν κρατῆτε, κεκράτηνται. τίς ἂν γένοιτο ταύτης ἐξουσία
20 μείζων; πᾶσαν τὴν κρίσιν ἔδωκεν ὁ πατὴρ τῷ υἱῷ· ὁρῶ δὲ πᾶσαν αὐτὴν τούτους ἐγχειρισθέντας ὑπὸ τοῦ υἱοῦ·

1 περιπεπλεγμενον bz henr vulg || 11 λυσητε] + επι της γης z vulg || λελυμενα] + εν τω ουρανω vulg || 13 μονων f || 19 κρατησητε fyz || τι αν γενοιτο ταυτης της εξουσιας μειζον f || 21 αυτην τουτοις εγχειρισθεισαν abfyz henr || του Χριστου y

4. ἕτερα τούτων κτλ.] 'other things not less than these': cp. ἀποδέοι iii 7.
5. εἰς...λόγον] 'with regard to dignity and to our (spiritual) welfare': cp. iii 6 εἰς καταφρονήσεως λόγον.
9. οὐ γὰρ πρὸς ἐκ. εἴρ.] a reminiscence of Heb. i 5 sqq.
10. ὅσα ἂν δήσητε] Matt. xviii 18 (ὅσα ἐὰν δήσητε ἐπὶ τῆς γῆς, ἔσται δεδεμένα ἐν οὐρανῷ· καὶ ὅσα ἐὰν λύσητε ἐπὶ τῆς γῆς, ἔσται λελυμένα ἐν οὐρανῷ WH.). On this passage of St Matthew, and on Jn xx 23, which Chrys. next quotes, see Report of a Conference held at Fulham Palace in Dec. 1901 (Longmans, 1902) pp. 3—29.
18. ὧν γὰρ ἄν] Jn xx 23 (ἄν τινων ἀφῆτε τ. ἁμαρτ., ἀφέωνται αὐτοῖς· ἄν τινων κρ., κεκράτηνται WH.).
20. πᾶσαν τὴν κρ.] Jn v 22 (τὴν κρ. πᾶσαν WH.).
21. ἐγχειρισθέντας] Cp., for the construction, ἐπιμέλειαν πιστευθῆναι ii 2 (note).

ὥσπερ γὰρ εἰς οὐρανοὺς ἤδη μετατεθέντες, καὶ τὴν ἀνθρωπείαν ὑπερβάντες φύσιν καὶ τῶν ἡμετέρων ἀπαλλαγέντες παθῶν, οὕτως εἰς τοσαύτην ἤχθησαν τὴν ἀρχήν. 185. Εἶτα ἂν μὲν βασιλεύς τινι τῶν ὑπ' αὐτὸν ὄντων ταύτης μεταδῷ τῆς τιμῆς ὥστε ἐμβάλλειν εἰς δεσμωτήριον οὓς ἂν ἐθέλῃ, 5 καὶ ἀφιέναι πάλιν, ζηλωτὸς καὶ περίβλεπτος παρὰ πᾶσιν οὗτος· ὁ δὲ παρὰ θεοῦ τοσούτῳ μείζονα ἐξουσίαν λαβὼν ὅσῳ γῆς τιμιώτερος οὐρανὸς καὶ σωμάτων ψυχαί, οὕτω μικράν τισιν ἔδοξεν εἰληφέναι τιμήν, ὡς δυνηθῆναι κἂν ἐννοῆσαι, ὅτι τῶν ταῦτα πιστευθέντων τις καὶ ὑπερφρο- 10 νήσει τῆς δωρεᾶς. 186. Ἄπαγε τῆς μανίας. μανία γὰρ περιφανής, ὑπερορᾶν τῆς τοσαύτης ἀρχῆς, ἧς ἄνευ οὔτε σωτηρίας οὔτε τῶν ἐπηγγελμένων ἡμῖν ἔστι τυχεῖν ἀγαθῶν. 187. Εἰ γὰρ οὐ δύναταί τις εἰσελθεῖν εἰς τὴν βασιλείαν τῶν οὐρανῶν, ἐὰν μὴ δι' ὕδατος καὶ πνεύματος ἀναγεννηθῇ, 15 καὶ ὁ μὴ τρώγων τὴν σάρκα τοῦ κυρίου, καὶ τὸ αἷμα αὐτοῦ πίνων, ἐκβέβληται τῆς αἰωνίου ζωῆς, πάντα δὲ ταῦτα δι' ἑτέρου μὲν οὐδενός, μόνον δὲ διὰ τῶν ἁγίων ἐκείνων ἐπιτελεῖται χειρῶν, τῶν τοῦ ἱερέως λέγω· πῶς ἄν τις τούτων ἐκτὸς ἢ τὸ τῆς γεέννης ἐκφυγεῖν δυνήσεται πῦρ, ἢ τῶν 20 ἀποκειμένων στεφάνων τυχεῖν; 188. Οὗτοι γάρ εἰσιν, οὗτοι οἱ τὰς πνευματικὰς πιστευθέντες ὠδῖνας, καὶ τὸν διὰ τοῦ βαπτίσματος ἐπιτραπέντες τόκον· διὰ τούτων ἐνδυόμεθα τὸν Χριστὸν καὶ συναπτόμεθα τῷ υἱῷ τοῦ θεοῦ,

3 ταυτην vulg ‖ 13 σωτηριας] + ημιν y vulg ‖ 21 εισιν] ημιν y ‖ 24 συνθαπτομεθα cfyz franc oliv vulg ‖ τω αγιω του θεου ναω by henr

9. ὡς δυνηθ. κἂν ἐνν.] 'that they can even suppose.' Κἄν = καὶ, the ἂν having lost its original force.
11. ἄπαγε τῆς μανίας] Cp. ἄπαγε τῆς τόλμης i 5.
15. δι' ὕδατος καὶ πν.] Jn iii 5 (γεννηθῇ WH.).
17. πίνων] sc. μή, from μὴ τρώγων : Jn vi 53.
19. τούτων ἐκτός] 'without their help.'

20. τὸ τῆς γεέννης ἐκφ. δ.] a senarius: see ii 1 ὁ τὰς ἀπάντων κτλ. (note).
21. ἀποκειμ. στ.] Cp. 2 Tim. iv 8 λοιπὸν ἀπόκειταί μοι ὁ τῆς δικαιοσύνης στέφανος.
22. ὠδῖνας...τόκον] Cp. Gal. iv 19 τεκνία μου, οὓς πάλιν ὠδίνω.
23. ἐνδυόμ. τὸν Χρ.] Cp. Rom. xiii 14, Gal. iii 27.

μέλη γινόμεθα τῆς μακαρίας ἐκείνης κεφαλῆς. 189. Ὥστε ἡμῖν οὐκ ἀρχόντων μόνον οὐδὲ βασιλέων φοβερώτεροι, ἀλλὰ καὶ πατέρων τιμιώτεροι δικαίως ἂν εἶεν. οἱ μὲν γὰρ ἐξ αἱμάτων καὶ ἐκ θελήματος σαρκὸς ἐγέννησαν· οἱ δὲ τῆς
5 ἐκ τοῦ θεοῦ γεννήσεως ἡμῖν εἰσιν αἴτιοι, τῆς μακαρίας παλιγγενεσίας ἐκείνης, τῆς ἐλευθερίας τῆς ἀληθοῦς, καὶ τῆς κατὰ χάριν υἱοθεσίας. VI. 190. Λέπραν σώματος ἀπαλλάττειν, μᾶλλον δὲ ἀπαλλάττειν μὲν οὐδαμῶς, τοὺς δὲ ἀπαλλαγέντας δοκιμάζειν μόνον, εἶχον ἐξουσίαν οἱ τῶν
10 Ἰουδαίων ἱερεῖς· καὶ οἶσθα πῶς περιμάχητον ἦν τὸ τῶν ἱερέων τότε. οὗτοι δὲ οὐ λέπραν σώματος, ἀλλ' ἀκαθαρσίαν ψυχῆς, οὐκ ἀπαλλαγεῖσαν δοκιμάζειν, ἀλλ' ἀπαλλάττειν παντελῶς ἔλαβον ἐξουσίαν. 191. Ὥστε οἱ τούτων ὑπερορῶντες πολὺ καὶ τῶν περὶ Δαθὰν εἶεν ἂν ἐναγέστεροι
15 καὶ μείζονος ἄξιοι τιμωρίας. οἱ μὲν γὰρ, εἰ καὶ μὴ προσηκούσης αὐτοῖς ἀντεποιοῦντο τῆς ἀρχῆς, ἀλλ' ὅμως θαυμαστήν τινα περὶ αὐτῆς εἶχον δόξαν, καὶ τοῦτο τῷ μετὰ πολλῆς ἐφίεσθαι σπουδῆς ἔδειξαν· οὗτοι δὲ ὅτε ἐπὶ τὸ κρεῖττον διεκοσμήθη, καὶ τοσαύτην ἔλαβεν ἐπίδοσιν τὸ
20 πρᾶγμα, τότε ἐξ ἐναντίας μὲν ἐκείνοις, πολλῷ δὲ ἐκείνων μείζονα τετολμήκασιν. 192. Οὐδὲ γὰρ ἴσον εἰς καταφρονήσεως λόγον ἐφίεσθαι μὴ προσηκούσης τιμῆς καὶ ὑπερορᾶν· ἀλλὰ τοσούτῳ μεῖζον ἐκείνου τοῦτο, ὅσῳ τοῦ διαπτύειν καὶ

3 δικαιοι αν ειεν λογιζεσθαι z ‖ 6 της ελευθερας ab ‖ 7 υιοθεσιας]+παρεχομενης y ‖ 8 τους απαλλαττομενους byz henr ‖ 14 πολλω vulg ‖ om αν z vulg ‖ 17 om και τουτο—εδειξαν z ‖ 22 υπεροραν]+τοσουτων αγαθων vulg ‖ 23 εκεινο τουτου y vulg

1. κεφαλῆς] the head is used for the whole person : cp. vi 13 ὦ φίλη κεφαλή (note).
4. ἐξ αἱμάτων] Jn i 13.
VI. The priest is able to render far greater services to his flock than any father can render to his son.
7. λέπραν] Lev. xiii. Cp. Jerome's comm. upon Matt. xvi 19.
14. Δαθάν] Numb. xvi.

19. τοσαύτην ἔλ. ἐπ.] 'made such progress': i.e. was so enhanced in power and dignity.
21. εἰς καταφρ. λόγον] Cp. εἰς ἀξιώματος λόγον iii 5 (note).
23. ὅσῳ κτλ.] This clause would normally have run ὅσῳ τοῦ διαπτύειν μεῖζον τὸ θαυμάζειν : but cp. τοσοῦτον πλείων (ἡ ζημία) ὅσον ...τῆς κτήσεως ἑκατέρας τὸ μέσον

DE SACERDOTIO

θαυμάζειν τὸ μέσον ἐστί. 193. Τίς οὖν οὕτως ἀθλία ψυχὴ, ὡς τοσούτων ὑπεριδεῖν ἀγαθῶν; οὐκ ἄν ποτε φαίην ἐγὼ, πλὴν εἴ τις οἶστρον ὑπομείνειε δαιμονικόν. 194. Ἀλλὰ γὰρ ἐπάνειμι πάλιν, ὅθεν ἐξέβην. οὐ γὰρ ἐν τῷ κολάζειν μόνον, ἀλλὰ καὶ ἐν τῷ ποιεῖν εὖ, μείζονα τοῖς ἱερεῦσιν ἔδωκε δύναμιν τῶν φυσικῶν γονέων ὁ θεός· καὶ τοσοῦτον ἀμφοτέρων τὸ διάφορον, ὅσον τῆς παρούσης καὶ τῆς μελλούσης ζωῆς. 195. Οἱ μὲν γὰρ εἰς ταύτην, οἱ δὲ εἰς ἐκείνην γεννῶσι· κἀκεῖνοι μὲν οὐδὲ τὸν σωματικὸν αὐτοῖς δύναιντ' ἂν ἀμύνασθαι θάνατον, οὔτε νόσον ἐπενεχθεῖσαν ἀποκρούσασθαι· οὗτοι δὲ καὶ κάμνουσαν καὶ ἀπόλλυσθαι μέλλουσαν τὴν ψυχὴν πολλάκις ἔσωσαν, τοῖς μὲν πραοτέραν τὴν κόλασιν ἐργασάμενοι, τοὺς δὲ οὐδὲ παρὰ τὴν ἀρχὴν ἀφέντες ἐμπεσεῖν, οὐ τῷ διδάσκειν μόνον καὶ νουθετεῖν, ἀλλὰ καὶ τῷ δι' εὐχῶν βοηθεῖν. 196. Οὐ γὰρ ὅταν ἡμᾶς ἀναγεννῶσι μόνον ἀλλὰ καὶ τὰ μετὰ ταῦτα συγχωρεῖν ἔχουσιν ἐξουσίαν ἁμαρτήματα. Ἀσθενεῖ γάρ τίς, φησιν, ἐν ὑμῖν; προσκαλεσάσθω τοὺς πρεσβυτέρους τῆς ἐκκλησίας, καὶ προσευξάσθωσαν ὑπὲρ αὐτοῦ, ἀλείψαντες αὐτὸν ἐλαίῳ ἐν τῷ ὀνόματι τοῦ κυρίου· καὶ ἡ εὐχὴ τῆς πίστεως σώσει τὸν κάμνοντα, καὶ ἐγερεῖ αὐτὸν ὁ κύριος· κἂν ἁμαρτίας ᾖ πεποιηκὼς, ἀφεθήσονται αὐτῷ. 197. Ἔπειτα οἱ μὲν φυσικοὶ γονεῖς, εἴ τισι τῶν ὑπερεχόντων καὶ μεγάλα δυναμένων προσκρούσαιεν οἱ παῖδες, οὐδὲν

---

1 αθλιας ψυχης b αθλιος αν ειη henr ‖ 2 ουκ αν ποτε]+ουδενα z vulg ‖ 3 πλην ει μη τις b vulg ‖ 8 ζωης]+το μεσον. yz ‖ 10 αμυναι y vulg ‖ ου νοσον yz vulg ‖ 14 αρχην]+πολλακις z ‖ 19 επ' αυτον vulg ‖ 20 om εν—κυριον z vet. int. ‖ 21 om και—κυριος cyz ‖ 22 αφεθησεται by henr ‖ 23 φυσικοι] φυσει f ‖ 24 μεγαλα]+ωδε z vulg

v 5 (note). For τὸ μέσον cp. on ii 2 (ὅση πρός κτλ.).
3. οἶστρον] 'frenzy.'
4. ὅθεν ἐξέβην] (to the point) 'whence I digressed.'
13. οὐδὲ παρὰ τ. ἀρχήν] i.e. οὐδὲ τὴν ἀρχήν, 'not at all.'

17. ἀσθενεῖ] James v 14.
19. ὑπὲρ αὐτοῦ] St James (l.c.) has ἐπ' αὐτόν (WH.).
ib. ἀλείψ. αὐ. ἐλ.] Cp. Mk vi 13.
22. ἀφεθήσονται] WH. read ἀφεθήσεται (James l.c.).
24. προσκρ.] 'offend.'

αὐτοὺς ἔχουσιν ὠφελεῖν· οἱ δὲ ἱερεῖς οὐκ ἄρχοντας, οὐδὲ βασιλεῖς, ἀλλ᾽ αὐτὸν αὐτοῖς πολλάκις ὀργισθέντα κατήλλαξαν τὸν θεόν. 198. Ἔτ᾽ οὖν ἡμᾶς μετὰ ταῦτα τολμήσει τις ἀπονοίας κρίνειν; ἐγὼ μὲν γὰρ ἐκ τῶν εἰρημένων τοσαύτην εὐλάβειαν οἶμαι τὰς τῶν ἀκουόντων κατασχεῖν ψυχάς, ὡς μηκέτι τοὺς φεύγοντας, ἀλλὰ τοὺς ἀφ᾽ ἑαυτῶν προσιόντας καὶ σπουδάζοντας ταύτην ἑαυτοῖς κτήσασθαι τὴν τιμήν, ἀπονοίας καὶ τόλμης κρίνειν. 199. Εἰ γὰρ οἱ τὰς τῶν πόλεων ἀρχὰς πιστευθέντες, ὅταν μὴ συνετοὶ καὶ λίαν ὀξεῖς τυγχάνωσιν ὄντες, καὶ τὰς πόλεις ἀνέτρεψαν καὶ ἑαυτοὺς προσαπώλεσαν, ὁ τοῦ Χριστοῦ τὴν νύμφην κατακοσμεῖν λαχὼν πόσης σοι δοκεῖ δεῖσθαι δυνάμεως, καὶ τῆς παρ᾽ αὐτοῦ καὶ τῆς ἄνωθεν, πρὸς τὸ μὴ διαμαρτεῖν; VII. 200. Οὐδεὶς μᾶλλον Παύλου τὸν Χριστὸν ἠγάπησεν, οὐδεὶς μείζονα ἐκείνου σπουδὴν ἐπεδείξατο, οὐδεὶς πλείονος ἠξιώθη χάριτος· ἀλλ᾽ ὅμως μετὰ τοσαῦτα δέδοικεν ἔτι καὶ τρέμει περὶ ταύτης τῆς ἀρχῆς καὶ τῶν ἀρχομένων ὑπ᾽ αὐτοῦ. Φοβοῦμαι γάρ, φησιν, μή πως, ὡς ὁ ὄφις Εὖαν ἐξηπάτησεν, οὕτω φθαρῇ τὰ νοήματα ὑμῶν ἀπὸ τῆς ἁπλότητος τῆς εἰς τὸν Χριστόν. καὶ πάλιν, Ἐν φόβῳ καὶ ἐν τρόμῳ πολλῷ ἐγενόμην πρὸς

1 ισχυουσιν z henr ‖ 7 κεκτησθαι b henr ‖ την αρχην c ‖ 8 κρινειν] γραφεσθαι z ‖ 9 εμπιστευθεντες fy ‖ 11 απωλεσαν και εαυτους προσανετρεψαν c ‖ 14 μαλλον]+πλειω f ‖ 17 τοσαυτα]+πλεονεκτηματα vulg ‖ 19 εξηπατησεν]+εν τη πανουργια αυτου yz vulg

6. ἀφ᾽ ἑαυτῶν] 'of their own accord.'
8. κρίνειν] The subject of this verb is τοὺς ἀκούοντας, to be supplied from τὰς τῶν ἀκ. ψυχάς. The object of κρίνειν is τοὺς ἀφ᾽ ἑ. προσ.
11. τοῦ Χρ. τὴν ν.] i.e. the Church: cp. vi 12 τῆς Χριστοῦ νύμφης: also παρθένον iv 7 (note).
VII. *St Paul regarded the priestly office with the deepest awe and reverence; and justly so, for it demands greater abilities for its discharge than any other function, as, for example,*

that of the general or the navigator.
17. μετὰ τοσαῦτα] ('after' i.e.) 'in spite of all these (advantages).' The word πλεονεκτήματα, however, in the vulgate reading seems to have no MS authority.
18. φοβοῦμαι] 2 Cor. xi 3 (φοβοῦμαι δὲ μή πως, ὡς ὁ ὄφις ἐξηπάτησεν Εὖαν ἐν τῇ πανουργίᾳ αὐτοῦ, φθαρῇ τὰ νοήματα ὑμῶν ἀπὸ τῆς ἁπλότητος [καὶ τῆς ἁγνότητος] τῆς εἰς τὸν Χριστόν WH.).
21. ἐν φόβῳ] 1 Cor. ii 3.

III. VII] DE SACERDOTIO 59

ὑμᾶς· 201. ἄνθρωπος εἰς τρίτον ἁρπαγεὶς οὐρανὸν, καὶ ἀπορρήτων κοινωνήσας θεοῦ, καὶ τοσούτους ὑπομείνας θανάτους, ὅσας μετὰ τὸ πιστεῦσαι ἔζησεν ἡμέρας, ἄνθρωπος μηδὲ τῇ δοθείσῃ παρὰ Χριστοῦ χρήσασθαι ἐξουσίᾳ βουληθεὶς, ἵνα μή τις τῶν πιστευσάντων σκανδαλισθῇ. 5 202. Εἰ τοίνυν ὁ τὰ προστάγματα ὑπερβαίνων τοῦ θεοῦ, καὶ μηδαμοῦ τὸ ἑαυτοῦ ζητῶν, ἀλλὰ τὸ τῶν ἀρχομένων, οὕτως ἔμφοβος ἦν ἀεὶ, πρὸς τὸ τῆς ἀρχῆς μέγεθος ἀφορῶν· τί πεισόμεθα ἡμεῖς οἱ πολλαχοῦ τὰ ἑαυτῶν ζητοῦντες, οἱ τὰς ἐντολὰς τοῦ Χριστοῦ οὐ μόνον οὐχ ὑπερβαίνοντες, 10 ἀλλὰ καὶ ἐκ πλείονος παραβαίνοντες μοίρας; Τίς ἀσθενεῖ, φησὶ, καὶ οὐκ ἀσθενῶ; τίς σκανδαλίζεται, καὶ οὐκ ἐγὼ πυροῦμαι; 203. Τοιοῦτον εἶναι δεῖ τὸν ἱερέα, μᾶλλον δὲ οὐ τοιοῦτον μόνον· μικρὰ γὰρ ταῦτα καὶ τὸ μηδὲν, πρὸς ὃ μέλλω λέγειν. 204. Τί δὲ τοῦτό ἐστιν; Ηὐχόμην, φησὶν, 15 ἀνάθεμα εἶναι ἀπὸ τοῦ Χριστοῦ, ὑπὲρ τῶν ἀδελφῶν μου, τῶν συγγενῶν μου τῶν κατὰ σάρκα. εἴ τις δύναται ταύτην ἀφεῖναι τὴν φωνὴν, εἴ τις ἔχει τὴν ψυχὴν ταύτης ἐφικνουμένην τῆς εὐχῆς, ἐγκαλεῖσθαι δίκαιος ἂν εἴη φεύγων· 205. εἰ δέ τις ἀποδέοι τῆς ἀρετῆς ἐκείνης τοσοῦτον ὅσον 20 ἡμεῖς, οὐχ ὅταν φεύγῃ, ἀλλ᾽ ὅταν δέχηται, μισεῖσθαι δίκαιος. 206. Οὐδὲ γὰρ, εἰ στρατιωτικῆς ἀξίας αἵρεσις προὔκειτο, εἶτα χαλκοτύπον, ἢ σκυτοτόμον, ἤ τινα τῶν

2 θεω vulg || 3 θανατους] κινδυνους c || 6 του Χριστου bfz franc henr oliv || 19 εγκαλεισθω δικαιως φευγων y

1. εἰς τρίτον ἀρ. οὐ.] 2 Cor. xii 2 (ἕως τρίτου οὐρανοῦ WH.).
2. τοσούτους...θαν.] 1 Cor. xv 31 : cp. καθημερινοὺς θανάτους iv 6 (note).
4. μηδὲ τῇ δοθ.] See 1 Cor. ix 14, 15.
6. τὰ προστάγματα] sc. that those who preach the Gospel should live by the Gospel : see preceding note.
7. μηδαμοῦ τ. ἐ. ζ.] 1 Cor. x 33 : cp. 1 Cor. x 24, xiii 5, Phil. ii 4.
11. ἐκ πλείονος...μ.] 'in great

(lit. 'greater') measure.' Lat. ex magna parte: cp. vi 8.
ib. τίς ἀσθενεῖ κτλ.] 2 Cor. xi 29.
14. μικρὰ κτλ.] 'small, in fact of no account whatever.'
15. ηὐχόμην] Rom. ix 3 (ἀνάθεμα εἶναι αὐτὸς ἐγὼ ἀπὸ τοῦ Χριστοῦ WH.).
18. ἀφεῖναι] 'to utter': cp. vi 12 οὐ γὰρ δὴ οὗτοι οἱ τοῖχοι δύναιντ᾽ ἂν ἀφεῖναι φωνήν.

τοιούτων δημιουργῶν, ἑλκύσαντες εἰς τὸ μέσον οἱ δοῦναι κύριοι τὴν τιμήν, ἐνεχείριζον τὸν στρατόν, ἐπῄνεσα ἂν τὸν δείλαιον ἐκεῖνον οὐ φεύγοντα καὶ πάντα ποιοῦντα, ὥστε μὴ εἰς προὖπτον ἑαυτὸν ἐμβαλεῖν κακόν. 207. Εἰ μὲν
5 γὰρ ἁπλῶς τὸ κληθῆναι ποιμένα καὶ μεταχειρίσαι τὸ πρᾶγμα ὡς ἔτυχεν ἀρκεῖ, καὶ κίνδυνος οὐδείς, ἐγκαλείτω κενοδοξίας ἡμῖν ὁ βουλόμενος· εἰ δὲ πολλὴν μὲν σύνεσιν, πολλὴν δὲ πρὸ τῆς συνέσεως τὴν παρὰ τοῦ θεοῦ χάριν, καὶ τρόπων ὀρθότητα, καὶ καθαρότητα βίου, καὶ μείζονα ἢ
10 κατὰ ἄνθρωπον ἔχειν δεῖ τὴν ἀρετὴν τὸν ταύτην ἀναδεχόμενον τὴν φροντίδα, μή με ἀποστερήσῃς συγγνώμης, μάτην ἀπολέσθαι μὴ βουλόμενον καὶ εἰκῇ. 208. Καὶ γὰρ εἰ μυριαγωγόν τις ὁλκάδα ἄγων, πεπληρωμένην ἐρετῶν καὶ φορτίων γέμουσαν πολυτελῶν, εἶτα ἐπὶ τῶν οἰάκων καθίσας
15 ἐκέλευε περᾶν τὸ Αἰγαῖον ἢ τὸ Τυρρηνικὸν πέλαγος, ἐκ πρώτης ἂν ἀπεπήδησα τῆς φωνῆς· καὶ εἴ τις ἤρετο, Διὰ τί; Ἵνα μὴ καταδύσω τὸ πλοῖον, εἶπον ἄν. VIII. 209. Εἶτα ἔνθα μὲν εἰς χρήματα ἡ ζημία, καὶ ὁ κίνδυνος σωματικοῦ μέχρι θανάτου, οὐδεὶς ἐγκαλέσει πολλῇ κεχρημένοις προ-

13 ερετων] αρωματων y || και μυριων φορτιων fyz || 15 εκελευσε fy ||
18 σωματικος yz vulg

2. ἐνεχείριζον] 'attempted to entrust.'
4. προὖπτον] 'inevitable' (contracted from πρόοπτον).
5. ποιμένα] Cp. Eph. iv 11 ποιμένας καὶ διδασκάλους. For ποιμαίνειν applied to the ἐπίσκοπος or πρεσβύτερος cp. Acts xx 28, 1 Pet. v 2; and see Lightfoot *Philippians*[2] p. 192 n. 6, Gore *The Church and the Ministry*[4] p. 241 n. 1.
13. μυριαγωγόν] lit. 'carrying 10,000 measures': an epithet designating a merchant-ship of large tonnage. Cp. adv. oppugn. vit. monast. II 59 E μυριαγωγὸν ὁλκάδα καὶ πολλῶν γέμουσαν φορτίων. Thucydides (vii 25) uses μυριοφόρος in the

same sense: see also Pollux i 82.
14. ἐπὶ τῶν οἰάκων] 'at the helm': cp. vi 6 ὁ μὲν...ἐπὶ τῶν οἰάκων καθήμενος. See also Field on *Homm. in* 1 *Cor.* 240 B. For the use of ἐπί we may compare ἐπὶ τῶν εὐθυνῶν iv 2, ἐπὶ τῶν πραγμάτων v 8.
15. ἐκ πρώτης...τῆς φ.] 'at his first words': cp. ἀπὸ πρώτης ὄψεως vi 12 (fin.).
VIII., IX. Development of the contrast between the priest and the navigator, with the object of shewing that the task of the priest is by far the more difficult.
18. ὁ κίνδυνος κτλ.] 'the risk is merely that of bodily (physical) death': for μέχρι cp. on ii 1 οὐκ ἔστη μέχρι τούτου.

III. VIII] DE SACERDOTIO 61

νοία· ὅπου δὲ τοῖς ναυαγοῦσιν οὐκ εἰς τὸ πέλαγος τοῦτο, ἀλλ' εἰς τὴν ἄβυσσον τοῦ πυρὸς ἀπόκειται πεσεῖν, καὶ θάνατος αὐτοὺς οὐχ ὁ τὴν ψυχὴν ἀπὸ τοῦ σώματος διαιρῶν, ἀλλ' ὁ ταύτην μετ' ἐκείνου εἰς κόλασιν παραπέμπων αἰώνιον ἐκδέχεται, ἐνταῦθα ὅτι μὴ προπετῶς εἰς τοσοῦτον 5 ἑαυτοὺς ἐρρίψαμεν κακὸν ὀργιεῖσθε καὶ μισήσετε; μὴ, δέομαι καὶ ἀντιβολῶ. 210. Οἶδα τὴν ἐμαυτοῦ ψυχήν, τὴν ἀσθενῆ ταύτην καὶ μικράν· οἶδα τῆς διακονίας ἐκείνης τὸ μέγεθος, καὶ τὴν πολλὴν τοῦ πράγματος δυσκολίαν. 211. Πλείονα γὰρ τῶν τὴν θάλατταν ταραττόντων πνευ- 10 μάτων χειμάζει κύματα τὴν τοῦ ἱερωμένου ψυχήν. IX. καὶ πρῶτον ἁπάντων ὁ δεινότατος τῆς κενοδοξίας σκόπελος, χαλεπώτερος ὢν οὗπερ οἱ μυθοποιοὶ τερατεύονται. 212. Τοῦτον γὰρ πολλοὶ μὲν ἴσχυσαν διαπλεύσαντες διαφυγεῖν ἀσινεῖς· ἐμοὶ δὲ οὕτω τοῦτο 15 χαλεπὸν, ὡς μηδὲ νῦν, ὅτε οὐδὲ μία μέ τις ἀνάγκη πρὸς ἐκεῖνο ὠθεῖ τὸ βάραθρον, δύνασθαι καθαρεύειν τοῦ δεινοῦ. εἰ δὲ καὶ τὴν ἐπιστασίαν τις ἐγχειρίζοι ταύτην, μονονουχὶ δήσας ὀπίσω τὼ χεῖρε παραδώσει τοῖς ἐν ἐκείνῳ τῷ σκοπέλῳ κατοικοῦσι θηρίοις καθ' ἑκάστην με σπαράττειν 20 τὴν ἡμέραν. 213. Τίνα δέ ἐστι τὰ θηρία; θυμὸς, ἀθυμία,

10 πνευματων] κυματων btz ‖ 13 ων ον cm franc oliv ων ως ginrswy sin ‖ οι μυθοι codd omnes praeter achmnu berl ‖ τερατευονται]+(του) των Σειρηνων vulg, et codd omnes praeter acfmnpu

4. ταύτην ... ἐκείνου] Note that ταύτην here refers to the more distant, ἐκείνου to the less distant of the two things referred to: cp. vi 12 ἐκεῖναί τε ἐπαίρουσιν αὐτὴν κτλ. (note): Field *Homm. in Matt.* 709 B.

IX. 13. σκόπελος κτλ.] The reference is to the rock (or, as in Homer, the island) of the Sirens: see Hom. *Od.* xii 167. Τερατεύεσθαι = ' to tell of marvels' (τέρατα), and so is here applied to the wondrous tales of Odysseus recounted by Homer.

15. ἀσινεῖς] '*unharmed.*'

17. καθαρεύειν] '*to be innocent of,*' with genitive: cp. iii 10 ἐπιθυμίας καθαρεύειν.

18. μονονουχὶ κτλ.] '*practically tying my hands behind my back*': Odysseus is secured in this way by his comrades, *Od.* xii 178.

21. τὰ θηρία] These ' beasts,' i.e. passions, infest the ' rock of vanity ': i.e. are inseparable from the position of bishop. If a man lands on that rock, i.e. becomes a bishop, they make him their prey.

ib. θυμός] '*anger.*' Chrys. was himself somewhat quick-tempered,

φθόνος, ἔρις, διαβολαί, κατηγορίαι, ψεῦδος, ὑπόκρισις, ἐπιβουλαί, εὐχαὶ κατὰ τῶν ἠδικηκότων οὐδὲν, ἡδοναὶ ἐπὶ ταῖς τῶν συλλειτουργούντων ἀσχημοσύναις, πένθος ἐπὶ ταῖς εὐημερίαις, ἐπαίνων ἔρως, τιμῆς πόθος (τοῦτο δὴ τὸ
5 μάλιστα πάντων τὴν ἀνθρωπείαν ἐκτραχηλίζον ψυχὴν), διδασκαλίαι πρὸς ἡδονὴν, ἀνελεύθεροι κολακεῖαι, θωπεῖαι ἀγεννεῖς, καταφρονήσεις πενήτων, θεραπεῖαι πλουσίων, ἀλόγιστοι τιμαὶ καὶ ἐπιβλαβεῖς χάριτες, κίνδυνον φέρουσαι καὶ τοῖς παρέχουσι καὶ τοῖς δεχομένοις αὐτὰς, φόβος δουλο-
10 πρεπὴς καὶ τοῖς φαυλοτάτοις τῶν ἀνδραπόδων προσήκων μόνοις, παρρησίας ἀναίρεσις, ταπεινοφροσύνης τὸ μὲν σχῆμα πολὺ, ἡ ἀλήθεια δὲ οὐδαμοῦ, ἔλεγχοι δὲ ἐκποδὼν καὶ ἐπιτιμήσεις, μᾶλλον δὲ κατὰ μὲν τῶν ταπεινῶν καὶ πέρα τοῦ μέτρου, ἐπὶ δὲ τῶν δυναστείαν περιβεβλημένων
15 οὐδὲ διᾶραί τις τὰ χείλη τολμᾷ. 214. Ταῦτα γὰρ ἅπαντα καὶ τὰ τούτων πλείονα ὁ σκόπελος ἐκεῖνος τρέφει θηρία, οἷς τοὺς ἅπαξ ἁλόντας εἰς τοσαύτην ἀνάγκη καθελκυσθῆναι δουλείαν, ὡς καὶ εἰς γυναικῶν ἀρέσκειαν πράττειν πολλὰ πολλάκις ἃ μηδὲ εἰπεῖν καλόν. 215. Ὁ μὲν γὰρ
20 θεῖος νόμος αὐτὰς ταύτης ἐξέωσε τῆς λειτουργίας, ἐκεῖναι

2 ευχαι] οργαι vulg ‖ 3 λειτουργουντων vulg ‖ 13 κατα] επι y ‖ 15 τα χειλη] το στομα c ‖ 17 τοσουτον...δουλειας bfyz henr vulg

see his confession in vi 12: and this was, later on, the cause of some of his difficulties at Constantinople. There seems to be an intentional contrast between θυμός and ἀθυμία.
3. τῶν συλλειτ.] i.e. other priests. For λειτουργία see on i 4 (δόξης κτλ.).
4. εὐημερ.] 'success': cp. παρευημερεῖσθαι v 8 (note).
5. ἐκτραχηλ.] Literally, of a horse, 'throwing its rider over its head': hence 'hurling to destruction.'
6. πρὸς ἡδονήν] 'flattering': cp. τοῖς πρὸς χάριν λεγομένοις ii 6.
11. ταπεινοφρ. κτλ.] 'much apparent, but no real humility.'
12. ἐκποδών] 'absent.'
13. κατὰ μέν κτλ.] i.e. κατὰ μὲν τῶν ταπεινῶν καὶ ('even') π.τ.μ. ἔλεγχοί εἰσι.
14. τῶν δυν. περιβ.] 'the great': lit. 'those who have compassed power.' Cp. below τοσαύτην περιβέβληνται δύναμιν, and iii 15 πλοῦτον περιβέβληται πολύν.
15. διᾶραι τὰ χείλη] Cp. διᾶραι τὸ στόμα ii 7 (note).
18. εἰς γυναικῶν ἀρ.] For instance, the Empress Eudoxia afterwards exercised her influence against Chrys. at Constantinople: Socr. vi 15.

III. ix] DE SACERDOTIO

δὲ ἑαυτὰς εἰσωθεῖν βιάζονται· καὶ ἐπειδὴ δι᾽ ἑαυτῶν ἰσχύουσιν οὐδέν, δι᾽ ἑτέρων πράττουσιν ἅπαντα· καὶ τοσαύτην περιβέβληνται δύναμιν ὡς τῶν ἱερέων καὶ ἐγκρίνειν καὶ ἐκβάλλειν οὓς ἂν ἐθέλωσι· 216. καὶ τὰ ἄνω κάτω (τοῦτο δὴ τὸ τῆς παροιμίας ἐστὶν ἰδεῖν γιγνό- μενον) τοὺς ἄρχοντας ἄγουσιν οἱ ἀρχόμενοι, καὶ εἴθε μὲν ἄνδρες, ἀλλ᾽ αἷς οὐδὲ διδάσκειν ἐπιτέτραπται· τί λέγω διδάσκειν; οὐδὲ λαλεῖν μὲν οὖν αὐταῖς ἐν ἐκκλησίᾳ συνεχώρησεν ὁ μακάριος Παῦλος. ἐγὼ δέ τινος ἤκουσα λέγοντος, ὅτι καὶ τοσαύτης αὐταῖς μετέδωκαν παρρησίας, ὡς καὶ ἐπιτιμᾶν τοῖς τῶν ἐκκλησιῶν προεστῶσι, καὶ καθάπτεσθαι πικρότερον ἐκείνων ἢ τῶν ἰδίων οἰκετῶν οἱ δεσπόται. 217. Καὶ μή μέ τις οἰέσθω πάντας ταῖς εἰρημέναις ὑποβάλλειν αἰτίαις. εἰσὶ γάρ, εἰσὶ πολλοὶ οἱ τούτων ὑπερενεχθέντες τῶν δικτύων, καὶ τῶν ἁλόντων πλείους. X. 218. Ἀλλ᾽ οὐδὲ τὴν ἱερωσύνην αἰτιασαίμην ἂν τούτων τῶν κακῶν· μή ποτε οὕτω μανείην ἐγώ. οὔτε γὰρ τὸν σίδηρον τῶν φόνων, οὔτε τὸν οἶνον τῆς μέθης, οὔτε τὴν

1 εισω θειναι yz vulg εισωθηναι s ‖ δι᾽ εαυτων] + ισως y ‖ 4 ους εαν βουλωνται bfyz henr ‖ 5 κατω] + ποιουσι f oliv ‖ παροιμιας] + λεγομενον yz vulg ‖ om γιγνομενον fyz ‖ 10 μετεδωκε y vulg ‖ 14 υπερεχοντες y ‖ 16 αιτιασαιμι αν vulg ητιασαμην ως τουτων των κακων αιτιαν y

1. εἰσωθεῖν] Cp. εἰς τὴν ἀσχημοσύνην εἰσωθεῖν ἑαυτὰς βιάζονται quod regulares feminae etc. 249 C.
3. ὡς τῶν ἱερ.] 'so that they choose and expel priests at will.'
4. τὰ ἄνω κάτω] a proverbial expression (τὸ τῆς παροιμίας) : cp. iii 14 ἄνω καὶ κάτω ταράττουσα.
6. εἴθε μὲν ἄνδρες] 'would that it were men (who did this) : on the contrary, it is those who may not even teach' : see 1 Tim. ii 12.
8. οὐδὲ λαλεῖν] 1 Cor. xiv 34.
11. τοῖς ... προεστῶσι] Cp. τῶν προεστώτων iii 10; οἱ προιστάμενοι is found in 1 Thess. v 12, Rom. xii 8; οἱ ἡγούμενοι in Hebr. xiii 7, Justin Martyr Apol. ii 1 : see Gore op. cit.⁴ p. 221 n.
ib. καθάπτεσθαι] 'to rebuke' (with gen.), a classical use : Thuc. vi 16 ἐπειδὴ μου Νικίας καθήψατο.
X. The priesthood as a whole cannot in fairness be reproached with the unworthiness of individual priests. These should, however, be chosen with the greatest possible care. Especially is this true of bishops : for if they are unfitted for their responsible duties, the consequences to the whole Church will be grave indeed.
18. τῶν φόνων] sc. αἰτιασαίμην ἄν.

ῥώμην τῆς ὕβρεως, οὔτε τὴν ἀνδρείαν τῆς ἀλόγου τόλμης, ἀλλὰ τοὺς οὐκ εἰς δέον χρωμένους ταῖς παρὰ τοῦ θεοῦ δεδομέναις δωρεαῖς ἅπαντες οἱ νοῦν ἔχοντες αἰτίους εἶναί φασι καὶ κολάζουσιν. 219. Ἐπεὶ ἥ γε ἱερωσύνη κἂν
5 ἐγκαλέσειε δικαίως ἡμῖν, οὐκ ὀρθῶς αὐτὴν μεταχειρίζουσιν. οὐ γὰρ αὐτὴ τῶν εἰρημένων ἡμῖν αἰτία κακῶν· ἀλλ' ἡμεῖς αὐτὴν τοσούτοις, τό γε εἰς ἡμᾶς ἧκον, κατερρυπάναμεν μολυσμοῖς, ἀνθρώποις τοῖς τυχοῦσιν ἐγχειρίζοντες αὐτήν. οἱ δὲ οὔτε τὰς ἑαυτῶν πρότερον καταμαθόντες ψυχὰς,
10 οὔτε εἰς τὸν τοῦ πράγματος ὄγκον ἀποβλέψαντες, δέχονται μὲν προθύμως τὸ διδόμενον, ἡνίκα δ' ἂν εἰς τὸ πράττειν ἔλθωσιν, ὑπὸ τῆς ἀπειρίας σκοτούμενοι μυρίων ἐμπιπλῶσι κακῶν οὓς ἐπιστεύθησαν λαούς. 220. Τοῦτο δὴ, τοῦτο, ὅπερ καὶ ἐφ' ἡμῶν μικροῦ δεῖν ἔμελλε γίνεσθαι, εἰ μὴ
15 ταχέως ἡμᾶς ὁ θεὸς τῶν κινδύνων ἐκείνων ἐξείλκυσε, καὶ τῆς ἐκκλησίας τῆς αὐτοῦ καὶ τῆς ἡμετέρας φειδόμενος ψυχῆς. 221. Ἢ πόθεν, εἰπέ μοι, νομίζεις τὰς τοσαύτας ἐν ταῖς ἐκκλησίαις τίκτεσθαι ταραχάς; ἐγὼ μὲν γὰρ οὐδὲ ἄλλοθέν ποθεν, οἶμαι, ἢ ἐκ τοῦ τὰς τῶν προεστώτων
20 αἱρέσεις καὶ ἐκλογὰς ἁπλῶς καὶ ὡς ἔτυχε γίνεσθαι. 222. ἡ γὰρ κεφαλή, ἣν ἰσχυροτάτην εἶναι ἐχρῆν, ἵνα τοὺς ἐκ τοῦ λοιποῦ σώματος κάτωθεν πεμπομένους ἀτμοὺς πονηροὺς διοικεῖν καὶ εἰς τὸ δέον καθιστᾶν δύνηται, ὅταν καὶ καθ' αὑτὴν ἀσθενὴς οὖσα τύχῃ, τὰς νοσοποιοὺς ἐκείνας
25 προσβολὰς ἀποκρούσασθαι μὴ δυναμένη, αὐτή τε ἀσθενεστέρα μᾶλλον, ἤπερ ἐστί, καθίσταται, καὶ τὸ λοιπὸν μεθ'

4 και εγκαλεσει vulg || 8 μολυσμοις] λογισμοις y*z +ανθρωπινοις f || 9 οι γε z vulg || 17 επει ποθεν z vulg || 21 η γαρ κεφαλη κτλ.] codd aurs secutus sum την γαρ κεφαλην...οταν δε efpy' vulg δει γαρ την κεφ. ισχ. ειναι...οταν δε mn ει γαρ κεφαλη ην...οταν δε ceteri || 26 καθισταμενη yz

5. μεταχειρίξ.] Ἡ ἱερωσύνη is personified. Hence μεταχ. means 'to treat, deal with' (a person) : not 'to handle' (a subject).

7. τό γε εἰς ἡμ. ἧκ.] 'so far as in us lies': cp. i 4 τό γε εἰς ἐμὲ ἧκον (note).

8. τοῖς τυχοῦσιν] 'ordinary': cp. i 4 τὴν τυχοῦσαν (note).

20. ἁπλῶς καὶ ὡς ἔτ.] 'carelessly and at random': for ἁπλῶς cp. i 4 οὐδὲ γὰρ ἁπλῶς οὐδὲ εἰκῇ; iii 13, 18.

ἑαυτῆς προσαπόλλυσι σῶμα. 223. Ὅπερ ἵνα μὴ καὶ νῦν γένηται, ἐν τῇ τάξει τῶν ποδῶν ἡμᾶς ἐφύλαξεν ὁ θεός, ἥνπερ καὶ ἐλάχομεν ἐξ ἀρχῆς. 224. Πολλὰ γάρ ἐστιν, ὦ Βασίλειε, πρὸς τοῖς εἰρημένοις, πολλὰ ἕτερα, ἃ τὸν ἱερωμένον ἔχειν χρή, ἡμεῖς δὲ οὐκ ἔχομεν, καὶ πρό γε τῶν ἄλλων ἐκεῖνο· πανταχόθεν αὐτῷ τῆς τοῦ πράγματος ἐπιθυμίας καθαρεύειν δεῖ τὴν ψυχήν. 225. Ὡς ἐὰν προσπαθῶς πρὸς ταύτην διακείμενος τύχῃ τὴν ἀρχήν, γενόμενος ἐπ' αὐτῆς ἰσχυροτέραν ἀνάπτει τὴν φλόγα, καὶ κατὰ κράτος ἁλοὺς ὑπὲρ τοῦ βεβαίαν ἔχειν αὐτὴν μυρία ὑπομένει δεινά, κἂν κολακεῦσαι δέῃ, κἂν ἀγεννές τι καὶ ἀνάξιον ὑπομεῖναι, κἂν χρήματα ἀναλῶσαι πολλά. 226. Ὅτι γὰρ καὶ φόνων τὰς ἐκκλησίας ἐνέπλησάν τινες, καὶ πόλεις ἀναστάτους ἐποίησαν, ὑπὲρ ταύτης μαχόμενοι τῆς ἀρχῆς, παρίημι νῦν, μὴ καὶ ἄπιστα δόξω λέγειν τισίν. 227. Ἐχρῆν δέ, οἶμαι, τοσαύτην τοῦ πράγματος ἔχειν εὐλάβειαν, ὡς καὶ τὴν ἀρχὴν ἐκφυγεῖν τὸν ὄγκον· καὶ μετὰ τὸ γενέσθαι ἐν αὐτῇ μὴ περιμένειν τὰς ἑτέρων κρίσεις, εἴ ποτε συμβαίη καθαίρεσιν ἱκανὸν ἐργάσασθαι ἁμάρτημα, ἀλλὰ προλαβόντα ἐκβάλλειν

13 πολλα] ουδεν παραιτουμενος z || 17 της αρχης εκφ. yz vulg || 18 εν αυτω vulg || 19 τας παρ' ετερων κρισεις z vulg

8. προσπαθῶς...διακ.] 'warmly attached to,' 'attracted by.'
13. φόνων κτλ.] The allusion may be to the struggle for the Bishopric of Rome in the year 367 between Damasus and Ursicinus. In one of the Roman basilicas 137 dead bodies were found after an affray which took place during these riots: Amm. Marcell. xxvii 3. But more probably Chrys. is thinking of the scenes of violence witnessed during the Arian controversy: Socr. iv 15. Τὰς ἐκκλησίας is here used of the sacred buildings: Suicer s.v.
17. τὴν ἀρχήν] 'at first': cp. ii 4 πάλιν ἀγαγεῖν ὅθεν ἐξέπεσε τὴν ἀρχήν. Some MSS read τῆς ἀρχῆς, 'of the office,' and αὐτῇ which follows is thought to favour that reading. Αὐτῇ, however, can quite as readily be referred to the τῆς ἀρχῆς which follows μαχόμενοι.
19. καθαιρ. κτλ.] 'a sin sufficient to bring about deposition.'
20. προλαβ. ἐκβ. ἑ.] Cp. the case of Gregory of Nazianzus, who voluntarily relinquished the Bishopric of Constantinople in 381. For the contrast in περιμένειν and προλαβόντα (='beforehand,' as at iv 1), cp. de virgin. 277 E οὐδὲ ἂν τὴν ἐκείνων περιέμενε προθυμίαν, ἀλλὰ προλαβὼν αὐτὸς ἂν εἰσηγήσατο.

ἑαυτὸν τῆς ἀρχῆς· οὕτω μὲν γὰρ καὶ ἔλεον ἐπισπάσασθαι παρὰ τοῦ θεοῦ εἰκὸς ἦν. τὸ δὲ ἀντέχεσθαι παρὰ τὸ πρέπον τῆς ἀξίας, πάσης ἑαυτὸν ἀποστερεῖν συγγνώμης ἐστὶ καὶ μᾶλλον ἐκκαίειν τοῦ θεοῦ τὴν ὀργὴν, δεύτερον χαλε-
5 πώτερον προσθέντα πλημμέλημα. ἀλλ' οὐδεὶς ἀνέξεταί ποτε· δεινὸν γὰρ ἀληθῶς, δεινὸν τὸ ταύτης γλίχεσθαι τῆς τιμῆς. 228. Καὶ οὐ μαχόμενος τῷ μακαρίῳ Παύλῳ λέγω, ἀλλὰ καὶ πάνυ συνᾴδων αὐτοῦ τοῖς ῥήμασι. τί γὰρ ἐκεῖνός φησιν; Εἴ τις ἐπισκοπῆς ὀρέγεται, καλοῦ ἔργου
10 ἐπιθυμεῖ. ἐγὼ δὲ οὐ τοῦ ἔργου, τῆς δὲ αὐθεντίας καὶ δυναστείας ἐπιθυμεῖν εἶπον εἶναι δεινόν. XI. 229. Καὶ τοῦτον οἶμαι δεῖν τὸν πόθον πάσῃ σπουδῇ τῆς ψυχῆς ἐξωθεῖν, καὶ μηδὲ τὴν ἀρχὴν κατασχεθῆναι αὐτὴν ὑπ' αὐτοῦ συγχωρεῖν, ἵνα μετ' ἐλευθερίας ἅπαντα αὐτῷ πράτ-
15 τειν ἐξῇ. 230. Ὁ γὰρ οὐκ ἐπιθυμῶν ἐπὶ ταύτης δειχθῆναι τῆς ἐξουσίας, οὐδὲ τὴν καθαίρεσιν αὐτῆς δέδοικεν· οὐ δεδοικὼς δὲ, μετὰ τῆς προσηκούσης Χριστιανοῖς ἐλευθερίας πάντα πράττειν δύναιτ' ἄν. 231. Ὡς οἵ γε φοβούμενοι καὶ τρέμοντες κατενεχθῆναι ἐκεῖθεν πικρὰν ὑπομένουσι
20 δουλείαν καὶ πολλῶν γέμουσαν τῶν κακῶν, καὶ ἀνθρώποις καὶ θεῷ προσκρούειν ἀναγκάζονται πολλάκις. 232. Δεῖ δὲ οὐχ οὕτω διακεῖσθαι τὴν ψυχὴν, ἀλλ' ὥσπερ ἐν τοῖς πολέμοις τοὺς γενναίους τῶν στρατιωτῶν ὁρῶμεν καὶ πολεμοῦντας προθύμως καὶ πίπτοντας ἀνδρείως, οὕτω καὶ
25 τοὺς ἐπὶ ταύτην ἥκοντας τὴν οἰκονομίαν καὶ ἱερᾶσθαι καὶ

5 προστιθεντα fz || 7 Παυλω]+ταυτα vulg || 20 γεμουσι y

6. γλίχεσθαι] 'to covet.'
9. εἴ τις] 1 Tim. iii 1.
10. αὐθεντίας] 'absolute sway': cp. iv 5 μετὰ αὐθεντίας, ad Theodorum lapsum II 40 C. Similarly αὐθέντης in late Greek='despot' (see L. and S.).
XI. *A bishop need not grieve if he is deposed from his office by unfair means. His reward hereafter will be proportionately great. He must in every way guard against ambition,* which Chrys. admits to be his own besetting sin, not to be overcome except by flight.
15. ἐπὶ ταύτης δειχ.] '*to gain fame in this position of authority.*' This version seems better than 'to be appointed to (over) this position,' for this would require ἀποδειχθῆναι rather than the simple verb.
25. οἰκονομίαν] '*office*': cp. οἰκονομίαν i 5 (note).

παραλύεσθαι τῆς ἀρχῆς, ὡς Χριστιανοῖς ἐστὶ προσῆκον ἀνδράσιν, εἰδότας, ὡς ἡ τοιαύτη καθαίρεσις οὐκ ἐλάττονα φέρει τῆς ἀρχῆς τὸν στέφανον. 233. Ὅταν γάρ τις, ὑπὲρ τοῦ μηδὲν ἀπρεπὲς μηδ' ἀνάξιόν τι τῆς ἀξίας ὑπομεῖναι ἐκείνης, πάθῃ τι τοιοῦτον, καὶ τοῖς ἀδίκως καθελοῦσι τὴν κόλασιν, καὶ αὐτῷ μείζονα προξενεῖ τὸν μισθόν. Μακάριοι γάρ, φησίν, ἐστε, ὅταν ὀνειδίσωσι καὶ διώξωσιν ὑμᾶς, καὶ εἴπωσι πᾶν πονηρὸν καθ' ὑμῶν, ψευδόμενοι, ἕνεκεν ἐμοῦ. χαίρετε καὶ ἀγαλλιᾶσθε, ὅτι πολύς ἐστιν ὁ μισθὸς ὑμῶν ἐν τοῖς οὐρανοῖς. 234. Καὶ ταῦτα μὲν ὅταν ὑπὸ τῶν ὁμοταγῶν ἢ διὰ φθόνον, ἢ πρὸς ἑτέρων χάριν, ἢ πρὸς ἀπέχθειαν, ἢ ἑτέρῳ τινὶ μὴ ὀρθῷ τις ἐκβάλληται λογισμῷ. 235. Ὅταν δὲ καὶ ὑπὸ τῶν ἐναντίων τοῦτο πάσχειν συμβαίνῃ, οὐδὲ λόγου δεῖν οἶμαι πρὸς τὸ δεῖξαι τὸ κέρδος ὅσον αὐτῷ διὰ τῆς ἑαυτῶν συλλέγουσι πονηρίας ἐκεῖνοι. 236. Τοῦτο οὖν δεῖ πανταχόθεν περισκοπεῖν καὶ ἀκριβῶς διερευνᾶσθαι, μή πού τις σπινθὴρ τῆς ἐπιθυμίας ἐκείνης ἐντυφόμενος λάθῃ. 237. Ἀγαπητὸν γὰρ καὶ τοὺς ἐξ ἀρχῆς καθαρεύοντας τοῦ πάθους ἡνίκα ἂν ἐμπέσωσιν εἰς τὴν ἀρχὴν δυνηθῆναι τοῦτο διαφυγεῖν· εἰ δέ τις καὶ πρὶν ἢ τυχεῖν τῆς τιμῆς τρέφει παρ' ἑαυτῷ τὸ δεινὸν καὶ ἀπηνὲς τοῦτο θηρίον, οὐδὲ ἔστιν εἰπεῖν εἰς ὅσην ἑαυτὸν ἐμβαλεῖ κάμινον μετὰ τὸ τυχεῖν. 238. Ἡμεῖς δὲ (καὶ μή τοι

4 αναξιον τι] om τι vulg ‖ 6 την τιμην abwyz henr ‖ 16 πανταχου σκοπειν yz ‖ 17 διερευναν vulg ‖ 18 εντυφωμενος z vulg ‖ 22 εμβαλλει cfz

1. ὡς Χριστ. κτλ.] a senarius (comicus): cp. on ii 1 ὁ τὰς ἁπάντων κτλ.
6. προξενεῖ] 'procures': cp. iv 9 μείζονα προξενῆσαι τὸν μισθόν. With this verb is connected the adj. πρόξενος, found at iii 15 προφάσεις αἱ ταύτης πρόξενοι τῆς τιμῆς, and v 1 πολλῶν πρόξενον ἀγαθῶν.
ib. μακάριοι] Matt. v 11, 12 (ὅταν ὀνειδίσωσιν ὑμᾶς καὶ διώξωσιν WH.).

11. ὁμοταγῶν] ('ranged in the same row' i.e.) 'equals.'
12. λογισμῷ] 'appetite,' 'impulse': cp. vi 3 λογισμὸς ἄτοπος: and see Field on Homm. in Matt. 492 D.
18. ἀγαπητόν κτλ.] 'We may be satisfied if those who are innocent of that passion at first are able to escape it': cp. iii 14 ἀγαπητὸν... δυνηθῆναι. Ἐμπέσωσιν implies the danger and temptation of power.

νομίσης μετριάζοντας ημάς εθελήσαι αν ποτε ψεύσασθαι προς σε), πολλήν ταύτην κεκτήμεθα την επιθυμίαν· και μετά των άλλων απάντων, ουχ ήττον ημάς και τούτο εφόβησε και προς ταύτην έτρεψε την φυγήν. 239. Καθά-
5 περ γαρ οι σωμάτων ερώντες, έως μεν αν πλησίον είναι των ερωμένων εξή, χαλεπωτέραν του πάθους την βάσανον έχουσιν· όταν δε ως πορρωτάτω των ποθουμένων εαυτούς απαγάγωσι, και την μανίαν απήλασαν· ούτω και τοις ταύτης επιθυμούσι της αρχής, όταν μεν πλησίον αυτής
10 γένωνται, αφόρητον γίγνεται το κακόν· όταν δε απελπίσωσι, και την επιθυμίαν μετά της προσδοκίας έσβεσαν. 240. Μία μεν ουν αύτη πρόφασις ου μικρά· αλλά και ει μόνη καθ' εαυτήν ούσα ετύγχανεν, ικανή ταύτης ημάς απείρξαι της αξίας.
15 XII. 241. Νυν δε και ετέρα ταύτης ουχ ήττων προστέθειται. τις δε εστιν αύτη; νηφάλιον είναι δεί τον ιερέα, και διορατικόν, και μυρίους πανταχόθεν κεκτήσθαι τους οφθαλμούς, ως ουχ εαυτώ μόνον, αλλά και πλήθει ζώντα τοσούτω. 242. Ημείς δε ότι νωθροί και
20 παρειμένοι και προς την εαυτών μόλις αρκούντες σωτηρίαν, και αυτός αν ομολογήσειας, ο μάλιστα πάντων τα ημέτερα, δια το φιλείν, κρύπτειν σπουδάζων κακά. 243. Μη γαρ μοι νηστείαν ενταύθα είπης, μηδέ αγρυπνίαν, μηδέ χαμευνίαν, και την λοιπήν του σώματος σκληραγωγίαν. και
25 τούτων μεν γαρ όσον απέχομεν, οίδας· ει δε και εις ακρί-

1 εθελήσαι αν]+τι yz vulg ‖ 13 ικανή]+ην z ‖ 24 om λοιπην y

1. μετριάζοντας] Cp. μετριάζοντα ii 5 (note).
10. όταν δε απελπ.] *but when they have ceased to hope.*
11. έσβεσαν] gnomic aorist: cp. ειργάσατο ii 3 (note).
XII., XIII. *A bishop is called upon to face many difficulties, and to exert constant self-repression: a task to which Chrys. feels himself to be unequal.*

16. νηφάλιον] *'sober,' 'cautious'*: see 1 Tim. iii 2, which is again referred to in vi 5 (*sub fin.*).
17. μυρίους κτλ.] like Argus in the legend of Io: Aesch. *P. V.* 678.
20. παρειμένοι] *'feeble.'*
23. νηστείαν κτλ.] Cp. ii 1 νηστείαν ασκεί κτλ. (notes). Σκληραγωγίαν = the ascetic life of the monk.

III. XII] DE SACERDOTIO 69

βειαν ἡμῖν κατώρθωτο, οὐδὲ οὕτως μετὰ τῆς παρούσης νωθρότητος ἴσχυσεν ἄν τι πρὸς τὴν ἐπιστασίαν ἡμᾶς ταῦτα ὠφελῆσαι ἐκείνην. 244. Ἀνθρώπῳ μὲν γὰρ εἰς οἰκίσκον τινὰ κατακλεισθέντι, καὶ τὰ αὐτοῦ μεριμνῶντι μόνον, πολλὴν ἂν ταῦτα παράσχοι τὴν ὠφέλειαν· εἰς δὲ 5 τοσοῦτον σχιζομένῳ πλῆθος, καὶ καθ' ἕκαστον τῶν ἀρχομένων ἰδίας κεκτημένῳ φροντίδας, τί δύναιτ' ἂν πρὸς τὴν ἐκείνων ἐπίδοσιν ἀξιόπιστον συμβάλλεσθαι κέρδος, ἐὰν μὴ ψυχὴν εὔτονον καὶ ἰσχυροτάτην ἔχων τύχῃ; XIII. 245. Καὶ μὴ θαυμάσῃς εἰ μετὰ τοσαύτης καρτερίας 10 ἑτέραν βάσανον ζητῶ τῆς ἀνδρείας τῆς ἐν ψυχῇ. 246. Τὸ μὲν γὰρ σίτων καὶ ποτῶν καὶ στρωμνῆς καταφρονεῖν ἁπαλῆς, πολλοῖς οὐδὲ ἔργον ὁρῶμεν ὄν, καὶ μάλιστά γε τοῖς ἀγροικότερον διακειμένοις, καὶ οὕτως ἐκ πρώτης τραφεῖσι τῆς ἡλικίας, καὶ πολλοῖς δὲ ἑτέροις, τῆς τε τοῦ 15 σώματος κατασκευῆς καὶ τῆς συνηθείας ἐξευμαριζούσης τὴν ἐν ἐκείνοις τοῖς πόνοις τραχύτητα. ὕβριν δὲ, καὶ ἐπήρειαν, καὶ λόγον φορτικὸν, καὶ τὰ παρὰ τῶν ἐλαττόνων σκώμματα τά τε ἁπλῶς καὶ τὰ ἐν δίκῃ λεγόμενα, καὶ μέμψεις τὰς εἰκῇ καὶ μάτην παρὰ τῶν ἀρχόντων καὶ 20 παρὰ τῶν ἀρχομένων γινομένας, οὐ τῶν πολλῶν ἐνεγκεῖν, ἀλλ' ἑνός που καὶ δευτέρου. 247. Καὶ ἴδοι τις ἂν τοὺς ἐν ἐκείνοις ἰσχυροὺς πρὸς ταῦτα οὕτως ἰλιγγιῶντας, ὡς

10 μετα τοσαυτην καρτεριαν cfyz || 11 την εν τη ψυχη z vulg || 12 καταφρονειν] απεχεσθαι y || 23 ισχυροτερους y

3. εἰς οἰκίσκον κτλ.] There is an interesting similarity between this passage and Dem. *de Corona* 258. 21: (πέρας μὲν γὰρ ἅπασιν ἀνθρώποις ἐστὶ τοῦ βίου θάνατος), κἂν ἐν οἰκίσκῳ τις αὐτὸν καθείρξας τηρῇ: cp. *Introd.* p. xxxiv. For οἰκίσκος cp. also vi 7, 12, where it is used of the cell occupied by Chrys., in which the conversation with Basil took place.
8. ἀξιόπιστον] i.e. ἀξιόλογον; 'considerable,' 'important.'
XIII. 13. οὐδὲ ἔργον] 'by no means difficult.'
16. ἐξευμ.] 'making easy.'
19. ἁπλῶς] 'casually,' i.e. as opposed to a formal judgment: cp. below, and iii 10.
22. ἑνός που καὶ δ.] Cp. iii 14 ἐνὶ μόνῳ ἢ δευτέρῳ χρώμενον φίλῳ, v 6 ἕνα μόλις ἢ δεύτερον. See also Clem. Alex. *Stromateis* vii (ed. Hort-Mayor) p. 322, Schmid *Atticismus* Index s.v.
23. ἰλιγγιῶντας] 'losing their heads.'

μᾶλλον τῶν χαλεπωτάτων ἀγριαίνειν θηρίων. 248. Τοὺς δὴ τοιούτους μάλιστα τῶν τῆς ἱερωσύνης ἀπείρξομεν περιβόλων. τὸ μὲν γὰρ μήτε πρὸς τὰ σῖτα ἀπηγχονίσθαι μήτε ἀνυπόδητον εἶναι τὸν προεστῶτα οὐδὲν ἂν βλάψειε τὸ κοινὸν τῆς ἐκκλησίας· θυμὸς δε ἄγριος εἴς τε τὸν κεκτημένον εἴς τε τοὺς πλησίον μεγάλας ἐργάζεται συμφοράς. 249. καὶ τοῖς μὲν ἐκεῖνα μὴ ποιοῦσιν οὐδεμία ἀπειλὴ παρὰ τοῦ θεοῦ κεῖται· τοῖς δὲ ἁπλῶς ὀργιζομένοις γέεννα καὶ τὸ τῆς γεέννης ἠπείληται πῦρ. 250. Ὥσπερ οὖν ὁ δόξης ἐρῶν κενῆς, ὅταν τῆς τῶν πολλῶν ἀρχῆς ἐπιλάβηται, μείζονα τῷ πυρὶ παρέχει τὴν ὕλην· οὕτως ὁ καθ' ἑαυτὸν καὶ ἐν ταῖς πρὸς ὀλίγους ὁμιλίαις κρατεῖν ὀργῆς μὴ δυνάμενος, ἀλλ' ἐκφερόμενος εὐχερῶς, ὅταν πλήθους ὅλου προστασίαν ἐμπιστευθῇ, καθάπερ τι θηρίον πανταχόθεν καὶ ὑπὸ μυρίων κεντούμενον, οὔτε αὐτὸς ἐν ἡσυχίᾳ δύναιτ' ἄν ποτε διάγειν, καὶ τοὺς ἐμπιστευθέντας αὐτῷ μυρία διατίθησι κακά. XIV. 251. Οὐδὲν γὰρ οὕτω καθαρότητα νοῦ καὶ τὸ διειδὲς θολοῖ τῶν φρενῶν ὡς θυμὸς ἄτακτος καὶ μετὰ πολλῆς φερόμενος τῆς ῥύμης. 252. Οὗτος γάρ, φησιν, ἀπόλλυσι καὶ φρονίμους. καθάπερ γὰρ ἔν τινι νυκτομαχίᾳ σκοτωθεὶς ὁ τῆς ψυχῆς ὀφθαλμὸς οὐχ εὑρίσκει διακρῖναι τοὺς φίλους τῶν πολεμίων, οὐδὲ τοὺς

1 μαλλον των αγριαινοντων χαλεπαινειν θηρ. f || τους δε τοιουτους y vulg || 8 τοις δε ταυτα απλως οργιζομενοις c || 19 θυμος γαρ φησιν wyz vulg || 21 σκοτισθεις fy || 22 ουδε τους εντιμους των ατιμων bz henr vulg

3. πρὸς τὰ σῖτα ἀπηγχ.] i.e. to live at the point of starvation.
8. ἁπλῶς] 'without reason': so above. The reference is to Matt. v 22.
13. ἐκφερ. εὐ.] 'flying into a passion.'
16. τοὺς ἐμπ.] Διατιθέναι takes in Chrys. two accusatives, one of the person, and one of the thing: cp. Homm. in Epist. ad Rom. 452 D

ἀλλ' ἅπερ ἂν αὐτοὺς οἱ ἐχθροὶ διέθηκαν, ταῦτα ἑαυτοῖς κατειργάσαντο.
XIV. A passionate temper is a grave fault in a bishop: and, in general, the weaknesses of those in high places are a bad example to others, who are ready to imitate the faults of their superiors.
18. τὸ δι. θολ.] 'troubles the clear waters.'
20. φησί] Prov. xv 1 (LXX).

ἀτίμους τῶν ἐντίμων· ἀλλὰ πᾶσιν ἐφεξῆς ἑνὶ κέχρηται τρόπῳ, κἂν λαβεῖν τι δέῃ κακὸν, ἅπαντα εὐκόλως ὑπομένων, ὑπὲρ τοῦ πληρῶσαι τὴν τῆς ψυχῆς ἡδονήν. 253. Ἡδονὴ γάρ τίς ἐστιν ἡ τοῦ θυμοῦ πύρωσις, καὶ ἡδονῆς χαλεπώτερον τυραννεῖ τὴν ψυχὴν, πᾶσαν αὐτῆς τὴν ὑγιῆ 5 κατάστασιν ἄνω καὶ κάτω ταράττουσα. Καὶ γὰρ πρὸς ἀπόνοιαν αἴρει ῥᾳδίως καὶ ἔχθρας ἀκαίρους καὶ μῖσος ἄλογον, καὶ προσκρούματα ἁπλῶς καὶ εἰκῇ προσκρούειν παρασκευάζει συνεχῶς, καὶ πολλὰ ἕτερα τοιαῦτα καὶ λέγειν καὶ πράττειν βιάζεται, πολλῷ τῷ ῥοίζῳ τοῦ πάθους 10 τῆς ψυχῆς ὑποσυρομένης, καὶ οὐκ ἐχούσης ὅποι τὴν αὐτῆς ἐρείσασα δύναμιν ἀντιστήσεται πρὸς τοσαύτην ὁρμήν. 254. Ἀλλ' οὐκ ἔτι σὲ εἰρωνευόμενον ἀνέξομαι περαιτέρω· τίς γὰρ οἶδέ, φησιν, ὅσον ταύτης ἀπέχεις τῆς νόσου; 255. Τί οὖν, ἔφην, ὦ μακάριε, βούλει πλησίον με τῆς 15 πυρᾶς ἀγαγεῖν, καὶ παροξῦναι τὸ θηρίον ἠρεμοῦν; ἢ ἀγνοεῖς, ὡς οὐκ οἰκείᾳ τοῦτο κατωρθώσαμεν ἀρετῇ, ἀλλ' ἐκ τοῦ τὴν ἡσυχίαν ἀγαπᾶν; τὸν δὲ οὕτω διακείμενον ἀγαπητὸν ἐφ' ἑαυτοῦ μένοντα, καὶ ἑνὶ μόνῳ ἢ δευτέρῳ χρώμενον φίλῳ, δυνηθῆναι τὸν ἐκεῖθεν διαφυγεῖν ἐμπρη- 20 σμὸν, μὴ ὅτι εἰς τὴν ἄβυσσον τῶν τοσούτων ἐμπεσόντα φροντίδων. 256. Τότε γὰρ οὐχ ἑαυτὸν μόνον, ἀλλὰ καὶ ἑτέρους πολλοὺς ἐπισύρει μεθ' ἑαυτοῦ πρὸς τὸν τῆς ἀπωλείας κρημνὸν, καὶ περὶ τὴν τῆς ἐπιεικείας ἐπιμέλειαν ἀργοτέρους καθίστησι. πέφυκε γὰρ, ὡς τὰ πολλὰ, τὸ 25

6 σπαραττουσα γ' || 11 οπου yz vulg || την αυτης ερεισοι αδυναμιαν και αντιστησεται y* || 17 αρετη] δυναμει y || αλλα τω την ησυχιαν αγ. aby

1. κέχρηται] Cp. κεχρῆσθαι ii 1 (note).
10. ῥοίζῳ τ. π.] 'by the rush (impetus) of passion.'
16. παροξ. τὸ θηρ. ἠρ.] The opposite of our 'to let sleeping dogs lie.' Note the position of ἠρεμοῦν (lit. 'the beast as it sleeps'): and cp. vi 12 τοῖς νοσήμασι λυττῶσι τούτοις.
19. ἀγαπ. δυν.] Cp. iii 11 ἀγαπητὸν...δυνηθῆναι.
ib. ἐφ' ἑαυτοῦ μέν.] Cp. vi 6 μένειν ἐφ' ἑαυτῶν, vi 7 μένων ἐφ' ἑαυτοῦ.
ib. ἑνὶ μόνῳ ἢ δευτ.] Cp. iii 13 ἑνός που καὶ δευτέρου (note).
21. μὴ ὅτι] 'much more.'

τῶν ἀρχομένων πλῆθος ὥσπερ εἰς ἀρχέτυπόν τινα εἰκόνα τοὺς τῶν ἀρχόντων τρόπους ὁρᾶν, καὶ πρὸς ἐκείνους ἐξομοιοῦν ἑαυτούς. πῶς οὖν ἄν τις τὰς ἐκείνων παύσειε φλεγμονὰς, οἰδαίνων αὐτός; τίς δ᾽ ἂν ἐπιθυμήσειε ταχέως
5 τῶν πολλῶν γενέσθαι μέτριος, τὸν ἄρχοντα ὀργίλον ὁρῶν; 257. Οὐ γὰρ ἔστιν, οὐκ ἔστι τὰ τῶν ἱερέων κρύπτεσθαι ἐλαττώματα, ἀλλὰ καὶ τὰ μικρότατα ταχέως κατάδηλα γίνεται. 258. Καὶ γὰρ ἀθλητὴς, ἕως μὲν ἂν οἴκοι μένῃ καὶ μηδενὶ συμπλέκηται, δύναιτ᾽ ἂν λαθεῖν, κἂν ἀσθενέ-
10 στατος ὢν τύχῃ· ὅταν δὲ ἀποδύσηται πρὸς τοὺς ἀγῶνας, ῥᾳδίως ἐλέγχεται. καὶ τῶν ἀνθρώπων τοίνυν οἱ μὲν τὸν ἰδιωτικὸν τοῦτον καὶ ἀπράγμονα βιοῦντες βίον ἔχουσι παραπέτασμα τῶν ἰδίων ἁμαρτημάτων τὴν μόνωσιν· εἰς δὲ τὸ μέσον ἀχθέντες καθάπερ ἱμάτιον τὴν ἠρεμίαν ἀπο-
15 δῦναι ἀναγκάζονται, καὶ πᾶσι γυμνὰς ἐπιδεῖξαι τὰς ψυχὰς διὰ τῶν ἔξωθεν κινημάτων. 259. Ὥσπερ οὖν αὐτῶν τὰ κατορθώματα πολλοὺς ὤνησε, πρὸς τὸν ἴσον παρακαλοῦντα ζῆλον, οὕτω καὶ τὰ πλημμελήματα ῥᾳθυμοτέρους κατέστησε περὶ τὴν τῆς ἀρετῆς ἐργασίαν, καὶ βλακεύειν πρὸς
20 τοὺς ὑπὲρ τῶν σπουδαίων παρεσκεύασε πόνους. διὸ χρὴ πάντοθεν αὐτοῦ τὸ κάλλος ἀποστίλβειν τῆς ψυχῆς, ἵνα καὶ εὐφραίνειν ἅμα καὶ φωτίζειν δύνηται τὰς τῶν ὁρώντων ψυχάς. 260. Τὰ μὲν γὰρ τῶν τυχόντων ἁμαρτήματα, ὥσπερ ἔν τινι σκότῳ πραττόμενα, τοὺς ἐργαζομένους
25 ἀπώλεσε μόνους· ἀνδρὸς δὲ ἐπιφανοῦς καὶ πολλοῖς γνω-

4 τις δ᾽ αν ευπειθησειε z ‖ 6 ου γαρ εστιν] + δυνατον y ‖ ουκ εστι] + δυνατον z vulg ‖ 7 τα μικρα z vulg ‖ 9 δυναται λανθανειν vulg ‖ ασθενεστερος y ‖ 14 ερημιαν c ‖ 15 αποδειξαι yz ‖ 19 βλακευεσθαι bfyz henr oliv

2. τοὺς... τρόπους] i.e. εἰς τοὺς τρόπους. In comparisons where two prepositional clauses are coupled together by ὡς = 'as,' the omission of the preposition in one of the two clauses (that which is not introduced by ὡς) is frequent: cp. v 1 οὐκ ἐθέλουσιν ὡς πρὸς διδασκάλους διακεῖσθαι τοὺς λέγοντας (i.e. πρὸς τοὺς λέγοντας), vi 7 τῷ χειμῶνι (note): see other instances in Field on *Homm. in Matt.* 471 A.

10. πρὸς τοὺς ἀγῶνας, ῥ. ἐλ.] a senarius: cp. on ii 1 ὁ τὰς ἁπάντων κτλ.

19. βλακεύειν] '*to be indolent.*'
21. αὐτοῦ] to be taken with τῆς ψυχῆς.

ρίμου πλημμέλεια κοινὴν ἅπασι φέρει τὴν βλάβην, τοὺς
μὲν ἀναπεπτωκότας πρὸς τοὺς ὑπὲρ τῶν ἀγαθῶν ἱδρῶτας
ὑπτιωτέρους ποιοῦσα, τοὺς δὲ προσέχειν ἑαυτοῖς βουλο-
μένους ἐρεθίζουσα πρὸς ἀπόνοιαν. 261. Χωρὶς δὲ τούτων
τὰ μὲν τῶν εὐτελῶν παραπτώματα, κἂν εἰς τὸ μέσον ἔλθῃ, 5
οὐδένα ἔπληξεν ἀξιόλογον πληγήν· οἱ δὲ ἐν τῇ κορυφῇ
ταύτης καθήμενοι τῆς τιμῆς πρῶτον μὲν πᾶσίν εἰσι κατά-
δηλοι, ἔπειτα κἂν ἐν τοῖς μικροτάτοις σφαλῶσι, μεγάλα
τὰ μικρὰ τοῖς ἄλλοις φαίνεται· οὐ γὰρ τῷ μέτρῳ τοῦ
γεγονότος ἀλλὰ τῇ τοῦ διαμαρτόντος ἀξίᾳ τὴν ἁμαρτίαν 10
μετροῦσιν ἅπαντες. 262. Καὶ δεῖ τὸν ἱερέα καθάπερ τισὶν
ἀδαμαντίνοις ὅπλοις πεφράχθαι τῇ τε συντόνῳ σπουδῇ,
καὶ τῇ διηνεκεῖ περὶ τὸν βίον νήψει, πάντοθέν τε περισκο-
πεῖν, μή πού τις γυμνὸν εὑρὼν τόπον καὶ παρημελημένον
πλήξῃ καιρίαν πληγήν. πάντες γὰρ περιεστήκασι τρῶσαι 15
ἕτοιμοι καὶ καταβαλεῖν, οὐ τῶν ἐχθρῶν μόνον καὶ πολε-
μίων ἀλλὰ καὶ αὐτῶν πολλοὶ τῶν προσποιουμένων φιλίαν.
263. Τοιαύτας οὖν ἐπιλέγεσθαι δεῖ ψυχὰς οἷα τὰ τῶν
ἁγίων ἐκείνων ἀπέδειξε σώματα ἡ τοῦ θεοῦ χάρις ἐν τῇ
Βαβυλωνίᾳ καμίνῳ ποτέ. οὐ γὰρ κληματὶς καὶ πίσσα 20
καὶ στυππεῖον ἡ τοῦ πυρὸς τούτου τροφή, ἀλλὰ πολὺ
τούτων χαλεπωτέρα. ἐπεὶ μηδὲ πῦρ τὸ αἰσθητὸν ὑπόκειται
ἐκεῖνο, ἀλλ᾽ ἡ παμφάγος αὐτοὺς τῆς βασκανίας περιστοι-
χίζεται φλόξ, πανταχόθεν αἰρομένη, καὶ ἀκριβέστερον

1 πλημμελημα c || 9 τω του γεγονοτος μεγεθει vulg || 12 πεφραχθαι]
+παντοθεν z vulg || 13 παντοθεν περισκοπουντα vulg || 17 φιλιαν] φιλειν
bcz franc henr φιλων y || 23 αυτον vulg || 24 επαιρομενη fz επινεμομενη y

1. τοὺς...ἀναπεπτ. κτλ.] 'mak-
ing the remiss even more supine'
(ἀναπεπτ. from ἀναπίπτω 'to fall
back').
6. οὐδένα κτλ.] ἔπληξεν has
here two accusatives: (1) of the
direct object, οὐδένα, and (2) a cog-
nate accusative, πληγήν.
16. ἐχθρῶν] genitive with πολλοί,
which must be supplied from the
next clause.
18. τῶν ἁγίων ἐκ.] Shadrach,
Meshach, Abednego: Dan. iii 27.
20. κλημ. κτλ.] 'brushwood,
pitch, and tow': cp. ad Theodorum
lapsum I 7 B.
23. βασκανίας] 'envy,' 'malice.'

αὐτῶν ἐπιοῦσα καὶ διερευνωμένη τὸν βίον ἢ τὸ πῦρ τότε τῶν παίδων ἐκείνων τὰ σώματα. ὅταν οὖν εὕρῃ καλάμης ἴχνος μικρὸν, προσπλέκεται ταχέως, καὶ τὸ μὲν σαθρὸν ἐκεῖνο κατέκαυσε μέρος, τὴν δὲ λοιπὴν ἅπασαν οἰκοδομὴν, 5 κἂν τῶν ἡλιακῶν ἀκτίνων οὖσα λαμπροτέρα τύχῃ, ἀπ' ἐκείνου τοῦ καπνοῦ προσέφλεξε καὶ ἠμαύρωσεν ἅπασαν. 264. Ἕως μὲν γὰρ ἂν πανταχόθεν ἡρμοσμένος ᾖ καλῶς ὁ τοῦ ἱερέως βίος, ἀνάλωτος γίνεται ταῖς ἐπιβουλαῖς· ἂν δὲ τύχῃ μικρόν τι παριδὼν, οἷα εἰκὸς ἄνθρωπον ὄντα καὶ τὸ 10 πολυπλανὲς τοῦ βίου τούτου περῶντα πέλαγος, οὐδὲν αὐτῷ τῶν λοιπῶν κατορθωμάτων ὄφελος πρὸς τὸ δυνηθῆναι τὰ τῶν κατηγόρων στόματα διαφυγεῖν, ἀλλ' ἐπισκιάζει παντὶ τῷ λοιπῷ τὸ μικρὸν ἐκεῖνο παράπτωμα· καὶ οὐχ ὡς σάρκα περικειμένῳ, οὐδὲ ἀνθρωπείαν λαχόντι φύσιν, ἀλλ' 15 ὡς ἀγγέλῳ, καὶ τῆς λοιπῆς ἀσθενείας ἀπηλλαγμένῳ, δικάζειν ἅπαντες ἐθέλουσι τῷ ἱερεῖ. 265. Καὶ καθάπερ τύραννον, ἕως μὲν ἂν κρατῇ, ἅπαντες πεφρίκασι καὶ κολακεύουσι, διὰ τὸ μὴ δύνασθαι καθελεῖν, ὅταν δὲ ἴδωσι προχωροῦν ἐκεῖνο, τὴν μεθ' ὑποκρίσεως ἀφέντες τιμὴν οἱ 20 πρὸ μικροῦ φίλοι γεγόνασιν ἐξαίφνης ἐχθροὶ καὶ πολέμιοι, καὶ πάντα αὐτοῦ τὰ σαθρὰ καταμαθόντες ἐπιτίθενται καὶ παραλύουσι τῆς ἀρχῆς· οὕτω δὴ καὶ ἐπὶ τῶν ἱερέων, οἱ πρὸ βραχέος, καὶ ἡνίκα ἐκράτει, τιμῶντες καὶ θεραπεύοντες, ὅταν μικρὰν εὕρωσι λαβὴν, παρασκευάζονται σφοδρῶς,

1 επεισιουσα f || 2 ευρη] εχη c || 4 οικοδομιαν cfyz || 10 περαιωντα c περαιουντα vulg || 12 τα των κατηγορων] hic incipit cod l || 13 εις τουναντιον προχωρουντα εκεινου τα πραγματα cy' vulg || 21 και καταλυουσι c || 22 παραλυοντες vulg || 23 θεραπευ.] κολακευοντες c

6. τοῦ καπνοῦ πρ. κτλ.] a hexameter: cp. on ii 1 ὁ τὰς ἀπάντων κτλ.
14. σάρκα περικ.] 'covered with flesh.' For the construction cp. ἀλουργίδα καὶ διάδημα περικείμενος ad Theodorum lapsum I 17 D.
15. τῆς λοιπῆς ἀσθ.] This seems to be for τῆς τῶν λοιπῶν ἀσθενείας.
19. ἐκεῖνο] i.e. the power of the tyrant. The words ἐκείνου τὰ πράγματα in the vulgate reading give the correct sense: but the MS authority for them is very slight. Προχωροῦν is here used of ill-success: see L. and S.
22. παραλύουσι τῆς ἀρχῆς] Cp. Thuc. vii 16 τὸν μὲν Νικίαν οὐ παρέλυσαν τῆς ἀρχῆς.

οὐχ ὡς τύραννον μόνον, ἀλλὰ καί τι τούτου χαλεπώτερον καθαιρήσειν μέλλοντες. 266. Καὶ ὥσπερ ἐκεῖνος τοὺς σωματοφύλακας δέδοικεν, οὕτω καὶ οὗτος τοὺς πλησίον καὶ συλλειτουργοῦντας αὐτῷ μάλιστα πάντων τρέμει. οὔτε γὰρ ἕτεροί τινες οὕτω τῆς ἀρχῆς ἐπιθυμοῦσι τῆς ἐκείνου, καὶ τὰ ἐκείνου μάλιστα πάντων ἴσασιν, ὡς οὗτοι· ἐγγύθεν γὰρ ὄντες, εἴ τι συμβαίη τοιοῦτο, πρὸ τῶν ἄλλων αἰσθάνονται· καὶ δύναιντ' ἂν εὐχερῶς καὶ διαβάλλοντες πιστευθῆναι, καὶ τὰ μικρὰ μεγάλα ποιοῦντες τὸν συκοφαντούμενον ἑλεῖν· (τὸ γὰρ ἀποστολικὸν ἐκεῖνο ῥῆμα ἀντέστραπται, καὶ εἴ τι πάσχει ἓν μέλος, χαίρει πάντα τὰ μέλη· καὶ εἰ δοξάζεται ἓν μέλος, πάσχει πάντα τὰ μέλη·) πλὴν εἴ τις εὐλαβείᾳ πολλῇ πρὸς ἅπαντα στῆναι δυνηθείη. 267. Εἰς τοσοῦτον οὖν ἡμᾶς ἐκπέμπεις πόλεμον; καὶ πρὸς μάχην οὕτω ποικίλην καὶ πολυειδῆ τὴν ἡμετέραν ἐνόμισας ἀρκέσειν ψυχήν; πόθεν, καὶ παρὰ τίνος μαθών; εἰ μὲν γὰρ ὁ θεὸς τοῦτο ἀνεῖλεν, ἐπίδειξον τὸν χρησμόν, καὶ πείθομαι· εἰ δὲ οὐκ ἔχεις, ἀλλ' ἀπὸ δόξης ἀνθρωπίνης φέρεις τὴν ψῆφον, ἀπαλλάγηθί ποτε ἐξαπατώμενος. ὑπὲρ γὰρ τῶν ἡμετέρων ἡμῖν μᾶλλον ἢ ἑτέροις πείθεσθαι δίκαιον, ἐπειδὴ τὰ τοῦ ἀνθρώπου οὐδεὶς οἶδεν, εἰ μὴ τὸ πνεῦμα τοῦ

1 ει τι τουτου χαλεπ. fz και τουτου vulg || 2 τους του σωματος φυλακας z vulg || 6 ισασιν ουτοι yz || 7 ει τε z vulg || 11 συγχαιρει franc oliv vulg || 12 συμπασχει z vulg || 13 ευλαβεια πολλη (nom.) vulg || 14 εις] προς fyz || 15 ουτω]+και vulg || 16 αρκειν fyz || 17 ανειλεν] cod u secutus sum αν ειδεν c franc εψηφισατο af ανηγγειλεν (απηγγειλεν) ceteri εγνωρισε vulg

6. καὶ τὰ ἐκ.] 'nor do they know the character of the tyrant profoundly, as these' (sc. know the character of their bishop). Οὗτοι = οἱ συλλειτουργοῦντες.

10. ἀποστ....ῥῆμα] 1 Cor. xii 26 (εἴτε πάσχει ἓν μέλος, συνπάσχει πάντα τὰ μέλη· εἴτε δοξάζεται μέλος, συνχαίρει πάντα τὰ μέλη WH.). In inverting that text Chrys. has naturally to change συμπάσχει and συνχαίρει into χαίρει and πάσχει respectively.

17. ἀνεῖλεν] 'answered.' Ἀναιρεῖν is technically used of oracular responses. For the reading see critical note.

ib. χρησμόν] Cp. ad Theodorum lapsum II 39 D ὁ θεῖος... χρησμός.

19. ἀπαλλάγ. π. ἐξ.] 'deceive yourself no longer': lit. 'cease at length being deceived.'

21. τὰ τοῦ ἀνθρ.] 1 Cor. ii 11, referred to already in ii 2.

ἀνθρώπου τὸ ὂν ἐν αὑτῷ. 268. "Ὅτι γὰρ καὶ ἡμᾶς αὐτοὺς καὶ τοὺς ἑλομένους καταγελάστους ἂν ἐποιήσαμεν, ταύτην δεξάμενοι τὴν ἀρχὴν, καὶ μετὰ πολλῆς τῆς ζημίας εἰς ταύτην ἂν ἐπανήλθομεν τοῦ βίου τὴν κατάστασιν ἐν ᾗ καὶ
5 νῦν ἐσμὲν, εἰ καὶ μὴ πρότερον, ἀλλὰ νῦν σε τούτοις οἶμαι πεπεικέναι τοῖς ῥήμασιν. 269. Οὐδὲ γὰρ βασκανία μόνον, ἀλλὰ πολλῷ καὶ τῆς βασκανίας σφοδρότερον ἡ τῆς ἀρχῆς ταύτης ἐπιθυμία, τοὺς πολλοὺς ὁπλίζειν εἴωθε κατὰ τοῦ ταύτην ἔχοντος. 270. Καὶ καθάπερ οἱ φιλάργυροι τῶν
10 παίδων βαρύνονται τὸ τῶν πατέρων γῆρας, οὕτω καὶ τούτων τινὲς, ὅταν ἴδωσιν εἰς μακρὸν παραταθεῖσαν τὴν ἱερωσύνην χρόνον, ἐπειδὴ ἀνελεῖν οὐκ εὐαγὲς, παραλῦσαι σπεύδουσιν αὐτὸν τῆς ἀρχῆς, πάντες ἀντ᾽ ἐκείνου γενέσθαι ἐπιθυμοῦντες, καὶ εἰς ἑαυτὸν ἕκαστος μεταπεσεῖσθαι τὴν
15 ἀρχὴν προσδοκῶντες. XV. 271. Βούλει σοι καὶ ἕτερον ἐπιδείξω ταύτης τῆς μάχης εἶδος, μυρίων ἐμπεπλησμένον κινδύνων; ἴθι δὴ καὶ διάκυψον εἰς τὰς δημοτελεῖς ἑορτὰς, ἐν αἷς μάλιστα τῶν ἐκκλησιαστικῶν ἀρχῶν τὰς αἱρέσεις ποιεῖσθαι νόμος· καὶ τοσαύταις ὄψει κατηγορίαις τὸν
20 ἱερέα βαλλόμενον ὅσον τῶν ἀρχομένων τὸ πλῆθός ἐστι. 272. Πάντες γὰρ οἱ δοῦναι κύριοι τὴν τιμὴν εἰς πολλὰ τότε σχίζονται μέρη, καὶ οὔτε πρὸς ἀλλήλους, οὔτε πρὸς αὐτὸν τὸν λαχόντα τὴν ἐπισκοπὴν, τὸ τῶν πρεσβυτέρων συνέδριον ὁμογνωμονοῦν ἴδοι τις ἄν, ἀλλ᾽ ἕκαστος καθ᾽
25 ἑαυτὸν ἑστήκασιν, ὁ μὲν τοῦτον, ὁ δὲ ἐκεῖνον αἱρούμενος.

1 το εν αυτω yz vulg ‖ 9 φιλαρχοι y' vulg ‖ 10 τω των πατερων γηρα flz ‖ 11 παραδοθεισαν by*z παραταθεντα τον της ιερωσυνης χρονον oliv ‖ 21 οσοι κυριοι δουναι c

1. ὅτι γάρ] This depends on πεπεικέναι at the end of the sentence.
11. παραταθεῖσαν] 'prolonged' (παρατείνω).
XV. Great pressure is often brought to bear upon the bishop to induce him to advance persons for unworthy reasons: and in the course of such intrigues the fitness of a candidate is often the very last consideration that occurs to these evil counsellors.
17. δημ. ἑορ.] 'public festivals': when vacancies in ecclesiastical offices were filled up: Introd. p. xxvii.

273. Τὸ δὲ αἴτιον, οὐκ εἰς ἓν πάντες ὁρῶσιν, εἰς ὃ μόνον ὁρᾶν ἐχρῆν, τῆς ψυχῆς τὴν ἀρετήν, ἀλλ' εἰσὶ καὶ ἕτεραι προφάσεις αἱ ταύτης πρόξενοι τῆς τιμῆς. οἶον, ὁ μὲν, ὅτι γένους ἐστὶ λαμπροῦ, ἐγκρινέσθω, φησίν· ὁ δὲ, ὅτι πλοῦτον περιβέβληται πολὺν, καὶ οὐκ ἂν δέοιτο τρέφεσθαι ἐκ τῶν 5 τῆς ἐκκλησίας προσόδων· ὁ δὲ, ὅτι παρὰ τῶν ἐχθρῶν ηὐτομόλησε. καὶ ὁ μὲν τὸν οἰκείως πρὸς αὐτὸν διακείμενον, ὁ δὲ τὸν γένει προσήκοντα, ὁ δὲ τὸν κολακεύοντα μᾶλλον τῶν ἄλλων προτιμᾶν σπουδάζουσιν· εἰς δὲ τὸν ἐπιτήδειον οὐδεὶς ὁρᾶν βούλεται, οὐδὲ ψυχῆς τινὰ ποιεῖ- 10 σθαι βάσανον. 274. Ἐγὼ δὲ τοσούτου δέω ταύτας ἡγεῖσθαι τὰς αἰτίας ἀξιοπίστους εἶναι πρὸς τὴν τῶν ἱερέων δοκιμασίαν, ὡς μηδὲ εἴ τις πολλὴν εὐλάβειαν ἐπιδείξαιτο, τὴν οὐ μικρὸν ἡμῖν πρὸς τὴν ἀρχὴν συντελοῦσαν ἐκείνην, μηδὲ τοῦτον ἀπὸ ταύτης εὐθέως ἐγκρίνειν τολμᾶν, εἰ μὴ μετὰ 15 τῆς εὐλαβείας πολλὴν καὶ τὴν σύνεσιν ἔχων τύχοι. 275. Καὶ γὰρ οἶδα πολλοὺς ἐγὼ τῶν τὸν ἅπαντα χρόνον καθειρξάντων ἑαυτοὺς καὶ νηστείαις δαπανηθέντων, ὅτι ἕως μὲν αὐτοῖς μόνοις εἶναι ἐξῆν καὶ τὰ αὐτῶν μεριμνᾶν, ηὐδοκίμουν παρὰ θεῷ, καὶ καθ' ἑκάστην ἡμέραν ἐκείνῃ 20

8 οι δε τον κολακ. a || 9 μαλλον] παλιν vulg || 17 απαντα τον χρονον z vulg

3. αἱ τ. πρόξ. τ. τ.] 'which bestow this honour': cp. προξενεῖν iii 11 (note). The reference is thought by some to be to the election of a bishop, and the words τὸν λαχόντα τὴν ἐπισκοπήν are taken (as by Stephens) to mean 'the man who has won the prelacy,' i.e. recently. But at vi 8 τὸν λαχόντα τὴν ἐπισκοπήν is used simply as 'the bishop,' without any hint of a recent election: cp. iv 9 τὸν διδάσκειν τοὺς ἄλλους λαχόντα. It seems, moreover, from the words ἐν αἷς μάλιστα κτλ. above, that the reference is more general: viz. to the filling up by the bishop and the πρεσβύτεροι, acting in conjunction, of responsible posts in the Church.

6. παρὰ τῶν ἐχθ. ηὐτ.] 'has come over from the enemy,' i.e. from paganism, or (as suggested to me by the present Bishop of Exeter) from the Arians (τῶν ἐναντίων in § 278 = the party of Paulinus). Αὐτομολεῖν in late Greek is often simply = 'to come'; cp. Greg. Nyss. Or. Cat. 22 (p. 85 Srawley).

17. καὶ γὰρ οἶδα] Chrys. had been led to modify the very favourable view which he took of monasticism in earlier works: Puech p. 257, Introd. p. xiii.

18. δαπανη.] 'who have spent themselves,' i.e. have attenuated their frames.

προσετίθεσαν τῇ φιλοσοφίᾳ μέρος οὐ μικρόν· ἐπειδὴ δὲ
εἰς τὸ πλῆθος ἦλθον καὶ τὰς τῶν πολλῶν ἀμαθίας ἐπανορ-
θοῦν ἠναγκάσθησαν, οἱ μὲν οὐδὲ τὴν ἀρχὴν ἤρκεσαν πρὸς
τὴν τοσαύτην πραγματείαν, οἱ δὲ βιασθέντες ἐπιμεῖναι,
5 τὴν προτέραν ἀκρίβειαν ῥίψαντες, ἑαυτούς τε ἐζημίωσαν
τὰ μέγιστα καὶ ἑτέρους τοσοῦτον ὤνησαν οὐδέν. 276. Ἀλλ'
οὐδὲ εἴ τις τὸν ἅπαντα χρόνον ἀνάλωσεν ἐν τῇ ἐσχάτῃ τῆς
λειτουργίας τάξει μένων, καὶ εἰς ἔσχατον ἤλασε γῆρας,
τοῦτον ἁπλῶς διὰ τὴν ἡλικίαν αἰδεσθέντες ἐπὶ τὴν ἀρχὴν
10 οἴσομεν τὴν ἀνωτέρω. τί γάρ, εἰ καὶ μετὰ τὴν ἡλικίαν
ἐκείνην ἀνεπιτήδειος ὢν μένοι; 277. Καὶ οὐ τὴν πολιὰν
ἀτιμάσαι βουλόμενος, οὐδὲ νομοθετῶν τοὺς ἀπὸ χοροῦ
μοναζόντων ἥκοντας πάντως ἀπείργεσθαι τῆς τοιαύτης
ἐπιστασίας ταῦτα εἶπον νῦν (συνέβη γὰρ πολλοὺς καὶ ἐξ
15 ἐκείνης ἐλθόντας τῆς ἀγέλης, εἰς ταύτην διαλάμψαι τὴν
ἀρχήν)· ἀλλ' ἐκεῖνο δεῖξαι σπουδάζων, ὅτι εἰ μήτε εὐλάβεια
καθ' ἑαυτήν, μήτε γῆρας μακρὸν, ἱκανὰ γένοιτ' ἂν δεῖξαι
τὸν κεκτημένον ἱερωσύνης ἄξιον ὄντα, σχολῇ γ' ἂν αἱ
προειρημέναι προφάσεις τοῦτο ἐργάσαιντο. 278. Οἱ δὲ
20 καὶ ἑτέρας προστιθέασιν ἀτοπωτέρας. καὶ γὰρ οἱ μὲν,
ἵνα μὴ μετὰ τῶν ἐναντίων τάξωσιν ἑαυτοὺς, εἰς τὴν τοῦ
κλήρου καταλέγονται τάξιν· οἱ δὲ διὰ πονηρίαν, καὶ ἵνα

4 οι δε βιασθεντες την προτεραν ακριβειαν υπομειναι, ριψαντες εαυτους εξημιωθησαν κτλ. y || 6 om τοσουτον z vulg || 10 την ανωτατω f* || 20 χαλεπωτερας fy*z

1. φιλοσοφίᾳ] i.e. asceticism: cp. i 1 φιλοσοφίαν (note).
4. πραγματ.] '*responsibility*.'
8. ἤλασε] '*has pushed on*,' '*gone on*': cp. v 3 χρὴ...εἰς ἀκρίβειαν τούτων...ἐληλακέναι τῶν καλῶν.
11. τὴν πολιάν] '*grey hairs*,' Lat. *cani* (*capilli*): i.e. old age.
12. ἀπὸ χοροῦ μον.] The practice of calling monks to discharge the duties of the ordinary clergy seems to have been begun in the East by Athanasius about 330: see *DCB* 'Athanasius,' for his relations with Pachomius, the founder of the coenobitic order. For χοροῦ='troop,' 'band,' cp. vi 4 τοῦ λοιποῦ τῶν δαιτυμόνων χοροῦ.
15. εἰς ταύτην κτλ.] For exx. of εἰς with accus. =ἐν with dat. in N.T. Greek see Blass *Gr. N.T.* 39 (3). It would also be possible to take εἰς with ἐλθόντας, but the order of the words is against this.
18. σχολῇ γ' ἂν κτλ.] '*would hardly be likely to effect this*': cp. iv 1 σχολῇ γε ἡμῖν...δυνήσεται ἀρκέσαι.

μὴ παροφθέντες μεγάλα ἐργάσωνται κακά. 279. Ἆρα γένοιτ' ἄν τι τούτου παρανομώτερον, ὅταν ἄνθρωποι μοχθηροὶ, καὶ μυρίων γέμοντες κακῶν, διὰ ταῦτα θεραπεύονται δι' ἃ κολάζεσθαι ἔδει, καὶ ὧν ἕνεκεν μηδὲ τὸν οὐδὸν τῆς ἐκκλησίας ὑπερβαίνειν ἐχρῆν, ὑπὲρ τούτων καὶ εἰς τὴν ἱερατικὴν ἀναβαίνουσιν ἀξίαν; 280. Ἔτι οὖν ζητήσομεν, εἰπέ μοι, τοῦ θεοῦ τῆς ὀργῆς τὴν αἰτίαν, πράγματα οὕτως ἅγια καὶ φρικωδέστατα ἀνθρώποις τοῖς μὲν πονηροῖς, τοῖς δὲ οὐδενὸς ἀξίοις λυμαίνεσθαι παρέχοντες; ὅταν γὰρ οἱ μὲν τῶν μηδὲν αὐτοῖς προσηκόντων, οἱ δὲ τῶν πολλῷ μειζόνων τῆς οἰκείας δυνάμεως προστασίαν ἐμπιστευθῶσιν, οὐδὲν Εὐρίπου τὴν ἐκκλησίαν διαφέρειν ποιοῦσιν. 281. Ἐγὼ δὲ πρότερον τῶν ἔξωθεν ἀρχόντων κατεγέλων, ὅτι τὰς τῶν τιμῶν διανομὰς οὐκ ἀπὸ τῆς ἀρετῆς τῆς ἐν ταῖς ψυχαῖς, ἀλλ' ἀπὸ χρημάτων καὶ πλήθους ἐτῶν καὶ ἀνθρωπίνης ποιοῦνται προστασίας· ἐπεὶ δὲ ἤκουσα, ὅτι αὕτη ἡ ἀλογία καὶ εἰς τὰ ἡμέτερα εἰσεκώμασεν, οὐκ ἔθ' ὁμοίως ἐποιούμην τὸ πρᾶγμα δεινόν. 282. Τί γὰρ θαυμαστὸν, ἀνθρώπους βιωτικοὺς καὶ δόξης τῆς παρὰ τῶν πολλῶν ἐρῶντας καὶ χρημάτων ἕνεκα πάντα πράττοντας ἁμαρτάνειν τοιαῦτα, ὅπου γε οἱ πάντων ἀπηλλάχθαι προσποιούμενοι τούτων οὐδὲν ἄμεινον ἐκείνων διάκεινται, ἀλλ' ὑπὲρ τῶν οὐρανίων τὸν ἀγῶνα ἔχοντες, ὡς περὶ πλέθρων γῆς ἡ

3 θεραπευωνται yz vulg || 4 των ουδων c || 6 αναβαινωσιν yz vulg || 10 των ουδεν αυτοις cfyz || 13 καταγελων cfy* || 15 απο των χρηματων yz vulg || 16 επειδη ηκουσα y*z επειδηπερ ηκουσα f || 18 εποιουμην] ηγουμαι y

2. ὅταν ... θεραπεύονται] For ὅταν with indicative cp. iii 18 ὅταν ...ἀπαιτεῖται, and see Clem. Alex. *Stromateis* vii (ed. Hort-Mayor) Appendix B, Field on *Homm. in Epp. Paul.* Index *s.v.* θεραπ. here = '*are courted,*' '*flattered.*'
8. φρικωδέστατα] Cp. iii 4 φοβερὰ καὶ φρικωδέστατα (note).
12. Εὐρίπου] The strait between Euboea and Boeotia, famous for its numerous tides, and hence a type of human instability: cp. *adv. oppugn. vit. monast.* II 74 A καθάπερ ἐν Εὐρίπῳ τῷ παρόντι βίῳ φερόμενος.
13. τῶν ἔξωθεν] Cp. τοὺς ἔξωθεν i 4 (note).
17. εἰσεκώμασεν] '*has invaded,*' like a band of turbulent revellers: cp. iii 17 μυρίαι εἰσεκώμασαν, v 8 ἔρως εἰσεκώμασε, and see Suicer *s.v.*
21. ὅπου γε] '*seeing that.*'
23. ὡς περὶ κτλ.] '*as though they had to decide (merely) about portions*

ἑτέρου τινὸς τοιούτου τῆς βουλῆς αὐτοῖς προκειμένης, ἁπλῶς ἀνθρώπους ἀγελαίους λαβόντες ἐφιστᾶσι πράγμασι τοιούτοις, ὑπὲρ ὧν καὶ τὴν ἑαυτοῦ κενῶσαι δόξαν, καὶ ἄνθρωπος γενέσθαι, καὶ δούλου μορφὴν λαβεῖν, καὶ 5 ἐμπτυσθῆναι, καὶ ῥαπισθῆναι, καὶ θάνατον τὸν ἐπονείδιστον ἀποθανεῖν οὐ παρῃτήσατο ὁ μονογενὴς τοῦ θεοῦ παῖς; 283. Καὶ οὐδὲ μέχρι τούτων ἵστανται μόνον, ἀλλὰ καὶ ἕτερα προστιθέασιν ἀτοπώτερα. οὐ γὰρ τοὺς ἀναξίους ἐγκρίνουσι μόνον, ἀλλὰ καὶ τοὺς ἐπιτηδείους ἐκβάλλουσιν.
10 ὥσπερ γὰρ δέον ἀμφοτέρωθεν λυμήνασθαι τῆς ἐκκλησίας τὴν ἀσφάλειαν, ἢ ὥσπερ οὐκ ἀρκούσης τῆς προτέρας προφάσεως ἐκκαῦσαι τοῦ θεοῦ τὴν ὀργήν, οὕτω τὴν δευτέραν συνῆψαν, οὐχ ἧττον οὖσαν χαλεπήν· καὶ γὰρ ἐξ ἴσης οἶμαι εἶναι δεινὸν, τό τε τοὺς χρησίμους ἀπείργειν καὶ τὸ 15 τοὺς ἀχρείους εἰσωθεῖν· καὶ τοῦτο δὴ γίνεται, ἵνα μηδαμόθεν παραμυθίαν εὑρεῖν μηδὲ ἀναπνεῦσαι δυνηθῇ τοῦ Χριστοῦ τὸ ποίμνιον. 284. Ταῦτα οὐ μυρίων ἄξια σκηπτῶν; ταῦτα οὐ γεέννης σφοδροτέρας, οὐ ταύτης μόνον τῆς ἠπειλημένης ἡμῖν; ἀλλ' ὅμως ἀνέχεται καὶ 20 φέρει τὰ τοσαῦτα κακὰ ὁ μὴ βουλόμενος τὸν θάνατον τοῦ ἁμαρτωλοῦ, ὡς τὸ ἐπιστρέψαι αὐτὸν καὶ ζῆν. πῶς ἄν τις αὐτοῦ τὴν φιλανθρωπίαν θαυμάσειε; πῶς ἂν ἐκπλαγείη τὸν ἔλεον; οἱ τοῦ Χριστοῦ τὰ τοῦ Χριστοῦ διαφθείρουσιν ἐχθρῶν καὶ πολεμίων μᾶλλον· ὁ δὲ ἀγαθὸς

6 αποθανειν] + δια της σαρκος cy' vulg ‖ 7 μεχρι τουτων] + (καν) ουτως yz + ουτοι vulg ‖ 16 ευρη fy*z ‖ 17 ταυτα] + ουν y vulg ‖ 21 και πως αν z vulg

of land.' The πλέθρον, in its strict sense as a measure of land, contained 10,000 square feet.
2. ἁπλῶς] Cp. i 4, iii 10.
ib. ἀγελαίους] ('belonging to the ἀγέλη or herd,' i.e.) *'common,' 'vulgar.'*
3. κενῶσαι κτλ.] Phil. ii 7, where see Lightfoot.

7. οὐδὲ μέχρι κτλ.] Cp. ii 1 οὐκ ἔστη μέχρι τούτου (note).
10. ὥσπερ γ. δ.] *'as though it were incumbent upon them.'*
18. σκηπτῶν] *'thunderbolts.'*
20. ὁ μὴ βουλ. κτλ.] Ezek. xviii 23, xxxiii 11.
21. πῶς ἄν τις κτλ.] *'how can one (sufficiently) admire?'*

III. xv] DE SACERDOTIO 81

ἔτι χρηστεύεται, καὶ εἰς μετάνοιαν καλεῖ. 285. Δόξα σοὶ, κύριε, δόξα σοί. πόσης φιλανθρωπίας ἄβυσσος παρὰ σοί; πόσης ἀνεξικακίας πλοῦτος; οἱ, διὰ τὸ ὄνομα τὸ σὸν, ἐξ εὐτελῶν καὶ ἀτίμων ἔντιμοι καὶ περίβλεπτοι γεγονότες, τῇ τιμῇ κατὰ τοῦ τετιμηκότος κέχρηνται, καὶ 5 τολμῶσι τὰ ἀτόλμητα, καὶ ἐνυβρίζουσιν εἰς τὰ ἅγια, τοὺς σπουδαίους ἀπωθούμενοι καὶ ἐκβάλλοντες, ἵνα ἐν ἠρεμίᾳ πολλῇ, καὶ μετὰ ἀδείας τῆς ἐσχάτης, οἱ πονηροὶ πάντα ὅσαπερ ἂν ἐθέλωσιν ἀνατρέπωσι. 286. Καὶ τούτου δὲ τοῦ δεινοῦ τὰς αἰτίας εἰ θέλεις μαθεῖν, ὁμοίας ταῖς προ- 10 τέραις εὑρήσεις. τὴν μὲν γὰρ ῥίζαν καὶ (ὡς ἄν τις εἴποι) μητέρα μίαν ἔχουσι, τὴν βασκανίαν· αὐταὶ δὲ οὐ μιᾶς εἰσιν ἰδέας, ἀλλὰ διεστήκασιν. 287. Ὁ μὲν γὰρ, ἐπειδὴ νέος ἐστὶν, ἐκβαλλέσθω, φησίν· ὁ δὲ, ἐπειδὴ κολακεύειν οὐκ οἶδεν· ὁ δὲ, ἐπειδὴ τῷ δεῖνι προσέκρουσεν· καὶ ὁ μὲν, 15 ἵνα μὴ ὁ δεῖνα λυπῆται, τὸν μὲν ὑπ' αὐτοῦ δοθέντα ἀποδοκιμασθέντα, τοῦτον δὲ ἐγκεκριμένον ὁρῶν· ὁ δὲ, ἐπειδὴ χρηστός ἐστι καὶ ἐπιεικής· ὁ δὲ, ἐπειδὴ τοῖς ἁμαρτάνουσι φοβερός· ὁ δὲ, δι' ἄλλην αἰτίαν τοιαύτην· οὐδὲ γὰρ ἀποροῦσι προφάσεων, ὅσων ἂν ἐθέλωσιν. ἀλλὰ καὶ τὸ 20 πλῆθος τῶν ὄντων ἐστὶν αὐτοῖς αἰτιᾶσθαι, ὅταν μηδὲν ἔχωσιν ἕτερον· καὶ τὸ μὴ δεῖν ἀθρόως εἰς ταύτην ἀνάγεσθαι τὴν τιμὴν, ἀλλ' ἠρέμα καὶ κατὰ μικρόν· καὶ ἑτέρας,

2 ποση z vulg ‖ 3 ποσος az vulg ‖ 7 ερημια c ‖ 11 ως αν ειποις y* ‖ 21 αιτιασασθαι cf ‖ 22 αλλα και το μη δειν y vulg ‖ αγεσθαι yz vulg

1. χρηστεύεται] ('acts the part of the χρηστός,' i.e.) 'shews his kindness.' Cp. for the form of the word ἀναιδεύεσθαι (iii 16), πονηρεύεσθαι (v 6), and see Lightfoot on Phil. ii 30. For the general sense of the passage cp. Rom. ii 4 τὸ χρηστὸν τοῦ θεοῦ εἰς μετάνοιάν σε ἄγει.
16. δοθέντα] 'put forward,' 'recommended.'
20. τὸ πλῆθος τῶν ὄντων] 'the number of existing (bishops)': cp.

τῆς οὔσης (sc. ἀθυμίας) τὸ πλέον iii 16. The vetus interpres likewise renders the words by 'multitudinem clericorum.' Some editors, however (e.g. Hughes, Leo), translate: 'the abundance of his resources' (opum copiam). This can hardly be right. Wealth may indeed procure the preferment of some unworthy person (see the beginning of this chapter): but it can scarcely be also adduced as a reason for rejecting one who was otherwise suitable.

N. C. 6

ὅσας ἂν βούλωνται, δύναιντ' ἂν αἰτίας εὑρεῖν. 288. Ἐγὼ δέ σε ἡδέως ἐνταῦθα ἐρήσομαι, τί οὖν δεῖ τὸν ἐπίσκοπον ποιεῖν τοσούτοις μαχόμενον πνεύμασι; πῶς πρὸς τοσαῦτα στήσεται κύματα; πῶς πάσας ταύτας ἀπώσεται τὰς 5 προσβολάς; 289. *Αν μὲν γὰρ ὀρθῷ λογισμῷ τὸ πρᾶγμα διαθῆται, ἐχθροὶ καὶ πολέμιοι καὶ αὐτῷ καὶ τοῖς αἱρεθεῖσιν ἅπαντες· καὶ πρὸς φιλονεικίαν τὴν ἐκείνου πράττουσιν ἅπαντα, στάσεις καθ' ἑκάστην ἐμβάλλοντες τὴν ἡμέραν, καὶ σκώμματα μυρία τοῖς αἱρεθεῖσιν ἐπιτιθέντες, ἕως ἂν ἢ 10 τούτους ἐκβάλωσιν ἢ τοὺς αὑτῶν εἰσαγάγωσιν. καὶ γίγνεται παραπλήσιον, οἷον ἂν εἴ τις κυβερνήτης ἔνδον ἐν τῇ νηῒ τῇ πλεούσῃ πειρατὰς ἔχοι συμπλέοντας, καὶ αὐτῷ καὶ τοῖς ναύταις καὶ τοῖς ἐπιβάταις συνεχῶς καὶ καθ' ἑκάστην ἐπιβουλεύοντας ὥραν. 290. *Αν δὲ τὴν πρὸς ἐκείνους 15 χάριν προτιμήσῃ τῆς αὑτοῦ σωτηρίας, δεξάμενος οὓς οὐκ ἔδει, ἕξει μὲν τὸν θεὸν ἀντ' ἐκείνων ἐχθρόν, οὗ τί γένοιτ' ἂν χαλεπώτερον; καὶ τὰ πρὸς ἐκείνους δὲ αὐτῷ δυσκολώτερον ἢ πρότερον διακείσεται, πάντων συμπραττόντων ἀλλήλοις, καὶ τούτῳ μᾶλλον ἰσχυρῶν γιγνομένων. ὥσπερ 20 γὰρ ἀγρίων ἀνέμων ἐξ ἐναντίας προσπεσόντων τὸ τέως ἡσυχάζον πέλαγος μαίνεται ἐξαίφνης καὶ κορυφοῦται, καὶ τοὺς ἐμπλέοντας ἀπόλλυσιν· οὕτω καὶ ἡ τῆς ἐκκλησίας γαλήνη, δεξαμένη φθορέας ἀνθρώπους, ζάλης καὶ ναυαγίων πληροῦται πολλῶν. XVI. 291. Ἐννόησον οὖν, ὁποῖόν 25 τινα εἶναι χρὴ τὸν πρὸς τοσοῦτον μέλλοντα ἀνθέξειν χειμῶνα, καὶ τοσαῦτα κωλύματα τῶν κοινῇ συμφερόντων

6 διαθη y vulg || 11 επι τη νηι y || 19 τουτων z vulg || 20 προσπεσοντων] +αλληλοις vulg || 23 φθορεις blz φθορους y vulg || 24 εννοησον ουν κτλ.] haec verba citat Suidas s.v. Ἰωάννης

2. τὸν ἐπίσκοπον] This shews clearly that it was the episcopate from which Chrys. had fled: see on i 3 (ἱερωσύνης).
7. πρὸς φιλον.] 'with a feeling of hostility to him' (sc. the bishop).
23. φθορέας] 'wicked.' The word

φθορεύς is usually a substantive, 'seducer.'
XVI. Other difficulties which confront the bishop are now described: e.g. the care of the widows, and the superintendence of the diocesan finances.

III. xvi] DE SACERDOTIO 83

διαθήσειν καλῶς. 292. Καὶ γὰρ καὶ σεμνὸν καὶ ἄτυφον, καὶ φοβερὸν καὶ προσηνῆ, καὶ ἀρχικὸν καὶ κοινωνικὸν, καὶ ἀδέκαστον καὶ θεραπευτικὸν, καὶ ταπεινὸν καὶ ἀδούλωτον, καὶ σφοδρὸν καὶ ἥμερον εἶναι δεῖ, ἵνα πρὸς ἅπαντα ταῦτα εὐκόλως μάχεσθαι δύνηται, καὶ τὸν ἐπιτήδειον μετὰ πολ- 5
λῆς τῆς ἐξουσίας, κἂν ἅπαντες ἀντιπίπτωσι, παράγειν, καὶ τὸν οὐ τοιοῦτον μετὰ τῆς αὐτῆς ἐξουσίας, κἂν ἅπαντες συμπνέωσι, μὴ προσίεσθαι, ἀλλ᾽ εἰς ἓν μόνον ὁρᾶν, τῆς ἐκκλησίας τὴν οἰκοδομὴν, καὶ μηδὲν πρὸς ἀπέχθειαν ἢ χάριν ποιεῖν. 10
293. Ἆρά σοι δοκοῦμεν εἰκότως παρῃτῆσθαι τοῦ πράγματος τούτου τὴν διακονίαν; καίτοι γε οὔπω πάντα διῆλθον πρός σε, ἔχω γὰρ καὶ ἕτερα λέγειν. ἀλλὰ μὴ ἀποκάμῃς ἀνδρὸς φίλου καὶ γνησίου βουλομένου σε πείθειν, ὑπὲρ ὧν ἐγκαλεῖς, ἀνεχόμενος. οὐδὲ γὰρ πρὸς τὴν ἀπο- 15
λογίαν σοὶ τὴν ὑπὲρ ἡμῶν ταῦτα χρήσιμά ἐστι μόνον, ἀλλὰ καὶ πρὸς αὐτὴν τοῦ πράγματος τὴν διοίκησιν τάχα οὐ μικρὸν συμβαλεῖται κέρδος. 294. Καὶ γὰρ ἀναγκαῖον τὸν μέλλοντα ἐπὶ ταύτην ἔρχεσθαι τοῦ βίου τὴν ὁδὸν, πρότερον ἅπαντα διερευνησάμενον καλῶς, οὕτως ἅψασθαι 20
τῆς διακονίας. τί δήποτε; ὅτι εἰ καὶ μηδὲν ἄλλο, τὸ γοῦν μὴ ξενοπαθεῖν, ἡνίκα ἂν ταῦτα προσπίπτῃ, περιέσται πάντα εἰδότι σαφῶς. 295. Βούλει οὖν ἐπὶ τὴν τῶν χηρῶν

5 τον επιτηδειον]+δει y vulg || 6 αντιπιπτωσι] επιπηδωσι c +τω τοιουτω y || 8 την εκκλησιαστικην οικοδομην z vulg || 16 εσται cfyz || 22 περιεσται] +τω y vulg || 23 ειδεναι σαφως z || την χηρων y vulg

1. σεμνόν κτλ.] The qualities are contrasted in pairs: '*dignified yet modest*' etc.
3. ἀδέκ. κτλ.] '*impartial yet courteous.*' Ἀδεκ. is from δεκάζω, 'to bribe.' Cp. *adv. oppugn. vit. monast.* II 58 C ἀδεκάστοις κριταῖς.
6. παράγειν] '*to promote,*' '*prefer*': cp. παρήγαγον ii 7 (note).
21. τὸ γοῦν μὴ ξ....περι.] '*at any rate he will have the advantage of not being surprised.*' Ξενοπ. occurs in Plutarch.
23. τῶν χηρῶν] These were the widows regularly maintained at the expense of the Church (cp. 1 Tim. v 16); their names were entered on a list kept for that purpose (see ἐγγράφεσθαι below).
In Antioch, where there were about 100,000 Christians, the widows and virgins together numbered 3000:

6—2

προστασίαν ἴωμεν πρότερον, ἢ τὴν τῶν παρθένων κηδεμονίαν, ἢ τοῦ δικαστικοῦ μέρους τὴν δυσχέρειαν; καὶ γὰρ ἐφ' ἑκάστου τούτων διάφορος ἡ φροντὶς, καὶ τῆς φροντίδος μείζων ὁ φόβος. 296. Καὶ πρῶτον, ἵνα ἀπὸ τοῦ τῶν
5 ἄλλων εὐτελεστέρου δοκοῦντος εἶναι ποιησώμεθα τὴν ἀρχήν, ἡ τῶν χηρῶν θεραπεία δοκεῖ μὲν μέχρι τῆς τῶν χρημάτων δαπάνης τοῖς ἐπιμελουμένοις αὐτῶν παρέχειν φροντίδα· τὸ δὲ οὐ τοιοῦτόν ἐστιν, ἀλλὰ πολλῆς δεῖ κἀνταῦθα τῆς ἐξετάσεως, ὅταν αὐτὰς καταλέγειν δέῃ·
10 297. ὡς τό γε ἁπλῶς καὶ ὡς ἔτυχεν αὐτὰς ἐγγράφεσθαι μυρία εἰργάσατο δεινά. καὶ γὰρ οἴκους διέφθειραν καὶ γάμους διέσπασαν, καὶ ἐπὶ κλοπαῖς πολλάκις καὶ καπηλείαις καὶ ἕτερα τοιαῦτα ἀσχημονοῦσαι ἑάλωσαν. 298. Τὸ δὲ τὰς τοιαύτας ἀπὸ τῶν τῆς ἐκκλησίας τρέφεσθαι χρη-
15 μάτων καὶ παρὰ θεοῦ τιμωρίαν καὶ παρὰ ἀνθρώπων φέρει τὴν ἐσχάτην κατάγνωσιν, καὶ τοὺς εὖ ποιεῖν βουλομένους ὀκνηροτέρους καθίστησι. τίς γὰρ ἂν ἕλοιτό ποτε, ἃ τῷ Χριστῷ προσετάχθη δοῦναι χρήματα, ταῦτα ἀναλίσκειν εἰς τοὺς τὸ τοῦ Χριστοῦ διαβάλλοντας ὄνομα; 299. Διὰ
20 ταῦτα πολλὴν δεῖ καὶ ἀκριβῆ ποιεῖσθαι τὴν ἐξέτασιν, ὥστε μὴ μόνον τὰς εἰρημένας ἀλλὰ μηδὲ τὰς ἑαυταῖς ἐπαρκεῖν δυναμένας τὴν τῶν ἀδυνάτων λυμαίνεσθαι τράπεζαν. 300. Μετὰ δὲ τὴν ἐξέτασιν ταύτην ἑτέρα διαδέ-

5 ποιησωμεν fyz || 7 παρεχειν]+την z vulg || 8 δειται vulg || 13 ετεροις τοιουτοις vulg || 15 παρα ανθρωποις fy || 17 σκληροτερους y* || 21 ως μη vulg || τας ειρημενας] ταυτας z || 22 αρκειν vulg

see Puech pp. 240 sqq. Cp. also Lightfoot on Ign. *Smyrn.* 6, 13 (II i 304, 322).
1. τῶν παρθένων] i.e. those who had bound themselves by vows of chastity: see Chrysostom's treatise *de virginitate*. The first notices of separate houses for those who had taken such vows occur in the middle of the fourth century: e.g. Ambrose *de virg.* i 10. As a rule, however, the virgins did not live in convents, but in their own homes: *DCA*

'Virgins.'
2. δικαστικοῦ] See c. 18 below.
6. μέχρι...παρ. φρ.] 'to cause no more anxiety than (that involved) in the spending of money.'
9. καταλέγειν] Cp. 1 Tim. v 9.
12. καπηλείαις] 'immoral trades,' e.g. that of the προαγωγός: cp. *Homm. in* 1 *Cor.* 275 A.
19. -οὺς διαβάλλ.] 'those who bring slander upon': Field *Homm. in Matt.* 191 B.

χεται φροντὶς οὐ μικρά, ἵνα αὐταῖς τὰ τῆς τροφῆς ἀθρόως, ὥσπερ ἐκ πηγῶν, ἐπιρρέῃ καὶ μὴ διαλιμπάνῃ ποτέ. καὶ γὰρ ἀκόρεστόν πως κακὸν ἡ ἀκούσιος πενία, καὶ μεμψίμοιρον, καὶ ἀχάριστον· καὶ δεῖ πολλῆς μὲν τῆς συνέσεως, πολλῆς δὲ τῆς σπουδῆς, ὥστε αὐτῶν ἐμφράττειν τὰ στόματα, πᾶσαν ἐξαιροῦντα κατηγορίας πρόφασιν. 301. Οἱ μὲν οὖν πολλοί, ὅταν τινὰ ἴδωσι χρημάτων κρείττονα, εὐθέως αὐτὸν ἐπιτήδειον εἶναι πρὸς ταύτην ἀποφαίνονται τὴν οἰκονομίαν· ἐγὼ δὲ οὐχ ἡγοῦμαί ποτε ταύτην αὐτῷ τὴν μεγαλοψυχίαν ἀρκεῖν μόνην, ἀλλὰ δεῖ μὲν αὐτὴν πρὸ τῶν ἄλλων (χωρὶς γὰρ ταύτης λυμεὼν ἂν εἴη μᾶλλον ἢ προστάτης, καὶ λύκος ἀντὶ ποιμένος), μετὰ δὲ αὐτῆς καὶ ἑτέραν ζητεῖν εἰ κεκτημένος τυγχάνοι. αὕτη δέ ἐστιν ἡ πάντων αἰτία ἀνθρώποις τῶν ἀγαθῶν, ἀνεξικακία, ὥσπερ εἴς τινα εὔδιον λιμένα ὁρμίζουσα καὶ παραπέμπουσα τὴν ψυχήν. 302. Τὸ γὰρ τῶν χηρῶν γένος καὶ διὰ τὴν πενίαν, καὶ διὰ τὴν ἡλικίαν, καὶ διὰ τὴν φύσιν ἀμέτρῳ τινὶ κέχρηται παρρησίᾳ (οὕτω γὰρ ἄμεινον εἰπεῖν) καὶ βοῶσιν ἀκαίρως, καὶ αἰτιῶνται μάτην, καὶ ἀποδύρονται ὑπὲρ ὧν χάριν εἰδέναι ἐχρῆν, καὶ κατηγοροῦσιν ὑπὲρ ὧν ἀποδέχεσθαι ἔδει. καὶ δεῖ τὸν προεστῶτα ἅπαντα φέρειν γενναίως, καὶ μήτε πρὸς τὰς ἀκαίρους ἐνοχλήσεις, μήτε πρὸς τὰς ἀλόγους παροξύνεσθαι μέμψεις. 303. Ἐλεεῖσθαι γὰρ ἐκεῖνο τὸ γένος, ὑπὲρ ὧν δυστυχοῦσιν, οὐχ ὑβρίζεσθαι, δίκαιον· ὡς τόγε ἐπεμβαίνειν αὐτῶν ταῖς συμφοραῖς, καὶ τῇ διὰ τὴν πενίαν ὀδύνῃ τὴν ἀπὸ τῆς ὕβρεως προστιθέναι, τῆς ἐσχάτης ὠμότητος ἂν εἴη. 304. Διὰ τοῦτο καί τις ἀνὴρ σοφώτατος,

1 το της τροφης fz || 6 κακηγοριας z || 10 δει] χρη y δειν z vulg || προ των αλλων]+εχειν yz vulg || 12 μετα ταυτην δε y || 13 δει ζητειν cz ζητειν δει y vulg || 15 om και παραπεμπουσα a || 20 κακηγορουσιν yz || 27 σοφος z

1. ἀθρόως] 'abundantly.'
3. μεμψίμ.] 'querulous' : cp. vi 9.
5. ἐμφρ. τὰ στ.] Cp. iv 3 τὰ τῶν ἀναισχύντων ἐμφράττειν στόματα.

19. ὑπὲρ ὧν χ. εἰ.] ('about things') 'for which they ought to have been grateful.'
27. ἀνὴρ σοφ.] Jesus son of Sirach, the author of Ecclesiasticus.

εἴς τε τὸ φιλοκερδὲς καὶ τὸ ὑπεροπτικὸν τῆς ἀνθρωπίνης φύσεως ἀπιδὼν, καὶ τῆς πενίας τὴν φύσιν καταμαθὼν δεινὴν οὖσαν καὶ τὴν γενναιοτάτην ψυχὴν καταβαλεῖν, καὶ πεῖσαι περὶ τῶν αὐτῶν ἀναισχυντεῖν πολλάκις, ἵνα μή τις
5 αἰτούμενος παρ' αὐτῶν ὀργίζηται, μηδὲ τῷ συνεχεῖ τῆς ἐντεύξεως παροξυνθεὶς πολέμιος ὁ βοηθεῖν ὀφείλων γίνηται, παρασκευάζει προσηνῆ τε αὐτὸν καὶ εὐπρόσιτον εἶναι τῷ δεομένῳ, λέγων· Κλῖνον πτωχῷ ἀλύπως τὸ οὖς σου, καὶ ἀποκρίθητι αὐτῷ ἐν πραότητι εἰρηνικά. καὶ τὸν παρο-
10 ξύνοντα ἀφεὶς, τί γὰρ ἄν τις τῷ κειμένῳ λέγοι; τῷ δυναμένῳ τὴν ἐκείνου φέρειν ἀσθένειαν διαλέγεται, παρακαλῶν τῷ τε ἡμέρῳ τῆς ὄψεως καὶ τῇ τῶν λόγων πραότητι πρὸ τῆς δόσεως αὐτὸν ἀνορθοῦν. 305. *Ἂν δέ τις τὰ μὲν ἐκείνων μὴ λαμβάνῃ, μυρίοις δὲ αὐτὰς ὀνείδεσι περιβάλλῃ,
15 καὶ ὑβρίζῃ, καὶ παροξύνηται κατ' αὐτῶν· οὐ μόνον οὐκ ἐπεκούφισε τὴν ἀπὸ τῆς πενίας ἀθυμίαν τῷ δοῦναι, ἀλλὰ καὶ μεῖζον ταῖς λοιδορίαις εἰργάσατο τὸ δεινόν. 306. Κἂν γὰρ λίαν ἀναισχυντεῖν βιάζωνται διὰ τὴν τῆς γαστρὸς ἀνάγκην, ἀλλ' ὅμως ἀλγοῦσιν ἐπὶ τῇ βίᾳ ταύτῃ. ὅταν οὖν
20 διὰ μὲν τὸ τοῦ λιμοῦ δέος προσαιτεῖν ἀναγκάζωνται, διὰ δὲ τὸ προσαιτεῖν ἀναιδεύεσθαι, διὰ δὲ τὸ ἀναιδεύεσθαι πάλιν ὑβρίζωνται, ποικίλη τις καὶ πολὺν φέρουσα τὸν ζόφον ἐπὶ τὴν ψυχὴν ἐκείνων κατασκήπτει τῆς ἀθυμίας ἡ δύναμις. 307. Καὶ δεῖ τὸν τούτων ἐπιμελούμενον ἐπὶ
25 τοσοῦτον εἶναι μακρόθυμον, ὡς μὴ μόνον αὐταῖς μὴ πλεο-

6 γενηται yz vulg || 14 καταλαμβανη y || 16 τω μη δουναι y || 20 δια δε το προσαιτειν, τω αναιδ. παλιν υβριζωνται y

3. δεινὴν...καταβ.] 'skilled in overthrowing': cp. v 4 φροντίδες δειναὶ καταβαλεῖν ψυχῆς δύναμιν.
6. ἐντεύξ.] 'entreaty.'
8. κλῖνον] Ecclus. iv 8, cited from memory. Tischendorf-Nestle omit ἀλύπως, and give the last words thus: καὶ ἀποκρ. αὐτῷ εἰρην. ἐν πραΰτητι.

10. τῷ κειμένῳ] 'the fallen.'
13. τὰ μὲν...μὴ λαμβ.] 'though he does not take their goods, yet encompasses them' etc.
18. βιάζ....ἀνάγκην] part of a hexameter: see on ὁ τὰς ἁπάντων κτλ. ii 1.
21. ἀναιδεύεσθαι] Cp. χρηστεύεται iii 15 (note).

III. xvi]   DE SACERDOTIO   87

νάζειν τὴν ἀθυμίαν ταῖς ἀγανακτήσεσιν, ἀλλὰ καὶ τῆς οὔσης τὸ πλέον κοιμίζειν διὰ τῆς παρακλήσεως. ὥσπερ γὰρ ἐκεῖνος ὁ ὑβρισθεὶς ἐν πολλῇ περιουσίᾳ οὐκ αἰσθάνεται τῆς ἀπὸ τῶν χρημάτων ὠφελείας, διὰ τὴν ἀπὸ τῆς ὕβρεως πληγήν· οὕτως οὗτος ὁ προσηνῆ λόγον ἀκούσας, 5 καὶ μετὰ παρακλήσεως τὸ διδόμενον δεξάμενος, γάνυται πλέον καὶ χαίρει, καὶ διπλοῦν αὐτῷ τὸ δοθὲν τῷ τρόπῳ γίγνεται. 308. Καὶ ταῦτα οὐκ ἀπ᾽ ἐμαυτοῦ, ἀλλ᾽ ἀπ᾽ ἐκείνου τοῦ τὰ πρότερα παραινέσαντος φθέγγομαι· Τέκνον γάρ, φησιν, ἐν ἀγαθοῖς μὴ δῷς μῶμον, καὶ ἐν πάσῃ δόσει 10 λύπην λόγου. οὐχὶ καύσωνα ἀναπαύσει δρόσος; οὕτω κρεῖσσον λόγος ἢ δόσις. ἰδοὺ γὰρ λόγος ὑπὲρ δόμα ἀγαθόν, καὶ ἀμφότερα παρὰ ἀνδρὶ κεχαριτωμένῳ. 309. Οὐκ ἐπιεικῆ δὲ μόνον καὶ ἀνεξίκακον τὸν τούτων προστάτην, ἀλλὰ καὶ οἰκονομικὸν οὐχ ἧττον εἶναι χρή· ὡς ἐὰν 15 τοῦτο ἀπῇ, πάλιν εἰς τὴν ἴσην περιίσταται ζημίαν τὰ τῶν πενήτων χρήματα. 310. Ἤδη γάρ τις ταύτην πιστευθεὶς τὴν διακονίαν, καὶ χρυσὸν συναγαγὼν πολύν, αὐτὸς μὲν οὐ κατέφαγεν, ἀλλ᾽ οὐδὲ εἰς τοὺς δεομένους, πλὴν ὀλίγων, ἀνάλωσε, τὸ δὲ πλέον κατορύξας ἐφύλαττεν, ἕως οὗ καιρὸς 20 χαλεπὸς ἐπιστὰς παρέδωκεν αὐτὰ ταῖς τῶν ἐναντίων χερσί. 311. Πολλῆς οὖν δεῖ τῆς προμηθείας, ὡς μήτε πλεονάζειν μήτε ἐλλείπειν τῆς ἐκκλησίας τὴν περιουσίαν· ἀλλὰ πάντα μὲν σκορπίζειν ταχέως τοῖς δεομένοις τὰ ποριζόμενα, ἐν δὲ ταῖς τῶν ἀρχομένων προαιρέσεσι συνά- 25

3 om εν πολλη περιουσια yz ‖ 5 ουτω και ουτος y vulg ‖ 7 αυτο το δοθεν y vulg ‖ 11 λογου]+πονηρου a λογων vulg ‖ 15 οικονομιαν fly*z ‖ 22 om ως c

1. τῆς οὔσης] sc. ἀθυμίας : cp. τὸ πλῆθος τῶν ὄντων iii 15 (note).
3. ἐν πολλῇ περι.] 'with great abundance,' 'having enough and to spare': cp. ἐκ περιουσίας i 4 (note).
9. τέκνον] Ecclus. xviii 15—17. The LXX text as given by Nestle has λόγων (for λόγου), κρείσσων, and οὐκ ἰδοὺ λόγος. For κεχαριτωμένῳ, 'endowed with graces,' see Lightfoot Notes on Epp. of St Paul p. 315.
24. πάντα μ. σκ. τ.] For the enmity which Chrys. aroused at Constantinople by carrying out this principle see Puech p. 238: and for the attitude of Chrys. towards riches and the rich, Puech pp. 66 sqq.
25. ἐν δὲ ταῖς κτλ.] 'heap up the

γειν τῆς ἐκκλησίας τοὺς θησαυρούς. 312. Τὰς δὲ τῶν ξένων ὑποδοχὰς, καὶ τὰς τῶν ἀσθενούντων θεραπείας, πόσης μὲν οἴει δεῖσθαι χρημάτων δαπάνης, πόσης δὲ τῆς τῶν ἐπιστατούντων ἀκριβείας τε καὶ συνέσεως; καὶ γὰρ τῆς εἰρημένης ἀναλώσεως ταύτην ἥττονα μὲν οὐδαμῶς, πολλάκις δὲ καὶ μείζονα εἶναι ἀνάγκη· καὶ τὸν ἐπιστατοῦντα ποριστικόν τινα μετ᾽ εὐλαβείας καὶ φρονήσεως, ὡς παρασκευάζειν καὶ φιλοτίμως καὶ ἀλύπως διδόναι τοὺς κεκτημένους τὰ παρ᾽ αὐτῶν, ἵνα μὴ τῆς τῶν ἀσθενούντων ἀναπαύσεως προνοῶν τὰς τῶν παρεχόντων πλήττῃ ψυχάς. 313. Τὴν δὲ μακροθυμίαν καὶ τὴν σπουδὴν πολὺ πλείονα ἐνταῦθα ἐπιδείκνυσθαι δεῖ. δυσάρεστον γάρ πως οἱ νοσοῦντες χρῆμα καὶ ῥᾴθυμον· κἂν μὴ πολλὴ πανταχόθεν εἰσφέρηται ἀκρίβεια καὶ φροντὶς, ἀρκεῖ καὶ τὸ μικρὸν ἐκεῖνο παροφθὲν μεγάλα ἐργάσασθαι τῷ νοσοῦντι κακά. XVII. 314. Ἐπὶ δὲ τῆς τῶν παρθένων ἐπιμελείας τοσούτῳ μείζων ὁ φόβος, ὅσῳ καὶ τὸ κτῆμα τιμιώτερον, καὶ βασιλικωτέρα αὕτη τῶν ἄλλων ἡ ἀγέλη· (ἤδη γὰρ καὶ εἰς τὸν τῶν ἁγίων τούτων χορὸν μυρίαι μυρίων γέμουσαι κακῶν εἰσεκώμασαν·) μεῖζον δὲ ἐνταῦθα τὸ πένθος. 315. Καὶ καθάπερ οὐκ ἴσον κόρην τε ἐλευθέραν καὶ τὴν ταύτης θεράπαιναν ἁμαρτεῖν, οὕτως οὐδὲ παρθένον καὶ χήραν. ταῖς μὲν γὰρ καὶ ληρεῖν καὶ λοιδορεῖσθαι πρὸς ἀλλήλας καὶ κολακεύειν καὶ ἀναισχυντεῖν καὶ πανταχοῦ φαίνεσθαι καὶ τὸ περιϊέναι τὴν ἀγορὰν γέγονεν ἀδιάφορον· ἡ δὲ παρθένος ἐπὶ μείζοσιν ἀπεδύσατο, καὶ τὴν ἀνωτάτω

2 των νοσουντων c || 11 προθυμιαν y′z vulg || πολλω πλειονα z vulg || 15 εκει παροφθεν ac franc

treasures of the Church in the shape of the sentiments of the laity.'
2. ξένων ὑποδοχάς] See Puech pp. 82, 239.
12. δυσάρ. γ. π.] a reminiscence of Eurip. *Orestes* 232 δυσάρεστον οἱ νοσοῦντες ἀπορίας ὕπο: cp. τὸ δυσάρεστον τῶν ἀρρωστούντων i 5.
XVII. *The care of the virgins.*

16. παρθένων] See on iii 16.
18. βασιλικ....ἡ ἀγ.] 'this is a more princely band than the others.'
20. εἰσεκ.] Cp. εἰσεκώμασεν iii 15 (note).
25. γέγονεν ἀδιάφ.] Of course Chrys. is not speaking seriously.
26. ἐπὶ μείζ. ἀπεδ.] 'has prepared herself for a greater struggle':

φιλοσοφίαν ἐζήλωσε, καὶ τὴν τῶν ἀγγέλων πολιτείαν δεῖξαι ἐπὶ γῆς ἐπαγγέλλεται, καὶ μετὰ τῆς σαρκὸς ταύτης τὰ τῶν ἀσωμάτων αὐτῇ δυνάμεων κατορθῶσαι πρόκειται· καὶ οὔτε προόδους περιττὰς ποιεῖσθαι καὶ πολλὰς δεῖ, οὔτε ῥήματα αὐτῇ φθέγγεσθαι εἰκῆ καὶ μάτην ἐφεῖται, λοιδορίας 5 δὲ καὶ κολακείας οὐδὲ τοὔνομα εἰδέναι χρή. 316. Διὰ τοῦτο ἀσφαλεστάτης φυλακῆς, καὶ πλείονος δεῖται τῆς συμμαχίας. ὅ τε γὰρ τῆς ἁγιωσύνης ἐχθρὸς ἀεὶ καὶ μᾶλλον αὐταῖς ἐφέστηκε καὶ προσεδρεύει, καταπιεῖν ἕτοιμος, εἴ πού τις ἐξολισθήσειε καὶ καταπέσοι, ἀνθρώπων τε 10 οἱ ἐπιβουλεύοντες πολλοί, καὶ μετὰ τούτων ἁπάντων ἡ τῆς φύσεως μανία· καὶ πρὸς διπλοῦν τὸν πόλεμον ἡ παράταξις αὐτῇ, τὸν μὲν ἔξωθεν προσβάλλοντα, τὸν δὲ ἔσωθεν ἐνοχλοῦντα. 317. Διὰ ταῦτα τῷ γοῦν ἐπιστατοῦντι πολὺς μὲν ὁ φόβος, μείζων δὲ ὁ κίνδυνος, καὶ ἡ ὀδύνη, εἴ τι 15 τῶν ἀβουλήτων (ὃ μὴ γένοιτο) συμβαίη ποτέ. 318. Εἰ γάρ πατρὶ θυγάτηρ ἀπόκρυφος ἀγρυπνία, καὶ ἡ μέριμνα αὐτῆς ἀφιστᾷ ὕπνον, ὅπου περὶ τοῦ στειρωθῆναι ἢ παρακμάσαι ἢ μισηθῆναι τοσοῦτον δέος, τί πείσεται ὁ τούτων μὲν οὐδέν, ἕτερα δὲ τούτων πολλῷ μείζονα μεριμνῶν; οὐ 20 γὰρ ἀνὴρ ἐνταῦθα ὁ ἀθετούμενος, ἀλλ᾿ αὐτὸς ὁ Χριστός· οὐδὲ μέχρις ὀνειδῶν ἡ στείρωσις, ἀλλ᾿ εἰς ἀπώλειαν ψυχῆς

2 επι της γης z vulg || 4 και ουτε—δει] και ου δει ουτε—πολλας y vulg || 5 αυτην y' || εφιεται a franc || 12 και απλως προς διπλουν vulg || 13 εσωθεν] ενδοθεν acf || 14 γουν] τουτων acf vet int. (*talibus*) || 15 ει ποτε τι vulg

the metaphor in ἀπεδ. is from an athlete stripping for exercise: adv. oppugn. vit. monast. II 58 C.
1. φιλοσοφίαν] Cp. φιλοσοφίαν i 1 (note).
2. ἐπαγγέλλεται] '*professes*': cp. 1 Tim. ii 10.
ib. μετὰ τῆς σαρκὸς τ.] '*besides this flesh.*' Field's Index II to *Homm. in Matt. s.v.* μετά gives other exx. of this meaning.
8. ὅ τε γάρ κτλ.] i.e. Satan.
9. καταπιεῖν] 1 Pet. v 8.

17. θυγ. ἀπ. ἀγρ.] Ecclus. xlii 9: '*a daughter is a secret (cause of) watchfulness.*' Some editors take ἀποκρ. with θυγάτηρ ('eine im Hause geborgene Tochter').
19. μισηθ.] i.e. by her husband: cp. below μισηθείσῃ παρὰ τοῦ νυμφίου.
21. αὐτὸς ὁ Χρ.] The expression 'bride of Christ' is used of virgins already in Cyprian: *Ep.* 4 (62) p. 472 ed. Hartel.
22. οὐδὲ μ. ὀν.] '*does not stop*

τελευτᾷ τὸ δεινόν. πᾶν γὰρ δένδρον, φησὶ, μὴ ποιοῦν καρπὸν καλὸν ἐκκόπτεται καὶ εἰς πῦρ βάλλεται. καὶ μισηθείσῃ δὲ παρὰ τοῦ νυμφίου οὐκ ἀρκεῖ λαβεῖν ἀποστασίου βιβλίον καὶ ἀπελθεῖν· ἀλλὰ κόλασιν αἰώνιον τοῦ μίσους δίδωσι τὴν τιμωρίαν. 319. Καὶ ὁ μὲν κατὰ σάρκα πατὴρ πολλὰ ἔχει τὰ ποιοῦντα αὐτῷ τὴν φυλακὴν εὔκολον τῆς θυγατρός. καὶ γὰρ καὶ μήτηρ, καὶ τροφὸς, καὶ θεραπαινῶν πλῆθος, καὶ οἰκίας ἀσφάλεια συναντιλαμβάνεται τῷ γεννησαμένῳ πρὸς τὴν τῆς παρθένου τήρησιν. οὔτε γὰρ εἰς ἀγορὰν αὐτὴν ἐμβάλλειν ἐφίεται συνεχῶς· οὔτε, ἡνίκα ἂν ἐμβάλλῃ, φαίνεσθαί τινι τῶν ἐντυγχανόντων ἀναγκάζεται, τοῦ σκότους τῆς ἑσπέρας οὐχ ἧττον τῶν τῆς οἰκίας τοίχων καλύπτοντος τὴν φανῆναι μὴ βουλομένην. 320. Χωρὶς δὲ τούτων πάσης αἰτίας ἀπήλλακται, ὡς μὴ ἄν ποτε εἰς ἀνδρῶν ὄψιν βιασθῆναι ἐλθεῖν· οὔτε γὰρ ἡ τῶν ἀναγκαίων φροντὶς, οὔτε αἱ τῶν ἀδικούντων ἐπήρειαι, οὔτε ἄλλο τοιοῦτον οὐδὲν εἰς ἀνάγκην αὐτὴν τοιαύτης συντυχίας καθίστησιν, ἀντὶ πάντων αὐτῇ γινομένου τοῦ πατρός· αὐτὴ δὲ μίαν ἔχει φροντίδα μόνον, τὸ μηδὲν ἀνάξιον μήτε πρᾶξαι μήτε εἰπεῖν τῆς αὐτῇ προσηκούσης κοσμιότητος. 321. Ἐνταῦθα δὲ πολλὰ τὰ ποιοῦντα τῷ πατρὶ δύσκολον, μᾶλλον δὲ καὶ ἀδύνατον, τὴν φυλακήν. οὔτε γὰρ ἔνδον ἔχειν αὐτὴν μεθ' ἑαυτοῦ δύναιτ' ἄν· οὔτε

7 και γαρ και]+η vulg ∥ 10 αυτη cfyz ∥ εμβαλειν c ∥ εφειται cfy ∥ 17 ουδ' αλλο z vulg

short at reproaches.' Barrenness in a wife was a frequent source of conjugal unhappiness: cp. *in Annam* I 705 D: Puech p. 119.
1. πᾶν γὰρ δ.] Matt. iii 10.
3. ἀποστ. βιβλ.] Cp. Matt. v 31.
4. κόλασιν κτλ.] '*she suffers eternal punishment in retribution for her hatred.*' For the difference between κόλασις and τιμωρία see on ii 7 (τοὺς...προελομένους).
14. πάσης αἰτ. ἀπ.] '*she is free from every accusation*': i.e. she has no legal status, and if accused must be represented in court by her father (ἀντὶ πάντων αὐτῇ γινομένου τοῦ πατρός).
21. τῷ πατρί] i.e. the spiritual father.
23. ἔνδον ἔχειν] The course here declared impossible was nevertheless adopted in some cases. Chrys. wrote two treatises against the practice: (1) *contra eos qui subintroductas habent virgines* and (2) *quod regulares* (i.e. κανονικαί) *feminae viris cohabitare non debeant.*

γὰρ εὐσχήμων οὔτε ἀκίνδυνος ἡ τοιαύτη συνοίκησις. κἂν γὰρ μηδὲν αὐτοὶ ζημιωθῶσιν, ἀλλ' ἀκεραίαν μείνωσι τὴν ἁγιωσύνην φυλάττοντες, οὐκ ἐλάττονα δώσουσι λόγον, ὑπὲρ ὧν ἐσκανδάλισαν ψυχῶν, ἢ εἰ εἰς ἀλλήλους ἁμαρτάνοντες ἔτυχον. τούτου δὲ οὐκ ὄντος δυνατοῦ, οὔτε τὰ κινήματα τῆς ψυχῆς καταμαθεῖν εὔπορον, καὶ τὰ μὲν ἀτάκτως φερόμενα περικόψαι, τὰ δὲ ἐν τάξει καὶ ῥυθμῷ μᾶλλον ἀσκῆσαι καὶ ἐπὶ τὸ βέλτιον ἀγαγεῖν, οὔτε τὰς ἐξόδους περιεργάζεσθαι ῥᾴδιον. 322. Ἡ γὰρ πενία, καὶ τὸ ἀπροστάτευτον, οὐκ ἀφίησιν αὐτὸν ἀκριβῆ τῆς ἐκείνῃ προσηκούσης εὐκοσμίας γενέσθαι ἐξεταστήν· ὅταν γὰρ ἑαυτῇ πάντα διακονεῖν ἀναγκάζηται, πολλὰς, εἴ γε βούλοιτο μὴ σωφρονεῖν, τῶν προόδων τὰς προφάσεις ἔχει. καὶ δεῖ τὸν κελεύοντα διαπαντὸς οἴκοι μένειν καὶ ταύτας περικόψαι τὰς ἀφορμὰς, καὶ τὴν τῶν ἀναγκαίων αὐτάρκειαν παρασχόντα καὶ τὴν πρὸς ταῦτα διακονησομένην αὐτῇ· δεῖ δὲ καὶ ἐκφορῶν καὶ παννυχίδων ἀπείργειν. οἶδε γὰρ, οἶδεν ὁ πολυμήχανος ὄφις ἐκεῖνος καὶ διὰ χρηστῶν πράξεων τὸν αὐτοῦ παρασπείρειν ἰόν. καὶ χρὴ τὴν παρθένον πανταχόθεν τειχίζεσθαι, καὶ ὀλιγάκις τοῦ παντὸς ἐνιαυτοῦ προβαίνειν τῆς οἰκίας, ὅταν ἀπαραίτητοι καὶ ἀναγκαῖαι κατεπείγωσι προφάσεις. 323. Εἰ δὲ λέγοι τις οὐδὲν εἶναι τούτων ἔργον ἐπισκόπῳ μεταχειρίζειν, εὖ ἴστω, ὅτι τῶν ἐφ' ἑκάστῳ αἱ φροντίδες καὶ αἱ αἰτίαι εἰς ἐκεῖνον ἔχουσι τὴν ἀναφοράν. πολλῷ δὲ λυσιτελέστερον αὐτὸν

1 οταν γαρ yz ‖ 8 επι τι βελτιον fy*z ‖ 12 αυτη cfz ‖ 15 τας προφασεις vulg ‖ 19 περισπειρειν y ‖ 23 εργον]+τω vulg ‖ επισκοπων y ‖ 24 εφ' εκαστης yz + γιγνομενων yz vulg

9. περιεργ.] 'to enquire into.'
10. τὸ ἀπροσ.] 'her unprotected situation': cp. Homm. in Matt. 77 B ὡς ἀπροστάτευτον αὐτὴν καὶ οὐδένα ἔχουσαν.
15. ἀφορμάς] 'pretexts.'
17. ἐκφ. καὶ π.] 'funerals and vigils.' These solemn ceremonies were sometimes marred by excesses:

see Puech p. 137 sqq. The 35th Canon of the Council of Eliberis (Elvira) enacted 'ne feminae in coemeterio pervigilent, eo quod saepe obtentu orationis latenter scelera committant': see DCA 'Obsequies of the Dead,' and 'Vigils.'
21. ἀπαραίτ.] ('inexorable,' i.e.) 'urgent,' 'pressing.'

ἅπαντα διακονούμενον ἀπηλλάχθαι ἐγκλημάτων, ἃ διὰ
τὰς τῶν ἑτέρων ἁμαρτίας ὑπομένειν ἀνάγκη, ἢ τῆς δια-
κονίας ἀφειμένον τὰς ὑπὲρ ὧν ἔπραξαν ἕτεροι τρέμειν
εὐθύνας. 324. Πρὸς δὲ τούτοις ὁ μὲν δι' ἑαυτοῦ ταῦτα
5 πράττων, μετὰ πολλῆς τῆς εὐκολίας ἅπαντα διεξέρχεται·
ὁ δὲ ἀναγκαζόμενος μετὰ τοῦ πείθειν τὰς ἁπάντων γνώμας
τοῦτο ποιεῖν, οὐ τοσαύτην ἔχει τὴν ἄνεσιν ἐκ τοῦ τῆς
αὐτουργίας ἀφεῖσθαι, ὅσα πράγματα καὶ θορύβους διὰ
τοὺς ἀντιπίπτοντας καὶ ταῖς αὐτοῦ κρίσεσι μαχομένους.
10 325. Ἀλλὰ πάσας μὲν οὐκ ἂν δυναίμην καταλέγειν τὰς
ὑπὲρ τῶν παρθένων φροντίδας. καὶ γὰρ καὶ ὅταν αὐτὰς
ἐγγράφεσθαι δέῃ οὐ τὰ τυχόντα παρέχουσι πράγματα τῷ
ταύτην πεπιστευμένῳ τὴν οἰκονομίαν. XVIII. 326. Τὸ
δὲ τῶν κρίσεων μέρος μυρίας μὲν ἔχει τὰς ἐπαχθείας,
15 πολλὴν δὲ τὴν ἀσχολίαν, καὶ δυσκολίας τοσαύτας, ὅσας
οὐδὲ οἱ τοῖς ἔξωθεν δικάζειν καθήμενοι φέρουσι. καὶ γὰρ
εὑρεῖν αὐτὸ τὸ δίκαιον, ἔργον· καὶ εὑρόντα μὴ διαφθεῖραι
χαλεπόν. 327. Οὐκ ἀσχολία δὲ μόνον καὶ δυσκολία, ἀλλὰ
καὶ κίνδυνος πρόσεστιν οὐ μικρός. ἤδη γάρ τινες τῶν
20 ἀσθενεστέρων πράγμασιν ἐμπεσόντες, ἐπειδὴ προστασίας
οὐκ ἔτυχον, ἐναυάγησαν περὶ τὴν πίστιν. 328. Πολλοὶ
γὰρ τῶν ἠδικημένων οὐχ ἧττον τῶν ἠδικηκότων τοὺς μὴ

12 δεοι vulg ‖ 13 το δε των κρ.] om δε vulg

1. διὰ τὰς τ. ἑ. ἁμ.] Cp. 1 Tim.
v 22.
3. τὰς ὑπὲρ ὧν κτλ.] i.e. τὰς
εὐθύνας ὑπὲρ τούτων ἅ—.
8. αὐτουργίας] 'personal labour.'
If the bishop does not do everything
himself (so Chrys. argues), the relief
in respect of work is more than
counterbalanced by the opposition
which his coadjutors excite.
XVIII. *The settlement of disputes
submitted to the bishop for his decision
requires especial care. Furthermore,
in his personal relations, he must be
above all things tactful.*
13. τὸ...τῶν κρ. μ.] Constantine
empowered bishops to act as arbi-
trators in disputes referred to them
by the consent of both parties. To
this was subsequently added the
power of deciding civil suits: Soz.
i 9. The impulse in this direction
came originally from St Paul: see
1 Cor. vi 4, where the practice of
bringing disputes before heathen
judges is condemned. Bingham
devotes a chapter to the subject,
Origg. Eccles. II vii: see also *DCA*
'Appeals.'
21. ἐναυάγησαν] 1 Tim. i 19.
22. τῶν ἠδικ.] i.e. ἢ τοὺς ἠδικη-
κότας.

βοηθοῦντας μισοῦσι· καὶ οὔτε πραγμάτων διαστροφὴν, οὔτε καιρῶν χαλεπότητα, οὔτε ἱερατικῆς δυναστείας μέτρον, οὔτε ἄλλο τοιοῦτον οὐδὲν λογίζεσθαι βούλονται· ἀλλ' εἰσὶν ἀσύγγνωστοι δικασταὶ, μίαν ἀπολογίαν εἰδότες, τὴν τῶν συνεχόντων αὐτοὺς κακῶν ἀπαλλαγήν· ὁ δὲ μὴ 5 δυνάμενος ταύτην παρασχεῖν, κἂν μυρίας λέγῃ προφάσεις, οὐδέποτε τὴν κατάγνωσιν φεύξεται τὴν παρ' ἐκείνων. 329. Ἐπειδὴ δὲ προστασίας ἐμνήσθην, φέρε σοὶ καὶ ἑτέραν μέμψεων ἀποκαλύψω πρόφασιν. ἢν γὰρ μὴ καθ' ἑκάστην ἡμέραν μᾶλλον τῶν ἀγοραίων περινοστῇ τὰς οἰκίας ὁ τὴν 10 ἐπισκοπὴν ἔχων, προσκρούματα ἐντεῦθεν ἀμύθητα. οὐδὲ γὰρ ἀρρωστοῦντες μόνον ἀλλὰ καὶ ὑγιαίνοντες ἐπισκοπεῖσθαι βούλονται, οὐ τῆς εὐλαβείας αὐτοὺς ἐπὶ τοῦτο προκαλουμένης, τιμῆς δὲ καὶ ἀξιώματος οἱ πολλοὶ ἀντιποιούμενοι μᾶλλον. Εἰ δέ ποτε συμβαίη τινὰ τῶν πλου- 15 σιωτέρων καὶ δυνατωτέρων, χρείας τινὸς κατεπειγούσης, εἰς τὸ κοινὸν τῆς ἐκκλησίας κέρδος συνεχέστερον ἰδεῖν, εὐθέως ἐντεῦθεν θωπείας καὶ κολακείας προσετρίψατο δόξαν. 330. Καὶ τί λέγω προστασίας καὶ ἐπισκέψεις; ἀπὸ γὰρ τῶν προσρήσεων μόνον τοσοῦτο φέρουσιν ἔγκλη- 20 μάτων ἄχθος, ὡς καὶ βαρύνεσθαι καὶ καταπίπτειν ὑπὸ τῆς ἀθυμίας πολλάκις. ἤδη δὲ καὶ βλέμματος εὐθύνας ὑπέχουσι. τὰ γὰρ ἁπλῶς παρ' αὐτῶν γενόμενα βασανίζουσιν ἀκριβῶς οἱ πολλοὶ, καὶ μέτρον φωνῆς ἐξετάζοντες, καὶ διάθεσιν ὄψεως, καὶ ποσότητα γέλωτος. τὸν μὲν δεῖνά, 25 φησι, δαψιλῶς ἐπιγελάσας καὶ φαιδρῷ τῷ προσώπῳ καὶ

3 αναλογιζεσθαι yz || 9 μεμψεως fyz || ει γαρ μη...περινοστει yz vulg || 18 προσετριψαντο z || 25 προς μεν τον δεινα z προς τον δεινα vulg || 26 επεγελασε fyz vulg

12. ἐπισκοπ.] 'to be visited': at vi 8 it is used in an active sense.
17. ἰδεῖν] ('to see,' i.e.) 'to visit.'
18. θωπ. καὶ κολ. κτλ.] 'he gains for himself a reputation for adulation and flattery': cp. iv 5 ἀπονοίας... προσετρίψατο δόξαν (note), Dem.

617. 4 ἐκπώματα...πλούτου τινὰ δόξαν προσετρίψατο τοῖς κεκτημένοις.
23. τὰ γὰρ κτλ.] 'what is done casually' (without a thought). For ἁπλῶς cp. i 4, iii 10, 13.
25. ποσότητα γέλ.] 'the quality (tone) of his laugh.'

μεγάλῃ προσεῖπε τῇ φωνῇ· ἐμὲ δὲ ἔλαττον καὶ ὡς ἔτυχε. καὶ ἂν πολλῶν συγκαθημένων μὴ πανταχοῦ περιφέρῃ τοὺς ὀφθαλμοὺς διαλεγόμενος, ὕβριν τὸ πρᾶγμά φασιν οἱ λοιποί. 331. Τίς οὖν μὴ λίαν ἰσχυρὸς ὢν τοσούτοις ἂν
5 ἀρκέσειε κατηγόροις, ἢ πρὸς τὸ μηδ᾽ ὅλως γραφῆναι παρ᾽ αὐτῶν, ἢ πρὸς τὸ διαφυγεῖν μετὰ τὴν γραφήν; δεῖ μὲν γὰρ μηδὲ ἔχειν κατηγόρους· εἰ δὲ τοῦτο ἀδύνατον, ἀποδύεσθαι τὰ παρ᾽ ἐκείνων ἐγκλήματα· εἰ δὲ οὐδὲ τοῦτο εὔπορον, ἀλλὰ τέρπονταί τινες εἰκῆ καὶ ἁπλῶς αἰτιώμενοι, γενναίως
10 πρὸς τὴν τῶν μέμψεων τούτων ἀθυμίαν ἵστασθαι. 332. Ὁ μὲν γὰρ δικαίως ἐγκαλούμενος κἂν ἐνέγκοι τὸν ἐγκαλοῦντα ῥᾳδίως· ἐπειδὴ γὰρ οὐκ ἔστι τις πικρότερος τοῦ συνειδότος κατήγορος, διὰ τοῦτο, ὅταν ὑπ᾽ ἐκείνου τοῦ χαλεπωτάτου πρότερον ἁλῶμεν, τοὺς ἔξωθεν ἡμερωτέρους ὄντας εὐκόλως
15 φέρομεν. ὁ δὲ οὐδὲν ἑαυτῷ συνειδέναι πονηρὸν ἔχων, ὅταν ἐγκαλῆται μάτην, καὶ πρὸς ὀργὴν ἐκφέρεται ταχέως καὶ πρὸς ἀθυμίαν καταπίπτει ῥᾳδίως, ἂν μὴ πρότερον τύχῃ μεμελετηκὼς τὰς τῶν πολλῶν φέρειν ἀνίας. οὐ γὰρ ἔστιν, οὐκ ἔστι συκοφαντούμενον εἰκῆ καὶ καταδικαζόμενον
20 μὴ ταράττεσθαι καὶ πάσχειν τι πρὸς τὴν τοσαύτην ἀλογίαν. 333. Τί ἄν τις λέγοι τὰς λύπας, ἃς ὑπομένουσιν, ἡνίκα ἂν δέῃ τινὰ τοῦ τῆς ἐκκλησίας περικόψαι πληρώματος; 334. Εἴθε μὲν οὖν μέχρι λύπης ἵστατο τὸ δεινόν· νῦν δὲ καὶ ὄλεθρος οὐ μικρός. δέος γάρ, μή ποτε πέρα
25 τοῦ δέοντος κολασθεὶς ἐκεῖνος πάθῃ τοῦτο δὴ τὸ ὑπὸ τοῦ μακαρίου Παύλου λεχθέν, καὶ ὑπὸ τῆς περισσοτέρας λύπης καταποθῇ. 335. πλείστης οὖν κἀνταῦθα δεῖ τῆς ἀκριβείας, ὥστε μὴ τὴν τῆς ὠφελείας ὑπόθεσιν μείζονος αὐτῷ

3 οι πολλοι yz vulg || 7 αποδυσασθαι G απολυεσθαι y′ vulg || 11 ενεγκη z vulg || 18 τυχῃ] η τη ψυχη vulg || ανοιας muy′ vulg || 22 αποκοψαι z || 27 δεοι vulg || 28 μειζονα cy*

12. τοῦ συνειδ.] Τὸ συνειδός and συνειδός (without the article) are both used = 'conscience.' At vi 4 (τῆς πονηρᾶς συνειδήσεως) we find ἡ συνείδησις in the same sense.

22. πληρ.] 'the whole body': see Lightfoot on Col. i 19.
23. μέχρι] Cp. ii 1 οὐκ ἔστη μέχρι τούτου (note).
26. ὑπὸ τῆς π. λ. κ.] 2 Cor. ii 7.

γενέσθαι ζημίας ἀφορμήν. 336. Ὧν γὰρ ἂν ἁμάρτῃ μετὰ τὴν τοιαύτην θεραπείαν ἐκεῖνος, κοινωνεῖ τῆς ἐφ' ἑκάστῳ τούτων ὀργῆς ὁ μὴ καλῶς τὸ τραῦμα τεμὼν ἰατρός. 337. Πόσας οὖν χρὴ προσδοκᾶν τιμωρίας, ὅταν μὴ μόνον ὑπὲρ ὧν αὐτὸς ἕκαστος ἐπλημμέλησεν ἀπαιτεῖται λόγον, ἀλλὰ καὶ ὑπὲρ τῶν ἑτέροις ἁμαρτηθέντων εἰς τὸν ἔσχατον καθίσταται κίνδυνον; εἰ γὰρ τῶν οἰκείων πλημμελημάτων εὐθύνας ὑπέχοντες φρίττομεν, ὡς οὐ δυνησόμενοι τὸ πῦρ ἐκφυγεῖν ἐκεῖνο, τί χρὴ πείσεσθαι προσδοκᾶν τὸν ὑπὲρ τοσούτων ἀπολογεῖσθαι μέλλοντα; 338. Ὅτι γὰρ τοῦτό ἐστιν ἀληθές, ἄκουσον τοῦ μακαρίου λέγοντος Παύλου, μᾶλλον δὲ οὐκ ἐκείνου, ἀλλὰ τοῦ ἐν αὐτῷ λαλοῦντος Χριστοῦ· Πείθεσθε τοῖς ἡγουμένοις ὑμῶν καὶ ὑπείκετε, ὅτι αὐτοὶ ἀγρυπνοῦσιν ὑπὲρ τῶν ψυχῶν ὑμῶν, ὡς λόγον ἀποδώσοντες. 339. Ἆρα μικρὸς οὗτος ὁ τῆς ἀπειλῆς φόβος; οὐκ ἔστιν εἰπεῖν. 340. Ἀλλὰ καὶ τοὺς σφόδρα ἀπειθεῖς καὶ σκληροὺς ἱκανὰ ταῦτα πάντα πεῖσαι, ὡς οὔτε ἀπονοίᾳ οὔτε φιλοδοξίᾳ ἁλόντες, ὑπὲρ δὲ ἑαυτῶν δεδοικότες μόνον, καὶ εἰς τὸν τοῦ πράγματος ὄγκον ἀποβλέψαντες, ταύτην ἐφύγομεν τὴν φυγήν.

3 τεμνων cy* || 5 απαιτηται yz vulg || 7 καθιστηται yz vulg || πλημμελ.] αμαρτηματων c || 13 οτι αυτοι] αυτοι γαρ fyz || 17 om παντα yz vulg || απονοιας...φιλοδοξιας y

9. τί χρὴ π. πρ. κτλ.] 'what must he expect to suffer who—?'
12. τοῦ ἐν αὐ. λ. Χρ.] 2 Cor. xiii 3: cp. Homm. in 2 Cor. 427 A, and Field's note.

13. πείθεσθε] Hebr. xiii 17. Chrys. seems to have no doubt that the Ep. to the Hebrews is the work of St Paul: see Homm. in Epist. ad Hebr. 2 D (αὐτοὶ γὰρ ἀγρ. WH.).

ΛΟΓΟΣ Δ΄.

Τάδε ἔνεστιν ἐν τῷ δ΄ λόγῳ.

I. Ὅτι οὐ μόνον οἱ σπουδάζοντες ἐπὶ κλῆρον ἐλθεῖν, ἀλλὰ καὶ οἱ ἀνάγκην ὑπομένοντες, ἐν οἷς ἂν ἁμάρτωσι, σφόδρα κολάζονται.
II. Ὅτι οἱ χειροτονοῦντες ἀναξίους τῆς αὐτῆς αὐτοῖς εἰσὶν ὑπεύθυνοι τιμωρίας, κἂν ἀγνοῶσι τοὺς χειροτονουμένους.
III. Ὅτι πολλῆς τῆς ἐν τῷ λέγειν δυνάμεως χρεία τῷ ἱερεῖ.
IV. Ὅτι πρὸς τὰς ἁπάντων μάχας καὶ Ἑλλήνων καὶ Ἰουδαίων καὶ αἱρετικῶν παρεσκευάσθαι χρή.
V. Ὅτι σφόδρα ἔμπειρον εἶναι δεῖ τῆς διαλεκτικῆς.
VI. Ὅτι τῷ μακαρίῳ Παύλῳ μάλιστα τοῦτο κατώρθωτο.
VII. Ὅτι οὐκ ἀπὸ τῶν σημείων μόνον λαμπρὸς ἐγένετο, ἀλλὰ καὶ ἀπὸ τοῦ λέγειν.
VIII. Ὅτι καὶ ἡμᾶς τοῦτο βούλεται κατορθοῦν.
IX. Ὅτι τούτου μὴ παρόντος τῷ ἱερεῖ, πολλὴν ἀνάγκη τοὺς ἀρχομένους ζημίαν ὑφίστασθαι.

I. 341. Ταῦτα ὁ Βασίλειος ἀκούσας, καὶ μικρὸν ἐπισχών· Ἀλλ' εἰ μὲν αὐτὸς ἐσπούδασάς, φησι, ταύτην κτήσασθαι τὴν ἀρχήν, εἶχεν ἄν σου λόγον οὗτος ὁ φόβος. 342. Τὸν γὰρ ὁμολογήσαντα ἐπιτήδειον εἶναι πρὸς τὴν τοῦ

I. *Not only those who endeavour to obtain some high office in Church or State, but also those upon whom such an office is thrust against their will, are held accountable for the evil effect of unwise government. This is illustrated by the examples of Saul, Eli, Moses, and others.*

πράγματος διοίκησιν τῷ σπουδάσαι λαβεῖν, οὐκ ἔστι μετὰ
τὸ πιστευθῆναι, ἐν οἷς ἂν σφάληται, καταφυγεῖν εἰς ἀπειρίαν· προλαβὼν γὰρ αὐτὸς ἑαυτοῦ ταύτην ἀφείλετο τὴν
ἀπολογίαν τῷ προσδραμεῖν καὶ ἁρπάσαι τὴν διακονίαν, καὶ
οὐκέτ' ἂν δύναιτο λέγειν ὁ ἑκὼν καὶ ἐθελοντὴς ἐπὶ τοῦτο 5
ἐλθών, ὅτι ἄκων τὸ δεῖνα ἥμαρτον, καὶ ἄκων τὸ δεῖνα
διέφθειρα. 343. Ἐρεῖ γὰρ πρὸς αὐτὸν ὁ ταύτην αὐτῷ
τότε δικάζων τὴν δίκην· Καὶ τί δήποτε συνειδὼς ἑαυτῷ
τοσαύτην ἀπειρίαν, καὶ οὐκ ἔχων διάνοιαν ἱκανὴν πρὸς τὸ
μεταχειρίσαι τὴν τέχνην ταύτην ἀναμαρτήτως, ἐσπού- 10
δασας, καὶ ἐτόλμησας μείζονα τῆς οἰκείας δυνάμεως ἀναδέξασθαι πράγματα; τίς ὁ καταναγκάσας; τίς ὁ πρὸς
βίαν ἑλκύσας ἀποπηδῶντα καὶ φεύγοντα; ἀλλ' οὐ σύ γε
τούτων οὐδὲν ἀκούσῃ ποτέ. 344. Οὔτε γὰρ αὐτὸς ἂν
ἔχοις τοιοῦτόν τι σαυτοῦ καταγνῶναι· καὶ πᾶσίν ἐστι 15
καταφανές, ὅτι οὔτε μέγα οὔτε μικρὸν ὑπὲρ ταύτης ἐσπούδασας τῆς τιμῆς, ἀλλ' ἑτέρων γέγονε τὸ κατόρθωμα. καὶ
ὅπερ ἐκείνους ἐν τοῖς ἁμαρτήμασιν οὐκ ἀφίησιν ἔχειν
συγγνώμην, τοῦτό σοι πολλὴν παρέχει πρὸς ἀπολογίαν
ὑπόθεσιν. 345. Πρὸς ταῦτα ἐγὼ κινήσας τὴν κεφαλὴν 20
καὶ μειδιάσας ἠρέμα, ἐθαύμαζόν τε αὐτὸν τῆς ἁπλότητος
καὶ πρὸς αὐτὸν ἔλεγον· Ἐβουλόμην καὶ αὐτὸς ταῦτα
οὕτως ἔχειν, ὡς ἔφης, ὦ πάντων ἀγαθώτατε σύ, οὐχ ἵνα
δέξασθαι δυνηθῶ τοῦτο, ὅπερ ἔφυγον νῦν. εἰ γὰρ καὶ
μηδεμία μοι προὔκειτο κόλασις, ὡς ἔτυχε καὶ ἀπείρως 25

3 εαυτον cy εαυτω vulg ‖ 4 την οικονομιαν f ‖ 5 εθελοντι c ‖ 6 τοδε
ημαρτον yz ‖ τον δεινα διεφθειρα y vulg ‖ 7 σεαυτω yz vulg ‖ 10 εσπευσας
fmnpuy* vulg ‖ 14 om αν vulg ‖ 16 περιφανες c ‖ 20 την υποθεσιν yz vulg ‖
24 οπερ εφυγον νυνι δε ει και μηδεμια κτλ. y

2. ἐν οἷς ἂν σφάλ.] 'where he
has proved unsuccessful': cp. ἐν οἷς
ἂν ἁμάρτῃ iv 2.
3. προλαβών] Cp. προλαβόντα
ἐκβάλλειν ἑαυτὸν τῆς ἀρχῆς iii 10
(note).
12. τίς ὁ πρ. β. ἑ.] Cp. ἑλκύσαι

πρὸς βίαν ii 4.
17. τὸ κατόρθωμα] 'the success,'
i.e. of the effort to make Chrys.
a bishop: cp. τῆς ἀπάτης κατορθώματα i 5.
23. ἀγαθώτατε] Cp. ἀγαθώτατε
i 5 (note).

ἐπιμελουμένῳ τῆς ποίμνης τοῦ Χριστοῦ, ἀλλ' ἐμοὶ πάσης τιμωρίας χαλεπώτερον ἦν αὐτὸ τὸ πιστευθέντα πράγματα οὕτω μεγάλα περὶ τὸν πιστεύσαντα οὕτω φανῆναι κακόν. 346. Τίνος οὖν ἕνεκεν ηὐχόμην τὴν δόξαν σου ταύτην μὴ 5 διαπεσεῖν; ἵνα τοῖς ἀθλίοις καὶ ταλαιπώροις (οὕτω γὰρ δεῖ καλεῖν τοὺς οὐχ εὑρίσκοντας καλῶς ταύτης προστῆναι τῆς πραγματείας, κἂν μυριάκις αὐτοὺς πρὸς ἀνάγκην ἦχθαι λέγῃς, καὶ ἀγνοοῦντας ἁμαρτεῖν) ἵνα τούτοις διαφυγεῖν γένηται τὸ πῦρ ἐκεῖνο τὸ ἄσβεστον, καὶ τὸ σκότος 10 τὸ ἐξώτερον, καὶ τὸν σκώληκα τὸν ἀτελεύτητον, καὶ τὸ διχοτομηθῆναι, καὶ τὸ μετὰ τῶν ὑποκριτῶν ἀπολέσθαι. ἀλλὰ τί σοι πάθω; οὐκ ἔστι ταῦτα, οὐκ ἔστι. 347. Καί, εἰ βούλει γε, ἀπὸ τῆς βασιλείας πρῶτον, ἧς οὐ τοσοῦτος ὅσος τῆς ἱερωσύνης τῷ θεῷ λόγος, παρέξω σοι τούτων, ὧν 15 εἶπον, τὴν πίστιν. 348. Ὁ Σαοὺλ ἐκεῖνος, ὁ τοῦ Κεὶς υἱός, οὐκ αὐτὸς σπουδάσας ἐγένετο βασιλεύς, ἀλλ' ἀπῆλθε μὲν ἐπὶ τὴν τῶν ὄνων ζήτησιν, καὶ ὑπὲρ τούτων ἐρωτήσων τὸν προφήτην ἤρχετο· ὁ δὲ αὐτῷ περὶ τῆς βασιλείας διελέγετο. καὶ οὐδὲ οὕτως ἐπέδραμε, καίτοι παρὰ ἀνδρὸς 20 ἀκούων προφήτου· ἀλλὰ καὶ ἀνεδύετο, καὶ παρῃτεῖτο, λέγων· Τίς εἰμι ἐγώ, καὶ τίς ὁ οἶκος τοῦ πατρός μου; τί οὖν; ἐπειδὴ κακῶς ἐχρήσατο τῇ παρὰ τοῦ θεοῦ δοθείσῃ τιμῇ, ἴσχυσεν αὐτὸν ἐξελέσθαι ταῦτα τὰ ῥήματα τῆς τοῦ βασιλεύσαντος ὀργῆς; 349. Καίτοι γε ἐνῆν λέγειν

6 ευροντας vulg || τους ουκ εσχηκοτας καλως ταυτην οικονομησαι την πραγματειαν z || 8 om ινα τουτοις z || 10 τον ακοιμητον fy*z || 11 απολεσθαι] τεθηναι z || 24 οργης] + ουδαμως z

3. περί...κακόν] i.e. κακὸν περὶ τὸν πιστ.: 'so base towards—.'
9. τὸ πῦρ ἐκεῖνο κτλ.] Is. lxvi 24, Matt. xxiv 51, xxv 30, Mk ix 48. Cp. iv 2, where this passage is largely repeated. Chrys. often argues against the popular belief that hell, if it exists at all, is intended for Jews and pagans only, not for Christians: see Puech pp. 192 sqq.

10. τὸ διχοτομ.] Matt. xxiv 51.
12. τί σοι πάθω;] Cp. καὶ τί πάθω; ii 6 (note).
16. ἀπῆλθε κτλ.] 1 Sam. ix.
20. ἀνεδύετο καὶ παρ.] 'he tried to shun and avoid it.'
21. τίς εἰμι ἐγώ κτλ.] These words are a free paraphrase of 1 Sam. ix 21.

πρὸς τὸν Σαμουὴλ ἐγκαλοῦντα αὐτῷ· Μὴ γὰρ αὐτὸς ἐπέδραμον τῇ βασιλείᾳ; μὴ γὰρ ἐπεπήδησα ταύτῃ τῇ δυναστείᾳ; τὸν τῶν ἰδιωτῶν ἐβουλόμην βίον ζῆν τὸν ἀπράγμονα καὶ ἡσύχιον, σὺ δέ με ἐπὶ τοῦτο εἵλκυσας τὸ ἀξίωμα. ἐν ἐκείνῃ μένων τῇ ταπεινότητι, εὐκόλως ἂν 5 ταῦτα ἐξέκλινα τὰ προσκρούματα. οὐ γὰρ δήπου τῶν πολλῶν εἷς ὢν καὶ ἀσήμων, ἐπὶ τοῦτο ἂν ἐξεπέμφθην τὸ ἔργον, οὐδ' ἂν ἐμοὶ τὸν πρὸς τοὺς Ἀμαληκίτας πόλεμον ἐνεχείρισεν ὁ θεός· μὴ ἐγχειρισθεὶς δὲ, οὐκ ἄν ποτε ταύτην ἥμαρτον τὴν ἁμαρτίαν. 350. Ἀλλὰ ταῦτα πάντα 10 ἀσθενῆ πρὸς ἀπολογίαν· οὐκ ἀσθενῆ δὲ μόνον, ἀλλὰ καὶ ἐπικίνδυνα, καὶ μᾶλλον ἐκκαίει τοῦ θεοῦ τὴν ὀργήν. 351. Τὸν γὰρ ὑπὲρ τὴν ἀξίαν τιμηθέντα οὐκ εἰς τὴν τῶν ἁμαρτημάτων ἀπολογίαν χρὴ προβάλλεσθαι τῆς τιμῆς τὸ μέγεθος, ἀλλὰ εἰς μείζονα βελτιώσεως προτροπὴν κεχρῆ- 15 σθαι τῇ πολλῇ περὶ αὐτὸν τοῦ θεοῦ σπουδῇ. 352. Ὁ δὲ, διότι κρείττονος ἔτυχεν ἀξιώματος, διὰ τοῦτο ἁμαρτάνειν αὐτῷ νομίζων ἐξεῖναι, οὐδὲν ἕτερον ἢ τὴν τοῦ θεοῦ φιλανθρωπίαν αἰτίαν τῶν οἰκείων ἁμαρτημάτων ἐπιδεῖξαι ἐσπούδακεν· ὅπερ τοῖς ἀσεβέσι καὶ ῥᾳθύμως τὸν ἑαυτῶν 20 διοικοῦσι βίον λέγειν ἔθος ἀεί. ἀλλ' οὐχ ἡμᾶς οὕτω διακεῖσθαι χρὴ, οὐδὲ εἰς τὴν αὐτὴν ἐκείνοις ἐκπίπτειν μανίαν, ἀλλὰ πανταχοῦ σπουδάζειν τὰ παρ' ἑαυτῶν εἰσφέρειν εἰς δύναμιν τὴν ἡμετέραν, καὶ εὔφημον καὶ γλῶτταν καὶ διάνοιαν ἔχειν. 353. Οὐδὲ γὰρ ὁ Ἡλὶ (ἵνα τὴν 25 βασιλείαν ἀφέντες, ἐπὶ τὴν ἱερωσύνην, περὶ ἧς ἡμῖν ὁ λόγος, ἔλθωμεν νῦν) ἐσπούδασε κτήσασθαι τὴν ἀρχήν· τί

12 εκκαιοντα bz vulg || 15 μείζονος y* || προκοπὴν y' vulg || 19 των ιδιων αμαρτ. f || 20 εσπουδασε vulg || 22 εμπιπτειν f

8. Ἀμαληκ.] 1 Sam. xv.
15. εἰς μείζ. β. πρ.] 'as a greater incentive to virtue.' Προκοπὴν (see critical note) would mean 'progress.'
23. τὰ παρ' ἑαυτῶν] 'our assistance.'

24. εἰς δυν. τὴν ἡμ.] 'to the best of our ability': cp. εἰς δύναμιν τὴν ἐμὴν iii 1 (note).
25. Ἡλὶ] 1 Sam. iv 18: cp. adv. oppugn. vit. monast. III 79 B foll.

οὖν αὐτὸν τοῦτο, ἡνίκα ἥμαρτεν, ὤνησεν; καὶ τί λέγω,
κτήσασθαι; οὐδὲ διαφυγεῖν μὲν οὖν, εἴπερ ἤθελε, δυνατὸν
ἦν αὐτῷ, διὰ τὴν ἀνάγκην τοῦ νόμου· καὶ γὰρ ἦν τῆς Λευῒ
φυλῆς, καὶ τὴν ἀρχὴν διὰ τοῦ γένους ἄνωθεν καταβαί-
5 νουσαν ἔδει δέξασθαι. ἀλλ' ὅμως καὶ οὗτος τῆς τῶν
παίδων παροινίας ἔδωκε δίκην οὐ μικράν. 354. Τί δέ;
αὐτὸς ὁ πρῶτος γενόμενος τῶν Ἰουδαίων ἱερεὺς, περὶ οὗ
τοσαῦτα διελέχθη ὁ θεὸς τῷ Μωϋσεῖ, ἐπειδὴ μὴ ἴσχυσε
μόνος πρὸς τοσούτου πλήθους στῆναι μανίαν, οὐ παρὰ
10 μικρὸν ἦλθεν ἀπολέσθαι, εἰ μὴ ἡ τοῦ ἀδελφοῦ προστασία
ἔλυσε τοῦ θεοῦ τὴν ὀργήν; 355. Ἐπειδὴ δὲ Μωϋσέως
ἐμνήσθημεν, καλὸν καὶ ἐκ τῶν ἐκείνῳ συμβεβηκότων δεῖξαι
τοῦ λόγου τὴν ἀλήθειαν. αὐτὸς γὰρ οὗτος ὁ μακάριος
Μωϋσῆς τοσοῦτον ἀπέσχε τοῦ τὴν προστασίαν ἁρπάσαι
15 τῶν Ἰουδαίων, ὡς καὶ διδομένην παρῃτῆσθαι, καὶ θεοῦ
κελεύοντος ἀνανεῦσαι ἐπὶ τοσοῦτον, ὡς καὶ παροξῦναι τὸν
προστάττοντα. καὶ οὐ τότε μόνον, ἀλλὰ καὶ μετὰ ταῦτα,
γενόμενος ἐπὶ τῆς ἀρχῆς, ὑπὲρ τοῦ ταύτης ἀπαλλαγῆναι
ἡδέως ἀπέθνησκεν. Ἀπόκτεινον γάρ με, φησιν, εἰ οὕτω
20 μοι μέλλεις ποιεῖν. 356. Τί οὖν; ἐπειδὴ ἥμαρτεν ἐπὶ τοῦ
ὕδατος, ἴσχυσαν αἱ συνεχεῖς αὗται παραιτήσεις ἀπολογή-
σασθαι ὑπὲρ αὐτοῦ, καὶ πεῖσαι τὸν θεὸν δοῦναι συγγνώ-
μην; καὶ πόθεν ἄλλοθεν τῆς ἐπηγγελμένης ἀπεστερεῖτο

2 ειπερ]+και z ‖ 6 παρανομιας byz henr ‖ τι δε] post hoc interpunxi ‖
8 ουκ ισχυσε y ‖ 12 εμνησθην z ‖ 15 παραιτησασθαι f oliv παραιτεισθαι cyz
franc ‖ 16 και επι τοσουτον cf om επι τοσουτον ως vulg ‖ 19 ηδεως]+αν y
vulg ‖ 21 αυται] αυτου y

1. τί λ. κτ. κτλ.] 'why do I say
"obtain"? nay, he could not escape
it, even had he so wished.'
6. παροινίας] 'drunken violence.'
The word is often confused in MSS
with παρανομίας.
7. ὁ πρῶτος κτλ.] Aaron.
8. ἐπειδὴ κτλ.] Ex. xxxii.
9. οὐ παρὰ μικρὸν κτλ.] 'was he
not within an ace of being put to
death?' For παρά cp. παρ' οὐδέν
i 5 (note).
15. παρῃτῆσθαι] Ex. iii 11, iv
10.
16. παροξ. τὸν πρ.] Ex. iv 14.
19. ἀπόκτεινον κτλ.] Numb. xi
15.
20. ἐπὶ τοῦ ὕδατος] Numb. xx
7—12.
23. πόθεν ἄλλοθεν κτλ.] 'for

IV. 1] *DE SACERDOTIO* 101

γῆς; οὐδαμόθεν ἄλλοθεν, ὡς ἅπαντες ἴσμεν, ἀλλ' ἢ διὰ
τὴν ἁμαρτίαν ταύτην, δι' ἣν ὁ θαυμαστὸς ἐκεῖνος ἀνὴρ οὐκ
ἴσχυσε τῶν αὐτῶν τοῖς ἀρχομένοις τυχεῖν· ἀλλὰ μετὰ
τοὺς πολλοὺς ἄθλους καὶ τὰς ταλαιπωρίας, μετὰ τὴν
πλάνην ἐκείνην τὴν ἄφατον καὶ τοὺς πολέμους καὶ τὰ 5
τρόπαια, ἔξω τῆς γῆς ἀπέθνησκεν, ὑπὲρ ἧς τοσαῦτα ἐμόχ-
θησε· καὶ τὰ τοῦ πελάγους ὑπομείνας κακά, τῶν τοῦ
λιμένος οὐκ ἀπήλαυσεν ἀγαθῶν. 357. Ὁρᾷς ὡς οὐ τοῖς
ἁρπάζουσι μόνον, ἀλλ' οὐδὲ τοῖς ἐκ τῆς ἑτέρων σπουδῆς
ἐπὶ τοῦτο ἐρχομένοις, λείπεταί τις, ἐν οἷς ἂν πταίσωσιν, 10
ἀπολογία; Ὅπου γὰρ οἱ, τοῦ θεοῦ χειροτονοῦντος, παραι-
τησάμενοι πολλάκις, τοσαύτην ἔδωκαν δίκην, καὶ οὐδὲν
ἴσχυσεν ἐξελέσθαι τοῦ κινδύνου τούτου οὔτε τὸν Ἀαρὼν,
οὔτε τὸν Ἡλὶ, οὔτε τὸν μακάριον ἐκεῖνον ἄνδρα, τὸν ἅγιον,
τὸν προφήτην, τὸν θαυμαστόν, τὸν πρᾶον μάλιστα πάντων 15
τῶν ἐπὶ γῆς, τὸν ὡς φίλον λαλοῦντα τῷ θεῷ· σχολῇ γε
ἡμῖν, τοῖς τοσοῦτον ἀποδέουσι τῆς ἀρετῆς τῆς ἐκείνου,
δυνήσεται πρὸς ἀπολογίαν ἀρκέσαι τὸ συνειδέναι ἑαυτοῖς
μηδὲν ὑπὲρ ταύτης ἐσπουδακόσι τῆς ἀρχῆς· καὶ μάλιστα
ὅτε πολλαὶ τούτων τῶν χειροτονιῶν οὐκ ἀπὸ τῆς θείας 20
γίγνονται χάριτος, ἀλλὰ καὶ ἀπὸ τῆς τῶν ἀνθρώπων
σπουδῆς. 358. Τὸν Ἰούδαν ὁ θεὸς ἐξελέξατο, καὶ εἰς τὸν
ἅγιον ἐκεῖνον κατέλεξε χορόν, καὶ τὴν ἀποστολικὴν ἀξίαν

1 ουδαμ. αλλοθεν] om αλλοθεν cyz || 4 αθλους] χρονους cz vulg || 8 απε-
λαυσεν fz || 9 της των ετερων y vulg || 11 ουτοι θεου fz || 13 τουτους cfyz ||
14 τον προφητην τον αγιον z || 16 επι της γης z vulg

*what other reason was he deprived
of the promised land?*': cp. *contra
eos qui subintr. habent virg.* 239 E.
3. τῶν αὐτῶν τ. ἀρχ. τ.] '*to
obtain as much as those whom he
governed.*' Τοῖς ἀρχ. is dative after
τῶν αὐτῶν.
15. πρᾶον μάλιστα κτλ.] Numb.
xii 3.
16. ὡς φίλον λ. τ. θ.] Ex. xxxiii
11.

ib. σχολῇ γε ἡμῖν κτλ.] '*the
consciousness of having made no at-
tempt to secure this office will scarcely
be able to benefit us, who fall so far
short of his virtue.*' For σχολῇ γε
cp. iii 15 σχολῇ γ' ἂν αἱ προειρη-
μέναι προφάσεις τοῦτο ἐργάσαιντο
(note).
20. χειροτ.] '*ordinations*': cp.
χειροτονήσειν i 3 (note).

μετὰ τῶν λοιπῶν ἐνεχείρισεν· ἔδωκε δέ τι καὶ τῶν ἄλλων πλέον αὐτῷ, τὴν τῶν χρημάτων οἰκονομίαν. τί οὖν; ἐπειδὴ τούτοις ἀμφοτέροις ἐναντίως ἐχρήσατο, καὶ ὃν ἐπιστεύθη κηρύττειν, προὔδωκε, καὶ ἃ καλῶς διοικεῖν 5 ἐνεχειρίσθη ταῦτα ἀνήλωσε κακῶς, ἐξέφυγε τὴν τιμωρίαν; διὰ αὐτὸ μὲν οὖν τοῦτο καὶ χαλεπωτέραν ἑαυτῷ τὴν δίκην εἰργάσατο. καὶ μάλα γε εἰκότως. 359. Οὐ γὰρ εἰς τὸ τῷ θεῷ προσκρούειν δεῖ κατακεχρῆσθαι ταῖς παρὰ τοῦ θεοῦ διδομέναις τιμαῖς, ἀλλ᾽ εἰς τὸ μᾶλλον ἀρέσκειν αὐτῷ. 10 360. Ὁ δέ, ἐπειδὴ πλέον τετίμηται, διὰ τοῦτο ἀξιῶν ἀποφυγεῖν, ἐν οἷς ἂν κολάζεσθαι δέῃ, παραπλήσιον ποιεῖ, ὥσπερ ἂν εἴ τις καὶ τῶν ἀπίστων Ἰουδαίων ἀκούσας τοῦ Χριστοῦ λέγοντος, ὅτι Εἰ μὴ ἦλθον καὶ ἐλάλησα αὐτοῖς, ἁμαρτίαν οὐκ εἶχον· καί, Εἰ μὴ τὰ σημεῖα ἐποίουν ἐν 15 αὐτοῖς, ἃ μηδεὶς ἄλλος ἐποίησεν, ἁμαρτίαν οὐκ εἶχον· ἐγκαλοίη τῷ σωτῆρι καὶ εὐεργέτῃ, λέγων· Τί γὰρ ἤρχου καὶ ἐλάλεις; τί δὲ ἐποίεις σημεῖα, ἵνα μειζόνως ἡμᾶς κολάσῃς; 361. Ἀλλὰ μανίας τὰ ῥήματα ταῦτα, καὶ τῆς ἐσχάτης παραπληξίας. ὁ γὰρ ἰατρὸς οὐχ ἵνα σε κατακρίνῃ 20 ἦλθεν, ἀλλὰ μᾶλλον θεραπεύσων, καὶ ἵνα ἀπαλλάξῃ τῆς νόσου τέλεον· σὺ δὲ σαυτὸν ἑκὼν ἀπεστέρησας τῶν ἐκείνου χειρῶν. δέχου τοίνυν χαλεπωτέραν τὴν τιμωρίαν. ὥσπερ γὰρ εἰ εἶξας τῇ θεραπείᾳ, καὶ τῶν προτέρων ἂν ἀπηλλάγης κακῶν, οὕτως ἐπειδὴ παραγινόμενον ἰδὼν ἔφυγες, οὐκ ἔτι

3 απεχρησατο yz || 4 καλως διακονειν f || 8 ταις παρα θεου yz vulg || 12 του κυριου λεγοντος yz || 14 εποιησα cfz || 15 ουδεις y || 18 τα τοιαυτα ρηματα yz || 19 ουχ ινα σε κατακριν̄η μαλλον ηλθε θεραπευσων vulg θεραπευσαι e || 20 θεραπευσων]+ ουχ ινα σε νοσουντα παριδη (αλλα ινα απαλλαξη κτλ.) vulg, et codd omnes praeter acgiwy franc oliv : om etiam vet int || απαλλαξη]+ σε y || 24 ουκετ᾽ αν απονιψ. z

2. χρ. οἰκον.] Jn xii 6.
13. λέγοντος] Jn xv 22, 24. In the second part of the quotation WH. read εἰ τὰ ἔργα μὴ ἐποίησα ἐν αὐτοῖς ἃ οὐδεὶς ἄλλος ἐποίησεν, ἁμαρτίαν οὐκ εἴχοσαν (εἴχοσαν also for εἶχον in the first part).

18. μανίας] For the genitive cp. iv 9 τοῦτο οὖν ἀπονοίας, τοῦτο κενοδοξίας, τὸ μὴ θελῆσαι κτλ. : more commonly an epithet is added, as in τῆς ἐσχάτης παραπληξίας immediately afterwards.
21. τέλεον] 'completely.'

ἀπονίψασθαι ταῦτα δυνήσῃ· μὴ δυνάμενος δέ, καὶ τούτων δώσεις τὴν τιμωρίαν, καὶ ἀνθ' ὧν αὐτῷ ματαίαν τὴν σπουδὴν ἐποίησας, τό γε μέρος τὸ σόν. 362. Διὰ ταῦτα οὐκ ἴσην πρὸ τοῦ τιμηθῆναι παρὰ τοῦ θεοῦ καὶ μετὰ τὰς τιμὰς τὴν βάσανον ὑπομένομεν, ἀλλὰ πολλῷ σφοδροτέραν ὕστε- 5 ρον. ὁ γὰρ μηδὲ τῷ παθεῖν εὖ γενόμενος ἀγαθὸς πικρότερον δίκαιος ἂν εἴη κολάζεσθαι. 363. Ἐπεὶ οὖν ἀσθενὴς ἡμῖν αὕτη ἡ ἀπολογία δέδεικται, καὶ οὐ μόνον οὐ σώζει τοὺς εἰς αὐτὴν καταφεύγοντας, ἀλλὰ καὶ προδίδωσι πλέον, ἑτέραν ἡμῖν ποριστέον ἀσφάλειαν. 364. ΒΑΣ. Ποίαν δὴ 10 ταύτην; ὡς ἔγωγε οὐδὲ ἐν ἐμαυτῷ δύναμαι εἶναι νῦν· οὕτω με ἔμφοβον καὶ ἔντρομον τοῖς ῥήμασι κατέστησας τούτοις. II. 365. Μή, δέομαι, ἔφην, καὶ ἀντιβολῶ, μὴ τοσοῦτον καταβάλῃς σαυτόν. ἔστι γάρ, ἔστιν ἀσφάλεια. τοῖς μὲν ἀσθενέσιν ἡμῖν, τὸ μηδέποτε ἐμπεσεῖν· ὑμῖν δὲ τοῖς 15 ἰσχυροῖς, τὸ τὰς ἐλπίδας τῆς σωτηρίας εἰς ἕτερον μὲν ἀνηρτῆσθαι μηδέν, μετὰ δὲ τὴν τοῦ θεοῦ χάριν εἰς τὸ μηδὲν ἀνάξιον πράττειν τῆς δωρεᾶς ταύτης καὶ τοῦ δεδωκότος αὐτὴν θεοῦ. 366. Μεγίστης μὲν γὰρ ἂν εἶεν κολάσεως ἄξιοι οἱ μετὰ τὸ δι' οἰκείας σπουδῆς ταύτης ἐπιτυχεῖν 20 τῆς ἀρχῆς ἢ διὰ ῥαθυμίαν ἢ διὰ πονηρίαν ἢ καὶ δι' ἀπειρίαν κακῶς κεχρημένοι τῷ πράγματι· οὐ μὴν διὰ τοῦτο

6 μηδε παρα το παθειν y μηδ' εν τω παθειν f ‖ πικροτερως y' vulg ‖ 9 εις ταυτην f ‖ 11 εγωγε]+οιμαι c ‖ 17 ανηρτησθαι μηδεν μετα την του θεου χαριν αλλ' η εις το μηδεν y' vulg

3. τό γε μέρος τὸ σόν] 'as far as in you lay': cp. iv 2 τό γε ἡμέτερον μέρος, iv 6 τό γε αὐτῶν μέρος.
11. οὐδὲ ἐν ἐμαυτῷ κτλ.] 'I cannot control myself': cp. vi 12 ἐν ἐμαυτῷ γενέσθαι.
12. ἔμφοβον καὶ ἔντρ.] Cp. Hebr. xii 21.
II. Hence the need for careful self-examination on the part of those who are about to be made bishops. No one ought to embark upon duties for which he feels himself to be unfitted.

13. μή, δέομαι κτλ.] For the repetition of μή cp. μή, παρακαλῶ, μὴ ἐπὶ τοσοῦτον ἀπατῶμεν ἑαυτούς (below).
15. τὸ μηδέπ. ἐμπ.] 'never to enter upon' (the office of bishop).
16. τὰς ἐλπίδας κτλ.] 'to have your hopes of salvation dependent, after (receiving) the grace of God, on nothing but the avoidance of all that is unworthy of that gift, and of God the giver.' Μετά seems to bear a temporal sense.

τοῖς οὐκ ἐσπουδακόσι καταλέλειπταί τις συγγνώμη, ἀλλὰ καὶ οὗτοι πάσης ἀπολογίας ἐστέρηνται. 367. Δεῖ γὰρ, οἶμαι, κἂν μύριοι καλῶσι καὶ καταναγκάζωσι, μὴ πρὸς ἐκείνους ὁρᾶν· ἀλλὰ πρότερον τὴν ἑαυτοῦ βασανίσαντα
5 ψυχὴν, καὶ πάντα διερευνησάμενον ἀκριβῶς, οὕτως εἶξαι τοῖς βιαζομένοις. 368. Νῦν δὲ οἰκίαν μὲν οἰκοδομήσασθαι οὐδεὶς ἂν ὑποσχέσθαι τολμήσειε τῶν οὐκ ὄντων οἰκοδομικῶν· οὐδὲ σωμάτων ἅψασθαι νενοσηκότων ἐπιχειρήσειεν ἄν τις τῶν ἰατρεύειν οὐκ εἰδότων· ἀλλὰ κἂν πολλοὶ οἱ
10 πρὸς βίαν ὠθοῦντες ὦσι, παραιτήσεται, καὶ οὐκ ἐρυθριάσει τὴν ἄγνοιαν. ψυχῶν δὲ ἐπιμέλειαν μέλλων ἐμπιστεύεσθαι τοσούτων, οὐκ ἐξετάσει πρότερον ἑαυτόν, ἀλλὰ κἂν ἁπάντων ἀπειρότατος ᾖ, δέξεται τὴν διακονίαν, ἐπειδὴ ὁ δεῖνα κελεύει, καὶ ὁ δεῖνα βιάζεται, καὶ ἵνα μὴ προσκρούσῃ τῷ
15 δεῖνι; 369. Καὶ πῶς οὐκ εἰς προὖπτον ἑαυτὸν μετ' ἐκείνων ἐμβαλεῖ κακόν; ἐξὸν γὰρ αὐτῷ σώζεσθαι καθ' ἑαυτὸν, καὶ ἑτέρους προσαπόλλυσι μεθ' ἑαυτοῦ. πόθεν γάρ ἐστιν ἐλπίσαι σωτηρίαν; πόθεν συγγνώμης τυχεῖν; τίνες ἡμᾶς παραιτήσονται τότε; οἱ βιαζόμενοι νῦν ἴσως καὶ πρὸς
20 ἀνάγκην ἕλκοντες; αὐτοὺς δὲ τούτους τίς κατ' ἐκεῖνον διασώσει τὸν καιρόν; καὶ γὰρ καὶ αὐτοὶ προσδέονται ἑτέρων, ἵνα διαφύγωσι τὸ πῦρ. 370. Ὅτι δέ σε οὐ δεδιττόμενος ταῦτα λέγω νῦν, ἀλλ' ὡς ἔχει τὸ πρᾶγμα ἀληθείας, ἄκουε τί τῷ μαθητῇ φησὶν ὁ μακάριος Παῦλος Τιμοθέῳ,
25 τῷ γνησίῳ τέκνῳ καὶ ἀγαπητῷ· Χεῖρας ταχέως μηδενὶ

1 καταλειπεται cfyz vulg ‖ 4 βασανιζοντα y*z ‖ 6 νυν μεν γαρ y ‖ 7 ουκ ων των οικοδομικων y* ‖ 9 μη ειδοτων y ‖ 18 ημας παραστησονται c ημιν παραστησονται ehklstz ημας εξαιτησονται uy vulg ‖ 24 ακουσον y

5. οὕτως εἶξαι] 'then, and then only, to yield.'
6. νῦν δέ] iam vero: used to introduce an example or illustration.
15. προὖπτον...κακόν] Cp. προὖπτον...κακόν iii 7 (note).
17. πόθεν γάρ ἐστιν ἐλ. σωτ.;] a senarius: see on ὁ τὰς ἁπάντων κτλ. ii 1.
22. δεδιττ.] 'trying to frighten.'
23. ὡς ἔχει κτλ.] 'in all truth': cp. Thuc. vii 2 ὡς εἶχον τάχους ἐβοήθουν.
25. τῷ γνησίῳ τ. καὶ ἀγ.] 1 Tim. i 2, 2 Tim. i 2.
ib. χεῖρας ταχ. ἐπιτ.] 1 Tim. v 22.

ἐπιτίθει, μηδὲ κοινώνει ἁμαρτίαις ἀλλοτρίαις. 371. Εἶδες ὅσης τοὺς μέλλοντας ἡμᾶς ἐπὶ τοῦτο παράγειν, οὐ μέμψεως μόνον, ἀλλὰ καὶ τιμωρίας, τό γε ἡμέτερον ἀπηλλάξαμεν μέρος; 372. Ὥσπερ γὰρ τοῖς αἱρεθεῖσιν οὐκ αὔταρκες πρὸς ἀπολογίαν τὸ λέγειν, Οὐκ αὐτόκλητος ἦλθον, οὐδὲ 5 προειδὼς οὐκ ἀπέφυγον· οὕτως οὐδὲ τοὺς χειροτονοῦντας ὠφελῆσαί τι δύναται, εἰ λέγοιεν τὸν χειροτονηθέντα ἀγνοεῖν. 373. ἀλλὰ διὰ τοῦτο καὶ μεῖζον τὸ ἔγκλημα γίνεται, ὅτι ὃν ἠγνόουν παρήγαγον· καὶ ἡ δοκοῦσα εἶναι ἀπολογία αὔξει τὴν κατηγορίαν. 374. Πῶς γὰρ οὐκ 10 ἄτοπον, ἀνδράποδον μὲν πρίασθαι βουλομένους καὶ ἰατροῖς ἐπιδεικνύναι, καὶ τῆς πράσεως ἐγγυητὰς ἀπαιτεῖν, καὶ γειτόνων πυνθάνεσθαι, καὶ μετὰ ταῦτα πάντα μηδέπω θαρρεῖν, ἀλλὰ καὶ χρόνον πολὺν πρὸς δοκιμασίαν αἰτεῖν· εἰς δὲ τοσαύτην λειτουργίαν μέλλοντάς τινα ἐγγράφειν, 15 ἁπλῶς καὶ ὡς ἔτυχεν, ἂν τῷ δεῖνι δόξῃ πρὸς χάριν ἢ πρὸς ἀπέχθειαν ἑτέρων μαρτυρῆσαι, ἐγκρίνειν, μηδεμίαν ποιουμένους ἑτέραν ἐξέτασιν; 375. τίς οὖν ἡμᾶς ἐξαιτήσεται τότε, τῶν ὀφειλόντων προστῆναι καὶ αὐτῶν προστατῶν δεομένων; 376. Δεῖ μὲν οὖν καὶ τὸν χειροτονεῖν μέλ- 20 λοντα πολλὴν ποιεῖσθαι τὴν ἔρευναν· πολλῷ δὲ πλείονα τούτου τὸν χειροτονούμενον. 377. Εἰ γὰρ καὶ κοινωνοὺς ἔχει τῆς κολάσεως τοὺς ἑλομένους, ἐν οἷς ἂν ἁμάρτῃ· ἀλλ᾽ ὅμως οὐδὲ αὐτὸς ἀπήλλακται τῆς τιμωρίας, ἀλλὰ καὶ μείζονα δώσει· 378. μόνον εἰ μὴ διά τινα ἀνθρωπίνην 25

2 παραγαγειν y προαγειν fz || 3 απηλλαξε y || 13 ουδεπω θαρρειν c || 15 εγγραφεσθαι yz || 18 εξαιρησεται y* || 25 διδωσι yz vulg

3. τό γε ἡμ. μέρος] Cp. τό γε μέρος τὸ σόν iv 1 (note).
5. τὸ λέγειν κτλ.] 'to say "I did not come of my own accord."'
12. ἐγγυητάς] 'sureties.'
16. ἂν τῷ δεῖνι κτλ.] 'according as some person sees fit to testify for or against others.' Thus if A recommends B, and speaks unfavourably of C, B will be preferred, whether he is better than C or not. For πρὸς χάριν, πρὸς ἀπέχθειαν cp. v 1.
19. τῶν ὀφειλ. κτλ.] Cp. quis custodiet ipsos custodes? Juv. vi 347.
23. ἐν οἷς ἂν ἁμάρτῃ] Cp. ἐν οἷς ἂν σφάληται iv 1 (note).
25. μόνον εἰ μή κτλ.] 'unless those who promoted him did so for some personal reason, contrary to their better judgment.'

αἰτίαν, παρὰ τὸ φανὲν αὐτοῖς εὔλογον ἔπραξαν οἱ ἑλόμενοι. εἰ γὰρ ἐν τούτῳ φωραθεῖεν, καὶ τὸν ἀνάξιον εἰδότες, διά τινα πρόφασιν αὐτὸν παρήγαγον· ἐξ ἴσης τὰ τῶν κολαστηρίων αὐτοῖς, τάχα καὶ μείζονα τοῖς τὸν οὐκ ἐπιτήδειον
5 καταστήσασιν. ὁ γὰρ τὴν ἐξουσίαν παρασχὼν τῷ βουλομένῳ διαφθεῖραι τὴν ἐκκλησίαν αὐτὸς ἂν εἴη τῶν ὑπ' ἐκείνου τολμηθέντων αἴτιος. 379. Εἰ δὲ τούτων μὲν οὐδενὶ γένοιτο ὑπεύθυνος, ἀπὸ δὲ τῆς τῶν πολλῶν ὑπολήψεως ἠπατῆσθαι λέγοι, ἀτιμώρητος μὲν οὐδὲ οὕτω
10 μένει, ὀλίγῳ δὲ ἐλάττονα τοῦ χειροτονηθέντος δίδωσι δίκην. τί δήποτε; ὅτι τοὺς μὲν ἑλομένους εἰκὸς ὑπὸ δόξης ψευδοῦς ἀπατηθέντας ἐπὶ τοῦτο ἐλθεῖν· ὁ δὲ αἱρεθεὶς οὐκ ἔτ' ἂν δύναιτο λέγειν ὅτι ἠγνόουν ἐμαυτόν, καθάπερ αὐτὸν ἕτεροι. ὡς οὖν βαρύτερον μέλλοντα κολάζεσθαι τῶν παραγαγόν-
15 των, οὕτως ἀκριβέστερον αὐτῶν χρὴ ποιεῖσθαι τὴν ἑαυτοῦ δοκιμασίαν, κἂν ἀγνοοῦντες ἕλκωσιν ἐκεῖνοι, προσιόντα διδάσκειν ἀκριβῶς τὰς αἰτίας, δι' ὧν ἠπατημένους παύσει, καὶ ἀνάξιον ἑαυτὸν τῆς δοκιμασίας ἀποδείξας ἐκφεύξεται τοσούτων πραγμάτων ὄγκον. 380. Διὰ τί γὰρ περὶ στρα-
20 τείας καὶ ἐμπορίας καὶ γεωργίας καὶ τῶν ἄλλων τῶν βιωτικῶν βουλῆς προκειμένης, οὔτε ὁ γεωργὸς ἕλοιτ' ἂν πλεῖν, οὔτε ὁ στρατιώτης γεωργεῖν, οὔτε ὁ κυβερνήτης στρατεύεσθαι, κἂν μυρίους τις ἀπειλῇ θανάτους; ἢ δῆλον ὅτι τὸν ἐκ τῆς ἀπειρίας προορώμενοι κίνδυνον ἕκαστος.
25 381. Εἶτα ὅπου μὲν ζημία περὶ μικρῶν, τοσαύτη χρησόμεθα προνοίᾳ, καὶ οὐκ ἂν εἴξομεν τῇ τῶν βιαζομένων

4 τω—καταστησαντι yz vulg || 6 ουτος yz vulg || 8 γενηται cfz || 10 μενεῖ cf || 11 υπο ψεύδους y* || 17 τας ηττας c || 18 της διακονιας coniecit Bengel ex vet int *munere* || 23 απειλήση yz vulg || αρα ουκ ευδηλον οτι z || 25 χρωμεθα f || 26 ουκ αν ειξωμεν bfy ουκ ειξομεν vulg

8. ὑπολήψεως] Cp. ὑπολήψεως i 4 (note).
12. ἐπὶ τοῦτο ἐλθεῖν] i.e. ἐπὶ τὸ ἑλέσθαι ἐλθεῖν: see on ψηφίσασθαι τοῖς κατηγόροις ii 7.

16. κἂν ἀγνοοῦντες] i.e. καὶ ἐὰν ἀγν., 'and if.'
18. ἀνάξιον ἑ....ἀποδ.] Cp. Paulinus *vita Ambrosii* § 3 (7).
26. οὐκ ἂν εἴξομεν] For ἂν with

ἀνάγκῃ· ὅπου δὲ ἡ κόλασις αἰώνιος τοῖς οὐκ εἰδόσι μεταχειρίζειν ἱερωσύνην, ἁπλῶς καὶ ὡς ἔτυχε τοσοῦτον ἀναδεξόμεθα κίνδυνον, τὴν ἑτέρων προβαλλόμενοι βίαν; ἀλλ' οὐκ ἀνέξεται τότε ὁ ταῦτα κρίνων ἡμῖν. 382. Ἔδει μὲν γὰρ καὶ πολλῷ πλείω τῶν σαρκικῶν περὶ τὰ πνευματικὰ τὴν ἀσφάλειαν ἐπιδείξασθαι· νῦν δὲ οὐδὲ ἴσην εὑρισκόμεθα παρεχόμενοι. 383. Εἰπὲ γάρ μοι, εἴ τινα ὑποπτεύσαντες ἄνδρα εἶναι τεκτονικὸν οὐκ ὄντα τεκτονικὸν πρὸς τὴν ἐργασίαν καλοῖμεν, ὁ δὲ ἕποιτο, εἶτα ἁψάμενος τῆς πρὸς τὴν οἰκοδομὴν παρεσκευασμένης ὕλης ἀφανίζοι μὲν ξύλα, ἀφανίζοι δὲ λίθους, ἐργάζοιτο δὲ τὴν οἰκίαν οὕτως, ὡς εὐθέως καταπεσεῖν· ἆρα ἀρκέσει πρὸς ἀπολογίαν αὐτῷ τὸ παρ' ἑτέρων ἠναγκάσθαι, καὶ μὴ αὐτεπάγγελτον ἥκειν; οὐδαμῶς· καὶ μάλα γε εἰκότως καὶ δικαίως. ἐχρῆν γὰρ, καὶ ἑτέρων καλούντων, ἀποπηδᾶν. 384. Εἶτα τῷ μὲν ξύλα ἀφανίζοντι καὶ λίθους, οὐδεμία ἔσται καταφυγὴ πρὸς τὸ μὴ δοῦναι δίκην· ὁ δὲ ψυχὰς ἀπολλὺς καὶ οἰκοδομῶν ἀμελῶς τὴν ἑτέρων ἀνάγκην ἀποχρῆν αὐτῷ πρὸς τὸ διαφυγεῖν οἴεται; 385. Καὶ πῶς οὐ λίαν εὔηθες; οὔπω γὰρ προστίθημι, ὅτι τὸν μὴ βουλόμενον οὐδεὶς ἀναγκάσαι δυνήσεται. ἀλλ' ἔστω μυρίαν αὐτὸν ὑπομεμενηκέναι βίαν, καὶ μηχανὰς πολυτρόπους, ὥστε ἐμπεσεῖν· τοῦτο οὖν αὐτὸν ἐξαιρήσεται τῆς κολάσεως; μὴ, παρακαλῶ, μὴ ἐπὶ τοσοῦτον ἀπατῶμεν ἑαυτούς· μηδὲ ὑποκρινώμεθα ἀγνοεῖν τὰ καὶ τοῖς ἄγαν παισὶ φανερά. οὐ γὰρ δήπου καὶ ἐπὶ τῶν εὐθυνῶν αὕτη τῆς ἀγνοίας ἡ προσποίησις ἡμᾶς ὠφελῆσαι

4 ο τοτε κρινων ημας z vulg ‖ 6 επιδεικνυσθαι yz ‖ 7 υπονοησαντες f ‖ 9 καλοιμεν αυτος δε εποιτο vulg ‖ 17 ο δε τας ψυχας yz vulg ‖ 18 προς το μη διαφυγειν vulg ‖ 21 δυνησεται]+ποτε c ‖ 22 ωστε μη εμπεσειν z

future indicative see Clem. Alex. *Stromateis* vii (ed. Hort-Mayor), Appendix B.

3. τὴν ἑτ. προβ. βίαν] 'pleading in excuse that we were driven to this by others': cp. ἀνάγκην προβαλέσθαι καὶ βίαν vi 1.

21. ἔστω] 'let it be granted that—.'

25. ἐπὶ τῶν εὐθυνῶν] 'at the scrutiny,' i.e. on the day of judgment: for this use of ἐπί cp. ἐπὶ τῶν οἰάκων iii 7 (note).

δυνήσεται. 386. Οὐκ ἐσπούδασας αὐτὸς ταύτην δέξασθαι τὴν ἀρχὴν, ἀσθένειαν σεαυτῷ συνειδώς; εὖ καὶ καλῶς. ἐχρῆν οὖν μετὰ τῆς αὐτῆς προαιρέσεως, καὶ ἑτέρων καλούντων, ἀποπηδᾶν. ἢ ὅτε μὲν οὐδεὶς ἐκάλει, ἀσθενὴς σὺ 5 καὶ οὐκ ἐπιτήδειος· ἐπειδὴ δὲ εὑρέθησαν οἱ δώσοντες τὴν τιμήν, γέγονας ἐξαίφνης ἰσχυρός; 387. Γέλως ταῦτα καὶ λῆροι, καὶ τῆς ἐσχάτης ἄξια τιμωρίας. Διὰ γὰρ τοῦτο καὶ ὁ κύριος παραινεῖ μὴ πρότερον βάλλεσθαι θεμέλιον τὸν βουλόμενον πύργον οἰκοδομεῖν, πρὶν ἢ τὴν οἰκείαν 10 λογίσασθαι δύναμιν· ἵνα μὴ δῷ τοῖς παριοῦσι μυρίας ἀφορμὰς χλευασίας τῆς εἰς αὐτόν. ἀλλ' ἐκείνῳ μὲν μέχρι τοῦ γέλωτος ἡ ζημία· ἐνταῦθα δὲ ἡ κόλασις πῦρ ἄσβεστον, καὶ σκώληξ ἀτελεύτητος, καὶ βρυγμὸς ὀδόντων, καὶ σκότος ἐξώτερον, καὶ τὸ διχοτομηθῆναι, καὶ τὸ ταγῆ-15 ναι μετὰ τῶν ὑποκριτῶν. 388. Ἀλλ' οὐδὲν τούτων ἐθέλουσιν ἰδεῖν οἱ κατηγοροῦντες ἡμῶν· ἢ γὰρ ἂν ἐπαύσαντο μεμφόμενοι τὸν οὐκ ἐθέλοντα ἀπολέσθαι μάτην. 389. Οὐκ ἔστιν ἡμῖν ὑπὲρ οἰκονομίας πυροῦ ἢ κριθῶν, οὐδὲ βοῶν καὶ προβάτων, οὐδὲ περὶ τοιούτων ἄλλων ἡ 20 σκέψις ἡ προκειμένη νῦν· ἀλλ' ὑπὲρ αὐτοῦ τοῦ σώματος τοῦ Ἰησοῦ. 390. Ἡ γὰρ ἐκκλησία τοῦ Χριστοῦ, κατὰ τὸν μακάριον Παῦλον, σῶμά ἐστι τοῦ Χριστοῦ· καὶ δεῖ τὸν τοῦτο ἐμπεπιστευμένον εἰς εὐεξίαν αὐτὸ πολλὴν καὶ κάλλος ἀμήχανον ἐξασκεῖν, πανταχοῦ περισκοποῦντα, μή 25 που σπίλος, ἢ ῥυτὶς, ἢ τις ἄλλος μῶμος ᾖ τοιοῦτος τὴν ὥραν καὶ τὴν εὐπρέπειαν λυμαινόμενος ἐκείνην, καὶ τί γὰρ ἄλλ' ἢ τῆς ἐπικειμένης αὐτῷ κεφαλῆς, τῆς ἀκηράτου καὶ

2 ευγε καλως z ‖ 10 αναλογισασθαι yz vulg ‖ 11 εκει μεν fyz ‖ 16 εθελουσιν ειδεναι f ‖ 18 υπερ] περι yz vulg ‖ 23 εμπιστευομενον yz πεπιστευμενον vulg

8. βάλλ. θεμ.] 'to lay the foundation': Lat. iacere fundamentum. The allusion is to Lk. xiv 28.
12. πῦρ ἄσβεστον] Cp. τὸ πῦρ ἐκεῖνο iv 1 (note).
13. βρυγμὸς ὀδ.] Matt. xxv 30.
20. σώματος τ. Ἰ.] i.e. the Church:

cp. Col. i 24 (referred to in the following sentence) ὑπὲρ τοῦ σώματος αὐτοῦ (Χριστοῦ), ὅ ἐστιν ἡ ἐκκλησία.
25. σπίλος ἢ ῥ. κτλ.] See Eph. v 27.
26. καὶ τί γὰρ ἀλλ' ἤ] 'and in short.'

μακαρίας, ἄξιον αὐτὸ κατὰ δύναμιν τὴν ἀνθρωπείαν ἀποφαίνειν; 391. Εἰ γὰρ τοῖς περὶ τὴν ἀθλητικὴν εὐεξίαν ἐσπουδακόσι καὶ ἰατρῶν χρεία καὶ παιδοτριβῶν, καὶ διαίτης ἠκριβωμένης, καὶ ἀσκήσεως συνεχοῦς, καὶ μυρίας παρατηρήσεως ἑτέρας (καὶ γὰρ καὶ τὸ τυχὸν ἐν αὐτοῖς παροφθὲν πάντα ἀνέτρεψε καὶ κατέβαλεν)· οἱ τὸ σῶμα τοῦτο θεραπεύειν λαχόντες, τὸ τὴν ἄθλησιν οὐ πρὸς σώματα, ἀλλὰ πρὸς τὰς ἀοράτους δυνάμεις ἔχον, πῶς αὐτὸ δυνήσονται φυλάττειν ἀκέραιον καὶ ὑγιὲς, μὴ πολὺ τὴν ἀνθρωπίνην ὑπερβαίνοντες ἀρετὴν, καὶ πᾶσαν ψυχῆς πρόσφορον ἐπιστάμενοι θεραπείαν; III. 392. Ἦ ἀγνοεῖς, ὅτι καὶ πλείοσι τῆς ἡμετέρας σαρκὸς καὶ νόσοις καὶ ἐπιβουλαῖς τοῦτο ὑπόκειται τὸ σῶμα, καὶ θᾶττον αὐτοῦ φθείρεται, καὶ σχολαίτερον ὑγιαίνει;

393. Καὶ τοῖς μὲν ἐκεῖνα θεραπεύουσι τὰ σώματα καὶ φαρμάκων ἐξεύρηται ποικιλία, καὶ ὀργάνων διάφοροι κατασκευαὶ, καὶ τροφαὶ τοῖς νοσοῦσι κατάλληλοι· καὶ φύσις δὲ ἀέρων πολλάκις ἤρκεσε μόνη πρὸς τὴν τοῦ κάμνοντος ὑγίειαν· ἔστι δὲ ὅπου καὶ ὕπνος προσπεσὼν εἰς καιρὸν παντὸς πόνου ἀπήλλαξε τὸν ἰατρόν. 394. Ἐνταῦθα δὲ οὐδὲν τούτων ἐπινοῆσαι ἔστιν· ἀλλὰ μία τις μετὰ τὰ ἔργα δέδοται μηχανὴ καὶ θεραπείας ὁδὸς, ἡ διὰ τοῦ λόγου

10 πασαν ψυχης κτλ.] a berl secutus sum πασαν ψυχη franc henr oliv vulg πασαν ψυχης ιδεαν προσ. επιστ. θεραπευειν G (θαυμαζειν pro θεραπευειν mn) παση ψυχη προσ. επιστ. θεραπειαν ceteri ‖ 13 αυτου]+τα μελη marg ‖ 19 προς καιρον yz

3. παιδοτρ.] 'trainers.'
5. τὸ τυχ.…παρ.] 'the neglect of a trivial detail': for τὸ τυχὸν cp. τὴν τυχοῦσαν i 4 (note).
8. πρὸς τὰς ἀορ. δυν.] cp. contra eos qui subintr. habent virg. 243 E: also Eph. vi 12 ἡ πάλη…πρὸς τὰ πνευματικὰ τῆς πονηρίας ἐν τοῖς ἐπουρανίοις (quoted by Chrys. at ii 2).
III. The preaching of the word of God is even more necessary now than in the time of St Paul, who both by precept and by practice emphasized its importance.
13. αὐτοῦ] a construction ad sensum. Αὐτοῦ refers to σαρκὸς (feminine), as though this were σώματος (neuter).
17. καταλλ.] 'suitable': cp. καταλλήλως ii 4 (note).
21. μετὰ τὰ ἔργα] Cp. μετὰ τὴν χάριν iv 2 (note).

διδασκαλία. τοῦτο ὄργανον, τοῦτο τροφὴ, τοῦτο ἀέρων κρᾶσις ἀρίστη· τοῦτο ἀντὶ φαρμάκου, τοῦτο ἀντὶ πυρὸς, τοῦτο ἀντὶ σιδήρου· κἂν καῦσαι δέῃ, κἂν τεμεῖν, τούτῳ κεχρῆσθαι ἀνάγκη· κἂν τοῦτο μὴ ᾖ, πάντα οἰχήσεται τὰ 5 λοιπά. τούτῳ καὶ κειμένην ἐγείρομεν, καὶ φλεγμαίνουσαν καταστέλλομεν τὴν ψυχὴν, καὶ τὰ περιττὰ περικόπτομεν, καὶ τὰ λείποντα πληροῦμεν, καὶ τὰ ἄλλα ἅπαντα ἐργαζόμεθα, ὅσα εἰς τὴν τῆς ψυχῆς ἡμῖν ὑγίειαν συντελεῖ. 395. Πρὸς μὲν γὰρ βίου κατάστασιν ἀρίστην βίος ἕτερος 10 εἰς τὸν ἴσον ἂν ἐναγάγοι ζῆλον· ὅταν δὲ περὶ δόγματα νοσῇ ἡ ψυχὴ τὰ νόθα, πολλὴ τοῦ λόγου ἐνταῦθα ἡ χρεία, οὐ πρὸς τὴν τῶν οἰκείων ἀσφάλειαν μόνον, ἀλλὰ καὶ πρὸς τοὺς ἔξωθεν πολέμους. 396. Εἰ μὲν γὰρ ἔχοι τις τὴν μάχαιραν τοῦ πνεύματος καὶ θυρεὸν πίστεως τοσοῦτον, 15 ὡς δύνασθαι θαυματουργεῖν, καὶ διὰ τῶν τεραστίων τὰ τῶν ἀναισχύντων ἐμφράττειν στόματα, οὐδὲν ἂν δέοιτο τῆς ἀπὸ τοῦ λόγου βοηθείας· μᾶλλον δὲ οὐδὲ τότε ἄχρηστος ἡ τούτου φύσις, ἀλλὰ καὶ λίαν ἀναγκαία. 397. Καὶ γὰρ ὁ μακάριος Παῦλος αὐτὸν μετεχείρισε, καίτοι γε ἀπὸ 20 τῶν σημείων πανταχοῦ θαυμαζόμενος. καὶ ἕτερός τις τῶν ἀπ' ἐκείνου τοῦ χοροῦ παραινεῖ ταύτης ἐπιμελεῖσθαι τῆς δυνάμεως, λέγων· "Ετοιμοι πρὸς ἀπολογίαν παντὶ τῷ

3 και τεμειν z vulg || 4 χρησθαι c χρησασθαι y vulg || μηδεν ισχυση, παντα οιχεται cf vulg || 6 και τα λειποντα πληρουμεν και τα περιττα περικοπτομεν f || 10 αν εναγοι cf αν αγαγοι yz || 19 αυτο z || 22 ετοιμοι] + γινεσθε z vulg (γινεσθαι cy)

1. ἀέρων κρᾶσις] 'climate': cp. κράσεως τῶν ὡρῶν vi 6.
3. καῦσαι...τεμεῖν] Cp. ii 2 ὅταν καῦσαι κτλ. (note).
5. φλεγμ. καταστ.] The phrase recurs in vi 12: ταχέως γὰρ αὐτὴν (sc. τὴν καρδίαν) φλεγμαίνουσαν καταστέλλομεν.
9. βίος ἕτερος] i.e. the life of another.
13. τοὺς ἔξωθεν πολ.] i.e. controversies with Jews, atheists, and heretics.
14. μάχαιραν τ. π. κτλ.] Eph. vi 13 sqq. For the general sense of the passage cp. Greg. Naz. de se ipso et in episcopos 199 sqq.
16. ἐμφράττειν στόματα] Cp. ἐμφράττειν τὰ στόματα iii 16 (note).
20. ἕτερός τις] St Peter. This way of referring to Peter shews that Chrys. regarded him simply as primus inter pares.
22. ἕτοιμοι] 1 Pet. iii 15.

αἰτοῦντι ὑμᾶς λόγον περὶ τῆς ἐν ὑμῖν ἐλπίδος. καὶ πάντες δὲ ὁμοῦ τότε δι' οὐδὲν ἕτερον τοῖς περὶ Στέφανον τὴν τῶν χηρῶν ἐπέτρεψαν οἰκονομίαν ἀλλ' ἢ ἵνα αὐτοὶ τῇ τοῦ λόγου σχολάζωσι διακονίᾳ. 398. Πλὴν οὐ παραπλησίως αὐτὸν ἐπιζητήσομεν, τὴν ἀπὸ τῶν σημείων ἔχοντες 5 ἰσχύν. εἰ δὲ τῆς μὲν δυνάμεως ἐκείνης οὐδὲ ἴχνος ὑπολέλειπται, πολλοὶ δὲ πανταχόθεν ἐφεστήκασιν οἱ πολέμιοι καὶ συνεχεῖς, τούτῳ λοιπὸν ἡμᾶς ἀνάγκη φράττεσθαι, καὶ ἵνα μὴ βαλλώμεθα τοῖς τῶν ἐχθρῶν βέλεσι, καὶ ἵνα βάλλωμεν ἐκείνους. IV. 399. Διὸ πολλὴν χρὴ ποιεῖσθαι 10 τὴν σπουδήν, ὥστε τὸν λόγον τοῦ Χριστοῦ ἐν ἡμῖν ἐνοικεῖν πλουσίως. οὐ γὰρ πρὸς ἓν ἡμῖν εἶδος μάχης ἡ παρασκευή· ἀλλὰ ποικίλος οὗτος ὁ πόλεμος, καὶ ἐκ διαφόρων συγκροτούμενος τῶν ἐχθρῶν· οὔτε γὰρ ὅπλοις ἅπαντες χρῶνται τοῖς αὐτοῖς, οὔτε ἑνὶ προσβάλλειν ἡμῖν μεμελετήκασι 15 τρόπῳ. 400. Καὶ δεῖ τὸν μέλλοντα τὴν πρὸς πάντας ἀναδέχεσθαι μάχην τὰς ἁπάντων εἰδέναι τέχνας· καὶ τὸν αὐτὸν τοξότην τε εἶναι καὶ σφενδονήτην, καὶ ταξίαρχον καὶ λοχαγόν, καὶ στρατιώτην καὶ στρατηγόν, καὶ πεζὸν καὶ ἱππέα, καὶ ναυμάχην καὶ τειχομάχην. 401. Ἐπὶ μὲν 20

4 σχολασωσι cf ‖ πλην αλλ' ουδε yz vulg ‖ 6 υπολειπεται vulg ‖ 8 και ινα]+μαλλον yz vulg ‖ 11 του θεου f ‖ 12 ειδος ημιν z vulg ‖ 17 ανεχεσθαι c ‖ 18 σφενδονιστην c franc ‖ 20 ναυμαχην και τειχομαχην] cgrw secutus sum ναυμαχειν και τειχομαχειν afip sin -ον -ον ceteri

2. τοῖς περὶ Στ.] Acts vi 1—6.
6. οὐδὲ ἴχνος ὑπολ.] For the somewhat inconsistent attitude of Chrys. towards the miracles which were frequently alleged to occur at the time see Puech pp. 173—175. Chrys. usually lays down an absolute difference between the apostolic age and his own, holding that miracles were formerly needed but are so no longer: but he does not definitely refuse to believe the stories of contemporary miracles.
IV. *The defender of the Church must be able to meet the attacks of* her enemies whenever and wherever delivered. Chrys. names some of the heresies against which special precautions must be taken. In avoiding one heresy, there is often a danger of falling into its opposite.
11. τὸν λόγον τ. Χρ. κτλ.] Col. iii 16.
13. συγκροτ.] lit. 'welded, or hammered together': hence, with ἐκ, 'composed of.'
20. ναυμάχην] The form in -ης is supported by the analogy of ἐνδομάχης, μονομάχης, etc. At vi 12 καὶ ἱππέων καὶ ναυμαχῶν, the accent

γὰρ τῶν στρατιωτικῶν πολέμων, ἓν ἕκαστος ἔργον ἀπολαβὼν, τούτῳ τοὺς ἐπιόντας ἀμύνεται· ἐνταῦθα δὲ τοῦτο οὐκ ἔστιν, ἀλλὰ ἂν μὴ πάσας ἐπιστάμενος ᾖ τῆς τέχνης τὰς ἰδέας ὁ μέλλων νικᾶν, οἶδεν ὁ διάβολος καὶ δι' ἑνὸς 5 μέρους, ὅταν ἠμελημένον τύχῃ, τοὺς πειρατὰς εἰσαγαγὼν τοὺς αὐτοῦ, διαρπάσαι τὰ πρόβατα· ἀλλ' οὐχ, ὅταν διὰ πάσης ἥκοντα τῆς ἐπιστήμης τὸν ποιμένα αἴσθηται, καὶ τὰς ἐπιβουλὰς αὐτοῦ καλῶς ἐπιστάμενον. 402. Διὸ χρὴ καλῶς ἐξ ὅλων φράττεσθαι τῶν μερῶν. καὶ γὰρ πόλις 10 ἕως μὲν ἂν πανταχόθεν περιβεβλημένη τυγχάνῃ, καταγελᾷ τῶν πολιορκούντων αὐτὴν, ἐν ἀσφαλείᾳ μένουσα πολλῇ· ἐὰν δὲ πυλίδος μόνον τις μέτρον διακόψῃ τὸ τεῖχος, οὐδὲν αὐτῇ λοιπὸν ὄφελος τοῦ περιβόλου γίνεται, καίτοι γε τοῦ λοιποῦ παντὸς ἀσφαλῶς ἑστηκότος. οὕτως οὖν καὶ ἡ τοῦ 15 θεοῦ πόλις· ὅταν μὲν αὐτὴν πανταχόθεν ἀντὶ τείχους ἡ τοῦ ποιμένος ἀγχίνοιά τε καὶ σύνεσις περιβάλλῃ, πάντα εἰς αἰσχύνην καὶ γέλωτα τοῖς ἐχθροῖς τὰ μηχανήματα τελευτᾷ, καὶ μένουσιν οἱ κατοικοῦντες ἔνδον ἀσινεῖς· ὅταν δέ τις αὐτὴν ἐκ μέρους καταλῦσαι δυνηθῇ, κἂν μὴ πᾶσαν 20 καταβάλῃ, διὰ τοῦ μέρους ἅπαν (ὡς εἰπεῖν) λυμαίνεται τὸ λοιπόν. τί γὰρ, ὅταν πρὸς Ἕλληνας μὲν ἀγωνίζηται

1 οιον εκαστος αν εργον απολαβη y' vulg || 8 επισταμενον]+απασας fz vulg || 11 om αυτην yz || μενουσα] τυγχανουσα c || 15 οταν μεν αυτη η... συνεσις, περιβαλλει παντας yz || 18 ενδοθεν f || οταν]+λοιπον y

on ναυμαχῶν in cod. Augustanus points to ναυμάχης, not ναυμάχος. Τειχομάχης (-ας in Doric) occurs Ar. *Achar.* 570.
6. τὰ πρόβατα] The metaphor changes.
ib. διὰ πάσ. ἤκ. τ. ἐ.] 'to be well equipped with knowledge': cp. the Attic phrases διὰ μάχης, δι' ὀργῆς ἥκειν (ἰέναι).
12. πυλίδος...μέτρον] 'the breadth f a postern-gate.' For the metaphor cp. iv 7 ὥσπερ γὰρ τεῖχος, οὕτω τὰς... ἐκκλησίας τὰ τούτου τειχίζει γράμματα.

13. καίτοι γε...ἐστ.] For καίτοι γε with a participle instead of a finite verb cp. vi 12 καίτοι γε τῶν παροξυνόντων οὐκ ὄντων. So καίτοι at vi 9. Classical Greek would have used καίπερ.
14. ἡ τοῦ θεοῦ π.] Ps. lxxxvii 3 etc.
21. τί γὰρ ὅταν κτλ.] With this list of the opponents of Christianity cp. Greg. Nyss. *Or. Cat.* p. 2 (ed. Srawley).
ib. Ἕλληνας] who held polytheistic views.

καλῶς, συλῶσι δὲ αὐτὴν Ἰουδαῖοι· ἢ τούτων μὲν ἀμφοτέρων κρατῇ, ἁρπάζωσι δὲ Μανιχαῖοι· ἢ μετὰ τὸ περιγενέσθαι καὶ τούτων, οἱ τὴν εἱμαρμένην εἰσάγοντες ἔνδον ἑστῶτα τὰ πρόβατα κατασφάττωσι; καὶ τί δεῖ πάσας καταλέγειν τοῦ διαβόλου τὰς αἱρέσεις; ἃς ἂν μὴ πάσας 5 ἀποκρούεσθαι καλῶς ὁ ποιμὴν εἰδῇ, δύναιτ' ἂν καὶ διὰ μιᾶς τὰ πλείονα τῶν προβάτων καταφαγεῖν ὁ λύκος. 403. Καὶ ἐπὶ μὲν τῶν στρατιωτῶν, ἀπὸ τῶν ἑστώτων καὶ μαχομένων καὶ τὴν νίκην ἔσεσθαι καὶ τὴν ἧτταν προσδοκᾶν ἀεὶ χρή· ἐνταῦθα δὲ πολὺ τοὐναντίον. πολλάκις γὰρ ἡ 10 πρὸς ἑτέρους μάχη τοὺς οὐδὲ τὴν ἀρχὴν συμβαλόντας οὐδὲ πονέσαντας ὅλως ἡσυχάζοντας καὶ καθημένους νικῆσαι πεποίηκε· καὶ τῷ οἰκείῳ ξίφει περιπαρεὶς ὁ μὴ πολλὴν περὶ ταῦτα τὴν ἐμπειρίαν ἔχων, καὶ τοῖς φίλοις καὶ τοῖς πολεμίοις καταγέλαστος γίνεται. 404. Οἷον (πειράσομαι 15 γάρ σοι καὶ ἐπὶ παραδείγματος, ὃ λέγω, ποιῆσαι φανερὸν) τὸν ὑπὸ τοῦ θεοῦ δοθέντα τῷ Μωϋσῇ νόμον οἱ τὴν Οὐαλεντίνου καὶ Μαρκίωνος διαδεξάμενοι φρενοβλάβειαν, καὶ

1 αυτον c vulg ‖ 2 κρατει vulg ‖ μετα δε το περιγεν. vulg ‖ 4 σφαττωσι vulg ‖ 12 ησυχαζοντας]+δε yz vulg ‖ 14 τοις πολεμ.] τοις εναντιοις f ‖ 18 δεξαμενοι yz

1. Ἰουδαῖοι] who were monotheists. There was a large colony of Jews at Antioch: see Chrys. *adv. Iudaeos*; Puech pp. 186 sqq.
2. Μανιχαῖοι] These believed in two creative principles, one good, the other evil. The founder of the sect, Manes, was born about 240 and died about 277: see T. R. Glover *Life and Letters in the Fourth Century* p. 200; *DCB s.v.*
3. τὴν εἱμαρ.] 'fate,' 'destiny.' The reference is to the Stoics, against whom Chrys. wrote six Homilies (*de fato et providentia*). See also Greg. Nyss. *contra fatum*. The practice of consulting astrologers was due to fatalistic tenets: *adv. oppugn. vit. monast.* III 92 E πόθεν ὁ πολὺς πανταχοῦ τῆς εἱμαρμένης λόγος; πόθεν ἄστρων ἀλόγῳ φορᾷ τὰ ὄντα ἀνατιθέασιν οἱ πολλοί;
13. τῷ οἰκείῳ ξ.] like Aias in Sophocles: *Introduction* p. xxxiii.
16. ἐπὶ παραδ.] ('in,' i.e.) 'by an illustration.'
17. Οὐαλ.] Valentinus (flor. 140) rejected the Law of Moses because it derived its origin from the God of the Jews. Val. represented the speculative side of Gnosticism, Marcion (see next note) its practical side (Stephens).
18. Μαρκ.] Marcion (flor. 150) held that the God of the Law and the Prophets was not the Father of Jesus Christ. See the Index Rerum in the Benedictine edition, and *DCB s.v.*

ὅσοι τὰ αὐτὰ νοσοῦσιν ἐκείνοις, τοῦ καταλόγου τῶν θείων ἐκβάλλουσι γραφῶν. Ἰουδαῖοι δὲ αὐτὸν οὕτω τιμῶσιν, ὡς καὶ τοῦ καιροῦ κωλύοντος φιλονεικεῖν ἅπαντα φυλάττειν, παρὰ τὸ τῷ θεῷ δοκοῦν· ἡ δὲ ἐκκλησία τοῦ θεοῦ, τὴν
5 ἀμφοτέρων ἀμετρίαν φυγοῦσα, μέσην ἐβάδισε, καὶ οὔτε ὑποκεῖσθαι αὐτοῦ τῷ ζυγῷ πείθεται, οὔτε διαβάλλειν αὐτὸν ἀνέχεται, ἀλλὰ καὶ πεπαυμένον ἐπαινεῖ διὰ τὸ χρησιμεῦσαί ποτε εἰς καιρόν. 405. Δεῖ δὴ τὸν μέλλοντα πρὸς ἀμφοτέρους μάχεσθαι τὴν συμμετρίαν εἰδέναι ταύτην.
10 ἄν τε γὰρ Ἰουδαίους διδάξαι βουλόμενος, ὡς οὐκ ἐν καιρῷ τῆς παλαιᾶς ἔχονται νομοθεσίας, ἄρξηται κατηγορεῖν αὐτῆς ἀφειδῶς, ἔδωκε τοῖς διασύρειν βουλομένοις τῶν αἱρετικῶν λαβὴν οὐ μικράν· ἄν τε τούτους ἐπιστομίσαι σπουδάζων ἀμέτρως αὐτὸν ἐπαίρῃ, καὶ ὡς ἀναγκαῖον ἐν τῷ παρόντι
15 τυγχάνοντα θαυμάζῃ, τὰ τῶν Ἰουδαίων ἀνέῳξε στόματα. 406. Πάλιν οἱ τὴν Σαβελλίου μαινόμενοι μανίαν, καὶ οἱ τὰ Ἀρείου λυττῶντες, ἐξ ἀμετρίας ἀμφότεροι τῆς ὑγιοῦς

1 νοουσιν γ' || 5 φευγουσα c vulg || εβαδισε]+την οδον c || 6 τω λογω y || 7 πεπαυμενον]+αυτον f || 8 δει δε cfyz || 12 των αιρετ.] αιρετικοις f

1. καταλόγου] 'canon.'
5. μέσην ἐβάδ.] 'steered a middle course.' For the general sense of the passage cp. Greg. Nyss. Or. Cat. p. 2. We are reminded of the phrase 'to keep the mean between the two extremes' (Preface to the Prayer-Book), describing the policy of the Church of England in regard to reform.
8. χρησιμ.] 'to be serviceable': a word condemned by Phrynichus (Lobeck 386), but used by Theophrastus, Diodorus, and Lucian.
12. τοῖς διασ. β. τ. αἱ.] 'to those heretics who wish to attack it.'
13. ἐπιστομ.] 'to silence': cp. iv 5, 8 : Tit. i 11.
14. ἐπαίρῃ] 'praise.'
16. Σαβελλίου] This passage seems to be modelled on Greg. Naz.

de fuga cxxxvii. On Sabellius see Gwatkin Arian Controversy p. 9. S. 'had reduced the Trinity to three successive manifestations of the one God in the Law, the Gospel, and the Church.' His doctrines were condemned by a Council held at Rome in 263.
17. Ἀρείου] See Gibbon c. xxi; Gwatkin op. cit., and Studies of Arianism. Arius (whose doctrines were condemned at the Council of Nicaea in 325) held that our Lord Jesus Christ had a beginning of existence, and was not of the very substance of the Supreme God. For the subsequent attitude of Chrys. towards the Arians, who were powerful at Constantinople, see Puech p. 205.

ἐξέπεσαν πίστεως· καὶ τὸ μὲν ὄνομα Χριστιανῶν ἀμφοτέροις ἐπίκειται, εἰ δέ τις τὰ δόγματα ἐξετάσειε, τοὺς μὲν οὐδὲν ἄμεινον Ἰουδαίων διακειμένους εὑρήσει, πλὴν ὅσον ὑπὲρ ὀνομάτων διαφέρονται μόνον, τοὺς δὲ πολλὴν τὴν ἐμφέρειαν πρὸς τὴν αἵρεσιν Παύλου τοῦ Σαμοσατέως 5 ἔχοντας, ἀμφοτέρους δὲ τῆς ἀληθείας ἐκτός. 407. Πολὺς οὖν κἀνταῦθα ὁ κίνδυνος, καὶ στενὴ καὶ τεθλιμμένη ἡ ὁδός, ἡ ὑπὸ κρημνῶν ἀμφοτέρωθεν ἀπειλημμένη· καὶ δέος οὐ μικρὸν, μὴ τὸν ἕτερόν τις θέλων βαλεῖν ὑπὸ θατέρου πληγῇ. ἄν τε γὰρ μίαν τις εἴπῃ θεότητα, πρὸς τὴν 10 ἑαυτοῦ παράνοιαν εὐθέως εἵλκυσε τὴν φωνὴν ὁ Σαβέλλιος· ἄν τε διέλῃ πάλιν, ἕτερον μὲν τὸν πατέρα, ἕτερον δὲ τὸν υἱόν, καὶ τὸ πνεῦμα δὲ τὸ ἅγιον ἕτερον λέγων, ἐφέστηκεν Ἄρειος, εἰς παραλλαγὴν οὐσίας ἕλκων τὴν ἐν τοῖς προσώποις διαφοράν. δεῖ δὲ καὶ τὴν ἀσεβῆ σύγχυσιν ἐκείνου, 15 καὶ τὴν μανιώδη τούτου διαίρεσιν ἀποστρέφεσθαι καὶ φεύγειν, τὴν μὲν θεότητα πατρὸς καὶ υἱοῦ καὶ ἁγίου πνεύματος μίαν ὁμολογοῦντας, προστιθέντας δὲ τὰς τρεῖς

2 ει δε τις]+αυτων fz || τα δογματα]+ακριβως yz || 6 πολυς δε κανταυθα y πολυς κανταυθα z || 8 η υπο κρημνων] om η cyz || επειλημμενη a || 11 παροινιαν cfy' vulg παρανοιμιαν by*z henr || 13 ετερον]+ειναι vulg || 16 διαιρ. αποφευγειν y || 18 και τας τρεις y vulg

3. πλὴν ὅσον κτλ.] The Jews hold that there is one God, the Father. The Sabellians speak of God as being of one Person, but having three names (ὀνομασίαι, ὑποστάσεις). Thus Sabellians and Jews are practically in agreement: for the Sabellians, whatever they may profess to the contrary, in effect reduce the three Persons of the Trinity to one.

5. Παύλου τ. Σ.] Bishop of Antioch; he held that Jesus Christ was not God, but man. His opinions were condemned by a Council which met in 269: Gwatkin *Arian Controversy* p. 33.

7. στενὴ κ. τεθλ.] Cp. Matt. vii 14.

8. ἀπειλημμένη] lit. 'cut off' i.e. abruptly ended: cp. Thuc. iv 102 τείχει μακρῷ ἀπολαβών, 'walling off.'

14. εἰς παραλλαγὴν κτλ.] 'perverting the difference of the Persons so as to mean a change in the substance.' Πρόσωπον = ὑπόστασις: see next note.

18. τὰς τρ. ὑπ.] See Gwatkin *Arian Controversy* p. 113. Ὑπόστασις (originally equivalent to οὐσία or 'essence,' and so used by Athanasius) had come to be used of the Persons of the Trinity: cp. Bethune-Baker in *Texts and Studies* vol. vii n. 1 p. 75.

ὑποστάσεις· οὕτω γὰρ ἀποτειχίσαι δυνησόμεθα τὰς ἀμφοτέρων ἐφόδους. 408. Πολλὰς δὲ καὶ ἑτέρας ἐνῆν σοι λέγειν συμπλοκάς· πρὸς ἃς ἂν μὴ γενναίως τις καὶ ἀκριβῶς μάχηται, μυρία λαβὼν ἄπεισι τραύματα. V. 409. Τί
5 ἄν τις εἴποι τὰς τῶν οἰκείων ἐρεσχελίας; οὐ γάρ εἰσιν ἐλάττους αὗται τῶν ἔξωθεν προσβολῶν, ἀλλὰ καὶ πλείονα τῷ διδάσκοντι παρέχουσιν ἱδρῶτα. οἱ μὲν γὰρ ὑπὸ πολυπραγμοσύνης, ἁπλῶς καὶ εἰκῆ, περιεργάζεσθαι θέλουσιν, ἃ μήτε μαθόντας ἐστὶ κερδᾶναι μήτε μαθεῖν δυνατόν.
10 ἕτεροι πάλιν τῶν τοῦ θεοῦ κριμάτων εὐθύνας αὐτὸν ἀπαιτοῦσιν, καὶ τὴν ἄβυσσον τὴν πολλὴν ἀναμετρεῖν βιάζονται· Τὰ γὰρ κρίματά σου, φησὶν, ἄβυσσος πολλή. 410. Καὶ πίστεως μὲν πέρι καὶ πολιτείας, ὀλίγους ἂν εὕροις σπουδάζοντας· τοὺς δὲ πλείους ταῦτα περιεργαζο-
15 μένους καὶ ζητοῦντας, ἃ μήτε εὑρεῖν δυνατὸν καὶ τὸν θεὸν παροξύνει ζητούμενα. ὅταν γὰρ, ἅπερ αὐτὸς ἡμᾶς οὐκ ἠθέλησεν εἰδέναι, ταῦτα βιαζώμεθα μανθάνειν, οὔτε εἰσόμεθα (πῶς γὰρ, θεοῦ μὴ βουλομένου;) καὶ τὸ κινδυνεύειν ἡμῖν ἐκ τοῦ ζητεῖν περιέσται μόνον. 411. Ἀλλ' ὅμως καὶ
20 τούτων τοιούτων ὄντων, ὅταν τις μετὰ αὐθεντίας ἐπιστομίζῃ τοὺς τὰ ἄπορα ταῦτα ἐρευνῶντας, ἀπονοίας τε καὶ ἀμαθίας ἑαυτῷ προσετρίψατο δόξαν. διὸ χρὴ κἀνταῦθα πολλῇ κεχρῆσθαι τῇ συνέσει, ὡς καὶ ἀπάγειν τῶν ἀτόπων

5 λεγοι y vulg || 8 φιλοπραγμοσυνης f || 16 ουκ εβουληθη ειδεναι f || 18 του θεου z vulg || 21 τα απορρητα cf franc oliv || 23 χρησασθαι f || απαγειν] + αυτους yz vulg

V. The bishop must be able to dispose of difficulties, in regard to points of doctrine, which may be raised by other Christians.
5. ἐρεσ.] ἐρεσχηλεῖν (-χελεῖν) 'to banter' is used by Plato. The substantive is not found in classical Greek. It is here used in the more general sense of 'contention,' 'strife.'
8. περιεργ.] Cp. below περιεργαζομένους καὶ ζητοῦντας: also Chrysostom's language on the subject of the Ἀνόμοιοι: de incomprehensibili 447 E.

12. τὰ γάρ κτλ.] Ps. xxxvi (xxxv) 6.
13. πολιτείας] 'life': cp. iv 6 τὴν πολιτείαν τὴν ἀγγελικήν, iv 9 τῆς πολιτείας διεφθαρμένης.
20. αὐθεντίας] 'power': cp. αὐθεντίας iii 10 (note).
ib. ἐπιστομίζῃ] Cp. ἐπιστομίσαι iv 4 (note).
21. ἀπον. κτλ.] 'attaches to himself a reputation for arrogance and ignorance.' For προσετρίψατο see on θωπείας κτλ. iii 18.

ἐρωτήσεων τὸν προεστῶτα, καὶ τὰς εἰρημένας ἐκφεύγειν αἰτίας. 412. Πρὸς ἅπαντα δὲ ταῦτα ἕτερον μὲν οὐδέν, ἡ δὲ τοῦ λόγου βοήθεια δέδοται μόνη· κἂν τις ταύτης ἀπεστερημένος ᾖ τῆς δυνάμεως, οὐδὲν ἄμεινον τῶν χειμαζομένων πλοίων διηνεκῶς αἱ ψυχαὶ τῶν ὑπ' αὐτῷ τεταγμένων ἀνδρῶν διακείσονται, τῶν ἀσθενεστέρων καὶ περιεργοτέρων λέγω. διὸ χρὴ τὸν ἱερέα πάντα ποιεῖν ὑπὲρ τοῦ ταύτην κτήσασθαι τὴν ἰσχύν. VI. 413. Τί οὖν ὁ Παῦλός, φησιν, οὐκ ἐσπούδασε ταύτην οἱ κατορθωθῆναι τὴν ἀρετήν; οὐδὲ ἐγκαλύπτεται ἐπὶ τῇ τοῦ λόγου πενίᾳ, ἀλλὰ καὶ διαρρήδην ὁμολογεῖ ἰδιώτην ἑαυτὸν εἶναι· καὶ ταῦτα Κορινθίοις ἐπιστέλλων, τοῖς ἀπὸ τοῦ λέγειν θαυμαζομένοις, καὶ μέγα ἐπὶ τούτῳ φρονοῦσι. 414. Τοῦτο γὰρ, ἔφην, τοῦτό ἐστιν, ὃ τοὺς πολλοὺς ἀπώλεσε, καὶ ῥᾳθυμοτέρους πρὸς τὴν ἀληθῆ διδασκαλίαν ἐποίησε. μὴ γὰρ δυνηθέντες ἀκριβῶς ἐξετάσαι τῶν ἀποστολικῶν φρενῶν τὸ βάθος, μηδὲ συνεῖναι τὴν τῶν ῥημάτων διάνοιαν, διετέλεσαν τὸν ἅπαντα χρόνον νυστάζοντες καὶ χασμώμενοι, καὶ τὴν ἀμαθίαν τιμῶντες ταύτην, οὐχ ἣν ὁ Παῦλός φησιν εἶναι ἀμαθής, ἀλλ' ἧς τοσοῦτον ἀπεῖχεν, ὅσον οὐδὲ ἄλλος τις τῶν ὑπὸ τὸν οὐρανὸν τοῦτον ἀνθρώπων. 415. Ἀλλ' οὗτος μὲν ἡμᾶς εἰς καιρὸν ὁ λόγος μενέτω· τέως δὲ ἐκεῖνό

5 υπ' αυτον fz ‖ 9 om οι vulg ταυτην σοι cz ‖ 13 επι τουτο vulg ‖ 14 απολωλεκε cfyz ‖ 15 προς] περι yz vulg ‖ πεποιηκε fz ‖ 17 συνιεναι yz vulg ‖ 22 αναμενετω y

VI. St Paul was not (as is sometimes thought) indifferent to the power of the spoken word. On the contrary, he developed this power assiduously in his own case, with splendid results to the Church.

The encomium pronounced on St Paul in this and in the following chapter may have been suggested by Greg. Naz. de fuga lii—lvi. In many other passages, however, Chrys. manifests the admiration which he felt for St Paul: see the references in the Index Rerum of the Benedictine edition.

9. κατορθ.] 'to be successfully attained': cp. σωφροσύνην κατορθῶσαι adv. oppugn. vit. monast. III 95 C. οἱ = αὐτῷ.

10. οὐδὲ ἐγκαλ.] 'is not ashamed.' Ἐγκαλύπτεσθαι is, literally, 'to cover one's face,' in token of shame or grief.

11. ἰδιώτην] 2 Cor. xi 6.

12. τοῖς ἀπὸ τ. λ. θ.] See 1 Cor. xii—xiv.

19. ἦν...ἀμαθής] i.e. ἦν (ἀμαθίαν) ...ἀμαθής, a cognate accusative.

φημι· θῶμεν αὐτὸν εἶναι ἰδιώτην τοῦτο τὸ μερος, ὅπερ οὗτοι βούλονται, τί οὖν τοῦτο πρὸς τοὺς νῦν; 416. Ἐκεῖνος μὲν γὰρ εἶχεν ἰσχὺν πολλῷ τοῦ λόγου μείζονα καὶ πλείονα δυναμένην κατορθοῦν· φαινόμενος γὰρ μόνον, καὶ σιγῶν, τοῖς δαίμοσιν ἦν φοβερός· οἱ δὲ νῦν πάντες ὁμοῦ συνελθόντες μετὰ μυρίων εὐχῶν καὶ δακρύων οὐκ ἂν δυνηθεῖεν, ὅσα ἴσχυσε τὰ σιμικίνθια Παύλου ποτέ. 417. Καὶ Παῦλος μὲν εὐχόμενος νεκροὺς ἀνίστη, καὶ ἄλλα ἐθαυματούργει τοιαῦτα, ὡς καὶ θεὸς νομισθῆναι παρὰ τοῖς ἔξωθεν· καὶ πρὶν ἢ τοῦ βίου μεταστῆναι τούτου, κατηξιώθη ἁρπαγῆναι ἕως τρίτου οὐρανοῦ, καὶ ῥημάτων μετασχεῖν, ὧν οὐ θέμις ἀνθρωπείαν ἀκοῦσαι φύσιν. οἱ δὲ νῦν ὄντες—ἀλλ᾽ οὐδὲν βούλομαι δυσχερὲς εἰπεῖν οὐδὲ βαρύ· καὶ γὰρ καὶ ταῦτα οὐκ ἐπεμβαίνων αὐτοῖς λέγω νῦν, ἀλλὰ θαυμάζων,—πῶς οὐ φρίττουσιν ἀνδρὶ τηλικούτῳ παραβάλλοντες ἑαυτούς; 418. Εἰ γὰρ καὶ τὰ θαύματα ἀφέντες, ἐπὶ τὸν βίον ἔλθοιμεν τοῦ μακαρίου, καὶ τὴν πολιτείαν ἐξετάσαιμεν αὐτοῦ τὴν ἀγγελικὴν, καὶ ἐν ταύτῃ μᾶλλον, ἢ ἐν τοῖς σημείοις, ὄψει νικῶντα τὸν ἀθλητὴν τοῦ Χριστοῦ. τί γὰρ ἄν τις εἴποι τὸν ζῆλον, τὴν ἐπιείκειαν, τοὺς συνεχεῖς κινδύνους, τὰς ἐπαλλήλους φροντίδας, τὰς ἀδιαλείπτους ὑπὲρ τῶν ἐκκλησιῶν ἀθυμίας, τὸ πρὸς τοὺς ἀσθενεῖς συμπαθὲς, τὰς πολλὰς θλίψεις, τοὺς καινοτέρους διωγμοὺς, τοὺς καθημερινοὺς θανάτους; τίς γὰρ τόπος τῆς οἰκου-

2 αυτοι yz vulg || 4 φαινομενος]+μεν yz vulg || 11 ρηματων ακουσαι ων ου θεμις ανθρ. μετασχειν φυσιν c || 13 ουδεν δυναμαι vulg || 19 του θεου yz

7. σιμικίνθια] 'aprons' (from the Latin semicinctium). It is the word used by St Luke (Acts xix 12) in describing the miracles wrought by St Paul at Ephesus.
9. θεὸς νομ.] Acts xiv 12.
11. ἁρπαγ.] 2 Cor. xii 2.
17. πολιτείαν] Cp. πολιτείας iv 5 (note).
21. κινδύνους] 2 Cor. xi 26.
ib. ἐπαλλήλους] 'constant.'

22. ὑπὲρ τῶν ἐκκλ. ἀθ.] 2 Cor. xi 28.
ib. πρὸς τοὺς ἀσθ.] 1 Cor. ix 22: 2 Cor. xi 29.
24. καθημ. θανάτους] 1 Cor. xv 31.
ib. τίς γὰρ τόπος κτλ.] This bears a singular resemblance to Vergil Aen. i 459: *quis iam locus, inquit, Achate, quae regio in terris nostri non plena laboris?*

μένης, ποία ἤπειρος, ποία θάλαττα τοῦ δικαίου τοὺς
ἄθλους ἠγνόησεν; ἐκεῖνον καὶ ἡ ἀοίκητος ἔγνω, κινδυνεύοντα
δεξαμένη πολλάκις. πᾶν γὰρ εἶδος ὑπέμεινεν ἐπιβουλῆς,
καὶ πάντα τρόπον ἐπῆλθε νίκης. καὶ οὔτε ἀγωνιζόμενος
οὔτε στεφανούμενος διέλιπέ ποτε. 419. Ἀλλὰ
γὰρ οὐκ οἶδα πῶς προήχθην ὑβρίζειν τὸν ἄνδρα. τὰ γὰρ
κατορθώματα αὐτοῦ πάντα μὲν ὑπερβαίνει λόγον· τὸν δὲ
ἡμέτερον, τοσοῦτον ὅσον καὶ ἡμᾶς οἱ λέγειν εἰδότες. πλὴν
ἀλλὰ καὶ οὕτως (οὐδὲ γὰρ ἀπὸ τῆς ἐκβάσεως, ἀλλ' ἀπὸ
τῆς προαιρέσεως ἡμᾶς ὁ μακάριος κρινεῖ) οὐκ ἀποστήσομαι,
ἕως ἂν εἴπω τοῦτο, ὃ τοσοῦτο τῶν εἰρημένων κρεῖττόν
ἐστιν, ὅσον ἁπάντων ἀνθρώπων ἐκεῖνος. 420. Τί οὖν
τοῦτό ἐστιν; μετὰ τοσαῦτα κατορθώματα, μετὰ τοὺς
μυρίους στεφάνους, ηὔξατο εἰς γέενναν ἀπελθεῖν, καὶ αἰωνίῳ
παραδοθῆναι κολάσει, ὑπὲρ τοῦ τοὺς πολλάκις αὐτὸν
καὶ λιθάσαντας, καὶ ἀνελόντας, τό γε αὐτῶν μέρος, Ἰουδαίους
σωθῆναι καὶ τῷ Χριστῷ προσελθεῖν. τίς οὕτως
ἐπόθησε τὸν Χριστόν; εἴγε πόθον αὐτὸν δεῖ καλεῖν, ἀλλ'
οὐχ ἕτερόν τι τοῦ πόθου πλέον. 421. Ἐπ' οὖν ἑαυτοὺς
ἐκείνῳ παραβαλοῦμεν, μετὰ τὴν τοσαύτην χάριν, ἣν ἔλαβεν
ἄνωθεν; μετὰ τὴν τοσαύτην ἀρετήν, ἣν οἴκοθεν ἐπεδείξατο;
καὶ τί τούτου γένοιτ' ἂν τολμηρότερον; 422. Ὅτι δὲ
οὐδὲ οὕτως ἦν ἰδιώτης, ὡς οὗτοι νομίζουσι, καὶ τοῦτο
λοιπὸν ἀποδεῖξαι πειράσομαι. 423. Οὗτοι μὲν γὰρ οὐ
μόνον τὸν οὐκ ἠσκημένον τὴν τῶν ἔξωθεν λόγων τερθρείαν

1 του δικαιου]+τουτου yz vulg ‖ 2 om κινδυνευοντα c ‖ 10 κρίνει y vulg ‖
11 τοσουτω...οσω z ‖ 23 ουχ ουτως fyz ‖ 25 μονω cz

2. ἀοίκ.] 'uninhabited' (sc. γῇ)
=ἔρημος. The reference seems to
be to Acts ix 23, 29: for the visit to
Arabia (Gal. i 17) is apparently
excluded by the word κινδυνεύοντα.
9. ἐκβάσεως] 'result.' Προαιρ. =
'intention.'
14. ηὔξατο εἰς γ. κτλ.] Rom. ix 3:
cp. ηὐχόμην iii 7 (note).
16. τό γε αὐτῶν μέρος] Cp. τό γε
μέρος τὸ σόν iv 1 (note).

21. οἴκοθεν] ('from,' i.e.) 'in
himself': cp. οὐκ εἶχον οἴκοθεν, 'of
my own,' Ar. Pax 522. In iii 6
sub fin. we found δυνάμεως καὶ τῆς
παρ' αὐτοῦ καὶ τῆς ἄνωθεν.
25. τὸν οὐκ ἠσ. κτλ.] 'who is
not practised in profane (secular)
rhetoric.' Τερθρεία ('clap-trap') is
said to be an abbreviated form of
τερατεία.

ἰδιώτην καλοῦσιν, ἀλλὰ καὶ τὸν οὐκ εἰδότα μάχεσθαι ὑπὲρ τῶν τῆς ἀληθείας δογμάτων· καὶ καλῶς νομίζουσιν. ὁ δὲ Παῦλος οὐκ ἐν ἀμφοτέροις ἔφησεν ἰδιώτης εἶναι, ἀλλ' ἐν θατέρῳ μόνον· καὶ τοῦτο ἀσφαλιζόμενος τὸν διορισμὸν ἀκριβῶς πεποίηται, λέγων τῷ λόγῳ ἰδιώτης εἶναι, ἀλλ' οὐ τῇ γνώσει. 424. Ἐγὼ δὲ εἰ μὲν τὴν λειότητα Ἰσοκράτους ἀπῄτουν, καὶ τὸν Δημοσθένους ὄγκον, καὶ τὴν Θουκυδίδου σεμνότητα, καὶ τὸ Πλάτωνος ὕψος, ἔδει φέρειν εἰς μέσον ταύτην τοῦ Παύλου τὴν μαρτυρίαν. νῦν δὲ ἐκεῖνα μὲν πάντα ἀφίημι, καὶ τὸν περίεργον τῶν ἔξωθεν καλλωπισμὸν, καὶ οὐδέν μοι φράσεως, οὐδὲ ἀπαγγελίας μέλει· ἀλλ' ἐξέστω καὶ τῇ λέξει πτωχεύειν, καὶ τὴν συνθήκην τῶν ὀνομάτων ἁπλῆν τινα εἶναι καὶ ἀφελῆ, μόνον μὴ τῇ γνώσει τις καὶ τῇ τῶν δογμάτων ἀκριβείᾳ ἰδιώτης ἔστω· μήδ' ἵνα τὴν οἰκείαν ἀργίαν ἐπικαλύψῃ, τὸν μακάριον ἐκεῖνον ἀφαιρείσθω τὸ μέγιστον τῶν ἀγαθῶν, καὶ τὸ τῶν ἐγκωμίων κεφάλαιον. VII. 425. Πόθεν γὰρ, εἰπέ μοι, τοὺς Ἰουδαίους συνέχεε τοὺς ἐν Δαμάσκῳ κατοικοῦντας, οὐδέπω τῶν σημείων ἀρξάμενος; πόθεν τοὺς Ἑλληνιστὰς κατεπάλαισε; διὰ τί δὲ εἰς Ταρσὸν ἐξεπέμπετο; οὐκ ἐπειδὴ κατὰ κράτος ἐνίκα τῷ λόγῳ, καὶ εἰς τοσοῦτον αὐτοὺς

6 την λογιοτητα cy* || Σωκρατους y || 7 επεξητουν c || 11 επαγγελιας oliv απολογιας aby*z || 16 των αρετων f' το μεγεθος των αγαθων c

5. τῷ λόγῳ κτλ.] 2 Cor. xi 6.
6. εἰ...ἀπῄτουν] 'if I demanded': St Paul's admission that he was 'rude in speech' cannot properly be pressed save by those who expect from him the varied excellences of the great classical writers. It will be disregarded by those who set less value upon mere style.
ib. λειότητα κτλ.] Chrys. no doubt studied these authors while he was a pupil of Libanius. Λειότ. ='smoothness,' 'polish,' shewn for example in the avoidance of hiatus between vowels (φωνηέντων σύγκρουσις): ὄγκον='weight': σεμνότ. ='dignity': ὕψος='sublimity.' It may be observed that Suidas (s.v. Ἰωάννης) attributes ὕψος and λειότης to the present treatise, de sac.
11. ἀπαγγ.] 'style,' 'expression.'
12. τῇ λέξει πτ.] 'to have a poor (lit. beggarly) style': cp. Greg. Naz. de se ipso et in episc. 301 sqq., where it is maintained that simplicity is preferable to the elaborate style of Chrysippus, Plato, and others.
VII. Instances are quoted to shew the efficacy of St Paul's eloquence in converting souls to Christ.
18. συνέχεε] Acts ix 22.
19. Ἕλλην.] Acts ix 29.
20. εἰς Ταρσόν] Acts ix 30.

ἤλαυνεν, ὡς καὶ εἰς φόνον παροξυνθῆναι, μὴ φέροντας τὴν ἧτταν; ἐνταῦθα γὰρ οὐδέπω τοῦ θαυματουργεῖν ἤρξατο. οὐδ' ἂν ἔχοι τις εἰπεῖν, ὅτι ἀπὸ τῆς περὶ τὰ τεράστια δόξης θαυμαστὸν αὐτὸν ἦγον οἱ πολλοί, καὶ οἱ μαχόμενοι πρὸς αὐτὸν ἀπὸ τῆς ὑπολήψεως ἐπηρεάζοντο τἀνδρός. 5 τέως γὰρ ἀπὸ τοῦ λέγειν μόνον ἐκράτει. 426. Πρὸς δὲ τοὺς ἰουδαΐζειν ἐπιχειροῦντας ἐν Ἀντιοχείᾳ πόθεν ἠγωνίζετο καὶ συνεζήτει; ὁ δὲ Ἀρεοπαγίτης ἐκεῖνος, ὁ τῆς δεισιδαιμονεστάτης πόλεως ἐκείνης, οὐκ ἀπὸ δημηγορίας μόνης ἠκολούθησεν αὐτῷ, μετὰ τῆς γυναικός; ὁ δὲ Εὔ- 10 τυχος πῶς κατέπεσεν ἀπὸ τῆς θυρίδος; οὐκ ἐπειδὴ μέχρι βαθείας νυκτὸς εἰς τὸν τῆς διδασκαλίας αὐτοῦ ἀπησχολεῖτο λόγον; 427. Τί δὲ ἐν Θεσσαλονίκῃ καὶ ἐν Κορίνθῳ; τί δὲ ἐν Ἐφέσῳ, καὶ ἐν αὐτῇ τῇ Ῥώμῃ; οὐχ ὅλας ἡμέρας καὶ νύκτας ἀνήλισκεν ἐφεξῆς εἰς τὴν ἐξήγησιν τῶν γραφῶν; 15 τί ἄν τις λέγοι τὰς πρὸς τοὺς Ἐπικουρείους διαλέξεις καὶ Στωϊκούς; εἰ γὰρ ἅπαντα θέλοιμεν καταλέγειν, εἰς μακρὸν ἐκπεσεῖται μῆκος ὁ λόγος. 428. ὅταν οὖν καὶ πρὸ τῶν σημείων καὶ ἐν μέσοις αὐτοῖς φαίνηται πολλῷ κεχρημένος τῷ λόγῳ, πῶς ἔτι τολμήσουσιν ἰδιώτην εἰπεῖν, τὸν καὶ ἀπὸ 20 τοῦ διαλέγεσθαι καὶ δημηγορεῖν μάλιστα θαυμασθέντα παρὰ πᾶσι; 429. Διὰ τί γὰρ Λυκάονες αὐτὸν ὑπέλαβον εἶναι Ἑρμῆν; τὸ μὲν γὰρ θεοὺς αὐτοὺς νομισθῆναι ἀπὸ

4 ηγον] ηγουντο abcyz franc henr vulg || 5 ηπηρεαζοντο vulg || 12 αυτους απησχολει (-η) λογον cy* || 20 τον απο του vulg || 22 παρα παντων y*z

4. θαυμ. ἦγον] 'counted him as wonderful': cp. φαύλην ἄγειν τὴν γραφήν v 6.
5. ἀπὸ τῆς ὑπολ. ἐπ.] 'were overthrown merely by his reputation.' For ὑπολ. cp. ὑπολήψεως i 4 (note).
7. Ἀντιοχείᾳ] Gal. ii 11 sqq.
8. Ἀρεοπ.] Dionysius: Acts xvii 34.
10. τῆς γυν.] Damaris: Acts l.c. The vetus interpres has cum uxore: and this is the natural meaning of τῆς γυναικός here. St Luke's words are simply Διονύσιος...καὶ γυνὴ ὀνόματι Δάμαρις: Ambrose, however, speaks of Dionysius Areopagites cum Damari uxore sua (Ep. ad Eccl. Vercell., quoted by Hughes).
ib. Εὔτυχος] Acts xx 9.
12. ἀπησχ.] 'was wholly engrossed' (from ἀπασχολεῖσθαι, a word found in Lucian and Heliodorus).
16. Ἐπικ. καὶ Στ.] Acts xvii 18.
22. Λυκάονες] Acts xiv 12.

τῶν σημείων ἐγένετο· τὸ δὲ τοῦτον Ἑρμῆν, οὐκ ἔτι ἀπ᾽ ἐκείνων, ἀλλ᾽ ἀπὸ τοῦ λόγου. 430. Τίνι δὲ καὶ τῶν ἄλλων ἀποστόλων ἐπλεονέκτησεν ὁ μακάριος οὗτος; καὶ πόθεν ἀνὰ τὴν οἰκουμένην ἅπασαν πολὺς ἐν τοῖς ἁπάντων ἐστὶ 5 στόμασιν; πόθεν οὐ παρ᾽ ἡμῖν μόνον, ἀλλὰ καὶ παρὰ Ἰουδαίοις καὶ Ἕλλησι μάλιστα πάντων θαυμάζεται; οὐκ ἀπὸ τῆς τῶν ἐπιστολῶν ἀρετῆς; δι᾽ ἧς οὐ τοὺς τότε μόνον πιστοὺς, ἀλλὰ καὶ τοὺς ἐξ ἐκείνου μέχρι τῆς σήμερον γενομένους, καὶ τοὺς μέλλοντας δὲ ἔσεσθαι μέχρι τῆς τοῦ 10 Χριστοῦ παρουσίας ὠφέλησέ τε καὶ ὠφελήσει, καὶ οὐ παύσεται τοῦτο ποιῶν, ἕως ἂν τὸ τῶν ἀνθρώπων διαμένῃ γένος. 431. Ὥσπερ γὰρ τεῖχος ἐξ ἀδάμαντος κατασκευασθὲν, οὕτω τὰς πανταχοῦ τῆς οἰκουμένης ἐκκλησίας τὰ τούτου τειχίζει γράμματα· καὶ καθάπερ τις ἀριστεὺς 15 γενναιότατος ἔστηκε καὶ νῦν μέσος, αἰχμαλωτίζων πᾶν νόημα εἰς τὴν ὑπακοὴν τοῦ Χριστοῦ, καὶ καθαιρῶν λογισμοὺς καὶ πᾶν ὕψωμα ἐπαιρόμενον κατὰ τῆς γνώσεως τοῦ θεοῦ. ταῦτα δὲ πάντα ἐργάζεται, δι᾽ ὧν ἡμῖν κατέλιπεν ἐπιστολῶν τῶν θαυμασίων ἐκείνων, καὶ τῆς θείας πεπλη-
20 ρωμένων σοφίας. 432. Οὐ πρὸς δογμάτων δὲ μόνον νόθων τε ἀνατροπὴν καὶ γνησίων ἀσφάλειαν ἐπιτήδεια ἡμῖν αὐτοῦ τὰ γράμματα, ἀλλὰ πρὸς τὸ βιοῦν εὖ οὐκ ἐλάχιστον ἡμῖν συντελεῖ μέρος. τούτοις γὰρ ἔτι καὶ νῦν οἱ προεστῶτες χρώμενοι, τὴν ἁγνὴν παρθένον, ἣν ἡρμόσατο τῷ Χριστῷ,
25 ῥυθμίζουσί τε καὶ πλάττουσι καὶ πρὸς τὸ πνευματικὸν

1 απ' εκεινων]+εγενετο yz vulg ‖ 6 μαλλον θαυμαζεται y ‖ 8 μεχρι της]+εσχατης efhlpsz vulg ‖ 17 γνωσεως του Χριστου f ‖ 19 om εκεινων y vulg ‖ 23 οι των εκκλησιων προεστωτες yz vulg

2. τοῦ λόγου] Acts *l.c.*: ἐκάλουν ...τὸν Παῦλον Ἑρμῆν, ἐπειδὴ αὐτὸς ἦν ὁ ἡγούμενος τοῦ λόγου.
ib. τίνι δὲ κ. τ. ἄ.] 'in what did he surpass the other apostles?' For the gen. with πλεονεκτεῖν cp. ii 2 οἱ πολλῷ τῷ μέτρῳ πλεονεκτοῦντες ἁπάντων.

15. αἰχμαλωτίζων κτλ.] 2 Cor. x 5.
18. δι᾽ ὧν ἡ. κ. ἐ.] i.e. διὰ τῶν ἐπιστολῶν ἃς ἡμῖν κατέλιπε.
24. παρθένον] i.e. the Church: cp. 2 Cor. xi 2, and τοῦ Χριστοῦ τὴν νύμφην iii 6 above (*sub fin.*).

ἄγουσι κάλλος. τούτοις καὶ τὰ ἐπισκήπτοντα αὐτῇ νοσήματα ἀποκρούονται, καὶ τὴν προσγινομένην διατηροῦσιν ὑγίειαν. τοιαῦτα ἡμῖν ὁ ἰδιώτης κατέλιπε φάρμακα, καὶ τοσαύτην ἔχοντα δύναμιν, ὧν ἴσασι τὴν πεῖραν καλῶς οἱ χρώμενοι συνεχῶς. 433. Καὶ ὅτι μὲν πολλὴν αὐτὸς ἐποιεῖτο τοῦ μέρους τούτου σπουδὴν, ἐκ τούτων δῆλον· VIII. 434. ἄκουε δὲ καὶ τῷ μαθητῇ τί φησιν ἐπιστέλλων· Πρόσεχε τῇ ἀναγνώσει, τῇ παρακλήσει, τῇ διδασκαλίᾳ. καὶ τὸν ἀπὸ τούτου καρπὸν προστίθησι λέγων· Τοῦτο γὰρ ποιῶν, καὶ σεαυτὸν σώσεις καὶ τοὺς ἀκούοντάς σου. Καὶ πάλιν· Δοῦλον δὲ Κυρίου οὐ δεῖ μάχεσθαι, ἀλλ᾽ ἤπιον εἶναι πρὸς πάντας, διδακτικὸν, ἀνεξίκακον. καὶ προϊὼν δέ φησι· Σὺ δὲ μένε ἐν οἷς ἔμαθες, καὶ ἐπιστώθης, εἰδὼς παρὰ τίνος ἔμαθες, καὶ ὅτι ἀπὸ βρέφους τὰ ἱερὰ γράμματα οἶδας, τὰ δυνάμενά σε σοφίσαι· καὶ πάλιν· Πᾶσα γραφὴ θεόπνευστός, φησι, καὶ ὠφέλιμος πρὸς διδασκαλίαν, πρὸς ἔλεγχον, πρὸς ἐπανόρθωσιν, πρὸς παιδείαν τὴν ἐν δικαιοσύνῃ, ἵνα ἄρτιος ᾖ ὁ τοῦ θεοῦ ἄνθρωπος. 435. Ἄκουε δὲ καὶ τῷ Τίτῳ περὶ τῆς τῶν ἐπισκόπων καταστάσεως διαλεγόμενος τί προστίθησιν· Δεῖ γάρ, φησιν, εἶναι τὸν ἐπίσκοπον ἀντεχόμενον τοῦ κατὰ τὴν διδαχὴν πιστοῦ λόγου, ἵνα δυνατὸς ᾖ καὶ τοὺς ἀντιλέγοντας ἐλέγχειν. 436. Πῶς οὖν ἰδιώτης τις ὢν, ὡς οὗτοί φασι, τοὺς ἀντιλέγοντας ἐλέγχειν δυνήσεται καὶ ἐπιστομίζειν; τίς δὲ χρεία προσ-

2 την γινομενην z προς την γεγενημενην y* ‖ 3 υγειαν vulg ‖ και τοσαυτην] om και yz vulg ‖ 4 οι καλως χρωμενοι συνεχως cfy*z ‖ 6 εκ τουτου cf ‖ 8 om τη παρακλησει z ‖ 9 τον απ' αυτου y ‖ 13 επιστευθης vulg ‖ 15 σοφισαι] +εις σωτηριαν yz vulg ‖ 16 om φησι fz ‖ 17 παιδευσιν vulg

3. ὁ ἰδιώτης] Chrys. ironically adopts the word applied to St Paul by his enemies.
VIII. St Paul's advice to Timothy and others on the subject of preaching.
8. πρόσεχε τῇ ἀν. κτλ.] 1 Tim. iv 13.
11. δοῦλον] 2 Tim. ii 24.

12. προϊών] 'further on.'
13. σὺ δὲ μένε] 2 Tim. iii 14, 15 (παρὰ τίνων, and ἱερὰ (om. τὰ), WH.).
15. πᾶσα γραφή] 2 Tim. iii 16, 17.
20. δεῖ γάρ] Tit. i 7—9.
24. ἐπιστομίζειν] Cp. ἐπιστομίσαι iv 4 (note).

ἔχειν τῇ ἀναγνώσει καὶ ταῖς γραφαῖς, εἰ ταύτην δεῖ τὴν
ἰδιωτείαν ἀσπάζεσθαι; σκῆψις ταῦτα καὶ πρόφασις, καὶ
ῥᾳθυμίας καὶ ὄκνου προσχήματα. 437. Ἀλλὰ τοῖς
ἱερεῦσί, φησι, ταῦτα διατάττεται. 438. Καὶ γὰρ περὶ
5 ἱερέων ἡμῖν ὁ λόγος νῦν. ὅτι δὲ καὶ τοῖς ἀρχομένοις,
ἄκουε τί πάλιν ἑτέροις ἐν ἑτέρᾳ ἐπιστολῇ παραινεῖ· Ὁ
λόγος τοῦ Χριστοῦ ἐνοικείτω ἐν ὑμῖν πλουσίως ἐν πάσῃ
σοφίᾳ. καὶ πάλιν· Ὁ λόγος ὑμῶν πάντοτε ἐν χάριτι
ἅλατι ἠρτυμένος, εἰδέναι πῶς δεῖ ἑνὶ ἑκάστῳ ἀποκρίνεσθαι.
10 καὶ τὸ, πρὸς ἀπολογίαν ἑτοίμους εἶναι, ἅπασιν εἴρηται.
Θεσσαλονικεῦσι δὲ ἐπιστέλλων· Οἰκοδομεῖτέ, φησιν, εἰς
τὸν ἕνα, καθὼς καὶ ποιεῖτε. 439. Ὅταν δὲ περὶ ἱερέων
διαλέγηται· Οἱ καλῶς προεστῶτες πρεσβύτεροι διπλῆς
τιμῆς ἀξιούσθωσαν, μάλιστα οἱ κοπιῶντες ἐν λόγῳ καὶ
15 διδασκαλίᾳ. 440. Καὶ γὰρ οὗτος ὁ τελεώτατος τῆς διδα-
σκαλίας ὅρος, ὅταν καὶ δι' ὧν πράττουσι, καὶ δι' ὧν
λέγουσι, τοὺς μαθητευομένους ἐνάγωσι πρὸς τὸν μακάριον
βίον, ὃν ὁ Χριστὸς διετάξατο. οὐ γὰρ ἀρκεῖ τὸ ποιεῖν
πρὸς τὸ διδάσκειν· 441. καὶ οὐκ ἐμὸς ὁ λόγος, ἀλλ' αὐτοῦ
20 τοῦ σωτῆρος. Ὃς γὰρ ἄν, φησι, ποιήσῃ καὶ διδάξῃ, οὗτος
μέγας κληθήσεται. Εἰ δὲ τὸ ποιῆσαι διδάξαι ἦν, περιττῶς
τὸ δεύτερον ἔκειτο· καὶ γὰρ ἤρκει εἰπεῖν, ὃς ἂν ποιήσῃ,
μόνον. νῦν δὲ τῷ διελεῖν ἀμφότερα δείκνυσιν ὅτι τὸ μὲν
τῶν ἔργων ἐστί, τὸ δὲ τοῦ λόγου, καὶ ἀλλήλων δεῖται

2 σκηψεις—προφασεις γ' vulg || 6 παραινει]+λεγων c || 11 εις τον ενα yz vulg || 14 μαλιστα]+φησιν z || 15 τελειοτατος mnu || 16 τροπος mnu λογος και ορος s

3. ἀλλὰ τοῖς ἱερεῦσι] Basil raises the objection that St Paul's words as to the value of skill in teaching refer to bishops only (for ἱερεύς= 'bishop' see on ἱερωσύνη i 3). Chrys. replies, shewing from other passages of St Paul the importance of such skill for the inferior clergy (οἱ ἀρχόμενοι) as well.
6. ὁ λόγος] Col. iii 16: cp. iv 4 (init.).
8. ὁ λόγ. ὑμῶν] Col. iv 6.
10. πρὸς ἀπολ. ἑτ. εἶναι] 1 Pet. iii 15.
11. οἰκοδ.] 1 Thess. v 11.
13. οἱ καλῶς κτλ.] 1 Tim. v 17.
19. καὶ οὐκ ἐμὸς ὁ λ.] From a fragment of Euripides (*Melanippe* 488, Dindorf) κοὐκ ἐμὸς ὁ μῦθος, ἀλλ' ἐμῆς μητρὸς πάρα: cp. *adv. oppugn. vit. monast.* I 51 A, III 79 B.
20. ὃς γὰρ ἄν] Matt. v 19.

ἑκάτερα πρὸς τὴν τελείαν οἰκοδομήν. 442. *Ἡ οὐκ ἀκούεις, τί φησι τοῖς πρεσβυτέροις Ἐφεσίων τὸ τοῦ Χριστοῦ σκεῦος τὸ ἐκλεκτόν· Διὸ γρηγορεῖτε, μνημονεύοντες, ὅτι τριετίαν νύκτα καὶ ἡμέραν οὐκ ἐπαυσάμην μετὰ δακρύων νουθετῶν ἕνα ἕκαστον ὑμῶν. τίς γὰρ χρεία τῶν δακρύων, ἢ τῆς διὰ τῶν λόγων νουθεσίας, οὕτω τοῦ βίου αὐτῷ λάμποντος τοῦ ἀποστολικοῦ; IX. 443. Ἀλλὰ πρὸς μὲν τὴν τῶν ἐντολῶν ἐργασίαν δύναιτ᾽ ἂν ἡμῖν οὗτος πολὺ συμβαλέσθαι μέρος—οὐδὲ γὰρ ἐκεῖ μόνον αὐτὸν τὸ πᾶν κατορθοῦν φαίην ἄν—ὅταν δὲ ὑπὲρ δογμάτων ἀγὼν κινῆται, καὶ πάντες ἀπὸ τῶν αὐτῶν μάχωνται γραφῶν, ποίαν ἰσχὺν ὁ βίος ἐνταῦθα ἐπιδεῖξαι δυνήσεται; 444. Τί τῶν πολλῶν ὄφελος ἱδρώτων, ὅταν μετὰ τοὺς μόχθους ἐκείνους ἀπὸ τῆς πολλῆς τις ἀπειρίας εἰς αἵρεσιν ἐκπεσὼν ἀποσχισθῇ τοῦ σώματος τῆς ἐκκλησίας; ὅπερ οἶδα πολλοὺς παθόντας ἐγώ. ποῖον αὐτῷ κέρδος τῆς καρτερίας; οὐδέν, ὥσπερ οὖν οὐδὲ ὑγιοῦς πίστεως, τῆς πολιτείας διεφθαρμένης. 445. Διὰ δὴ ταῦτα μάλιστα πάντων ἔμπειρον εἶναι δεῖ τῶν τοιούτων ἀγώνων τὸν διδάσκειν τοὺς ἄλλους λαχόντα. 446. Εἰ γὰρ καὶ αὐτὸς ἔστηκεν ἐν ἀσφαλείᾳ, μηδὲν ὑπὸ τῶν ἀντιλεγόντων βλαπτόμενος, ἀλλὰ τὸ τῶν ἀφελεστέρων πλῆθος τὸ ταττόμενον ὑπ᾽ ἐκείνῳ, ὅταν ἴδῃ τὸν ἡγούμενον ἡττηθέντα, καὶ οὐδὲν ἔχοντα πρὸς τοὺς ἀντιλέγοντας εἰπεῖν, οὐ τὴν ἀσθένειαν τὴν ἐκείνου τῆς ἥττης, ἀλλὰ τὴν τοῦ δόγματος αἰτιῶνται σαθρότητα· καὶ διὰ τὴν

1 προς] εις cfz ‖ om την γ' vulg προς την αλληλων y*z ‖ 5 om υμων f ‖ 8 συμβαλλεσθαι y vulg ‖ 9 τα παντα y ‖ 24 ασθενειαν αυτην εκεινου yz

3. σκεῦος τὸ ἐκλ.] Acts ix 15.
ib. διὸ γρηγ.] Acts xx 31.
IX. The bishop must be able to uphold Christian doctrine against attacks: otherwise those who look to him for guidance, seeing their champion worsted, will begin to be assailed with religious difficulties.
7. ἀλλὰ πρὸς μέν κτλ.] The correct punctuation of this sentence is due to Seltmann. Previous editors placed a colon after μέρος, a full stop after φαίην ἄν, and began a fresh sentence with ὅταν δέ.
8. οὗτος] sc. ὁ βίος.
11. ἀπὸ τῶν αὐ. μ. γρ.] 'use the same scriptures as weapons.'
17. πολιτείας] Cp. πολιτείας iv 5 (note).

τοῦ ἑνὸς ἀπειρίαν ὁ πολὺς λεὼς εἰς ἔσχατον ὄλεθρον καταφέρεται. κἂν γὰρ μὴ πάντη γένωνται τῶν ἐναντίων, ἀλλ' ὅμως, ὑπὲρ ὧν θαρρεῖν εἶχον, ἀμφιβάλλειν ἀναγκάζονται· καὶ οἷς μετὰ πίστεως προσῄεσαν ἀκλινοῦς, οὐκ ἔτι μετὰ
5 τῆς αὐτῆς δύνανται προσέχειν στερρότητος, ἀλλὰ τοσαύτη ζάλη ταῖς ἐκείνων εἰσοικίζεται ψυχαῖς ἀπὸ τῆς ἥττης τοῦ διδασκάλου, ὡς καὶ εἰς ναυάγιον τελευτῆσαι τὸ κακόν. 447. Ὅσος δὲ ὄλεθρος, καὶ ὅσον συνάγεται πῦρ εἰς τὴν ἀθλίαν κεφαλὴν ἐκείνου, καθ' ἕκαστον τῶν ἀπολλυμένων
10 τούτων, οὐδὲν δεήσῃ παρ' ἐμοῦ μαθεῖν, αὐτὸς ἅπαντα εἰδὼς ἀκριβῶς. 448. Τοῦτο οὖν ἀπονοίας, τοῦτο κενοδοξίας, τὸ μὴ θελῆσαι τοσούτοις ἀπωλείας αἴτιον γενέσθαι, μηδὲ ἐμαυτῷ μείζονα προξενῆσαι τιμωρίαν τῆς νῦν ἀποκειμένης ἐκεῖ; καὶ τίς ἂν ταῦτα φήσειεν; οὐδείς, πλὴν εἴ
15 τις μάτην μέμφεσθαι βούλοιτο, καὶ ἐν ταῖς ἀλλοτρίαις φιλοσοφεῖν συμφοραῖς.

14 πλην ει μη τις y vulg

3. θαρρεῖν εἶχον] 'they might have felt confident.'
11. ἀπονοίας] Cp., for the genitive, ἀλλὰ μανίας τὰ ῥήματα ταῦτα iv 1 (note).
13. προξενῆσαι] Cp. μείζονα προξενεῖ τὸν μισθόν iii 11 (note).
15. ἐν ταῖς ἀλλοτρ. κτλ.] Cp. adv. oppugn. vit. monast. II 70 A ἐπ' ἀλλοτρίοις φιλοσοφῶν κακοῖς.

ΛΟΓΟΣ Ε΄.

Τάδε ἔνεστιν ἐν τῷ ε΄ λόγῳ.

I. Ὅτι πολλοῦ πόνου καὶ σπουδῆς αἱ ἐν τῷ κοινῷ ὁμιλίαι δέονται.
II. Ὅτι τὸν εἰς τοῦτο τεταγμένον καὶ ἐγκωμίων ὑπερορᾶν χρή, καὶ δύνασθαι λέγειν.
III. Ὅτι ἂν μὴ ἀμφότερα ἔχῃ ἄχρηστος ἔσται τῷ πλήθει.
IV. Ὅτι μάλιστα βασκανίας τοῦτον δεῖ καταφρονεῖν.
V. Ὅτι ὁ λόγους εἰδὼς πλείονος δεῖται σπουδῆς ἢ ὁ ἀμαθής.
VI. Ὅτι τῆς ἀλόγου τῶν πολλῶν ψήφου οὔτε πάντη καταφρονεῖν, οὔτε πάντη φροντίζειν δεῖ.
VII. Ὅτι πρὸς τὸ τῷ θεῷ ἀρέσκον μόνον δεῖ τοὺς λόγους ῥυθμίζειν.
VIII. Ὅτι ὁ μὴ καταφρονῶν ἐπαίνων πολλὰ ὑποστήσεται δεινά.

I. 449. Ὅσης μὲν ἐμπειρίας τῷ διδασκάλῳ δεῖ πρὸς τοὺς ὑπὲρ τῆς ἀληθείας ἀγῶνας, ἱκανῶς ἡμῖν ἀποδέδεικται. Ἔχω δέ τι καὶ πρὸς τούτοις ἕτερον μυρίων αἴτιον κινδύνων εἰπεῖν, μᾶλλον δὲ οὐκ ἐκεῖνο εἴποιμ᾽ ἂν αἴτιον ἔγωγε, ἀλλὰ τοὺς οὐκ εἰδότας αὐτῷ χρήσασθαι καλῶς· ἐπεὶ τό γε 5 πρᾶγμα αὐτὸ σωτηρίας τε καὶ πολλῶν γίνεται πρόξενον

3 ετερων y ∥ 5 χρησθαι vulg

I. The preacher often feels that his congregation look upon the service as a theatrical performance, and upon him as an actor. He must therefore take care not to be carried away by flattery.
6. πρόξενον] Cp. προξενεῖ iii 11 (note).

ἀγαθῶν, ὅταν τοὺς διακονουμένους εὕρῃ σπουδαίους τε ἄνδρας καὶ ἀγαθούς. τί οὖν τοῦτό ἐστιν; ὁ πολὺς πόνος ὁ περὶ τὰς διαλέξεις τὰς κοινῇ πρὸς τὸν λαὸν γινομένας ἀναλισκόμενος. 450. Πρῶτον μὲν γὰρ τὸ πλέον τῶν
5 ἀρχομένων οὐκ ἐθέλουσιν ὡς πρὸς διδασκάλους διακεῖσθαι τοὺς λέγοντας, ἀλλὰ τὴν τῶν μαθητῶν τάξιν ὑπερβάντες ἀντιλαμβάνουσι τὴν τῶν θεατῶν τῶν ἐν τοῖς ἔξωθεν καθεζομένων ἀγῶσι. καὶ καθάπερ ἐκεῖ τὸ πλῆθος μερίζεται, καὶ οἱ μὲν τούτῳ, οἱ δὲ ἐκείνῳ προσνέμουσιν ἑαυτούς·
10 οὕτω δὴ καὶ ἐνταῦθα διαιρεθέντες, οἱ μὲν μετὰ τούτου, οἱ δὲ μετὰ ἐκείνου γίνονται, πρὸς χάριν καὶ πρὸς ἀπέχθειαν ἀκούοντες τῶν λεγομένων. 451. Καὶ οὐ τοῦτο μόνον ἐστὶ τὸ χαλεπὸν, ἀλλὰ καὶ ἕτερον οὐδὲν ἔλαττον τούτου. ἦν γάρ τινα συμβῇ τῶν λεγόντων μέρος τι τῶν ἑτέροις πονη-
15 θέντων ἐνυφῆναι τοῖς λόγοις αὐτοῦ, πλείονα τῶν τὰ χρήματα κλεπτόντων ὑφίσταται ὀνείδη· πολλάκις .δὲ οὐδὲ λαβὼν παρ᾽ οὐδενὸς οὐδὲν, ἀλλ᾽ ὑποπτευθεὶς μόνον, τὰ τῶν ἑαλωκότων ἔπαθεν. καὶ τί λέγω τῶν ἑτέροις πεπονημένων; αὐτὸν τοῖς εὑρέμασι τοῖς ἑαυτοῦ συνεχῶς
20 χρήσασθαι οὐκ ἔνι. 452. Οὐ γὰρ πρὸς ὠφέλειαν, ἀλλὰ πρὸς τέρψιν ἀκούειν εἰθίσθησαν οἱ πολλοὶ, καθάπερ τραγῳδῶν ἢ κιθαρῳδῶν καθήμενοι δικασταί. καὶ ἡ τοῦ λόγου δύναμις, ἣν ἐξεβάλομεν νῦν, οὕτως ἐνταῦθα γίνεται ποθεινὴ, ὡς οὐδὲ τοῖς σοφισταῖς, ὅταν πρὸς ἀλλήλους ἀγωνίζεσθαι

3 περί] προς c || 11 προς χαριν η προς απεχθειαν vulg || 18 πεπονθε yz || πονηθεντων fz || 19 ευρημασι y´z vulg || 20 ουκ ενεστιν fz ουκ εστιν c*

3. διαλέξεις] i.e. ὁμιλίας, 'sermons.'
6. τοὺς λέγ.] i.e. πρὸς τοὺς λέγοντας, the preposition being omitted as at iii 14 ὥσπερ εἰς ἀρχέτυπόν τινα εἰκόνα τοὺς ... τρόπους (note).
7. τὴν τῶν θεατῶν κτλ.] See Puech pp. 223 sqq. for a description of the behaviour of church-goers at Antioch. The office of the deacon who had to keep order was no sinecure: 'il avait beau répéter à voix haute l'invocation consacrée "Prêtons attention" (πρόσσχωμεν): le tumulte, les distractions, ne prenaient jamais fin,' etc. For θεατῶν cp. Thuc. iii 38 (of the Athenians) εἰώθατε θεαταὶ τῶν λόγων γίγνεσθαι.
23. ἣν ἐξεβ. νῦν] See iv 6. Νῦν= 'just now.'

ἀναγκάζωνται. 453. Γενναίας οὖν δεῖ κἀνταῦθα ψυχῆς, καὶ πολὺ τὴν ἡμετέραν ὑπερβαινούσης σμικρότητα, ἵνα τὴν ἄτακτον καὶ ἀνωφελῆ τοῦ πλήθους ἡδονὴν κολάζῃ, καὶ πρὸς τὸ ὠφελιμώτερον μετάγειν δύνηται τὴν ἀκρόασιν· ὡς αὐτῷ τὸν λαὸν ἕπεσθαι καὶ εἴκειν, ἀλλὰ μὴ αὐτὸν ταῖς 5 ἐκείνων ἄγεσθαι ἐπιθυμίαις. 454. Τούτου δὲ οὐδαμῶς ἐστιν ἐπιτυχεῖν, ἀλλ' ἢ διὰ τούτοιν τοῖν δυοῖν, τῆς τε τῶν ἐπαίνων ὑπεροψίας, καὶ τῆς ἐν τῷ λέγειν δυνάμεως. II. 455. Κἂν γὰρ τὸ ἕτερον ἀπῇ, τὸ λειπόμενον ἄχρηστον γίνεται τῇ διαζεύξει θατέρου. ἄν τε γὰρ ἐπαίνων 10 ὑπερορῶν μὴ προσφέρῃ διδασκαλίαν τὴν ἐν χάριτι καὶ ἅλατι ἠρτυμένην, εὐκαταφρόνητος ὑπὸ τῶν πολλῶν γίνεται, οὐδὲν ἀπὸ τῆς μεγαλοψυχίας κερδάνας ἐκείνης· ἄν τε τοῦτο καλῶς κατορθώσας τὸ μέρος τῆς ἀπὸ τῶν κρότων δόξης ἥττων ὢν τύχῃ, εἰς ταὐτὸν πάλιν περιίσταται τὰ 15 τῆς ζημίας αὐτῷ τε καὶ τοῖς πολλοῖς, πρὸς χάριν τῶν ἀκουόντων μᾶλλον ἢ πρὸς ὠφέλειαν λέγειν μελετῶντι, διὰ τὴν τῶν ἐπαίνων ἐπιθυμίαν. 456. Καὶ καθάπερ ὁ μήτε πάσχων τι πρὸς τὰς εὐφημίας, μήτε λέγειν εἰδὼς, οὔτε εἴκει ταῖς τοῦ πλήθους ἡδοναῖς, οὔτε ὠφελεῖν ἀξιόλογόν 20 τινα ὠφέλειαν δύναται, τῷ μηδὲν ἔχειν εἰπεῖν· οὕτω καὶ ὁ τῷ πόθῳ τῶν ἐγκωμίων ἑλκόμενος, ἔχων ἀμείνους

6 ουδεν ουδαμως f ‖ 11 προφερη cyz vulg ‖ και αλατι ηρτ.] hic incipit cod d ‖ 15 ηττωμενος yz vulg ‖ 17 μελετωντος c ‖ 19 πασχειν f ‖ 20 εικειν vulg ‖ 21 εχων αφ' ων. αμεινους εργασασθαι δυνησεται τους πολλους yz vulg

8. τῆς ἐν τ. λ. δυν.] 'the force of eloquence,' implying florid rhetoric: cp. v 2 διδασκαλίαν τὴν ἐν χάριτι κτλ.
II., III. *He must at the same time cultivate his powers of speech to the utmost; and observe the golden mean between love of praise and contempt for it.*
11. ἐν χάριτι κτλ.] Cp. Col. iv 6, quoted in iv 8 above.
14. κρότων] For the practice of applauding a favourite preacher cp. Euseb. *H. E.* vii 30 9, Greg. Naz. *Or.* xlii: Cognet p. 46. A Greek congregation still cries ζήτω on the not very frequent occasions when sermons are preached.
17. μελετῶντι] This goes with αὐτῷ. The intervening τοῖς πολλοῖς is disregarded.
18. μήτε πάσχ. κτλ.] 'not affected by praise.'

ἐργάσασθαι τοὺς πολλούς, ἀντὶ τούτων παρέχει τὰ τέρψαι δυνάμενα μᾶλλον, τούτων τοὺς ἐν τοῖς κρότοις θορύβους ὠνούμενος. III. 457. Ἀμφοτέρωθεν οὖν ἰσχυρὸν εἶναι τὸν ἄριστον ἄρχοντα δεῖ, ἵνα μὴ θατέρῳ θάτερον ἀνα-
5 τρέπηται. ὅταν γὰρ ἀναστὰς ἐν τῷ μέσῳ λέγῃ τὰ τοὺς ῥαθύμως ζῶντας ἐπιστῦψαι δυνάμενα, εἶτα προσπταίῃ καὶ διακόπτηται, καὶ ὑπὸ τῆς ἐνδείας ἐρυθριᾶν ἀναγκάζηται, διερρύη τὸ κέρδος τῶν λεχθέντων εὐθέως. οἱ γὰρ ἐπιτιμηθέντες, ἀλγοῦντες τοῖς εἰρημένοις καὶ οὐκ ἔχοντες ἑτέρως
10 αὐτὸν ἀμύνασθαι, τοῖς τῆς ἀμαθίας αὐτὸν βάλλουσι σκώμμασι, τούτοις οἰόμενοι τὰ ἑαυτῶν συσκιάζειν ὀνείδη. 458. Διὸ χρή, καθάπερ τινὰ ἡνίοχον ἄριστον, εἰς ἀκρίβειαν τούτων ἀμφοτέρων ἐληλακέναι τῶν καλῶν, ἵνα ἀμφότερα πρὸς τὸ δέον αὐτῷ μεταχειρίζειν ἐξῇ. καὶ γὰρ ὅταν αὐτὸς
15 ἀνεπίληπτος ἅπασι γένηται, τότε δυνήσεται μεθ' ὅσης βούλεται ἐξουσίας καὶ κολάζειν καὶ ἀνιέναι τοὺς ὑπ' αὐτῷ ταττομένους ἅπαντας· πρὸ δὲ τούτου οὐκ εὐμαρὲς ταῦτα ποιεῖν. 459. Τὴν δὲ μεγαλοψυχίαν οὐ μέχρι τῆς τῶν ἐπαίνων ὑπεροψίας ἐπιδείκνυσθαι μόνον, ἀλλὰ καὶ πε-
20 ραιτέρω προάγειν, ἵνα μὴ πάλιν ἀτελὲς ᾖ τὸ κέρδος. IV. τίνος οὖν δεῖ καὶ ἑτέρου καταφρονεῖν; βασκανίας καὶ φθόνου. 460. Τὰς δὲ ἀκαίρους κακηγορίας (καὶ γὰρ ἀνάγκη τὸν προεστῶτα μέμψεις ὑπομένειν ἀλόγους) οὔτε ἀμέτρως δεδοικέναι καὶ τρέμειν, οὔτε ἁπλῶς παρορᾶν
25 καλόν· ἀλλὰ χρὴ κἂν ψευδεῖς τυγχάνωσιν οὖσαι, κἂν

3 ισχυροτερον f ‖ 6 επιστρεψαι c ‖ 12 δει y ‖ 13 εληλακεναι] ηκειν (εικειν) Gcmnuy ‖ 16 υπ' αυτον c ‖ 17 ουκ ευμαρως τουτο ποιει y ‖ 19 δεικνυσθαι χρη vulg επιδεικν. χρη cyz ‖ 20 το εργον by*z henr ‖ 21 δειται z vulg ‖ 22 κατηγοριας y vulg ‖ 25 δει f

1. τούτων] genitive of price: 'at such a cost.'
III. 6. ἐπιστῦψαι] 'to reprove': lit. 'to draw up,' 'contract' (used of astringents).
12. εἰς ἀκρίβ. κτλ.] 'to have reached perfection in regard to both these virtues.' The charioteer has two horses, and knows how to make them pull evenly.
14. καὶ γὰρ ὅταν κτλ.] Cp. Greg. Naz. de se ipso et in episc. 775, where stress is laid, as here, on the personal character of the priest.
16. ἀνιέναι] 'to forgive.'
IV. He must not be perturbed at the thought of the envy and jealousy which others feel towards him.

V. IV] DE SACERDOTIO 131

παρὰ τῶν τυχόντων ἡμῖν ἐπάγωνται, πειρᾶσθαι σβεννύναι ταχέως αὐτάς. 461. Οὐδὲν γὰρ οὕτως αὔξει φήμην πονηράν τε καὶ ἀγαθήν, ὡς τὸ πλῆθος τὸ ἄτακτον· ἀβασανίστως γὰρ καὶ ἀκούειν καὶ ἐκλαλεῖν εἰωθός, ἁπλῶς τὸ ἐπελθὸν ἅπαν φθέγγεται, τῆς ἀληθείας οὐδένα ποιούμενον λόγον. 5 462. Διὰ ταῦτα οὐ δεῖ τῶν πολλῶν καταφρονεῖν, ἀλλὰ ἀρχομένας εὐθέως περικόπτειν τὰς ὑποψίας τὰς πονηράς, πείθοντα τοὺς ἐγκαλοῦντας, κἂν ἀλογώτατοι πάντων εἶεν, καὶ μηδὲν ὅλως ἐλλείπειν τῶν δυναμένων ἀφανίσαι δόξαν οὐκ ἀγαθήν. εἰ δέ, πάντα ποιούντων ἡμῶν, μὴ θέλωσιν οἱ 10 μεμφόμενοι πείθεσθαι, τὸ τηνικαῦτα καταφρονεῖν· ὡς ἐὰν φθάσῃ τις ταπεινοῦσθαι τοῖς συμπτώμασι τούτοις, οὐ δυνήσεταί ποτε γενναῖόν τι καὶ θαυμαστὸν ἀποτεκεῖν. ἡ γὰρ ἀθυμία καὶ αἱ συνεχεῖς φροντίδες δειναὶ καταβαλεῖν ψυχῆς δύναμιν· καὶ εἰς ἀσθένειαν καταγαγεῖν τὴν ἐσχάτην. 15 463. Οὕτως οὖν χρὴ τὸν ἱερέα διακεῖσθαι πρὸς τοὺς ἀρχομένους, ὥσπερ ἂν εἰ πατὴρ πρὸς παῖδας ἄγαν νηπίους διακέοιτο· καὶ καθάπερ ἐκείνων οὔτε ὑβριζόντων, οὔτε πληττόντων, οὔτε ὀδυρομένων ἐπιστρεφόμεθα, ἀλλ' οὐδέ, ἡνίκα ἂν γελῶσι καὶ προσχαίρωσιν ἡμῖν, μέγα ἐπὶ τούτῳ 20 φρονοῦμέν ποτε, οὕτω καὶ τούτων μήτε τοῖς ἐπαίνοις ἐξογκοῦσθαι, μήτε καταπίπτειν τοῖς ψόγοις, ὅταν ἀκαίρως γίνωνται παρ' αὐτῶν. 464. Χαλεπὸν δὲ τοῦτο, ὦ μακάριε·

4 εγκαλειν byz henr || 7 αρχομενον c || εκκοπτειν c vulg κοπτειν y || υπεροψιας b || 14 δυναιντ' αν καταβαλειν (-βαλλειν) bfz || 15 αγαγειν cy αναγαγειν z || 16 διακειται fz || 20 επι τουτο y vulg || 21 ουτε—ουτε z || 22 ψογοις] + δει z

4. τὸ ἐπελθόν] 'the first thing that occurs': cp. contra eos qui subintr. habent virg. 240 E καθάπερ οἱ μεθύοντες τὸ ἐπελθὸν ἅπαν φθεγγόμενοι.
8. κἂν...εἶεν] On the use of the optative (instead of the subjunctive) with κἄν or ἐάν in late Greek see Schmid Atticismus i 244, ii 59.
10. εἰ—θέλωσιν] For other instances of εἰ with the subj. in Chrys.

see Field Homm. in Epp. Paul. Index s.v.
11. τὸ τηνικ.] i.e. τότε δή, 'then and not till then.'
ib. ἐὰν φθάσῃ κτλ.] 'if one is too quickly depressed by these mishaps.'
14. ἀθυμία, φρ.] Cp. φροντίδας, ἀθυμίας iv 6.
ib. δειναὶ καταβ.] Cp. δεινὴν καταβαλεῖν iii 16 (note).

9—2

τάχα δὲ, οἶμαι, καὶ ἀδύνατον. 465. Τὸ γὰρ μὴ χαίρειν ἐπαινούμενον, οὐκ οἶδα εἴ τινι ἀνθρώπων ποτὲ κατώρθωται· τὸν δὲ χαίροντα, εἰκὸς καὶ ἐπιθυμεῖν ἀπολαύειν αὐτῶν· τὸν δὲ ἀπολαύειν ἐπιθυμοῦντα, πάντως καὶ ἐν ταῖς τούτων
5 ἀποτυχίαις ἀνιᾶσθαι καὶ ἀλύειν ἀνάγκη. 466. Ὥσπερ γὰρ οἱ γανύμενοι τῷ πλουτεῖν, ἡνίκα ἂν καταπέσωσιν εἰς πενίαν, ἄχθονται, καὶ οἱ τρυφᾶν εἰωθότες οὐκ ἂν ἀνάσχοιντο ζῆν εὐτελῶς· οὕτω καὶ οἱ τῶν ἐγκωμίων ἐρῶντες, οὐχ ὅταν ψέγωνται μόνον εἰκῆ, ἀλλὰ καὶ ὅταν
10 μὴ ἐπαινῶνται συνεχῶς, καθάπερ λιμῷ τινι διαφθείρονται τὴν ψυχήν, καὶ μάλιστα ὅταν αὐτοῖς ἐντραφέντες τύχωσιν, ἢ καὶ ἑτέρους ἐπαινουμένους ἀκούωσι. 467. Τὸν δὴ μετὰ ταύτης τῆς ἐπιθυμίας εἰς τὸν τῆς διδασκαλίας ἀγῶνα παρελθόντα, πόσα πράγματα καὶ πόσας ἔχειν οἴει τὰς
15 ἀλγηδόνας; οὔτε τὴν θάλατταν ἐστι κυμάτων ἐκτὸς εἶναί ποτε, οὔτε τὴν ἐκείνου ψυχὴν φροντίδων καὶ λύπης.

V. 468. Καὶ γὰρ ὅταν πολλὴν ἐν τῷ λέγειν δύναμιν ἔχῃ (τοῦτο δὲ ἐν ὀλίγοις εὕροι τις ἄν)· οὐδὲ οὕτω τοῦ πονεῖσθαι διηνεκῶς ἀπήλλακται. ἐπειδὴ γὰρ οὐ φύσεως
20 ἀλλὰ μαθήσεως τὸ λέγειν, κἂν εἰς ἄκρον αὐτοῦ τις ἀφίκηται, τότε αὐτὸν ἀφίησιν ἔρημον, ἂν μὴ συνεχεῖ σπουδῇ καὶ γυμνασίᾳ ταύτην θεραπεύῃ τὴν δύναμιν. 469. Ὥστε τοῖς σοφωτέροις μᾶλλον, ἢ τοῖς ἀμαθεστέροις, μείζων ὁ πόνος. οὐδὲ γὰρ ὑπὲρ τῶν αὐτῶν ἡ ζημία ἀμελοῦσι

1 οιμαι]+οτι yz vulg || 5 αλυειν] αλγειν ghwy vulg αλγυνειν (ν prius in rasura) berl λυπεισθαι και εκκλινειν και ανιασθαι και αλυειν (αλγειν) dehklstz vulg || 6 οι χαιροντες dfp

3. ἀπολ. αὐτῶν] sc. ἐπαίνων, to be supplied from ἐπαινούμενον.
5. ἀλύειν] 'to be distraught.' Some MSS (see critical note) have λυπεῖσθαι καὶ ἐκκλίνειν καὶ ἀνιᾶσθαι καὶ ἀλύειν, where the first infin. is probably a gloss on the third, and the second on the fourth.
V. The gifted preacher ought not to allow himself to grow careless in the preparation of his sermons. More is expected of him than of others: and his faults will accordingly be scrutinized with all the greater severity.
23. μᾶλλον...μείζων] Note the double comparative: cp. Blass Gr. N.T. 44 (5).

τούτοις κἀκείνοις, ἀλλὰ τοσοῦτον αὕτη πλείων, ὅσον καὶ τῆς κτήσεως ἑκατέρας τὸ μέσον. 470. Κἀκείνοις μὲν οὐδ᾽ ἂν ἐγκαλέσειέ τις, μηδὲν ἄξιον λόγου παρέχουσιν· οὗτοι δὲ εἰ μὴ μείζονα τῆς δόξης, ἧς ἅπαντες ἔχουσι περὶ αὐτῶν, ἀεὶ προφέροιεν, πολλὰ παρὰ πάντων ἕπεται τὰ ἐγκλήματα. 5 πρὸς δὲ τούτοις ἐκεῖνοι μὲν καὶ ἐπὶ μικροῖς μεγάλων ἂν τύχοιεν ἐπαίνων· τὰ δὲ τούτων, ἂν μὴ λίαν ᾖ θαυμαστὰ καὶ ἔκπληκτα, οὐ μόνον ἐγκωμίων ἐστέρηται, ἀλλὰ καὶ τοὺς μεμφομένους ἔχει πολλούς. 471. Οὐ γὰρ τοῖς λεγομένοις, ὡς ταῖς τῶν λεγόντων δόξαις, κάθηνται δικά- 10 ζοντες οἱ ἀκροαταί. ὥστε ὅταν κρατῇ τις ἁπάντων ἐν τῷ λέγειν, τότε μάλιστα πάντων αὐτῷ δεῖ πεπονημένης σπουδῆς. οὐδὲ γὰρ τοῦτο, ὃ κοινὸν τῆς ἀνθρωπείας φύσεώς ἐστι, τὸ μὴ πάντα ἐπιτυγχάνειν, ἔξεστιν ἐκείνῳ παθεῖν· ἀλλ᾽ ἂν μὴ δι᾽ ὅλου συμφωνῇ τῷ μεγέθει τῆς 15 ὑπολήψεως αὐτοῦ τὰ λεγόμενα, σκώμματα μυρία καὶ μέμψεις λαβὼν παρὰ τῶν πολλῶν ἄπεισι. 472. Καὶ οὐδεὶς ἐκεῖνο λογίζεται πρὸς ἑαυτόν, ὅτι καὶ ἀθυμία προσπεσοῦσα, καὶ ἀγωνία, καὶ φροντὶς, πολλάκις δὲ καὶ θυμὸς ἐπεσκότησε τῷ τῆς διανοίας καθαρῷ, καὶ τὰ τικτό- 20 μενα οὐκ ἀφῆκε προελθεῖν εἰλικρινῆ· καὶ ὅτι ὅλως, ἄνθρωπον ὄντα, οὐκ ἔστι διὰ παντὸς εἶναι τὸν αὐτόν, οὐδὲ ἐν ἅπασιν εὐημερεῖν· ἀλλ᾽ εἰκός ποτε καὶ διαμαρτεῖν, καὶ ἐλάττονα τῆς οἰκείας δειχθῆναι δυνάμεως. τούτων οὐδέν, ὅπερ ἔφην, ἐννοῆσαι βούλονται· ἀλλ᾽ ὥσπερ ἀγγέλῳ δικά- 25 ζοντες ἐπάγουσι τὰς αἰτίας. 473. Καὶ ἄλλως δὲ πέφυκεν ἄνθρωπος τὰ μὲν κατορθώματα τοῦ πλησίον καὶ πολλὰ ὄντα καὶ μεγάλα παρορᾶν· ἢν δὲ ἐλάττωμά που φανῇ, κἂν

1 αυτη] αυτοις y ǀǀ 2 κτισεως y* ǀǀ 7 των επαινων yz vulg ǀǀ 13 ανθρωπίνης yz ǀǀ 14 το μη προς παντα c ǀǀ 18 προς αυτον yz vulg ǀǀ 20 επεσκοτισε cy' ǀǀ 25 ωνπερ εφην f

1. ὅσον ... τὸ μέσον] For the construction cp. iii 6 τοσούτῳ μεῖζον ἐκείνου τοῦτο, ὅσῳ τοῦ διαπτύειν καὶ θαυμάζειν τὸ μέσον ἐστί (note).

21. εἰλικρινῆ] Originally 'distinct,' 'unmixed': hence 'pure,' 'unsullied': see Lightfoot on Phil. i 10.

τὸ τυχὸν ᾖ, κἂν διὰ πολλοῦ συμβεβηκὸς, καὶ ἐπαισθάνεται ταχέως, καὶ ἐπιλαμβάνεται προχείρως, καὶ μέμνηται διαπαντός. καὶ τὸ μικρὸν τοῦτο καὶ εὐτελὲς τὴν τῶν πολλῶν καὶ μεγάλων ἠλάττωσε δόξαν πολλάκις. VI. 474. Ὁρᾷς,
5 ὦ γενναῖε, ὅτι μάλιστα τῷ λέγειν δυναμένῳ πλείονος δεῖ τῆς σπουδῆς· ἐπὶ δὲ τῇ σπουδῇ καὶ ἀνεξικακίας τοσαύτης ὅσης οὐδὲ ἅπαντες, ὅσους πρότερόν σοι διῆλθον, ἐδέοντο. 475. Πολλοὶ γὰρ αὐτῷ συνεχῶς ἐπιφύονται μάτην καὶ εἰκῇ, καὶ οὐδὲν ἔχοντες ἐγκαλεῖν πλὴν ὅτι τὸ παρὰ πᾶσιν
10 εὐδοκιμεῖν, ἀπεχθάνονται· καὶ δεῖ γενναίως φέρειν τὴν πικρὰν τούτων βασκανίαν. 476. Τὸ γὰρ ἐπάρατον τοῦτο μῖσος, ὅπερ εἰκῇ συλλέγουσιν, οὐ στέγοντες κρύπτειν, καὶ λοιδοροῦνται, καὶ καταμέμφονται, καὶ διαβάλλουσι λάθρα, καὶ πονηρεύονται φανερῶς. ψυχὴ δὲ ἀρξαμένη καθ᾿ ἕκασ-
15 τον τούτων ἀλγεῖν καὶ παροξύνεσθαι οὐκ ἂν φθάσειε διαφθαρεῖσα τῇ λύπῃ. 477. Καὶ γὰρ οὐ δι᾿ ἑαυτῶν αὐτὸν ἀμύνονται μόνον, ἀλλὰ καὶ δι᾿ ἑτέρων τοῦτο ποιεῖν ἐπιχειροῦσι· καὶ πολλάκις τινὰ τῶν οὐδὲν δυναμένων εἰπεῖν ἐκλεξάμενοι, τοῖς ἐπαίνοις ἐπαίρουσι, καὶ θαυμάζου-
20 σιν ὑπὲρ τὴν ἀξίαν· οἱ μὲν ἀμαθίᾳ, οἱ δὲ καὶ ἀμαθίᾳ καὶ φθόνῳ τοῦτο ποιοῦντες, ἵνα τὴν δόξαν τούτου καθέλωσιν, οὐχ ἵνα δείξωσι θαυμαστὸν τὸν οὐκ ὄντα τοιοῦτον. 478. Οὐ πρὸς τούτους δὲ μόνον ἐκείνῳ τῷ γενναίῳ ὁ ἀγὼν, ἀλλὰ καὶ πρὸς ἀπειρίαν ὅλου δήμου πολλάκις.

5 τω μαλιστα λεγειν f || 6 επι] προς vulg || πολλης δειται της σπουδης και ανεξικακιας τοσαυτης c || 7 οσους] ους fz || 9 om οτι το vulg πλην του παρα πασιν ευδοκιμειν cfyz || 13 λοιδορουσι fyz || μεμφονται vulg || 15 καν φθασειε y* || 20 οι μεν μανια f οι μεν μανια μονον yz vulg

1. κἂν διὰ πολλοῦ σ.] 'though it were long since he did such a thing before.'
VI. Unfavourable criticism must be faced with equanimity.
8. ἐπιφύονται] Cp. ἐπιφύονται i 4 (note).
9. οὐδὲν ἔχοντες κτλ.] 'though having no fault to find with him except his universal popularity.' Πλὴν ὅτι simply = πλήν: cp. Ar. Nub. 1429. With ἀπεχθάνονται supply αὐτῷ.
14. πονηρεύονται] Cp. χρηστεύεται iii 15 (note).
15. οὐκ ἂν φθ. δ.] 'had better die at once': lit. 'could not be too quick in dying.'

DE SACERDOTIO

ἐπειδὴ γὰρ οὐκ ἔστιν ἐξ ἐλλογίμων ἀνδρῶν συλλέγεσθαι τοὺς συνερχομένους ἅπαντας, ἀλλὰ τὸ πλέον τῆς ἐκκλησίας μέρος ἐξ ἰδιωτῶν συνῆχθαι συμβαίνει, τοὺς δὲ λοιποὺς καὶ αὐτοὺς ἐκείνων μὲν εἶναι συνετωτέρους, τῶν δὲ λόγους κρῖναι δυναμένων λείπεσθαι πολλῷ πλέον ἢ ὅσον ἐκείνων 5 οἱ λοιποὶ πάντες, ἕνα δὲ μόλις ἢ δεύτερον καθῆσθαι τὸν ταύτην κεκτημένον τὴν ἀρετὴν, ἀνάγκη, τὸν ἄμεινον εἰπόντα ἐλάττονας ἀπενέγκασθαι κρότους, ἔστι δὲ ὅτε μηδὲ ἐπαινεθέντα ἀπελθεῖν. 479. Καὶ δεῖ πρὸς ταύτας γενναίως παρεσκευάσθαι τὰς ἀνωμαλίας· καὶ τοῖς μὲν δι' 10 ἀμαθίαν ταῦτα πάσχουσι συγγινώσκειν· τοὺς δὲ διὰ φθόνον τοῦτο ὑπομένοντας δακρύειν, ὡς ἀθλίους ὄντας καὶ ἐλεεινούς· μηδ' ἑτέρῳ δὲ τούτων ἐλάττω τὴν αὐτοῦ νομίζειν γεγενῆσθαι δύναμιν. 480. Οὐδὲ γὰρ, εἰ ζωγράφος ὢν ἄριστος, καὶ πάντων κατὰ τὴν τέχνην κρατῶν, τὴν 15 μετὰ πολλῆς τῆς ἀκριβείας ἀναγεγραμμένην εἰκόνα ὑπὸ τῶν τῆς τέχνης ἀπείρων σκωπτομένην ἑώρα, ἔδει καταπεσεῖν, καὶ τῇ κρίσει τῶν οὐκ εἰδότων φαύλην ἄγειν τὴν γραφήν· ὥσπερ οὐδὲ τὴν ὄντως φαύλην, θαυμαστήν τινα καὶ ἐπέραστον, ἀπὸ τῆς τῶν ἀτέχνων ἐκπλήξεως. 20
VII. 481. Ὁ γὰρ ἄριστος δημιουργὸς αὐτὸς ἔστω καὶ κριτὴς τῶν αὐτοῦ τεχνημάτων, καὶ καλὰ καὶ φαῦλα ταύτῃ τιθέσθω τὰ γινόμενα, ὅταν ὁ τεχνησάμενος αὐτὰ νοῦς

1 ουκ εξεστιν y ουκ ενεστιν z vulg ‖ 6 μολις] μονον cf ‖ 7 om την αρετην f ‖ 9 επανελθειν y ‖ 14 γινεσθαι f ‖ 18 αγειν] λεγειν y* ηγεισθαι y' vulg ‖ 21 εσται κριτης y

3. τοὺς δὲ λοιπούς κτλ.] There are three classes (according to Chrys.) in a congregation. The first is composed of trained critics (τῶν λόγους κρῖναι δυναμένων): the second contains persons of cultivated taste (to these the words τοὺς λοιποὺς ... συνετωτέρους refer): the third and largest class consists of the ἰδιῶται (referred to in οἱ λοιποὶ πάντες below). Ἐκείνων where it first occurs (after αὐτούς) means the third class: but later (after ὅσον) it means the second class.
6. ἕνα δὲ μ. ἢ δεύτ.] Cp. ἑνός που καὶ δευτέρου iii 13 (note).
18. φαύλην ἄγειν] Cp. θαυμαστὸν ἦγον iv 7 (note).
VII. *The best and safest rule for the preacher in composing his sermons is to aim at pleasing God.*

ταύτας φέρῃ τὰς ψήφους· τὴν δὲ τῶν ἔξωθεν δόξαν, τὴν πεπλανημένην καὶ ἄτεχνον, μηδὲ εἰς νοῦν βαλέσθω ποτέ. 482. Μὴ τοίνυν μήτε ὁ τῆς διδασκαλίας ἀναδεξάμενος τὸν ἀγῶνα ταῖς τῶν ἔξωθεν εὐφημίαις προσεχέτω, μηδὲ ἀπὸ
5 τούτων τὴν ἑαυτοῦ καταβαλλέτω ψυχήν· ἀλλ' ἐργαζόμενος τοὺς λόγους, ὡς ἂν ἀρέσειε τῷ θεῷ (οὗτος γὰρ αὐτῷ κανὼν καὶ ὅρος ἔστω μόνος τῆς ἀρίστης δημιουργίας ἐκείνων, μὴ κρότοι, μηδὲ εὐφημίαι), εἰ μὲν ἐπαινοῖτο καὶ παρὰ τῶν ἀνθρώπων, μὴ διακρουέσθω τὰ ἐγκώμια· μὴ παρεχόντων
10 δὲ αὐτὰ τῶν ἀκροατῶν, μηδὲ ζητείτω, μηδὲ ἀλγείτω. 483. ἱκανὴ γὰρ αὐτῷ παραμυθία τῶν πόνων, καὶ πάντων μείζων, ὅταν ἑαυτῷ συνειδέναι δύνηται, πρὸς ἀρέσκειαν τοῦ θεοῦ συντιθεὶς καὶ ῥυθμίζων τὴν διδασκαλίαν. VIII. 484. Καὶ γὰρ ἂν φθάσῃ τῇ τῶν ἀλόγων ἐπαίνων
15 ἐπιθυμίᾳ ἁλῶναι, οὐδὲν αὐτῷ τῶν πολλῶν πόνων ὄφελος, οὐδὲ τῆς ἐν τῷ λέγειν δυνάμεως. τὰς γὰρ ἀνοήτους τῶν πολλῶν καταγνώσεις μὴ δυναμένη φέρειν ψυχὴ ἐκλύεται καὶ τὴν περὶ τὸ λέγειν ῥίπτει σπουδήν. διὰ τοῦτο χρὴ μάλιστα πάντων πεπαιδεῦσθαι ἐπαίνων ὑπερορᾶν· οὐ γὰρ
20 ἀρκεῖ τὸ λέγειν εἰδέναι πρὸς τὴν ταύτης τῆς δυνάμεως φυλακήν, ἂν μὴ καὶ τοῦτο προσῇ. 485. Εἰ δέ τις ἀκριβῶς ἐξετάζειν ἐθέλοι καὶ τὸν ἐν ἐνδείᾳ καθεστῶτα ταύτης τῆς ἀρετῆς, εὑρήσει δεόμενον τοῦ τῶν ἐπαίνων καταφρονεῖν οὐχ ἧττον ἢ τοῦτον. 486. Καὶ γὰρ πολλὰ ἁμαρτάνειν

6 τω θεω]+μενετω z ‖ 8 επαινειται vulg ‖ 10 των ακουοντων cfz ‖ μη ζητ. μηδε vulg ‖ 11 παντων] πασων y* ‖ 13 om του cfyz ‖ 14 om αλογων c ‖ 18 χρη παντων μαλλον f

1. τῶν ἔξωθεν] Cp. τοὺς ἔξωθεν i 4 (note).
6. ὡς ἂν ἀρέσειε] 'in the way in which he could best please': ἂν goes with ἀρέσειε, not with ὡς.
9. μὴ διακρ.] 'let him not reject.'
11. πάντων] sc. πόνων. With πασῶν (see critical note) supply παραμυθιῶν.
VIII. The effort to win the applause of men leads to envy, hatred, and uncharitableness, felt by the unsuccessful towards the successful preacher.
15. ἁλῶναι] Φθάνω more usually takes the participle: but cp. Ar. Eq. 935 φθαίης ἔτ' εἰς ἐκκλησίαν ἐλθεῖν.
17. ἐκλύεται] 'is enfeebled.'
22. τὸν ἐν ἐνδ. κτλ.] i.e. the less eloquent preacher.

ἀναγκασθήσεται, τῆς τῶν πολλῶν δόξης ἥττων γενόμενος· ἀτονῶν γὰρ ἐξισωθῆναι τοῖς εὐδοκιμοῦσι κατὰ τὴν τοῦ λέγειν ἀρετὴν, ἐπιβουλεύειν τε αὐτοῖς καὶ διαφθονεῖσθαι, καὶ μέμφεσθαι μάτην, καὶ πολλὰ τοιαῦτα ἀσχημονεῖν οὐ παραιτήσεται, ἀλλὰ πάντα τολμήσει, κἂν τὴν ψυχὴν ἀπολέσθαι δέῃ, ὑπὲρ τοῦ τὴν ἐκείνων δόξαν εἰς τὴν τῆς ἰδίας εὐτελείας καταγαγεῖν ταπεινότητα. 487. Πρὸς δὲ τούτοις καὶ τῶν ἱδρώτων ἀποστήσεται τῶν περὶ τὸ πονεῖν, νάρκης ὥσπερ τινὸς κατασκεδασθείσης αὐτοῦ τῆς ψυχῆς. τὸ γὰρ πολλὰ μοχθοῦντα ἐλάττονα καρποῦσθαι ἐγκώμια ἱκανὸν καταβαλεῖν καὶ τρέψαι πρὸς ὕπνον βαθὺν τὸν οὐ δυνάμενον ἐγκωμίων καταφρονεῖν· ἐπεὶ καὶ γεωργὸς, ὅταν εἰς λεπτόγεων κάμνῃ χωρίον καὶ πέτρας ἀναγκάζηται γεωργεῖν, ταχέως ἀφίσταται τοῦ πονεῖν, ἢν μὴ πολλὴν περὶ τὸ πρᾶγμα κεκτημένος ᾖ τὴν προθυμίαν, ἢ λιμοῦ δέος ἐπικείμενον ἔχῃ. 488. Εἰ γὰρ οἱ μετὰ πολλῆς τῆς ἐξουσίας δυνάμενοι λέγειν τοσαύτης δέονται τῆς γυμνασίας πρὸς τὴν τῆς κτήσεως φυλακήν, ὁ μηδὲν ὅλως συναγαγὼν, ἀλλ' ἐν τοῖς ἀγῶσιν ἀναγκαζόμενος μελετᾶν, πόσην ὑποστήσεται τὴν δυσχέρειαν, πόσον θόρυβον, πόσην ταραχὴν, ἵνα πολλῷ τῷ μόχθῳ μικρόν τι συναγαγεῖν δυνηθῇ; 489. Ἂν δέ τις καὶ τῶν μετ' αὐτοῦ τεταγμένων, καὶ τὴν ἐλάττω τάξιν λαχόντων, ἐν τῷ μέρει τούτῳ μᾶλλον ἐκείνου διαφανῆναι δυνηθῇ, θείας τινὸς δεῖ ψυχῆς ἐνταῦθα, ὥστε

1 ηττων γενομενος] ερων z || 6 απολεσαι z vulg || 9 καταχεθεισης (sic) f || επιπεσουσης c || τη ψυχη] cyz vulg || 12 επει και] + o z vulg || 13 λεπτογεον ac franc λεπτογαιον bflz λεπτογειον d vulg || 22 μετ' αυτον y' vulg

2. ἀτονῶν κτλ.] 'being unable to rival famous preachers.'
3. διαφθονεῖσθαι] Verbs compounded with διά often signify rivalry, and when this is the case they are chiefly used in the middle: cp. διατοξεύεσθαι, διακοντίζεσθαι.
9. νάρκης] 'numbness.' For the construction of κατασκεδ. with gen. (τῆς ψυχῆς) cp., at the end of this chapter, παθῶν τὸν ὄχλον κατασκεδάζει τῆς ἑαυτοῦ ψυχῆς: adv. oppugn. vit. monast. III 108 A, πολλὴν τῆς ψυχῆς κατασκεδάσαι νάρκην.
11. ὕπνον] i.e. lethargy.
13. λεπτόγεων] Cp. λεπτόγεα καὶ ἀπόκρημνα ii 4 (note).
24. διαφανῆναι] 'to become famous.'

μὴ ἁλῶναι βασκανίᾳ, μηδὲ ὑπὸ ἀθυμίας καταπεσεῖν. τὸ γὰρ ὑπὸ τῶν ἐλαττόνων παρευημερεῖσθαι αὐτὸν ἐν ἀξιώματι καθεστῶτα μείζονι, καὶ φέρειν γενναίως, οὐ τῆς τυχούσης, οὐδὲ τῆς ἡμετέρας, ἀλλά τινος ἀδαμαντίνης ἂν
5 εἴη ψυχῆς. 490. Κἂν μὲν ἐπιεικὴς ᾖ καὶ μέτριος ἄγαν ὁ παρευδοκιμῶν, φορητὸν ὁπωσοῦν γίνεται τὸ πάθος· ἂν δὲ καὶ θρασὺς καὶ ἀλαζὼν καὶ φιλόδοξος, θάνατον ἐκείνῳ καθ' ἑκάστην εὐκτέον ἡμέραν, οὕτως αὐτῷ πικρὰν καταστήσει τὴν ζωήν, ἐπεμβαίνων φανερῶς, καταμωκώμενος
10 λάθρα, τῆς ἐξουσίας πολλὰ παρασπῶν τῆς ἐκείνου, πάντα αὐτὸς εἶναι βουλόμενος. μεγίστην δὲ ἐν ἅπασι τούτοις ἀσφάλειαν τὴν ἐν τῷ λέγειν κέκτηται παρρησίαν, καὶ τὴν τοῦ πλήθους περὶ αὐτὸν σπουδήν, καὶ τὸ φιλεῖσθαι παρὰ τῶν ἀρχομένων ἁπάντων. 491. ἢ οὐκ οἶδας, ὅσος ταῖς
15 τῶν Χριστιανῶν ψυχαῖς λόγων ἔρως εἰσεκώμασε νῦν; καὶ ὅτι μάλιστα πάντων οἱ τούτους ἀσκοῦντες ἐν τιμῇ, οὐ παρὰ τοῖς ἔξωθεν μόνον, ἀλλὰ καὶ παρὰ τοῖς τῆς πίστεως οἰκείοις; 492. Πῶς οὖν ἄν τις ἐνέγκοι τοσαύτην αἰσχύνην, ὅταν αὐτοῦ μὲν φθεγγομένου πάντες σιγῶσι, καὶ διοχλεῖ-
20 σθαι νομίζωσι, καὶ τοῦ λόγου τὸ τέλος, ὥσπέρ τινα πόνων ἀνάπαυσιν, περιμένωσι· θατέρου δὲ καὶ μακρὰ λέγοντος μετὰ προθυμίας ἀκούωσιν, καὶ παύσεσθαι μέλλοντος δυσχεραίνωσι, καὶ σιγᾶν βουλομένου παροξύνωνται; 493. Ταῦτα γὰρ εἰ καὶ μικρά σοι δοκεῖ εἶναι νῦν καὶ
25 εὐκαταφρόνητα, διὰ τὸ ἀπείρατον· ἀλλ' ἱκανά γε ἐστὶ προθυμίαν σβέσαι, καὶ ψυχῆς παραλῦσαι δύναμιν, ἢν μὴ πάντων τις ἑαυτὸν τῶν ἀνθρωπίνων ἀνασπάσας παθῶν

1 υπο] παρα f ‖ 7 θανατος y ‖ 8 ευκταιον y ‖ 9 υπερβαινων vulg ‖ 11 τουτοις την ασφαλειαν vulg ‖ 19 διενοχλεισθαι vulg ‖ 22 μακροθυμιας y' vulg ‖ 25 απειραστον y απειροτατον c ‖ 26 προθ. σβεσαι ψυχης και την δυναμιν αυτης παραλ. c

2. παρευημ.] 'to be surpassed in point of success': cp. παρευδοκιμῶν, immediately after.
3. οὐ τῆς τυχ. κτλ.] 'is beyond an ordinary mind, certainly beyond mine.'
9. καταμωκ.] 'gibing at him.'
15. εἰσεκώμασε] Cp. εἰσεκώμασεν iii 15 (note).
16. ἐν τιμῇ] sc. εἰσίν.

DE SACERDOTIO

ὁμοίως ταῖς ἀσωμάτοις μελετήσῃ διακεῖσθαι δυνάμεσιν, αἳ μήτε φθόνῳ, μήτε δόξης ἔρωτι, μήτε ἑτέρῳ τινὶ τοιούτῳ θηρῶνται νοσήματι. 494. Εἰ μὲν οὖν τίς ἐστιν ἀνθρώπων τοιοῦτος, ὡς δύνασθαι τὸ δυσθήρατον τοῦτο καὶ ἀκαταγώνιστον καὶ ἀνήμερον θηρίον, τὴν τῶν πολλῶν δόξαν, κατα- 5 πατεῖν, καὶ τὰς πολλὰς αὐτῆς ἐκτέμνειν κεφαλὰς, μᾶλλον δὲ μηδὲ φῦναι τὴν ἀρχὴν συγχωρεῖν, δυνήσεται εὐκόλως καὶ τὰς πολλὰς ταύτας ἀποκρούεσθαι προσβολὰς, καὶ εὐδιεινοῦ τινὸς ἀπολαύειν λιμένος· ταύτης δὲ οὐκ ἀπηλλαγμένος, πόλεμόν τινα πολυειδῆ καὶ θόρυβον συνεχῆ καὶ 10 ἀθυμίας καὶ τῶν λοιπῶν παθῶν τὸν ὄχλον κατασκεδάζει τῆς ἑαυτοῦ ψυχῆς. 495. Τί δεῖ τὰς λοιπὰς καταλέγειν δυσκολίας; ἃς οὔτε εἰπεῖν οὔτε μαθεῖν δυνήσεταί τις, μὴ ἐπὶ τῶν πραγμάτων γενόμενος αὐτῶν.

6 εκτεμειν y vulg ‖ 9 ευδινου (-εινου) acdghlwyz ευδιον ty' vulg ‖ 11 κατασκεδασει fmu oliv κατασκευαζει dy franc vulg ‖ 12 τη ψυχη bz henr

5. θηρίον] Cp. Plat. *Rep.* 588 c θηρίου ποικίλου καὶ πολυκεφάλου.
6. τὰς π. κεφαλάς] like those of the Hydra killed by Heracles.
ib. μᾶλλον δέ κτλ.] 'Or rather not to allow it to grow at all.'
9. εὐδιεινοῦ] Cp. Plat. *Legg.* 919 A εὐδιεινὴν γαλήνην παρασχών. Field in his note on *Homm. in Matt.* 540 E shews that from εὐδία three adjectival forms are found: viz. εὐδιεινός, εὔδιος, and εὐδινός. He rejects the forms εὐδεινός and εὐδιηνός.
11. κατασκεδάζει] Cp. on νάρκης above.
13. μὴ ἐπὶ τῶν πρ. γ. αὐ.] 'if he has not had actual experience of the life': for the use of ἐπί cp. ἐπὶ τῶν οἰάκων iii 7 (note).

ΛΟΓΟΣ ϛ'.

Τάδε ἔνεστιν ἐν τῷ ϛ' λόγῳ.

I. Ὅτι καὶ ταῖς εὐθύναις τῶν ἑτέροις ἁμαρτανομένων ὑπόκεινται οἱ ἱερεῖς.
II. Ὅτι τῶν μοναζόντων πλείονος δέονται ἀκριβείας.
III. Ὅτι πλείονος εὐκολίας ἀπολαύει ὁ μονάζων παρὰ τὸν ἐκκλησίας προεστῶτα.
IV. Ὅτι τῆς οἰκουμένης τὴν προστασίαν ἐμπεπίστευται ὁ ἱερεὺς, καὶ ἕτερα πράγματα φρικτά.
V. Ὅτι πρὸς πάντα ἐπιτήδειον εἶναι χρὴ τὸν ἱερέα.
VI. Ὅτι οὐχ οὕτω τὸ μονάζειν, ὡς τὸ πλήθους προεστάναι καλῶς, καρτερίας σημεῖον.
VII. Ὅτι οὐχ ὑπὲρ τῶν αὐτῶν, τῷ τε καθ' ἑαυτὸν ὄντι καὶ τῷ ἐν μέσῳ στρεφομένῳ, ἡ ἄσκησίς ἐστιν.
VIII. Ὅτι εὐκολώτερον τὴν ἀρετὴν οἱ καθ' ἑαυτοὺς ὄντες ἢ οἱ πολλῶν φροντίζοντες κατορθοῦσιν.
IX. Ὅτι οὐ χρὴ καταφρονεῖν τῆς τῶν πολλῶν ὑπολήψεως, κἂν ψευδὴς οὖσα τύχῃ.
X. Ὅτι οὐ μέγα σῶσαι ἑαυτόν.
XI. Ὅτι πολλῷ χαλεπωτέρα μένει τιμωρία τὰ τῶν ἱερέων ἁμαρτήματα, ἢ τὰ τῶν ἰδιωτῶν.
XII. Ἐκ παραδειγμάτων παράστασις καὶ τῆς ὀδύνης τῆς διὰ τὴν προσδοκίαν τῆς ἱερωσύνης γενομένης, καὶ τοῦ φόβου.
XIII. Ὅτι παντὸς πολέμου χαλεπώτερος ὁ τοῦ διαβόλου πρὸς ἡμᾶς.

---

x ουδεν μεγα c ‖ xii γιγνομενης c ‖ xiii προς ημας] πειρασμος γ' vulg

I. 496. Καὶ τὰ μὲν ἐνταῦθα τοιαῦτα, οἷάπερ ἤκουσας· τὰ δὲ ἐκεῖ πῶς οἴσομεν, ὅταν καθ᾽ ἕκαστον τῶν πιστευθέντων ἀναγκαζώμεθα τὰς εὐθύνας ὑπέχειν; οὐ γὰρ μέχρις αἰσχύνης ἡ ζημία, ἀλλὰ καὶ αἰώνιος ἐκδέχεται κόλασις. 427. Τὸ γὰρ, Πείθεσθε τοῖς ἡγουμένοις ὑμῶν καὶ ὑπείκετε, ὅτι αὐτοὶ 5 ἀγρυπνοῦσιν ὑπὲρ τῶν ψυχῶν ὑμῶν, ὡς λόγον ἀποδώσοντες, εἰ καὶ πρότερον εἶπον, ἀλλ᾽ οὐδὲ νῦν σιωπήσομαι. ὁ γὰρ φόβος ταύτης τῆς ἀπειλῆς συνεχῶς κατασείει μου τὴν ψυχήν. 498. Εἰ γὰρ τῷ μόνον ἕνα σκανδαλίζοντι, καὶ ἐλάχιστον, συμφέρει ἵνα μύλος ὀνικὸς κρεμασθῇ εἰς τὸν 10 τράχηλον αὐτοῦ, καὶ καταποντισθῇ εἰς τὴν θάλατταν, καὶ πάντες οἱ τὴν συνείδησιν τῶν ἀδελφῶν τύπτοντες εἰς αὐτὸν ἁμαρτάνουσι τὸν Χριστόν· οἱ μὴ μόνον ἕνα καὶ δύο καὶ τρεῖς, ἀλλὰ πλήθη τοσαῦτα ἀπολλύντες, τί ποτε ἆρα πείσονται, καὶ ποίαν δώσουσι δίκην; 499. Οὐδὲ γὰρ 15 ἀπειρίαν ἐστὶν αἰτιάσασθαι, οὐδὲ εἰς ἄγνοιαν καταφυγεῖν, οὐδὲ ἀνάγκην προβαλέσθαι καὶ βίαν· ἀλλὰ θᾶττον ἄν τις τῶν ἀρχομένων, εἴγε ἐνῆν, ἐν ταῖς οἰκείαις ἁμαρτίαις ἐχρήσατο ταύτῃ τῇ καταφυγῇ, ἢ ἐν ταῖς ἑτέρων οἱ προεστῶτες. 500. Τί δήποτε; ὅτι ὁ ταχθεὶς τὰς τῶν ἄλλων 20 ἀγνοίας ἐπανορθοῦν, καὶ τὸν διαβολικὸν πόλεμον προμηνύειν ἐρχόμενον, οὐ δυνήσεται προβαλέσθαι τὴν ἄγνοιαν, οὐδὲ εἰπεῖν, Οὐκ ἤκουσα τῆς σάλπιγγος, οὐ προῄδειν τὸν πόλεμον. 501. Ἐπὶ τούτῳ γὰρ ἐκάθισεν, ὡς ὁ Ἰεζεκιὴλ

6 δωσοντες f om ως λογον αποδωσοντες y || 11 καταποντισθη] ριφη z ||
12 παντες οσοι....τυπτουσι yz

1. *The priest will be held accountable for the sins of his flock.*
2. ἐκεῖ] in the next world.
3. οὐ γ. μέχρις αἰσ.] sc. ἵσταται: '*does not end with disgrace*': cp. οὐκ ἔστη μέχρι τούτου ii 1 (note).
5. πείθεσθε] Hebr. xiii 17: cp. iii 18 above *sub fin.*
9. τῷ σκανδ.] Matt. xviii 6.
12. πάντες οἱ τὴν σ.] 1 Cor. viii 12.

17. προβαλέσθαι] '*to put forward as an excuse*': cp. τὴν ἑτέρων προβαλλόμενοι βίαν iv 2 (note).
ib. θᾶττον ἄν τις κτλ.] When laymen sin, they may excuse their misconduct by alleging ignorance; but the priest has no such excuse to offer, for he is expressly charged with the duty of warning men against sin.
24. Ἰεζεκ.] Ezek. iii 17.

φησιν, ἵνα καὶ τοῖς ἄλλοις σαλπίζῃ, καὶ προμηνύῃ τὰ μέλλοντα δυσχερῆ. καὶ διὰ τοῦτο ἀπαραίτητος ἡ κόλασις, κἂν εἷς ὢν ὁ ἀπολωλὼς τύχῃ. ἐὰν γὰρ τῆς ῥομφαίας ἐρχομένης μὴ σαλπίσῃ τῷ λαῷ μηδὲ σημάνῃ (φησὶν) ὁ
5 σκοπὸς, καὶ ἐλθοῦσα ἡ ῥομφαία λάβῃ ψυχήν· αὐτὴ μὲν διὰ τὴν ἀνομίαν αὐτῆς ἐλήφθη, τὸ δὲ αἷμα αὐτῆς ἐκ χειρὸς τοῦ σκοποῦ ἐκζητήσω. II. 502. Παῦσαι τοίνυν ἡμᾶς ὠθῶν εἰς οὕτως ἄφυκτον δίκην. 503. Οὐ γὰρ ὑπὲρ στρατηγίας οὐδὲ βασιλείας ἡμῖν ὁ λόγος, ἀλλ᾽ ὑπὲρ πράγματος
10 ἀγγελικῆς ἀρετῆς δεομένου. 504. Καὶ γὰρ τῶν ἀκτίνων αὐτῶν καθαρωτέραν τῷ ἱερεῖ τὴν ψυχὴν εἶναι δεῖ, ἵνα μή ποτε αὐτὸν ἔρημον καταλιμπάνῃ τὸ πνεῦμα τὸ ἅγιον, ἵνα δύνηται λέγειν· Ζῶ δὲ οὐκ ἔτι ἐγὼ, ζῇ δὲ ἐν ἐμοὶ Χριστός. 505. Εἰ γὰρ οἱ τὴν ἔρημον οἰκοῦντες καὶ πόλεως καὶ
15 ἀγορᾶς καὶ τῶν ἐκεῖθεν ἀπηλλαγμένοι θορύβων καὶ διαπαντὸς λιμένων καὶ γαλήνης ἀπολαύοντες οὐκ ἐθέλουσι θαρρεῖν τῇ τῆς διαίτης ἐκείνης ἀσφαλείᾳ, ἀλλὰ μυρίας ἑτέρας προστιθέασι φυλακὰς, πάντοθεν ἑαυτοὺς περιφράττοντες, καὶ μετὰ πολλῆς τῆς ἀκριβείας καὶ λέγειν ἅπαντα
20 καὶ πράττειν σπουδάζοντες, ἵνα μετὰ παρρησίας καὶ καθαρότητος εἰλικρινοῦς, ὅσον εἰς ἀνθρωπείαν ἧκε δύναμιν, προσιέναι τῷ θεῷ δύνωνται· πόσης οἴει δεῖν τῷ ἱερωμένῳ καὶ δυνάμεως καὶ βίας, ὥστε δυνηθῆναι παντὸς ἐξαρπάσαι μολυσμοῦ τὴν ψυχὴν, καὶ ἀσινὲς τὸ πνευματικὸν τηρῆσαι
25 κάλλος; 506. Καὶ γὰρ πολλῷ μείζονος αὐτῷ δεῖ καθαρό-

4 μηδε δυο μηδε τρεις fz ‖ 7 ζητησω f ‖ 9 ουδε υπερ βασιλειας yz vulg ‖ 12 εγκαταλιμπανη cfz ‖ 16 λιμενος cfz ‖ εθελουσι] ανεχονται z ‖ 17 αλλα και μυριας y ‖ 24 συντηρησαι cfyz

3. ἐὰν γάρ κτλ.] Ezek. xxxiii 6.
II., III. *The priest must guard against sensual temptations with even greater vigilance than the monk. The dangerous allurements of the female sex may be fatal to his peace of mind.*
8. στρατ. οὐδὲ βασιλ.] Cp. iii 1

εἰ μὲν γὰρ στρατηγίας ἡμῖν ἢ βασιλείας αἵρεσις προὔκειτο κτλ. (note).
13. ζῶ δέ] Gal. ii 20.
15. τῶν ἐκεῖθεν] '*arising thence*': i.e. from the πόλις and ἀγορά.
21. ὅσον εἰς κτλ.] '*so far as the power of man permitted*': cp. τό γε εἰς ἐμὲ ἧκον i 4 (note).

τητος, ἢ ἐκείνοις· καὶ ᾧ μείζονος δεῖ, οὗτος πλείοσιν ἀνάγκαις ἐκείνων ὑπόκειται, ταῖς δυναμέναις αὐτὸν ῥυποῦν, ἢν μὴ τῇ διηνεκεῖ νήψει καὶ τῷ πολλῷ τόνῳ χρησάμενος ἄβατον αὐταῖς ἐργάσηται τὴν ψυχήν. 507. Καὶ γὰρ προσώπων εὐμορφία, καὶ κινημάτων διάθρυψις, καὶ 5 βαδίσεως ἐπιτήδευσις, καὶ φωνῆς διάκλασις, καὶ ὀφθαλμῶν ὑπογραφαὶ, καὶ παρειῶν ἐπιτρίμματα, καὶ πλεγμάτων σύνθεσις, καὶ τριχῶν βαφαὶ, καὶ ἱματίων πολυτέλεια, καὶ χρυσίων ποικιλία, καὶ λίθων κάλλος, καὶ μύρων εὐοδμία, καὶ τἆλλα πάντα, ἃ τὸ γυναικεῖον ἐπιτηδεύει 10 γένος, ἱκανὰ θορυβῆσαι ψυχήν, ἢν μὴ πολλῇ τῇ τῆς σωφροσύνης αὐστηρότητι ἀπεσκληκυῖα τύχῃ. 508. Ἀλλὰ τὸ μὲν ὑπὸ τούτων ταράττεσθαι, θαυμαστὸν οὐδέν· τὸ δὲ καὶ διὰ τῶν τούτοις ἐναντίων δύνασθαι βάλλειν τὸν διάβολον καὶ κατατοξεύειν τὰς τῶν ἀνθρώπων ψυχὰς, τοῦτό 15 ἐστι τὸ πολλῆς ἐκπλήξεως καὶ ἀπορίας μεστόν. III. Ἤδη γάρ τινες ταῦτα ἐκφυγόντες τὰ θήρατρα, τοῖς πολὺ τούτων ἀφεστηκόσιν ἑάλωσαν. καὶ γὰρ καὶ ἠμελημένη ὄψις, καὶ αὐχμῶσα κόμη, καὶ ῥυπῶσα στολὴ, καὶ σχῆμα ἀνεπίπλαστον, καὶ ἦθος ἁπλοῦν, καὶ ῥῆμα ἀφελὲς, καὶ βάδισις 20 ἀνεπιτήδευτος, καὶ ἀσχημάτιστος φωνὴ, καὶ τὸ πενίᾳ συζῆν, καὶ τὸ καταφρονεῖσθαι, καὶ τὸ ἀπροστάτευτον, καὶ ἡ μόνωσις, πρῶτον μὲν εἰς ἔλεον τὸν ὁρῶντα, ἀπ'

4 εργαζηται vulg ∥ 7 επιτριμματα] επιγραφαι γ' vulg ∥ 8 συνθεσεις yz vulg ∥ 9 ποικιλια] ευπρεπεια cf ∥ 10 ευωδιαι y*

5. κινημ. διάθ.] '*voluptuous movements*': βαδίσ. ἐπιτήδ. '*affected (mincing) gait*': φων. διάκ. '*soft (voluptuous) tones*' (cp. διακλᾶσθαι): ὀφθ. ὑπ. (cp. *Homm. in Matt.* 354 C) '*outlining of the eyes,*' with stibium. παρ. ἐπιτρ. (Field *Homm. in Matt.* Index II s.v. ἐπίτριμμα) '*painting of the cheeks*': πλεγμ. σύνθ. '*plaiting of the hair.*' With the general sense of the passage cp. *Homm. in* 1 *Tim.* 591 A sqq.: *ad Theodorum lapsum*

I 20 E.

12. ἀπεσκλ.] '*hardened.*' No present ἀποσκέλλω is found, but cp. σκέλλω: see also Lightfoot *Ign.* II. i 510.

III. 17. θήρατρα] '*traps.*'

19. αὐχμ. κ.] '*unkempt hair.*' This and the accompanying characteristics are presumably to be found among the 'virgins' or 'widows.'

ib. ἀνεπίπλ.] 'not painted over': hence '*simple*,' '*unaffected.*'

ἐκείνου δὲ εἰς τὸν ἔσχατον ἤγαγεν ὄλεθρον. καὶ πολλοὶ τὰ πρότερα ἐκφυγόντες δίκτυα, τὰ διὰ τῶν χρυσίων, καὶ τῶν μύρων, καὶ τῶν ἱματίων, καὶ τῶν λοιπῶν ὧν εἶπον συγκείμενα, τούτοις τοῖς τοσοῦτον αὐτῶν ἀφεστηκόσιν 5 εὐκόλως ἐνέπεσαν καὶ ἀπώλοντο. 509. Ὅταν οὖν καὶ διὰ πενίας καὶ διὰ πλούτου, καὶ διὰ καλλωπισμοῦ καὶ διὰ σχήματος εἰκῆ κειμένου, καὶ διὰ τρόπων τῶν τε ἐπιτηδευτῶν καὶ τῶν ἀπλάστων, καὶ διὰ πάντων ἁπλῶς ὧν ἀπηριθμησάμην, ὁ πόλεμος ἀναρριπίζηται τῇ τοῦ θεωμένου 10 ψυχῇ, καὶ τὰ μηχανήματα αὐτὸν περιστοιχίζῃ πανταχόθεν· πόθεν ἀναπνεῦσαι δυνήσεται, τοσούτων κύκλῳ περικειμένων παγῶν; ποίαν κατάδυσιν εὑρεῖν, οὐ λέγω πρὸς τὸ μὴ κατὰ κράτος ἁλῶναι, τοῦτο μὲν γὰρ οὐ πάνυ χαλεπὸν, ἀλλὰ καὶ πρὸς τὸ ἀτάραχον τῶν μιαρῶν λογι-15 σμῶν τὴν ἑαυτοῦ φυλάξαι ψυχήν; 510. Καὶ παρίημι τὰς τιμὰς, τὰς τῶν μυρίων αἰτίας κακῶν. 511. Αἱ μὲν γὰρ παρὰ τῶν γυναικῶν γινόμεναι τῷ τῆς σωφροσύνης λυμαίνονται τόνῳ, καὶ καταβάλλουσι δὲ πολλάκις, ὅταν τις μὴ διαπαντὸς ἀγρυπνεῖν εἰδῇ πρὸς τὰς τοιαύτας ἐπιβουλάς. 20 512. Τὰς δὲ παρὰ τῶν ἀνδρῶν ἢν μὴ μετὰ πολλῆς τις δέξηται τῆς μεγαλοψυχίας, δύο ἐναντίοις ἁλίσκεται πάθεσι, τῇ τε τῆς θωπείας δουλοπρεπείᾳ, καὶ τῇ τῆς ἀλαζονείας ἀνοίᾳ, τοῖς μὲν θεραπεύουσιν αὐτὸν ὑποκύπτειν ἀναγκαζόμενος, διὰ δὲ τὰς παρ' ἐκείνων τιμὰς κατὰ τῶν ἐλαττόνων 25 ἐξογκούμενος, καὶ εἰς τὸ τῆς ἀπονοίας ὠθούμενος βάραθρον. 513. Ταῦτα εἴρηται μὲν παρ' ἡμῶν· ὅσην δὲ ἔχει τὴν βλάβην, οὐκ ἄν τις ἄνευ τῆς πείρας μάθοι καλῶς· οὐ γὰρ

7 εικη κειμενου] ημελημενου c || 12 παγιδων byz vulg || 19 μη διαγρυπνειν ειδη y*z || 20 ει μη vulg || 24 om τιμας κατα των ελαττονων z

9. ἀναρρ.] 'is fanned into a flame,' 'enkindled.'
14. λογισμῶν] 'thoughts': this (the ordinary) sense of the word seems to be required by the contrast with κατὰ κράτος ἁλῶναι, the mere thought of sin being contrasted with complete subjugation thereby: the meaning 'appetite' is found below (λογισμὸς ἄτοπος).
18. τόνῳ] dative with λυμαίνεται: cp. Ar. Nub. 928, Eur. Bacch. 632.

VI. III]   DE SACERDOTIO   145

δὴ ταῦτα μόνον, ἀλλὰ καὶ τούτων πολλῷ πλείονα καὶ σφαλερώτερα τοῖς ἐν μέσῳ στρεφομένοις συμπίπτειν ἀνάγκη γένοιτ' ἄν. 514. Ὁ δὲ τὴν ἔρημον στέργων πάντων μὲν ἔχει τὴν ἀτέλειαν· εἰ δέ ποτε αὐτῷ καὶ λογισμὸς ἄτοπος ὑπογράψειέ τι τοιοῦτον, ἀλλ' ἀσθενὴς ἡ φαντασία, 5 καὶ ταχέως σβεσθῆναι δυναμένη, διὰ τὸ μὴ προσκεῖσθαι ἔξωθεν τὴν ἀπὸ τῆς θεωρίας ὕλην τῇ φλογί. 515. Καὶ ὁ μὲν μοναχὸς ὑπὲρ ἑαυτοῦ μόνου δέδοικεν· εἰ δὲ καὶ ἑτέρων φροντίζειν ἀναγκασθείη, ἀλλ' εὐαριθμήτων λίαν. εἰ δὲ καὶ πλείονες εἶεν, ἀλλὰ τῶν ἐν ταῖς ἐκκλησίαις ἐλάττους 10 τέ εἰσι, καὶ τὰς ὑπὲρ ἑαυτῶν φροντίδας πολλῷ κουφοτέρας παρέχουσι τῷ προστάτῃ, οὐ διὰ τὴν ὀλιγότητα μόνον, ἀλλ' ὅτι καὶ πάντες τῶν κοσμικῶν εἰσὶν ἀπηλλαγμένοι πραγμάτων, καὶ οὔτε παῖδας, οὔτε γυναῖκα, οὔτε ἄλλο τι μεριμνᾶν ἔχουσι τοιοῦτο. τοῦτο δὲ αὐτοὺς λίαν τε εἶναι 15 εὐπειθεῖς τοῖς ἡγουμένοις καὶ τὸ κοινὴν τὴν οἴκησιν ἔχειν ἐποίησεν, ὡς δύνασθαι αὐτῶν τὰ πταίσματα ἀκριβῶς συνορᾶν τε καὶ ἐπανορθοῦν, ὅπερ οὐ μικρὸν πρὸς ἀρετῆς ἐπίδοσιν [ἐπιστασία διδασκάλου διηνεκής]. IV. 516. Τῶν δὲ ὑπὸ τῷ ἱερεῖ τεταγμένων τὸ πλέον βιωτικαῖς πεπέδηται 20 φροντίσι, καὶ τοῦτο ἀργοτέρους πρὸς τὴν τῶν πνευματικῶν

2 εν τω μεσω cfz τω εν μεσω στρεφομενω vulg || 3 την ερημιαν cfyz vulg || 12 τω προεστωτι bcy* franc henr || 19 επιτασιν y* || διδασκαλων vulg

3. πάντων — ἀτέλ.] 'immunity from all': ἀτέλεια is, literally, 'exemption from public burdens.'
4. λογισμός] See on λογισμῶν above.
5. ἄτοπος] 'vicious': cp. ἐπιθυμίαι ἄτοποι vi 12, and Field's Index II to Homm. in Matt. s.v.
6. διὰ τὸ μὴ πρ. κτλ.] 'because the flame is not fed from without by actual sight.' ὕλη is 'fuel': cp. vi 12 init.: τῶν ὀφθαλμῶν τῶν ἔξωθεν οὐκ ἐχόντων ἐπιλαβέσθαι τῆς τοῦ πυρὸς ὕλης.
18. ὅπερ κτλ.] 'and this [viz.

the constant supervision of a teacher] is of no small value for progress in virtue.' The words ἐπιστασία διδ. διηνεκής are perhaps a gloss indicating the subject of the following chapter. If so, ὅπερ will simply refer to δύνασθαι—συνορᾶν τε καὶ ἐπανορθοῦν.
IV. The character of the priest must be stainless: this we naturally expect from one who makes intercession to God on behalf of his fellowmen; and who is, moreover, entrusted with the duty of celebrating the Holy Eucharist.

N. C.   10

ἐργασίαν καθίστησιν. ὅθεν ἀνάγκη τῷ διδασκάλῳ σπείρειν καθ' ἑκάστην, ὡς εἰπεῖν, ἡμέραν, ἵνα τῇ γοῦν συνεχείᾳ δυνηθῇ κρατηθῆναι παρὰ τοῖς ἀκούουσι τῆς διδασκαλίας ὁ λόγος. καὶ γὰρ πλοῦτος ὑπέρογκος, καὶ δυναστείας
5 μέγεθος, καὶ ῥᾳθυμία ἀπὸ τρυφῆς προσγινομένη, καὶ πολλὰ ἕτερα πρὸς τούτοις συμπνίγει τὰ καταβαλλόμενα σπέρματα, πολλάκις δὲ ἡ τῶν ἀκανθῶν πυκνότης οὐδὲ μέχρι τῆς ἐπιφανείας ἀφίησι τὸ σπειρόμενον πεσεῖν· ἤδη δὲ καὶ θλίψεως ὑπερβολή, καὶ πενίας ἀνάγκη, καὶ ἐπήρειαι
10 συνεχεῖς, καὶ ἄλλα τοιαῦτα τοῖς προτέροις ἐναντία, ἀπάγει τῆς περὶ τὰ θεῖα σπουδῆς. τῶν δὲ ἁμαρτημάτων οὐδὲ τὸ πολλοστὸν αὐτοῖς μέρος δυνατὸν γενέσθαι καταφανές. πῶς γάρ, ὧν τοὺς πλείονας οὐδὲ ἐκ προσόψεως ἴσασι; 517. Καὶ τὰ μὲν πρὸς τὸν λαὸν αὐτῷ τοσαύτην ἔχει τὴν
15 ἀμηχανίαν. εἰ δέ τις τὰ πρὸς τὸν θεὸν ἐξετάσειεν, οὐδὲν ὄντα εὑρήσει ταῦτα, οὕτω μείζονος καὶ ἀκριβεστέρας ἐκεῖνα δεῖται τῆς σπουδῆς. 518. Τὸν γὰρ ὑπὲρ ὅλης πόλεως, καὶ τί λέγω πόλεως, πάσης μὲν οὖν τῆς οἰκουμένης πρεσβεύοντα, καὶ δεόμενον ταῖς ἁπάντων ἁμαρτίαις ἵλεω
20 γενέσθαι· τὸν θεόν, οὐ τῶν ζώντων μόνον ἀλλὰ καὶ τῶν ἀπελθόντων, ὁποῖόν τινα εἶναι χρή; ἐγὼ μὲν γὰρ καὶ τὴν Μωϋσέως καὶ τὴν Ἠλίου παρρησίαν οὐδέπω πρὸς τὴν

2 om ως ειπειν ημεραν f ‖ 3 om παρα c ‖ 8 εμπεσειν y ‖ 16 om εκεινα c ‖ 17 ολης]+της y vulg

3. κρατ.] 'to be held fast.'
6. συμπνίγει] Matt. xiii 22.
7. οὐδὲ μέχρι τ. ἐπιφ.] 'not even to the surface': the thorns catch the seed as it falls, and it never even reaches the ground: Matt. xiii 7.
10. τοῖς προτέροις] i.e. wealth and power.
11. οὐδὲ τὸ πολλ.—μέρος] 'not a fraction.'
12. αὐτοῖς] This seems to mean the bishops, though Chrys. generally speaks of the bishop in the singular (e.g. τῷ ἱερεῖ at the beginning of this chapter). He is contrasting the relation of the bishops to their flocks with that of the superiors to their monks, who live under one roof with them.
13. ὧν τοὺς πλείονας κτλ.] 'since the majority of them they do not know even by sight.'
16. ταῦτα] sc. τὰ πρὸς τὸν λαόν.
20. τῶν ἀπελθ.] 'the dead.' For references in Chrysostom's writings to prayers for the dead, see Brightman *Liturgies Eastern and Western* vol. i Appendix C p. 474: cp. also Bingham *Origg. Eccles.* Bk xv.

VI. iv] *DE SACERDOTIO* 147

τοσαύτην ἱκετηρίαν ἀρκεῖν ἡγοῦμαι. καὶ γὰρ ὥσπερ τὸν ἅπαντα κόσμον πεπιστευμένος, καὶ αὐτὸς ὢν ἁπάντων πατήρ, οὕτω πρόσεισι τῷ θεῷ, δεόμενος τοὺς ἀπανταχοῦ πολέμους σβεσθῆναι, λυθῆναι τὰς ταραχάς· εἰρήνην, εὐετηρίαν, πάντων τῶν ἑκάστῳ κακῶν ἐπικειμένων, καὶ ἰδίᾳ καὶ 5 δημοσίᾳ, ταχεῖαν αἰτῶν ἀπαλλαγήν. δεῖ δὲ πάντων αὐτὸν, ὑπὲρ ὧν δεῖται, τοσοῦτο διαφέρειν ἐν ἅπασιν, ὅσον τὸν προεστῶτα τῶν προστατευομένων εἰκός. 519. Ὅταν δὲ καὶ τὸ πνεῦμα τὸ ἅγιον καλῇ, καὶ τὴν φρικωδεστάτην ἐπιτελῇ θυσίαν, καὶ τοῦ κοινοῦ πάντων συνεχῶς ἐφάπτη- 10 ται δεσπότου, ποῦ τάξομεν αὐτὸν, εἰπέ μοι; πόσην δὲ αὐτὸν ἀπαιτήσομεν καθαρότητα καὶ πόσην εὐλάβειαν; ἐννόησον γὰρ, ὁποίας τὰς ταῦτα διακονουμένας χεῖρας εἶναι χρή, ὁποίαν τὴν γλῶτταν τὴν ἐκεῖνα προχέουσαν τὰ ῥήματα, τίνος δὲ οὐ καθαρωτέραν καὶ ἁγιωτέραν τὴν 15 τοσοῦτο πνεῦμα ὑποδεξομένην ψυχήν; 520. Τότε καὶ ἄγγελοι παρεστήκασι τῷ ἱερεῖ, καὶ οὐρανίων δυνάμεων ἅπαν τὸ βῆμα καὶ ὁ περὶ τὸ θυσιαστήριον πληροῦται τόπος, εἰς τιμὴν τοῦ κειμένου. 521. Καὶ τοῦτο ἱκανὸν μὲν καὶ ἐξ αὐτῶν πεισθῆναι τῶν ἐπιτελουμένων τότε· ἐγὼ 20 δὲ καί τινος ἤκουσα διηγουμένου ποτὲ, ὅτι αὐτῷ τις

3 απανταχη yz ‖ 5 om παντων cy ‖ 18 απαν το ταγμα berl απαν ταγμα βοα γ' vulg ‖ 20 πιστευθηναι c πιστωθηναι y* ‖ των τελουμενων z

1. ἱκετηρίαν] 'supplication': cp. ἱκετηρίαν iii 4 (note).
3. τοὺς ἀπανταχοῦ π.] an allusion to the prayer for peace: Brightman *op. cit.* i p. 480 n. 25.
4. εὐετηρίαν] 'prosperity': lit. 'a good season' (ἔτος) for the fruits of the earth.
9. τὸ πνεῦμα τὸ ἅγ.] Cp. iii 4, ἕστηκε γὰρ ὁ ἱερεύς κτλ. (note).
ib. τὴν φρικ. θυσίαν] i.e. the Holy Eucharist: cp. iii 4 (notes). "Oh, what pure things, most pure, must those things be That bring my God to me."
10. ἐφάπτηται] 'touches,' i.e. handles in the Sacrament.

17. ἄγγελοι] Cp. *Homm. in Act. Apost.* 176 A: ἐν χερσὶν ἡ θυσία, καὶ πάντα πρόκειται ηὐτρεπισμένα ('prepared')....πάρεισιν ἄγγελοι, ἀρχάγγελοι. See also Brightman *op. cit.* i p. 480 n. 29.
ib. δυνάμεων] genitive with πληροῦται.
18. τὸ βῆμα] 'the sanctuary,' in which the altar was situated: see Brightman *op. cit.* i, Glossary of Technical Terms, *s.vv.* 'Bema,' 'Sanctuary.'
ib. τὸ θυσιαστήριον] 'the altar': Brightman *l.c.*, *s.v.* θυσιαστήριον. Cp. also Hebr. xiii 10, and see Lightfoot *Ign.* II i 43.

10—2

πρεσβύτης, θαυμαστὸς ἀνὴρ καὶ ἀποκαλύψεις ὁρᾶν εἰωθὼς, ἔλεγεν ὄψεως ἠξιῶσθαι τοιαύτης, καὶ κατὰ τὸν καιρὸν ἐκεῖνον ἄφνω πλῆθος ἀγγέλων ἰδεῖν, ὡς αὐτῷ δυνατὸν ἦν, στολὰς ἀναβεβλημένων λαμπρὰς, καὶ τὸ θυσιαστήριον 5 κυκλούντων, καὶ κάτω νευόντων, ὡς ἂν εἴ τις στρατιώτας παρόντος βασιλέως ἑστηκότας ἴδοι. καὶ ἔγωγε πείθομαι. 522. Καὶ ἕτερος δέ τις ἐμοὶ διηγήσατο, οὐ παρ᾽ ἑτέρου μαθὼν, ἀλλ᾽ αὐτὸς ἰδεῖν ἀξιωθεὶς καὶ ἀκοῦσαι, ὅτι τοὺς μέλλοντας ἐνθένδε ἀπαίρειν, ἂν τύχωσι τῶν μυστηρίων 10 μετασχόντες ἐν καθαρᾷ συνειδήσει, ὅταν ἀποπνεῖν μέλλωσι, δορυφοροῦντες αὐτοὺς, δι᾽ ἐκεῖνο τὸ ληφθὲν, ἀπάγουσιν ἐνθένδε ἄγγελοι. 523. Σὺ δὲ οὐδέπω φρίττεις, εἰς οὕτως ἱερὰν τελετὴν τοιαύτην εἰσάγων ψυχὴν, καὶ τὸν τὰ ῥυπαρὰ ἐνδεδυμένον ἱμάτια εἰς τὸ τῶν ἱερέων 15 ἀναφέρων ἀξίωμα, ὃν καὶ τοῦ λοιποῦ τῶν δαιτυμόνων χοροῦ ἐξῶσεν ὁ Χριστός; 524. Φωτὸς δίκην τὴν οἰκουμένην καταυγάζοντος λάμπειν δεῖ τοῦ ἱερέως τὴν ψυχήν· ἡ δὲ ἡμετέρα τοσοῦτον ἔχει περικείμενον αὐτῇ σκότος ἐκ τῆς πονηρᾶς συνειδήσεως, ὡς ἀεὶ καταδύεσθαι καὶ μηδέποτε 20 δύνασθαι μετὰ παρρησίας εἰς τὸν αὐτῆς ἀτενίσαι δεσπότην. 525. Οἱ ἱερεῖς τῆς γῆς εἰσιν οἱ ἅλες· τὴν δὲ ἡμετέραν ἄνοιαν καὶ τὴν ἐν ἅπασιν ἀπειρίαν τίς ἂν ἐνέγκοι ῥᾳδίως, πλὴν ὑμῶν τῶν καθ᾽ ὑπερβολὴν ἡμᾶς ἀγαπᾶν εἰθισμένων; 526. Οὐ γὰρ μόνον καθαρὸν οὕτως, ὡς τηλικαύτης ἠξιω- 25 μένον διακονίας, ἀλλὰ καὶ λίαν συνετὸν καὶ πολλῶν

4 στολιδας γ´ ‖ 12 ουπω φριττεις vulg ‖ 16 φωτος γαρ δικην z vulg ‖ 18 ως εκ της πον. συνειδ. αει καταδυεσθαι fz ‖ 21 εισιν αλες z vulg ‖ 23 ειωθοτων yz ‖ 24 ως τοιαυτης y

5. κάτω νευόντων] For the bowing of the head in the Eucharist see *DCA* 'Genuflexion.'
9. ἐνθένδε ἀπαίρειν] 'to depart hence,' i.e. 'to die.'
14. τὰ ῥυπ. ἐν. ἱμ.] i.e. who had not on a wedding garment: Matt. xxii 11.
16. χοροῦ] Cp. ἀπὸ χοροῦ μονα-ζόντων iii 15 (note).
ib. φωτὸς δίκην] 'like a light': see Matt. v 14. For δίκην cp. ii 3 ἄν τε τοὺς σιδήρου δίκην κτλ. (note).
19. ὡς καταδύεσθαι] 'so that it hides itself': cp. *quod regulares feminae* etc. 258 C οὐ καταδύει, οὐδὲ εὔχει διαστῆναί σοι τὴν γῆν;
21. τῆς γῆς—οἱ ἅλες] Matt. v 13.

ἔμπειρον εἶναι δεῖ· καὶ πάντα μὲν εἰδέναι τὰ βιωτικὰ τῶν ἐν μέσῳ στρεφομένων οὐχ ἧττον, πάντων δὲ ἀπηλλάχθαι μᾶλλον τῶν τὰ ὄρη κατειληφότων μοναχῶν. 527. Ἐπειδὴ γὰρ ἀνδράσιν αὐτὸν ὁμιλεῖν ἀνάγκη καὶ γυναῖκας ἔχουσι, καὶ παῖδας τρέφουσι, καὶ θεράποντας κεκτημένοις, καὶ πλοῦτον περιβεβλημένοις πολύν, καὶ δημόσια πράττουσι, καὶ ἐν δυναστείαις οὖσι, ποικίλον αὐτὸν εἶναι δεῖ. 528. ποικίλον δὲ λέγω, οὐχ ὕπουλον· οὐδὲ κόλακα καὶ ὑποκριτὴν, ἀλλὰ πολλῆς μὲν ἐλευθερίας καὶ παρρησίας ἀνάμεστον, εἰδότα δὲ καὶ συγκατιέναι χρησίμως, ὅταν ἡ τῶν πραγμάτων ὑπόθεσις τοῦτο ἀπαιτῇ, καὶ χρηστὸν εἶναι ὁμοῦ καὶ αὐστηρόν. 529. Οὐ γάρ ἐστιν ἑνὶ τρόπῳ χρῆσθαι τοῖς ἀρχομένοις ἅπασιν, ἐπειδὴ μηδὲ ἰατρῶν παισὶν ἑνὶ νόμῳ τοῖς κάμνουσι πᾶσι προσφέρεσθαι καλὸν, μηδὲ κυβερνήτῃ μίαν ὁδὸν εἰδέναι τῆς πρὸς τὰ πνεύματα μάχης. καὶ γὰρ καὶ ταύτην τὴν ναῦν συνεχεῖς περιστοιχίζονται χειμῶνες· οἱ δὲ χειμῶνες οὗτοι οὐκ ἔξωθεν προσβάλλουσι μόνον, ἀλλὰ καὶ ἔνδοθεν τίκτονται. καὶ πολλῆς χρεία καὶ συγκαταβάσεως καὶ ἀκριβείας.

7 ποικιλον αυτον κτλ.] haec verba paullum mutata citat Suidas *s.v.* Ἰωάννης: cf. prolegomena ‖ 9 ουδε υποκριτην f ουχ υποκριτην vulg και υβριστην Suidas ‖ 13 χρησασθαι cyz ‖ 14 ενι νομω] ενι μονω f ενι μονω τροπω y* ενι φαρμακω Suidas ‖ om πασι vulg ‖ 15 οδον ιεναι Suidas

2. τῶν ἐν μέσῳ στρ.] Cp. vi 3, τοῖς ἐν μ. στρεφομένοις, and vi 8 (*init.*).
3. τὰ ὄρη] The mountains round Antioch were occupied by large numbers of monks: cp. *adv. oppugn. vit. monast.* I 55 A πρὸς τὴν ἔρημον μεταστῆναι καὶ τῶν ὀρῶν τὰς κορυφὰς οἰκίζειν, Stephens *Life of Chrysostom*, pp. 59—68.
6. πλοῦτον περιβ.] Cp. τῶν δυναστείαν περιβεβλημένων iii 9 (note).
7. δημ. πρ.] '*taking part in public affairs*': for τὰ δημ. πραττόντων i 2 in a different sense see note *ad loc*.
ib. ποικίλον] like St Paul (1 Cor. ix 22): cp. ii 4 above (notes).

8. ὕπουλον] lit. 'with a hidden sore': used of that which has a fair exterior, but is inwardly corrupt: cp. Plat. *Gorgias* 480 B ὕπουλον ψυχήν.
10. συγκατιέναι] '*to condescend*': cp. συγκατάβασις (below) and συγκαταβαίνειν. Cp. Puech p. 31: Chrys. 'répète à chaque instant ce mot d'abaissement, συγκατάβασις. C'est le mot qu'on peut lui appliquer à lui-même. Il imite autant qu'il est en lui la sublime condescendance qu'il fait admirer dans le texte sacré.'
14. ἰατρῶν παισίν] Cp. ἰατρῶν παῖδας i 5 (note).

530. πάντα δὲ ταῦτα τὰ διάφορα εἰς ἓν τέλος ὁρᾷ, τοῦ θεοῦ τὴν δόξαν, τῆς ἐκκλησίας τὴν οἰκοδομήν.

V. 531. Μέγας ὁ τῶν μοναχῶν ἀγών, καὶ πολὺς ὁ μόχθος. ἀλλ᾽ εἴ τις καλῶς διοικουμένῃ ἱερωσύνῃ τοὺς ἐκεῖθεν ἱδρῶτας παραβάλοι, τοσοῦτον εὑρήσει τὸ διάφορον, ὅσον ἰδιώτου καὶ βασιλέως τὸ μέσον. 532. Ἐκεῖ μὲν γὰρ εἰ καὶ πολὺς ὁ πόνος, ἀλλὰ κοινὸν τῆς ψυχῆς καὶ τοῦ σώματος τὸ ἀγώνισμα· μᾶλλον δὲ τὸ πλέον τῇ τοῦ σώματος κατορθοῦται κατασκευῇ. κἂν μὴ τοῦτο ἰσχυρὸν ᾖ, μένει καθ᾽ ἑαυτὴν ἡ προθυμία, οὐκ ἔχουσα εἰς ἔργον ἐξελθεῖν· καὶ γὰρ καὶ νηστεία σύντονος, καὶ χαμευνία, καὶ ἀγρυπνία, καὶ ἀλουσία, καὶ ὁ πολὺς ἱδρώς, καὶ τὰ λοιπά, ὅσα πρὸς τὴν τοῦ σώματος ἐπιτηδεύουσι ταλαιπωρίαν, πάντα οἴχεται, τοῦ κολάζεσθαι μέλλοντος οὐκ ὄντος ἰσχυροῦ. 533. Ἐνταῦθα δὲ καθαρὰ τῆς ψυχῆς ἡ τέχνη· καὶ οὐδὲν τῆς τοῦ σώματος εὐεξίας προσδεῖται, ὥστε δεῖξαι τὴν αὑτῆς ἀρετήν. τί γὰρ ἡμῖν ἡ τοῦ σώματος ἰσχὺς συμβάλλεται πρὸς τὸ μήτε αὐθάδεις εἶναι, μήτε ὀργίλους, μήτε προπετεῖς, ἀλλὰ νηφαλίους, καὶ σώφρονας, καὶ κοσμίους, καὶ τἄλλα πάντα, δι᾽ ὧν ἡμῖν ὁ μακάριος Παῦλος τὴν τοῦ ἀρίστου ἱερέως ἀνεπλήρωσεν εἰκόνα; 534. Ἀλλ᾽ οὐκ ἐπὶ τῆς τοῦ μονάζοντος ἀρετῆς ἔχοι τις ἂν τοῦτο εἰπεῖν.

1 προς εν τελος yz ‖ 9 κατορθουνται y vulg ‖ 11 νηστειαι συντονοι κτλ. in plurali fy*z ‖ 12 ιδρως] σιδηρος cfy*z ‖ 21 ανετυπωσεν εικονα z

V. A large part of the duties of the monk consists in the mortifying of the flesh: the bishop has the harder task of developing the powers of the soul. For the early history of monasticism see the Lausiac History of Palladius edited by Dom C. Butler (1898, 1904).

5. ἐκεῖθεν] i.e. arising from the ἀγὼν τῶν μοναχῶν.

ib. τὸ διάφορον...τὸ μ.] Cp. ἡ διαφορά...τὸ μέσον ii 2 (note).

9. κἂν] 'and if': not 'even if.'

10. μένει κτλ.] 'keeps to itself, being unable to manifest external activity' (lit. 'to come forth into activity').

11. νηστεία κτλ.] Cp. ii 1 (notes), iii 12.

14. οὐκ ὄντος ἰσχ. Chrysostom himself was forced to abandon the ascetic life, his health having given way under the strain.

15. καθαρά] 'pure': i.e. free from association with the body.

19. νηφ.] 1 Tim. iii 2 sqq.: cp. iii 12 (init.).

VI. Ἀλλὰ καθάπερ τοῖς μὲν θαυματοποιοῖς ὀργάνων δεῖ πολλῶν, καὶ τροχῶν καὶ σχοινίων καὶ μαχαιρῶν, ὁ δὲ φιλόσοφος ἅπασαν ἐν τῇ ψυχῇ κειμένην ἔχει τὴν τέχνην, τῶν ἔξωθεν οὐδὲν δεόμενος· 535. οὕτω δὴ καὶ ἐνταῦθα ὁ μὲν μοναχὸς καὶ τῆς σωματικῆς εὐπαθείας προσδεῖται, καὶ 5 τόπων πρὸς τὴν διαγωγὴν ἐπιτηδείων, ἵνα μήτε ἄγαν ἀπῳκισμένοι τῆς τῶν ἀνθρώπων ὦσιν ὁμιλίας, καὶ τὴν ἀπὸ τῆς ἐρημίας ἔχωσιν ἡσυχίαν, ἔτι δὲ καὶ τῆς ἀρίστης μὴ ἀμοιρῶσι κράσεως τῶν ὡρῶν· οὐδὲν γὰρ οὕτως ἀφόρητον τῷ κατατρυχομένῳ νηστείαις, ὡς ἡ τῶν ἀέρων ἀνωμαλία. 10 τῆς δὲ τῶν ἱματίων κατασκευῆς καὶ διαίτης ἕνεκεν, ὅσα πράγματα ἔχειν ἀναγκάζονται, πάντα αὐτουργεῖν αὐτοὶ φιλονεικοῦντες, οὐδὲν δέομαι λέγειν νῦν. 536. Ὁ δὲ ἱερεὺς οὐδενὸς τούτων εἰς τὴν αὐτοῦ δεήσεται χρείαν, ἀλλ' ἀπερίεργος καὶ κοινὸς ἐν ἅπασίν ἐστι τοῖς οὐκ ἔχουσι 15 βλάβην, τὴν ἐπιστήμην ἅπασαν ἐν τοῖς τῆς ψυχῆς θησαυροῖς ἀποκειμένην ἔχων. 537. Εἰ δὲ τὸ μένειν ἐφ' ἑαυτῶν καὶ τὰς τῶν πολλῶν ὁμιλίας ἐκτρέπεσθαι θαυμάζοι τις,

13 ου δεομενος vulg || 16 βλαβην] χρειαν βλαβης c || 17 εφ' εαυτον bfz εφ' εαυτω y vulg

VI. The monk depends for his spiritual advancement on many external circumstances (for instance the climate of his surroundings) of which the bishop is independent.
1. θαυμ.] 'jugglers.'
3. φιλόσοφος] Cp. φιλοσοφίαν i 1 (note).
5. προσδεῖται] Contrast with this Chrysostom's earlier opinion adv. oppugn. vit. monast. III 100 A: (in the case of a monk) ἑνὸς δεῖ μόνου, προθυμίας γενναίας καὶ ἀρετῆς· κἂν τοῦτο προσῇ, οὐδὲν τὸ κωλῦον πρὸς τὸ τέλος ἐλθεῖν τῆς ἀρετῆς.
6. τόπων] The choice of a suitable place for a monastic settlement was a matter of importance, especially in Egypt, to which monks resorted in large numbers.
9. κράσεως τ. ὡρῶν] 'climate':

cp. ἀέρων κρᾶσις iv 3 (note). Eusebius (H.E. ii 17, quoted by Leo) tells us that the monks chose a certain district in Egypt ἀσφαλείας τε ἕνεκα καὶ ἀέρος εὐκρασίας.
12. αὐτουργεῖν] For descriptions of the daily life and occupations of the monk see Homm. in Matt. 561 A, Homm. in 1 Tim. 629 A; Puech, p. 258.
15. ἀπερί. κτλ.] 'lives artlessly, participating in all things which are innocuous, and he keeps all his knowledge stored up in the treasurehouse of his soul.' κοινός ('theilnehmend') is practically synonymous with ἀπερίεργος.
17. μένειν ἐφ' ἑ.] 'to remain apart': cp. ἐφ' ἑαυτοῦ μένοντα iii 14 (note).

καρτερίας μὲν τοῦτο δεῖγμα καὶ αὐτὸς εἶναι φαίην ἄν, οὐ μὴν ἁπάσης τῆς ἀνδρείας τῆς ἐν τῇ ψυχῇ τεκμήριον ἱκανόν. ὁ μὲν γὰρ εἴσω λιμένων ἐπὶ τῶν οἰάκων καθήμενος, οὔπω τῆς τέχνης ἀκριβῆ δίδωσι βάσανον· τὸν δὲ ἐν μέσῳ τῷ
5 πελάγει καὶ τῷ χειμῶνι δυνηθέντα διασῶσαι τὸ σκάφος, οὐδεὶς ὅστις οὐκ ἂν εἶναι φαίη κυβερνήτην ἄριστον. VII. 538. Οὐ τοίνυν ἡμῖν οὐδὲ τὸν μοναχὸν θαυμαστέον ἂν εἴη λίαν καὶ μεθ' ὑπερβολῆς, ὅτι μένων ἐφ' ἑαυτοῦ οὐ ταράττεται, οὐδὲ διαμαρτάνει πολλὰ καὶ μεγάλα ἁμαρτή-
10 ματα· οὐδὲ γὰρ ἔχει τὰ παρακνίζοντα καὶ διεγείροντα τὴν ψυχήν. ἀλλ' εἴ τις πλήθεσιν ὅλοις ἑαυτὸν ἐκδεδωκὼς, καὶ τὰς τῶν πολλῶν φέρειν ἁμαρτίας ἀναγκασθεὶς, ἔμεινεν ἀκλινὴς καὶ στερρὸς, ὥσπερ ἐν γαλήνῃ τῷ χειμῶνι τὴν ψυχὴν διακυβερνῶν, οὗτος κροτεῖσθαι καὶ θαυμάζεσθαι
15 παρὰ πάντων ἂν εἴη δίκαιος· ἱκανὴν γὰρ τῆς οἰκείας ἀνδρείας τὴν δοκιμασίαν ἐπεδείξατο. 539. Μὴ τοίνυν μηδὲ αὐτὸς θαυμάσῃς, ὅτι τὴν ἀγορὰν φεύγοντες ἡμεῖς καὶ τὰς τῶν πολλῶν συνουσίας οὐκ ἔχομεν τοὺς κατηγόρους πολλούς. 540. Οὐδὲ γὰρ εἰ καθεύδων οὐχ ἡμάρτανον,
20 οὐδ' εἰ μὴ παλαίων οὐκ ἔπιπτον, οὐδ' εἰ μὴ μαχόμενος οὐκ ἐβαλλόμην, θαυμάζειν ἐχρῆν. 541. Τίς γὰρ, εἰπὲ, τίς δυνήσεται κατειπεῖν καὶ ἀποκαλύψαι τὴν μοχθηρίαν τὴν ἐμήν; ὁ ὄροφος οὗτος καὶ ὁ οἰκίσκος; ἀλλ' οὐκ ἂν δύναιντο ῥῆξαι φωνήν. 542. Ἀλλ' ἡ μήτηρ ἡ μάλιστα πάντων
25 εἰδυῖα τὰ ἐμά; μάλιστα μὲν οὐδὲ πρὸς αὐτήν ἐστί μοί τι

1 της καρτεριας z vulg ‖ 7 θαυμαστον y* ‖ 10 εκει y* ‖ 17 οτι] ει y vulg

3. ἐπὶ τῶν οἰάκων κ.] Cp. ἐπὶ τῶν οἰάκων καθίσας iii 7 (note).
VII. *The quiet and peaceful life of the monk renders him unfitted to cope with the problems of government.*
8. μεθ' ὑπερβ.] Cp. vi 12 μεθ' ὑπερβολῆς ἐκεῖναι (αἱ τιμαί)—ἐπαίρουσιν. At vi 4 we find καθ' ὑπερβολήν.
ib. μένων ἐφ' ἑαυτοῦ] Cp. ἐφ'

ἑαυτοῦ μένοντα iii 14 (note).
10. παρακνίζ.] '*goading*': cp. τὰ πάθη κνιζόμενα vi 8.
13. τῷ χειμῶνι] i.e. ἐν τῷ χειμῶνι: cp. iii 14 τοὺς...τρόπους (note).
14. κροτεῖσθαι] Cp. κρότων v 2 (note).
23. ὁ ὄροφος κτλ.] Cp. vi 12 οὐ γὰρ δὴ οὗτοι οἱ τοῖχοι δύναιντ' ἂν ἀφεῖναι φωνήν.
25. οὐδὲ πρὸς αὐτήν κτλ.] This

κοινὸν, οὐδὲ εἰς φιλονεικίαν ἤλθομεν πώποτε. εἰ δὲ καὶ τοῦτο ἦν συμβάν, οὐδεμία οὕτως ἐστὶ μήτηρ ἄστοργος καὶ μισότεκνος, ὡς τοῦτον, ὃν ὤδινε καὶ ἔτεκε καὶ ἔθρεψε, μηδεμιᾶς ἀναγκαζούσης προφάσεως, μηδὲ βιαζομένου τινὸς, κακίζειν καὶ διαβάλλειν παρὰ πᾶσιν. 543. Ἐπεὶ 5 ὅτι γε εἴ τις τὴν ἡμετέραν πρὸς ἀκρίβειαν ἐθέλοι βασανίζειν ψυχὴν, πολλὰ αὐτῆς εὑρήσει τὰ σαθρὰ, οὐδὲ αὐτὸς ἀγνοεῖς, ὁ μάλιστα πάντων ἡμᾶς τοῖς ἐγκωμίοις ἐπαίρειν παρὰ πᾶσιν εἰωθώς. 544. Καὶ ὅτι γε οὐ μετριάζων ταῦτα λέγω νῦν, ἀνάμνησον σαυτὸν, ὁσάκις εἶπον πρὸς σὲ, λόγου 10 τοιούτου γενομένου πολλάκις ἡμῖν· ὅτι, εἴ τις αἵρεσίν μοι προυτίθει, ποῦ μᾶλλον βουλοίμην εὐδοκιμεῖν, ἐν τῇ τῆς ἐκκλησίας προστασίᾳ, ἢ κατὰ τὸν τῶν μοναχῶν βίον, μυρίαις ἂν ψήφοις τὸ πρότερον ἐδεξάμην ἔγωγε. οὐ γὰρ διέλιπόν ποτε μακαρίζων πρός σε τοὺς ἐκείνης τῆς δια- 15 κονίας προστῆναι δυνηθέντας καλῶς. ὅτι δὲ, ὅπερ ἐμακάριζον, οὐκ ἂν ἔφυγον ἱκανῶς ἔχων μετελθεῖν, οὐδεὶς ἀντερεῖ. 545. Ἀλλὰ τί πάθω; οὐδὲν οὕτως ἄχρηστον εἰς ἐκκλησίας προστασίαν, ὡς αὕτη ἡ ἀργία καὶ ἡ ἀμελετησία, ἣν ἕτεροι μὲν ἄσκησίν τινα εἶναι νομίζουσιν, ἐγὼ δὲ αὐτὴν ὡσπερεὶ 20 παραπέτασμα τῆς οἰκείας ἔχω φαυλότητος, τὰ πλείονα τῶν ἐλαττωμάτων τῶν ἐμαυτοῦ ταύτῃ συγκαλύπτων καὶ οὐκ ἐῶν φαίνεσθαι. 546. Ὁ γὰρ ἐνεθισθεὶς τοσαύτης ἀπολαύειν ἀπραγμοσύνης καὶ ἐν ἡσυχίᾳ διάγειν πολλῇ, κἂν μεγάλης ᾖ φύσεως, ὑπὸ τῆς ἀνασκησίας θορυβεῖται 25 καὶ ταράττεται, καὶ τῆς οἰκείας δυνάμεως περικόπτει μέρος

3 εξεθρεψε yz ‖ 8 αγνοεις] αρνηση y* ‖ 18 ουδεν]+γαρ z vulg ‖ 20 ασκησιν τινα]+θαυμαστην bcfyz franc henr oliv vulg ‖ 23 εθισθεις yz

seems to imply that Chrys. at this time was not living with his mother: see on πρός με i 3.
1. οὐδὲ εἰς φιλον. κτλ.] 'nor have we ever quarrelled' (which might have led Anthusa to betray her son's faults).
7. σαθρά] 'weak': not 'corrupt.'
9. μετριάζων] Cp. μετριάζοντα ii 5 (note). Here it = εἰρωνευόμενος, 'through false modesty.'
17. ἱκανῶς ἔχων μετ.] 'if I had been able to administer it well.'
18. τί πάθω;] Cf. καὶ τί πάθω; ii 6 (note).

οὐ μικρὸν τὸ ἀγύμναστον. ὅταν δὲ ὁμοῦ καὶ βραδείας ᾖ
διανοίας, καὶ τῶν τοιούτων ἀγώνων ἄπειρος, τοῦτο δὴ τὸ
ἡμέτερον, τῶν λιθίνων οὐδὲν διοίσει ταύτην δεξάμενος τὴν
οἰκονομίαν. 547. Διὰ τοῦτο τῶν ἐξ ἐκείνης ἐρχομένων
5 τῆς παλαίστρας εἰς τοὺς ἀγῶνας τούτους ὀλίγοι διαφαίνονται· οἱ δὲ πλείους ἐλέγχονται, καὶ καταπίπτουσι, καὶ
πράγματα ὑπομένουσιν ἀηδῆ καὶ χαλεπά. καὶ οὐδὲν
ἀπεικός. ὅταν γὰρ μὴ περὶ τῶν αὐτῶν οἵ τε ἀγῶνες ὦσι
καὶ τὰ γυμνάσια, τῶν ἀγυμνάστων ὁ ἀγωνιζόμενος οὐδὲν
10 διενήνοχε. 548. Δόξης μάλιστα δεῖ καταφρονεῖν τὸν εἰς
τοῦτο ἐρχόμενον τὸ στάδιον, ὀργῆς ἀνώτερον εἶναι, συνέσεως ἔμπλεω πολλῆς. τούτων δὲ τῷ τὸν μονήρη στέργοντι
βίον οὐδεμία γυμνασίας ὑπόθεσις πρόκειται. οὐδὲ γὰρ
τοὺς παροξύνοντας ἔχει πολλούς, ἵνα μελετήσῃ κολάζειν
15 τοῦ θυμοῦ τὴν δύναμιν· οὔτε τοὺς θαυμάζοντας, καὶ κροτοῦντας, ἵνα παιδευθῇ τοὺς παρὰ τῶν πολλῶν διαπτύειν
ἐπαίνους· τῆς τε ἐν ταῖς ἐκκλησίαις ἀπαιτουμένης συνέσεως, οὐ πολὺς αὐτοῖς λόγος. ὅταν οὖν ἔλθωσιν εἰς τοὺς
ἀγῶνας, ὧν μὴ μεμελετήκασι τὴν πεῖραν, ἀποροῦνται,
20 ἰλιγγιῶσιν, εἰς ἀμηχανίαν ἐκπίπτουσι, καὶ πρὸς τῷ μηδὲν
ἐπιδοῦναι πρὸς ἀρετήν, καὶ ἅπερ ἔχοντες ἦλθον πολλοὶ
πολλάκις ἀπώλεσαν. VIII. 549. ΒΑΣ. Τί οὖν; τοὺς
ἐν μέσῳ στρεφομένους, καὶ πραγμάτων φροντίζοντας βιω-

2 τοιουτων λογων και αγωνων yz vulg ‖ 3 των λιθων y* ‖ 12 εμπλεων z vulg ‖ τουτω δε yz vulg ‖ 13 ουδεμιας y ‖ 15 θαυμαζ.] μακαριζοντας vulg ‖ 16 διαπτυειν]+ ωδε vulg ‖ 18 ο λογος z vulg ‖ 20 εις αμηχανιας εμπιπτουσιν y ‖ 21 εις αρετην f ‖ 23 εν τω μεσω vulg

2. τοῦτο δὴ κτλ.] *as is the case with me,—he will be no better than (as dumb as) a marble statue*': cp. *ingenium statua taciturnius* Hor. *Ep.* ii 2. 83.
11. στάδιον] Cp. στάδιον ii 6 (note).
12. τὸν μονήρη—βίον] '*the monastic life.*'
15. τοῦ θυμοῦ] Chrys. is probably thinking of his own case : cp.

iii 13, 14: vi 12.
20. ἰλιγγ.] Cp. ἰλιγγιῶντας iii 13 (note).
21. ἅπερ. ἔχ. ἦλ.] '*what they brought with them*': i.e. their original stock of virtue.
VIII. *The temptations of the world and the flesh speedily find out the weak points in the character of the monk who becomes a bishop.*

τικῶν, καὶ τετριμμένους πρὸς μάχας καὶ λοιδορίας, καὶ μυρίας δεινότητος γέμοντας, καὶ τρυφᾶν εἰδότας, ἐπιστήσομεν τῇ τῆς ἐκκλησίας οἰκονομίᾳ; 550. Εὐφήμει, ἔφην, ὦ μακάριε σύ. τούτους γὰρ οὐδ᾽ εἰς νοῦν βάλλεσθαι δεῖ, ὅταν ἱερέων ἐξέτασις ᾖ· ἀλλ᾽ εἴ τις μετὰ τοῦ πᾶσιν 5 ὁμιλεῖν καὶ συναναστρέφεσθαι δύναιτο τὴν καθαρότητα καὶ τὴν ἀταραξίαν, τήν τε ἁγιωσύνην καὶ καρτερίαν καὶ νῆψιν, καὶ τὰ ἄλλα τὰ τοῖς μοναχοῖς προσόντα ἀγαθὰ, φυλάττειν ἀκέραια καὶ ἀπαρασάλευτα, μᾶλλον τῶν μεμονωμένων ἐκείνων. 551. ὡς ὅ γε πολλὰ μὲν ἔχων ἐλαττώ- 10 ματα, δυνάμενος δὲ αὐτὰ τῇ μονώσει καλύπτειν, καὶ ποιεῖν ἄπρακτα τῷ μηδενὶ καταμιγνύναι ἑαυτόν, οὗτος εἰς μέσον ἐλθὼν οὐδὲν ἕτερον ἢ τὸ καταγέλαστος γενέσθαι κερδανεῖ, καὶ κινδυνεύσει μειζόνως. 552. Ὁ μικροῦ δεῖν ἐπάθομεν ἂν ἡμεῖς, εἰ μὴ ἡ τοῦ θεοῦ κηδεμονία τὸ πῦρ ταχέως 15 ἀνέσχε τῆς ἡμετέρας κεφαλῆς. 553. Οὐ γάρ ἐστι λαθεῖν τὸν οὕτω διακείμενον, ὅταν ἐν τῷ φανερῷ καταστῇ, ἀλλὰ πάντα τότε ἐλέγχεται· καὶ καθάπερ τὰς μεταλλικὰς ὕλας δοκιμάζει τὸ πῦρ, οὕτω καὶ ἡ τοῦ κλήρου βάσανος τὰς τῶν ἀνθρώπων διακρίνει ψυχὰς, κἂν ὀργίλος τις ᾖ, κἂν 20 μικρόψυχος, κἂν φιλόδοξος, κἂν ἀλαζὼν, κἂν ὅ τι δήποτε ἕτερον, ἅπαντα ἐκκαλύπτει καὶ γυμνοῖ ταχέως τὰ ἐλαττώματα· 554. οὐ γυμνοῖ δὲ μόνον, ἀλλὰ καὶ χαλεπώτερα καὶ ἰσχυρότερα αὐτὰ καθίστησι. καὶ γὰρ τὰ τοῦ σώματος τραύματα, προστριβόμενα, δυσίατα γίγνεται· καὶ τὰ τῆς 25 ψυχῆς πάθη, κνιζόμενα καὶ παροξυνόμενα, μᾶλλον ἀγριαί-

3 ευφημει] ου φημι y* ‖ 4 τουτο γαρ fz ‖ 6 δυναιτο]+και yz vulg ‖ 18 παντοτε y ‖ 19 ελεγχει το πυρ y ‖ 22 απαν vulg

5. ἀλλ᾽ εἴ τις κτλ.] The apodosis to εἴ τις—δύναιτο is τοῦτον ἐπιστήσομεν (to be supplied from the context).
12. εἰς μέσον ἐλθών] Cp. Homm. in 1 Tim. 602 A δεῖ δὲ μηδὲ τοῦτον εἰς τὸ μέσον ἄγεσθαι, where the public position of a bishop is meant,
as here.
16. ἀνέσχε κτλ.] 'removed from my head (life).'
19. τοῦ κλήρου] 'of the ministry.' κλῆρος = (1) the clergy, (2) their office, described in iii 15 as τὴν τοῦ κλήρου τάξιν. See Bingham Origg. Eccles. I v 7.

νεσθαι πέφυκε, καὶ τοὺς ἔχοντας αὐτὰ πλείονα ἁμαρτάνειν βιάζεται. 555. Καὶ γὰρ εἰς ἔρωτα δόξης ἐπαίρει τὸν μὴ προσέχοντα, καὶ εἰς ἀλαζονείαν καὶ εἰς χρημάτων ἐπιθυμίαν· ὑποσύρει δὲ καὶ εἰς τρυφὴν καὶ εἰς ἄνεσιν καὶ ῥᾳθυμίαν, καὶ κατὰ μικρὸν εἰς τὰ περαιτέρω τούτων ἐκ τούτων τικτόμενα κακά. 556. Πολλὰ γάρ ἐστιν ἐν τῷ μέσῳ τὰ δυνάμενα ψυχῆς ἀκρίβειαν ἐκλῦσαι, καὶ τὸν ἐπ' εὐθείας διακόψαι δρόμον. 557. Καὶ πρῶτον ἁπάντων αἱ πρὸς τὰς γυναῖκας ὁμιλίαι. οὐδὲ γάρ ἐστι τὸν προεστῶτα, καὶ παντὸς τοῦ ποιμνίου κηδόμενον, τοῦ μὲν τῶν ἀνδρῶν ἐπιμελεῖσθαι μέρους, τὸ δὲ τῶν γυναικῶν παρορᾶν, ὃ μάλιστα δεῖται προνοίας πλείονος, διὰ τὸ πρὸς τὰς ἁμαρτίας εὐόλισθον· ἀλλὰ δεῖ καὶ τῆς τούτων ὑγιείας, εἰ καὶ μὴ ἐκ πλείονος, ἀλλ' οὖν ἐξ ἴσης φροντίζειν τῆς μοίρας, τὸν λαχόντα τὴν ἐπισκοπὴν διοικεῖν. καὶ γὰρ ἐπισκοπεῖσθαι αὐτάς, ἡνίκα ἂν κάμνωσι, καὶ παρακαλεῖν, ἡνίκα ἂν πενθῶσι, καὶ ἐπιπλήττειν ῥᾳθυμούσαις, καὶ βοηθεῖν καταπονουμέναις ἀνάγκη. 558. Τούτων δὲ γινομένων, πολλὰς ἂν εὕροι τὰς παρεισδύσεις ὁ πονηρός, εἰ μὴ ἠκριβωμένῃ τις ἑαυτὸν τειχίσειε φυλακῇ. καὶ γὰρ ὀφθαλμὸς βάλλει καὶ θορυβεῖ ψυχήν, οὐχ ὁ τῆς ἀκολάστου μόνον, ἀλλὰ καὶ ὁ τῆς σώφρονος, καὶ κολακεῖαι μαλάσσουσι, καὶ τιμαὶ καταδουλοῦνται· καὶ ἀγάπη ζέουσα, τοῦτο δὴ τὸ πάντων αἴτιον τῶν ἀγαθῶν, μυρίων αἴτιον γέγονε κακῶν τοῖς οὐκ ὀρθῶς χρησαμένοις αὐτῇ. 559. Ἤδη δὲ καὶ φροντίδες συνεχεῖς ἤμβλυναν τὸ τῆς διανοίας ὀξύ, καὶ μολύβδου

---

5 τουτων και εκ τουτων vulg || 7 τον επ' ευθειας] τον της επιθυμιας G τον επι θεον vulg || 12 μειζονος f || προς αμαρτιαν yz || 17 επιβοηθειν yz || 25 φροντιδες και συνεχεις vulg

7. τὸν ἐπ' εὐθείας κτλ.] 'to check their onward course': cp. ἐξ εὐθείας i 5 (note).
12. τὸ πρὸς τὰς ἁμ. εὐ.] 'its tendency towards sin.'
14. ἐκ πλείονος...μοίρας] Cp. iii 7, where the same phrase is found.

15. τὸν λαχόντα τὴν ἐπ.] Cp. iii 15 (note on αἱ ταύτης πρόξενοι τῆς τιμῆς).
ib. ἐπισκοπεῖσθαι] 'to visit': but at iii 18 'to be visited.'
19. παρεισδ.] 'secret means of entry.'

βαρύτερον τὸ πτηνὸν ἀπειργάσαντο· καὶ θυμὸς δὲ προσπεσὼν καπνοῦ δίκην τὰ ἔνδον κατέσχεν ἅπαντα. IX. 560. Τί ἄν τις εἴποι τὰς ἐκ τῆς λύπης βλάβας, τὰς ὕβρεις, τὰς ἐπηρείας, τὰς μέμψεις, τὰς παρὰ τῶν μειζόνων, τὰς παρὰ τῶν ἐλαττόνων, τὰς παρὰ τῶν συνετῶν, τὰς παρὰ τῶν ἀσυνέτων; 561. Τοῦτο γὰρ δὴ μάλιστα τὸ γένος τῆς ὀρθῆς ἀπεστερημένον κρίσεως, μεμψίμοιρόν τε ἐστὶ καὶ οὐκ ἂν εὐκόλως ἀπολογίας ἀνάσχοιντό ποτε. 562. Τὸν δὲ προεστῶτα καλῶς οὐδὲ τούτων δεῖ καταφρονεῖν, ἀλλὰ πρὸς ἅπαντας περὶ ὧν ἂν ἐγκαλῶσι διαλύεσθαι, μετὰ πολλῆς τῆς ἐπιεικείας καὶ πραότητος, συγγινώσκοντα μᾶλλον αὐτοῖς τῆς ἀλόγου μέμψεως, ἢ ἀγανακτοῦντα καὶ ὀργιζόμενον. 563. Εἰ γὰρ ὁ μακάριος Παῦλος μὴ κλοπῆς ὑπόνοιαν λάβῃ παρὰ τοῖς μαθηταῖς ἔδεισε, καὶ διὰ τοῦτο προσέλαβε καὶ ἑτέρους εἰς τὴν τῶν χρημάτων διακονίαν,"Ἵνα μή τις ἡμᾶς μωμήσηταί, φησιν, ἐν τῇ ἁδρότητι ταύτῃ τῇ διακονουμένῃ ὑφ᾽ ἡμῶν· πῶς ἡμᾶς οὐ πάντα δεῖ ποιεῖν, ὥστε τὰς πονηρὰς ἀναιρεῖν ὑποψίας, κἂν ψευδεῖς, κἂν ἀλόγιστοι τυγχάνωσιν οὖσαι, κἂν σφόδρα τῆς ἡμετέρας ἀπέχωσι δόξης; 564. Οὐδενὸς γὰρ ἁμαρτήματος τοσοῦτον ἡμεῖς ἀφεστήκαμεν, ὅσον κλοπῆς ὁ Παῦλος· ἀλλ᾽ ὅμως καὶ τοσοῦτον ἀφεστηκὼς τῆς πονηρᾶς ταύτης πράξεως, οὐδὲ οὕτως ἠμέλησε τῆς τῶν πολλῶν ὑπονοίας, καίτοι λίαν οὔσης ἀλόγου καὶ μανιώδους. μανία γὰρ ἦν, τοιοῦτον ὑποπτεῦσαί τι περὶ τῆς μακαρίας καὶ θαυμαστῆς ἐκείνης ψυχῆς· ἀλλ᾽ ὅμως οὐδὲν ἧττον καὶ

1 και θυμος δε]+και vulg ‖ 3 λεγοι vulg ‖ τας λοιπας βλαβας vulg ‖ 7 γενος των ορθης απεστερημενων vulg ‖ 16 ινα μη fyz ‖ 20 απεχουσαι f ‖ 24 μανιας cfz ‖ 26 κεφαλης by*z henr vulg

IX. *Public opinion, even if erroneous, must nevertheless be considered. The bishop must be above suspicion.*
8. μεμψίμ.] '*fond of cavilling*': cp. iii 16.
11. διαλύεσθαι] '*to come to terms.*'
12. τῆς ἀλόγου μ.] genitive of cause after συγγινώσκοντα.
14. κλοπῆς] In spite of all Chrysostom's care he was himself accused of misappropriation of Church funds at the Synod of the Oak (403).
16. ἵνα μή τις] 2 Cor. viii 20.

ταύτης τῆς ὑποψίας, τῆς οὕτως ἀλόγου καὶ ἣν οὐδεὶς ἂν
μὴ παραπαίων ὑπώπτευσε, πόρρωθεν ἀναιρεῖ τὰς αἰτίας.
καὶ οὐ διέπτυσε τὴν τῶν πολλῶν ἄνοιαν, οὐδὲ εἶπε· Τίνι
γὰρ ἂν ἐπέλθοι ποτὲ τοιαῦτα περὶ ἡμῶν ὑπονοεῖν, καὶ ἀπὸ
5 τῶν σημείων, καὶ ἀπὸ τῆς ἐπιεικείας τῆς ἐν τῷ βίῳ, πάντων
ἡμᾶς καὶ τιμώντων καὶ θαυμαζόντων; ἀλλὰ πᾶν τοὐναν-
τίον καὶ προεῖδε καὶ προσεδόκησε ταύτην τὴν πονηρὰν
ὑπόνοιαν, καὶ πρόρριζον αὐτὴν ἀνέσπασε, μᾶλλον δὲ οὐδὲ
φῦναι τὴν ἀρχὴν ἀφῆκε. διὰ τί; Προνοοῦμεν γάρ, φησι,
10 καλὰ οὐ μόνον ἐνώπιον Κυρίου, ἀλλὰ καὶ ἐνώπιον ἀνθρώ-
πων. 565. Τοσαύτῃ δεῖ, μᾶλλον δὲ καὶ πλείονι κεχρῆσθαι
σπουδῇ, ὥστε μὴ μόνον αἰρομένας κατασπᾶν καὶ κωλύειν
τὰς φήμας τὰς οὐκ ἀγαθὰς, ἀλλὰ καὶ πόρρωθεν, ὅθεν ἂν
γένοιντο, προορᾶν, καὶ τὰς προφάσεις ἐξ ὧν τίκτονται
15 προαναιρεῖν, μὴ περιμένειν αὐτὰς συστῆναι καὶ ἐν τοῖς
τῶν πολλῶν διαθρυληθῆναι στόμασι. τηνικαῦτα γὰρ οὔτε
εὔπορον αὐτὰς ἀφανίσαι λοιπὸν, ἀλλὰ καὶ λίαν δυσχερὲς,
τάχα δὲ καὶ ἀδύνατον· οὔτε ἀζήμιον, τῷ μετὰ τὴν τῶν
πολλῶν βλάβην τοῦτο γίνεσθαι. 566. Ἀλλὰ γὰρ μέχρι
20 τίνος οὐ στήσομαι διώκων ἀκίχητα; τὸ γὰρ ἁπάσας τὰς
ἐκεῖ δυσχερείας καταλέγειν οὐδὲν ἕτερόν ἐστιν, ἢ πέλαγος
ἀναμετρεῖν. 567. Καὶ γὰρ ὅταν τις αὐτὸς παντὸς καθα-
ρεύσῃ πάθους, ὃ τῶν ἀδυνάτων ἐστίν· ἵνα τὰ τῶν ἄλλων
ἐπανορθώσῃ πταίσματα, μυρία ὑπομένειν ἀναγκάζεται
25 δεινά. προστεθέντων δὲ καὶ τῶν οἰκείων νοσημάτων, θέα

7 υπειδετο xy′ vulg ‖ 9 προνοουμενοι fxz προνοουμενος ab henr oliv ‖
15 και μη περιμενειν yz vulg ‖ 16 την των αλλων f

1. οὐδεὶς...μὴ παραπ.] 'no one but a madman.'
4. ἐπέλθοι] Cp. i 3 πόθεν ἐπῆλθε τοῖς ἀνδράσιν ἐκείνοις ἐνθυμηθῆναι κτλ.
8. οὐδὲ φῦναι κτλ.] 'did not even allow it to grow up.'
9. προνοοῦμεν] 2 Cor. viii 21: cp. Rom. xii 17.
19. μέχρι τίνος κτλ.] 'how long

shall I continue my pursuit of the unattainable?' For μέχρι cp. οὐκ ἔστη μέχρι τούτου ii 1 (note). Διώκων ἀκίχητα is a Homeric phrase: Il. xvii 75 Ἕκτορ, νῦν σὺ μὲν ὧδε θέεις ἀκίχητα διώκων.
22. καθαρεύσῃ] Cp. καθαρεύειν iii 9 (note).
25. θέα] present imperative of θεᾶν = θεᾶσθαι. The active form

τὴν ἄβυσσον τῶν πόνων καὶ τῶν φροντίδων, καὶ ὅσα πάσχειν ἀνάγκη τῶν τε οἰκείων καὶ τῶν ἀλλοτρίων βουλόμενον περιγενέσθαι κακῶν. X. 568. Νῦν δέ, φησιν, οὐ δεῖ σοι πόνων, οὐδὲ φροντίδας ἔχεις κατὰ σαυτὸν ὤν; Ἔχω μὲν, ἔφην, καὶ νῦν. 569. Πῶς γὰρ ἔστιν, ἄνθρωπον ὄντα καὶ τὸν πολύμοχθον τοῦτον βιοῦντα βίον, φροντίδων ἀπηλλάχθαι καὶ ἀγωνίας; ἀλλ' οὐκ ἔστιν ἴσον, εἰς πέλαγος ἄπειρον ἐμπεσεῖν, καὶ ποταμὸν παραπλεῖν· τοσοῦτο γὰρ τούτων κἀκείνων τῶν φροντίδων τὸ μέσον. 570. Νῦν μὲν γὰρ εἰ μὲν δυνηθείην καὶ ἑτέροις γενέσθαι χρήσιμος, βουλοίμην ἂν καὶ αὐτός, καὶ πολλῆς μοι τοῦτο ἔργον εὐχῆς· εἰ δὲ οὐκ ἔστιν ἕτερον ὀνῆσαι, ἐμαυτὸν γοῦν ἐὰν ἐγγένηται διασῶσαι καὶ τοῦ κλύδωνος ἐξελεῖν, ἀρκεσθήσομαι τούτῳ. 571. Εἶτα τοῦτο μέγα οἴει, φησὶν, εἶναι· ὅλως δὲ καὶ σωθήσεσθαι νομίζεις, ἑτέρῳ μηδενὶ γενόμενος χρήσιμος; 572. Εὖ καὶ καλῶς, ἔφην, εἴρηκας· οὐδὲ γὰρ αὐτὸς τοῦτο πιστεύειν ἔχω, ὅτι σώζεσθαι ἔνεστι τὸν οὐδὲν εἰς τὴν τοῦ πλησίον κάμνοντα σωτηρίαν. οὐδὲ γὰρ ἐκεῖνον τὸν δείλαιον ὤνησέ τι τὸ μὴ μειῶσαι τὸ τάλαντον· ἀλλ' ἀπώλεσε τὸ μὴ πλεονάσαι καὶ διπλοῦν προσενεγκεῖν. 573. Πλὴν ἀλλ' ἐπιεικεστέραν μοι οἶμαι τὴν τιμωρίαν ἔσεσθαι ἐγκαλουμένῳ, διὰ τί μὴ καὶ ἑτέρους ἔσωσα, ἢ διὰ τί καὶ ἑτέρους καὶ ἐμαυτὸν προσαπώλεσα, πολὺ χείρων γενό-

4 ουδε συ πονον ουδε φροντιδας εχεις girw ουδε συ πονων ουδε φροντιδας εχειν c ουδεις σοι των πονων τουτων αγων ουδε φροντιδας εχεις x berl vulg ∥ 6 τον μοχθηρον y ∥ 15 ετερων vulg ∥ 19 αλλα και απωλεσε z vulg ∥ 20 τω μη πλεονασαι acy franc vulg ∥ προσαγαγειν cfy ∥ 22 η ει και ετερους x vulg ∥ 23 πολυ]+γαρ z

belongs to late Greek: see Veitch *Greek Verbs, s.v.* θεάομαι.
X. *The bishop who fails to do his duty will be far more severely punished by God than if he had shrunk from a task beyond his powers.*
3. οὐ δεῖ κτλ.] Cp. vi 12 *init.* νῦν μὲν εἰ καὶ πολλοῦ μοι δεῖ πόνου. It is probable that οὐ δεῖ σοι was first corrupted into οὐδείς σοι (see critical note) and that ἀγών was then interpolated to make a construction for οὐδείς.
12. ἐὰν ἐγγέν.] '*if it be possible.*'
18. ἐκεῖνον τὸν δείλ.] Matt. xxv. 24 sqq.
22. διὰ τί κτλ.] i.e. by being asked the question why I did not save others.

μενος μετὰ τὴν τοσαύτην τιμήν. νῦν μὲν γὰρ τοσαύτην ἔσεσθαί μοι πιστεύω τὴν κόλασιν, ὅσην ἀπαιτεῖ τῶν ἁμαρτημάτων τὸ μέγεθος· μετὰ δὲ τὸ δέξασθαι τὴν ἀρχὴν, οὐ διπλῆν μόνον καὶ τριπλῆν, ἀλλὰ καὶ πολλαπλασίονα, 5 τῷ τε πλείονας σκανδαλίσαι καὶ τῷ μετὰ μείζονα τιμὴν προσκροῦσαι τῷ τετιμηκότι θεῷ. XI. 574. Διά τοι τοῦτο καὶ τῶν Ἰσραηλιτῶν σφοδρότερον κατηγορῶν, τούτῳ δείκνυσιν αὐτοὺς μείζονος ὄντας κολάσεως ἀξίους, τῷ μετὰ τὰς παρ' αὐτοῦ γενομένας εἰς αὐτοὺς τιμὰς ἁμαρτεῖν, 10 ποτὲ μὲν λέγων· Πλὴν ὑμᾶς ἔγνων ἐκ πασῶν τῶν φυλῶν τῆς γῆς, διὰ τοῦτο ἐκδικήσω ἐφ' ὑμᾶς τὰς ἀσεβείας ὑμῶν. ποτὲ δὲ· Ἔλαβον ἐκ τῶν υἱῶν ὑμῶν εἰς προφήτας, καὶ ἐκ τῶν νεανίσκων ὑμῶν εἰς ἁγιασμόν. 575. Καὶ πρὸ τῶν προφητῶν δεῖξαι βουλόμενος, ὅτι τὰ ἁμαρτήματα μείζονα 15 ἐκδέχεται πολλῷ τὴν τιμωρίαν, ὅταν ὑπὸ τῶν ἱερέων γίνηται, ἢ ὅταν ὑπὸ τῶν ἰδιωτῶν, προστάττει τοσαύτην ὑπὲρ τῶν ἱερέων προσάγεσθαι τὴν θυσίαν, ὅσην ὑπὲρ παντὸς τοῦ λαοῦ. τοῦτο δὲ οὐδὲν ἕτερον δηλοῦντός ἐστιν, ἢ ὅτι μείζονος βοηθείας δεῖται τὰ τοῦ ἱερέως τραύματα, 20 καὶ τοσαύτης, ὅσης ὁμοῦ τὰ παντὸς τοῦ λαοῦ. μείζονος δὲ οὐκ ἂν ἐδεῖτο, εἰ μὴ χαλεπώτερα ἦν· χαλεπώτερα δὲ γίνεται, οὐ τῇ φύσει, ἀλλ' ὑπὸ τῆς ἀξίας τοῦ τολμῶντος αὐτὰ ἱερέως βαρούμενα. 576. Καὶ τί λέγω τοὺς ἄνδρας τοὺς τὴν λειτουργίαν μετιόντας; αἱ γὰρ θυγατέρες τῶν 25 ἱερέων, αἷς οὐδεὶς πρὸς τὴν ἱερωσύνην λόγος, ὅμως διὰ τὸ πατρικὸν ἀξίωμα τῶν αὐτῶν ἁμαρτημάτων πολὺ πικρο-

1 om τιμην νυν μεν γαρ τοσαυτην z ‖ 11 τας αμαρτιας yz (ut LXX) ‖ 14 προφητων]+επι θυσιων z επι των θυσιων y vulg ‖ 22 τη αξια x vulg

XI. The bishop, if he commits an offence, is visited with far heavier punishment than a layman.
10. πλὴν ὑμᾶς] Amos iii 2.
12. ἔλαβον] Amos ii 11. 'I raised up...of your young men for Nazirites' RV.
16. τοσαύτην...τ. θ.] Lev. iv 3, 14.
18. τοῦτο δέ κτλ.] 'this simply proves that the wounds' etc., οὐδὲν ἕτερον being accus. after δηλοῦντος: cp. τὰ μὲν ῥήματα ἀποροῦντος ii 1 (note).
24. θυγατέρες τ. ἱ.] Lev. xxi 9. For these the penalty was death by burning.
26. τῶν αὐτῶν ἁμ.] 'the same sins' as others commit.

VI. xi]   DE SACERDOTIO   161

τέραν ὑπέχουσι τὴν τιμωρίαν· καὶ τὸ μὲν πλημμέλημα ἴσον αὐταῖς καὶ ταῖς τῶν ἰδιωτῶν θυγατράσι, πορνεία γὰρ ἀμφότερα, τὸ δὲ ἐπιτίμιον πολλῷ τούτων χαλεπώτερον. ὁρᾷς μεθ' ὅσης σοι δείκνυσι τῆς περιουσίας ὁ θεὸς, ὅτι πολλῷ πλείονα τῶν ἀρχομένων ἀπαιτεῖ τὸν ἄρχοντα 5 τιμωρίαν. οὐ γὰρ δή που ὁ τὴν ἐκείνου θυγατέρα δι' ἐκεῖνον μειζόνως τῶν ἄλλων κολάζων τὸν καὶ ἐκείνῃ τῆς προσθήκης τῶν βασάνων αἴτιον ἴσην τοῖς ἄλλοις εἰσπράξεται δίκην, ἀλλὰ πολλῷ μείζονα. 577. Καὶ μάλα γε εἰκότως. οὐ γὰρ εἰς αὐτὸν περιίσταται μόνον ἡ ζημία, 10 ἀλλὰ καὶ τὰς τῶν ἀσθενεστέρων καὶ εἰς αὐτὸν βλεπόντων καταβάλλει ψυχάς. 578. Τοῦτο καὶ ὁ Ἰεζεκιὴλ διδάξαι βουλόμενος, διίστησιν ἀπ' ἀλλήλων τὴν τῶν κριῶν καὶ τὴν τῶν προβάτων κρίσιν. XII. 579. Ἀρά σοι δοκοῦμεν λόγον ἔχοντα πεφοβῆσθαι φόβον; πρὸς γὰρ τοῖς 15 εἰρημένοις, νῦν μὲν εἰ καὶ πολλοῦ μοι δεῖ πόνου, πρὸς τὸ μὴ δὴ καταγωνισθῆναι τέλεον ὑπὸ τῶν τῆς ψυχῆς παθῶν, ἀλλ' ὅμως ἀνέχομαι τῶν πόνων, καὶ οὐ φεύγω τὸν ἀγῶνα. 580. Καὶ γὰρ ὑπὸ κενοδοξίας ἁλίσκομαι μὲν καὶ νῦν, ἀναφέρω δὲ πολλάκις· καὶ ὅτι ἑάλων, συνορῶ· ἔστι δὲ ὅτε 20 καὶ ἐπιτιμῶ τῇ δουλωθείσῃ ψυχῇ. 581. Ἐπιθυμίαι μοι

3 om πολλω fx ‖ 4 της υπερβολης xy′ vulg ‖ 6 εκεινης c ‖ 8 τοις πολλοις cfxy vulg ‖ 12 δειξαι bcz franc henr ‖ 18 τον πονον y vulg

2. ταῖς τ. ἰδιωτ. θ.] Deut. xxii 21. In this case also the penalty was death, but by stoning.
4. μεθ' ὅσης κτλ.] 'with what fullness' (of illustration): cp. ἐκ περιουσίας i 4 (note).
5. τῶν ἀρχομ.] i.e. ἢ τοὺς ἀρχομένους.
7. τὸν καὶ ἐκείνῃ κτλ.] 'will exact from him, to whom she owes the increase of the punishment, merely the same penalty as from others.'
12. Ἰεζεκ.] Ezek. xxxiv 17: 'Behold I judge as well the rams as the he-goats' RV.

XII. The real reason why Chrysostom drew back at the last moment was his anxiety and alarm at the thought of undertaking so heavy a responsibility as the office of bishop. He dwells on the faults of his own character: e.g. ill-temper and arrogance: and by the similes (1) of the king's daughter and (2) of the opposing armies, shews his unfitness to govern the Church.
15. λόγον ἔχοντα ... φόβον] 'a reasonable apprehension.'
20. ἀναφέρω] intransitive, 'I recover.'

προσπίπτουσιν ἄτοποι καὶ νῦν· ἀλλὰ ἀργοτέραν ἀνάπτουσι τὴν φλόγα, τῶν ὀφθαλμῶν τῶν ἔξωθεν οὐκ ἐχόντων ἐπιλαβέσθαι τῆς τοῦ πυρὸς ὕλης. 582. Τοῦ δὲ κακῶς τὸν δεῖνα λέγειν, καὶ λεγόμενον ἀκούειν, ἀπήλλαγμαι
5 παντελῶς, τῶν διαλεγομένων οὐ παρόντων· οὐ γὰρ δὴ οὗτοι οἱ τοῖχοι δύναιντ' ἂν ἀφεῖναι φωνήν. 583. Ἀλλ' οὐχὶ καὶ τὴν ὀργὴν ὁμοίως δυνατὸν διαφυγεῖν, καίτοι γε τῶν παροξυνόντων οὐκ ὄντων. μνήμη γὰρ πολλάκις ἀνδρῶν ἀτόπων προσπεσοῦσα καὶ τῶν ὑπ' αὐτῶν γενο-
10 μένων ἐξοιδεῖν μοι τὴν καρδίαν ποιεῖ· πλὴν ἀλλ' οὐκ εἰς τέλος, ταχέως γὰρ αὐτὴν φλεγμαίνουσαν καταστέλλομεν, καὶ πείθομεν ἡσυχάζειν εἰπόντες, ὅτι λίαν ἀσύμφορον καὶ τῆς ἐσχάτης ἀθλιότητος, τὰ οἰκεῖα ἀφέντας κακά, τὰ τῶν πλησίον περιεργάζεσθαι. ἀλλ' οὐκ εἰς τὸ πλῆθος ἐλθὼν
15 καὶ ταῖς μυρίαις ἀποληφθεὶς ταραχαῖς, δυνήσομαι ταύτης ἀπολαύειν τῆς νουθεσίας, οὐδὲ τοὺς ταῦτα παιδαγωγοῦντας λογισμοὺς εὑρεῖν. 584. Ἀλλ' ὥσπερ οἱ κατὰ κρημνῶν ὑπό τινος ῥεύματος ἢ καὶ ἑτέρας ἀνάγκης ὠθούμενοι, τὴν μὲν ἀπώλειαν, εἰς ἣν τελευτῶσι, προορᾶν δύνανται, βοή-
20 θειαν δέ τινα ἐπινοεῖν οὐκ ἔχουσιν· οὕτω καὶ αὐτὸς εἰς τὸν πολὺν τῶν παθῶν θόρυβον ἐμπεσὼν, τὴν μὲν κόλασιν καθ' ἑκάστην αὐξομένην μοι τὴν ἡμέραν δυνήσομαι συνορᾶν, ἐν ἐμαυτῷ δὲ γενέσθαι, καθάπερ νῦν, καὶ ἐπιτιμῆσαι πάντοθεν τοῖς νοσήμασι λυττῶσι τούτοις οὐκ ἔθ' ὁμοίως

1 προσπιπτουσιν] + μεν z vulg ‖ 2 των οφθ. εξωθεν yz ‖ 12 ασυμφωνον xy' vulg ‖ 18 η και ετερως vulg ‖ 23 καθαπερ και νυν yz vulg

1. ἄτοποι] 'vicious': cp. λογισμὸς ἄτοπος vi 3 (note).
2. τῶν ἔξωθεν κτλ.] 'my outward eyes being unable to obtain any fuel for the flame' (of passion): cp. vi 3 διὰ τὸ μὴ προσκεῖσθαι ἔξωθεν τὴν τῆς θεωρίας ὕλην τῇ φλογί. Τῶν ἔξ. ὀφθ. are opposed to the inward eye, ὁ τῆς ψυχῆς ὀφθαλμός of iii 14 init.
6. οὗτοι οἱ τοῖχοι] Cp. vi 7 ὁ ὄροφος οὗτος κτλ. (note).
11. φλεγμ. κατάστ.] The same phrase is found in iv 3 (note).
14. περιεργ.] 'to meddle with': cp. iii 17.
23. ἐν ἐμαυτῷ γ.] 'to come to myself': cp. ἐν ἐμαυτῷ εἶναι iv 1 sub fin. (note).
24. λυττῶσι] For the position of this word cp. παροξῦναι τὸ θηρίον ἠρεμοῦν iii 14 (note).

εὔπορον ἐμοὶ, καθάπερ καὶ πρότερον. 585. Ἐμοὶ γὰρ ψυχή τις ἐστὶν ἀσθενὴς καὶ μικρὰ, καὶ εὐχείρωτος οὐ τούτοις μόνον τοῖς πάθεσιν, ἀλλὰ καὶ τῷ πάντων πικροτέρῳ φθόνῳ· καὶ οὔτε ὕβρεις οὔτε τιμὰς μετρίως ἐπίσταται φέρειν, ἀλλὰ μεθ' ὑπερβολῆς ἐκεῖναί τε ἐπαίρουσιν αὐτὴν, 5 καὶ ταπεινοῦσιν αὗται. 586. Ὥσπερ οὖν θηρία χαλεπὰ, ὅταν μὲν εὐσωματῇ καὶ σφριγᾷ, τῶν πρὸς αὐτὰ μαχομένων κρατεῖ, καὶ μάλιστα, ὅταν ἀσθενεῖς ὦσι καὶ ἄπειροι, εἰ δέ τις αὐτὰ λιμῷ κατατήξειε, τόν τε θυμὸν αὐτοῖς ἐκοίμισε, καὶ τῆς δυνάμεως τὸ πλέον ἔσβεσεν, ὡς καὶ τὸν μὴ λίαν 10 γενναῖον ἀναδέξασθαι τὸν πρὸς ταῦτα ἀγῶνα καὶ πόλεμον· οὕτω καὶ τὰ πάθη τῆς ψυχῆς, ὁ μὲν ἀσθενῆ ποιῶν, ὑπὸ τοῖς ὀρθοῖς αὐτὰ τίθησι λογισμοῖς· ὁ δὲ τρέφων ἐπιμελῶς, χαλεπωτέραν αὐτῷ τὴν πρὸς αὐτὰ καθίστησι μάχην, καὶ οὕτως αὐτῷ φοβερὰ ταῦτα ἀπεργάζεται, ὡς ἐν δουλείᾳ καὶ 15 δειλίᾳ τὸν πάντα χρόνον βιοῦν. 587. Τίς οὖν τῶν θηρίων τούτων ἡ τροφή; κενοδοξίας μὲν, τιμαὶ καὶ ἔπαινοι· ἀπονοίας δὲ, ἐξουσίας καὶ δυναστείας μέγεθος· βασκανίας δὲ, αἱ τῶν πλησίον εὐδοκιμήσεις. φιλαργυρίας, αἱ τῶν παρεχόντων φιλοτιμίαι· ἀκολασίας, τρυφὴ καὶ αἱ συνεχεῖς 20 τῶν γυναικῶν ἐντεύξεις· καὶ ἕτερον ἑτέρου. 588. Πάντα δὲ ταῦτα εἰς μὲν τὸ μέσον ἐλθόντι σφοδρῶς ἐπιθήσεται καὶ σπαράξει μοι τὴν ψυχὴν, καὶ φοβερὰ ἔσται, καὶ χαλεπώτερόν μοι τὸν πρὸς αὐτὰ ποιήσει πόλεμον. ἐν-

1 om καθαπερ και προτερον f ‖ 5 αυται—εκειναι transposita habent yz ‖ 12 υπο] υποχειρια y ‖ 15 φοβερωτερα bfxyz ‖ 18 εξουσια yz ‖ 20 παρεχοντων φιλοτιμιαι] hic incipit cod o ‖ 23 μου fxyz ‖ φοβερωτερα bfxz henr oliv

5. μεθ' ὑπερβολῆς] Cp. vi 7 init. (note).
ib. ἐκεῖναι] i.e. τιμαί: αὗται = ὕβρεις. See note on iii 8 οὐχ ὁ τὴν ψυχὴν ἀπὸ τοῦ σώματος κτλ.
7. εὐσωμ. καὶ σφρ.] Cp. adv. oppugn. vit. monast. II 64 E καθάπερ τὰ ἄγρια τῶν ζῴων εὐσωματεῖ καὶ σφριγᾷ: Ar. Nub. 799 εὐσωματεῖ

γὰρ καὶ σφριγᾷ.
10. ὡς καὶ τόν κτλ.] ὡς = ὥστε. In the next clause, οὕτω answers to ὥσπερ at the beginning of the sentence.
18. ἀπονοίας] Cp. ἀπονοίας i 4 (note).
22. εἰς τὸ μ. ἐλθ.] Cp. εἰς μέσον ἐλθών vi 8 (note).

11—2

ταῦθα δὲ καθημένῳ, μετὰ πολλῆς μὲν καὶ οὕτως ὑποταγήσεται τῆς βίας· ὑποταγήσεται δ᾽ οὖν ὅμως τῇ τοῦ θεοῦ χάριτι, καὶ τῆς ὑλακῆς αὐτοῖς οὐδὲν ἔσται πλέον. 589. Διὰ ταῦτα τὸν οἰκίσκον φυλάττω τοῦτον, καὶ ἀπρόϊτος, καὶ
5 ἀσυνουσίαστος, καὶ ἀκοινώνητος· καὶ μυρίας ἑτέρας τοιαύτας μέμψεις ἀκούειν ἀνέχομαι, ἡδέως μὲν ἂν αὐτὰς ἀποτριψάμενος, τῷ δὲ μὴ δύνασθαι δακνόμενος καὶ ἀλγῶν. οὐδὲ γὰρ εὔπορόν μοι, ὁμιλητικόν τε ὁμοῦ γενέσθαι, καὶ ἐπὶ τῆς παρούσης ἀσφαλείας μένειν. δι᾽ ὃ καὶ αὐτὸν σὲ
10 παρακαλῶ, τὸν ὑπὸ τοσαύτης δυσχερείας ἀπειλημμένον ἐλεεῖν μᾶλλον, ἢ διαβάλλειν.
590. Ἀλλ᾽ οὐδέπω σε πείθομεν. οὐκοῦν ὥρα λοιπὸν, ὃ μόνον εἶχον ἀπόρρητον, πρὸς σὲ καὶ τοῦτο ἐκβαλεῖν. καὶ ἴσως μὲν ἄπιστον εἶναι δόξει πολλοῖς· ἐγὼ δὲ αὐτὸ
15 οὐδὲ οὕτως εἰς μέσον ἐνεγκεῖν αἰσχυνθήσομαι. εἰ γὰρ καὶ πονηρᾶς συνειδήσεως καὶ μυρίων ἁμαρτημάτων ἔλεγχος τὸ λεγόμενον, τοῦ μέλλοντος ἡμᾶς κρίνειν θεοῦ πάντα εἰδότος ἀκριβῶς, τί πλέον ἡμῖν ἐκ τῆς τῶν ἀνθρώπων ἀγνοίας ἐγγενέσθαι δυνήσεται; 591. Τί οὖν ἐστι τὸ
20 ἀπόρρητον; ἀπὸ τῆς ἡμέρας ἐκείνης, ἐν ᾗ ταύτην ἐνέθηκάς μοι τὴν ὑποψίαν, πολλάκις ἐκινδύνευσέ μοι παραλυθῆναι τὸ σῶμα τέλεον, τοσοῦτος μὲν φόβος, τοσαύτη δὲ ἀθυμία κατέσχέ μου τὴν ψυχήν. 592. Τῆς γὰρ Χριστοῦ νύμφης τὴν δόξαν ἐννοῶν, τὴν ἁγιωσύνην, τὸ κάλλος τὸ πνευ-

1 μετα πολλης μεν υποταγης, εσται δ᾽ ουν ομως τη του θεου χαριτι c ‖
2 της βιας] om της y vulg ‖ 4 απροσιτος c ‖ 12 ωρα μοι λοιπον z vulg ‖
17 το λεγομενον] + η bcxz vulg

1. καὶ οὕτως] 'even so': i.e. in spite of the assistance which he derives from isolation.
3. τῆς ὑλακῆς κτλ.] 'they will gain nothing save their barking': i.e. nothing but the chance to make themselves heard. Contrast the construction below τί πλέον ἡμῖν ἐκ τῆς...ἀγνοίας ἐγγενέσθαι δυνήσεται; 'what advantage can accrue to us from men's ignorance?'
12. ὥρα...ἐκβαλεῖν] 'it is time to declare.'
21. ὑποψίαν] 'suspicion': i.e. that he would be forcibly consecrated: see i 3.
22. ἀθυμία] cp. i 3 (init.).
23. τῆς γὰρ Χρ. ν.] Cp. τοῦ Χριστοῦ τὴν νύμφην iii 6 (note).

ματικὸν, τὴν σύνεσιν, τὴν εὐκοσμίαν, καὶ τὰ ἐμαυτοῦ λογιζόμενος κακά, οὐ διελίμπανον ἐκείνην τε πενθῶν καὶ ἐμαυτὸν, καὶ στένων συνεχῶς καὶ διαπορῶν πρὸς ἐμαυτὸν ἔλεγον· 593. Τίς ἄρα ταῦτα συνεβούλευσε; τί τοσοῦτον ἥμαρτεν ἡ τοῦ θεοῦ ἐκκλησία; τί τηλικοῦτο παρώξυνε 5 τὸν αὐτῆς δεσπότην, ὡς τῷ πάντων ἀτιμοτάτῳ παραδοθῆναι ἐμοὶ, καὶ τοσαύτην ὑπομεῖναι αἰσχύνην; 594. Ταῦτα πολλάκις κατ' ἐμαυτὸν λογιζόμενος, καὶ τοῦ λίαν ἀτόπου μηδὲ τὴν ἐνθύμησιν δυνάμενος ἐνεγκεῖν, ὥσπερ οἱ παραπλῆγες ἐκείμην ἀχανὴς, οὔτε ὁρᾶν οὔτε ἀκούειν τι δυνά- 10 μενος. τῆς δὲ ἀμηχανίας με τῆς τοσαύτης ἀφιείσης, καὶ γὰρ ἔστιν ὅτε καὶ ὑπεξίστατο, διεδέχετο δάκρυα καὶ ἀθυμία· καὶ μετὰ τὸν τῶν δακρύων κόρον, ἀντεισῄει πάλιν ὁ φόβος, ταράττων καὶ θορυβῶν καὶ διασείων μοι τὴν διάνοιαν. 595. Τοσαύτῃ ζάλῃ τὸν παρελθόντα συνέζων 15 χρόνον· σὺ δε ἠγνόεις, καὶ ἐν γαλήνῃ με διάγειν ἐνόμιζες. ἀλλὰ νῦν σοι ἀποκαλύψαι πειράσομαι τὸν χειμῶνα τῆς ἐμῆς ψυχῆς· τάχα γάρ μοι καὶ ἀπὸ τούτου συγγνώσῃ, τὰ ἐγκλήματα ἀφείς. πῶς οὖν σοι, πῶς αὐτὸν ἐκκαλύψομεν; εἰ μὲν σαφῶς ἐθέλοις ἰδεῖν, ἑτέρως οὐκ ἐνῆν, ἀλλ' ἢ τὴν 20 καρδίαν ἀπογυμνώσαντα τὴν ἐμήν. ἐπειδὴ δὲ τοῦτο ἀδύνατον, δι' ἀμυδρᾶς τινος εἰκόνος, ὡς ἂν οἷός τε ὦ, πειράσομαί σοι τὸν τῆς ἀθυμίας τέως ὑποδεῖξαι καπνόν· σὺ δὲ ἐκ τῆς εἰκόνος τὴν ἀθυμίαν συλλέγειν μόνην.

3 εμαυτον] + ταλανιζων bcfxz vulg ‖ 4 ελεγον] + ταυτα z vulg ‖ 11 αφεισης z vulg ‖ 17 εκκαλυψομαι y εκκαλυψωμεν vulg ‖ 20 ουκ αν ειη bcfxyz franc ‖ 21 γυμνωσαντα y vulg γυμνωσαντι afz ‖ 24 συλλεγε Ga*cfox vulg σοι δε ενεστιν εκ της εικονος—συλλεγειν a[1]bdehlpstz συ δε εκ της εικονος...συλλεγομενην ora mn ‖ μονον Gabdeo

9. παραπλῆγες] 'in an epileptic fit': cp. παραπληξία 'madness' iv 1.
10. ἀχανής] 'mute.'
13. δακρύων κόρον] Eurip. Alcestis 185 ἐπεὶ δὲ πολλῶν δακρύων εἶχεν κόρον.
24. συλλέγειν] infinitive for imperative. The somewhat unusual construction explains the various corruptions in the text (see critical note): thus σύλλεγε is clearly a gloss on συλλέγειν, while in other MSS. ἔνεστι is interpolated (with change of σύ to σοί).

596. Ὑποθώμεθα εἶναί τινι μνηστὴν τοῦ πάσης τῆς ὑφ᾽ ἡλίῳ κειμένης γῆς βασιλεύοντος θυγατέρα· ταύτην τε τὴν κόρην κάλλος τε ἔχειν ἀμήχανον, οἷον καὶ τὴν ἀνθρωπείαν ὑπερβαίνειν φύσιν, καὶ τούτῳ τὸ τῶν γυναικῶν
5 ἁπασῶν φῦλον ἐκ πολλοῦ τοῦ διαστήματος νικᾶν· καὶ ψυχῆς ἀρετὴν τοσαύτην, ὡς καὶ τὸ τῶν ἀνδρῶν γένος, τῶν τε γενομένων τῶν τε ἐσομένων ποτέ, πολλῷ τῷ μέτρῳ κατόπιν ἀφεῖναι· καὶ πάντας μὲν ὑπερβῆναι φιλοσοφίας ὅρους τῇ τῶν τρόπων εὐκοσμίᾳ, πᾶσαν δὲ κρύψαι σώματος
10 ὥραν τῷ τῆς οἰκείας ὄψεως κάλλει. 597. Τὸν δὲ ταύτης μνηστῆρα, μὴ διὰ ταῦτα μόνον περικαίεσθαι τῆς παρθένου, ἀλλὰ καὶ χωρὶς τούτων πάσχειν τι πρὸς αὐτήν, καὶ τῷ πάθει τούτῳ τοὺς μανικωτάτους τῶν πώποτε γενομένων ἀποκρύψαι ἐραστῶν. 598. Εἶτα μεταξὺ τῷ φίλτρῳ καιό-
15 μενον ἀκοῦσαί ποθεν, ὅτι τὴν θαυμαστὴν ἐρωμένην ἐκείνην τῶν εὐτελῶν τις καὶ ἀπερριμμένων ἀνδρῶν, δυσγενὴς καὶ τὸ σῶμα ἀνάπηρος καὶ πάντων τῶν ὄντων μοχθηρότατος, μέλλοι πρὸς γάμον ἀγαγέσθαι. 599. Ἆρά σοι μικρόν τι μέρος τῆς ἡμετέρας ὀδύνης παρεστήσαμεν; καὶ ἀρκεῖ
20 μέχρι τούτου στῆσαι τὴν εἰκόνα; τῆς μὲν ἀθυμίας ἕνεκεν ἀρκεῖν οἶμαι· καὶ γὰρ διὰ τοῦτο μόνον αὐτὴν παρειλήφαμεν. ἵνα δέ σοι καὶ τοῦ φόβου καὶ τῆς ἐκπλήξεως

1 υφ᾽ ηλιον y vulg ‖ 3 ανθρωπινην z vulg ‖ 15 και ακουσαι z vulg ‖ 16 και δυσγενης z vulg ‖ 17 om των οντων fx ‖ 18 αγεσθαι vulg ‖ 19 παραστησω το μετρον fyz

5. ἐκ πολλοῦ τοῦ δ.] Lat. *longo intervallo*.
8. κατόπιν ἀφεῖναι] 'to leave behind': cp. i 1 τοσοῦτον...ἀφεῖναι κατόπιν (note).
ib. φιλοσοφίας] Cp. φιλοσοφίαν i 1 (note).
13. τοὺς μανικ....ἀποκρ.] 'to put in the shade even the most passionate of lovers': for μανικὸς cp. *ad Theodorum lapsum* 1 21 C, and Field's note on *Homm. in* 1 *Thess.* 443 D. ἀποκρύψαι is like κρύψαι just above.

14. μεταξύ...καιόμ.] '*while he was being consumed by love for her*.' φίλτρον is more usually a 'love-potion' or '*philtre*.'
16. εὐτ. καὶ ἀπερρ. ἀν.] '*some vile outcast*': cp. ἔστω ὁ συνοικῶν μὴ τῶν εὐτελῶν τις μηδὲ τῶν ἀπερριμμένων *quod regulares feminae* etc. 259 A. We are reminded of the 'little bald tinker,' Plat. *Rep.* 496 A, who marries his master's daughter.
20. μέχρι κτλ.] 'to end the parallel (simile) here.'

ὑποδείξω τὸ μέτρον· ἐφ' ἑτέραν πάλιν ἴωμεν ὑπογραφήν. 600. Καὶ ἔστω στρατόπεδον ἐκ πεζῶν καὶ ἱππέων καὶ ναυμαχῶν συνειλεγμένον ἀνδρῶν· καὶ καλυπτέτω μὲν τὴν θάλατταν ὁ τῶν τριήρων ἀριθμός, καλυπτέτω δὲ τὰ τῶν πεδίων πλήθη καὶ τὰς τῶν ὀρῶν κορυφὰς αἱ τῶν πεζῶν καὶ ἱππέων φάλαγγες· 601. καὶ ἀντιλαμπέτω μὲν ἡλίῳ τῶν ὅπλων ὁ χαλκός, καὶ ταῖς ἐκεῖθεν πεμπομέναις ἀκτῖσιν ἡ τῶν περικεφαλαιῶν καὶ τῶν ἀσπίδων ἀνταφιέσθω μαρμαρυγή· ὁ δὲ τῶν δοράτων κτύπος καὶ ὁ τῶν ἵππων χρεμετισμὸς πρὸς αὐτὸν φερέσθω τὸν οὐρανόν· καὶ μήτε θάλασσα φαινέσθω μήτε γῆ, ἀλλὰ χαλκὸς καὶ σίδηρος πανταχοῦ. 602. Ἀντιπαρατατέσθωσαν δὲ αὐτοῖς καὶ πολέμιοι, ἄγριοί τινες ἄνδρες καὶ ἀνήμεροι· ἐνεστηκέτω δὲ ἤδη καὶ ὁ τῆς συμβολῆς καιρός. 603. Εἶτα ἁρπάσας τις ἐξαίφνης μειράκιον τῶν ἐν ἀγρῷ τραφέντων καὶ τῆς πηκτίδος καὶ τῆς καλαύροπος πλέον εἰδότων οὐδέν, καθοπλιζέτω μὲν αὐτὸ ὅπλοις χαλκοῖς, 604. περιαγέτω δὲ τὸ στρατόπεδον ἅπαν, καὶ δεικνύτω λόχους καὶ λοχαγούς, τοξότας, σφενδονήτας, ταξιάρχους, στρατηγούς, ὁπλίτας, ἱππέας, ἀκοντιστάς, τριήρεις, τριηράρχους, τοὺς ἐκεῖ πεφραγμένους στρατιώτας, τῶν ἐν ταῖς ναυσὶν ἀποκειμένων μηχανημάτων τὸ πλῆθος· 605. δεικνύτω δὲ καὶ τὴν τῶν πολεμίων παράταξιν ἅπασαν, καὶ ὄψεις ἀπο-

4 καλυπτετωσαν bfmnpyz vulg || 7 αντιπεμπομεναις fxz || 15 om εν z || 16 ειδος y || 19 σφενδονιστας c || 22 om δεικνυτω—και πληθος z

3. ναυμαχῶν] Cp. iv 4 ναυμάχην (note).
4. καλυπτέτω δέ] With Dübner I retain this, the reading of the best MSS. The verb would of course be normally in the plural, but the distance of the plural subject (αἱ φάλαγγες) from its verb, and the fact that καλυπτέτω precedes its subject, will account for the anomaly (schema Pindaricum).
5. πλήθη] For πλῆθος used of magnitude instead of number see L. and S., who quote πεδίον πλῆθος ἄπειρον from Herodotus. There is thus no need of the conjecture πλάτη (Boys).
13. ἐνεστηκ. κτλ.] 'and suppose that the time for the conflict is at hand.'
16. πηκτίδος] a sort of shepherd's pipe joined of several reeds, like Pan's pipes: L. and S. s.v.: καλαύροπος = 'shepherd's crook.'
23. ἀποτρ.] 'awful': lit. 'ill-omened.'

τροπαίους τινὰς, καὶ σκευὴν ὅπλων ἐξηλλαγμένην, καὶ πλῆθος ἄπειρον, καὶ φάραγγας καὶ κρημνοὺς βαθεῖς καὶ δυσχωρίας ὁρῶν· 606. δεικνύτω δὲ ἔτι παρὰ τοῖς ἐναντίοις καὶ πετομένους ἵππους διά τινος μαγγανείας, καὶ 5 ὁπλίτας δι' ἀέρος φερομένους, καὶ πάσης γοητείας δύναμίν τε καὶ ἰδέαν. 607. Καταλεγέτω δὲ καὶ τὰς τοῦ πολέμου συμφοράς· τῶν ἀκοντίων τὸ νέφος, τῶν βελῶν τὰς νιφάδας, τὴν πολλὴν ἀχλὺν ἐκείνην καὶ τὴν ἀορασίαν, τὴν ζοφωδεστάτην νύκτα, ἣν τὸ τῶν τοξευμάτων συνίστησι πλῆθος, 10 ἀποστρέφον τῇ πυκνότητι τὰς ἀκτῖνας, τὴν κόνιν οὐχ ἧττον τοῦ σκότους τοὺς ὀφθαλμοὺς ἀμαυροῦσαν, τοὺς τῶν αἱμάτων χειμάρρους, τῶν πιπτόντων τὰς οἰμωγὰς, τῶν ἑστώτων τοὺς ἀλαλαγμοὺς, τῶν κειμένων τὰς σωρείας, τροχοὺς αἵματι βαπτιζομένους, ἵππους αὐτοῖς ἀναβάταις 15 πρηνεῖς φερομένους ἀπὸ τοῦ πλήθους τῶν κειμένων νεκρῶν, τὴν γῆν φύρδην ἅπαντα ἔχουσαν, αἷμα καὶ τόξα καὶ βέλη, ἵππων ὁπλὰς καὶ ἀνθρώπων κεφαλὰς ὁμοῦ κειμένας, καὶ βραχίονα καὶ τροχὸν, καὶ κνημῖδα καὶ στῆθος διακοπὲν, ἐγκεφάλους ξίφεσι προσπεπλασμένους, ἀκίδα βέλους ἐκ-
20 κεκλασμένην καὶ ὀφθαλμὸν ἔχουσαν ἐμπεπερονημένον. 608. Καταλεγέτω καὶ τὰ τοῦ ναυτικοῦ πάθη· τριήρεις τὰς μὲν ἐν μέσοις ἀναπτομένας τοῖς ὕδασι, τὰς δὲ αὐτοῖς ὁπλίταις καταδυομένας· τὸν τῶν ὑδάτων ἦχον, τὸν τῶν ναυτῶν θόρυβον, τὴν τῶν στρατιωτῶν βοὴν, τῶν κυμάτων

3 δυσχερειας a franc henr ‖ 13 τους σωρους vulg τας κραυγας x ‖ 14 αιμασι c ‖ 18 βραχιονας vulg ‖ και τραχηλον mnoxy' berl vulg ‖ 19 εγκεκλασμενην cxz

1. ἐξηλλαγ.] 'unusual,' 'strange': cp. Homm. in Matt. 6 B ἐξηλλαγμένα καὶ καινά, 144 C τραπέζῃ οὕτως ἐξηλλαγμένῃ.
4. μαγγαν.] 'jugglery.'
12. αἱμ. χειμ.] Cp. εἶδες ἂν οὐ χειμάρρους αἱμάτων vi 13.
14. αὐτοῖς ἀναβ.] 'riders and all': cp. αὐτοῖς ἀνδράσιν 'crews and all' Hdt. vi 93 etc.

16. φύρδην] 'in confusion,' 'pellmell' (φύρω): cp. ἄρδην iii 4 (αἴρω).
18. τροχόν] This word suits the context better than τράχηλον (see critical note). Everything is in confusion (cp. φύρδην): a man's arm, the wheel of a chariot, are side by side.
19. ἀκίδα βέλους ἐκκ.] 'the head of an arrow broken off.'

καὶ τῶν αἱμάτων μιγνύμενον τὸν ἀφρὸν, καὶ ὁμοῦ τοῖς πλοίοις ἐπεισιόντα πᾶσι· τοὺς ἐπὶ τῶν καταστρωμάτων νεκροὺς, τοὺς καταποντιζομένους, τοὺς ἐπιπλέοντας, τοὺς εἰς τοὺς αἰγιαλοὺς ἐκβρασσομένους, τοὺς ἔνδον τοῖς κύμασι περικλυζομένους, καὶ ταῖς ναυσὶν ἀποφράττοντας τὴν ὁδόν. 5 609. Καὶ πάσας ἀκριβῶς διδάξας τὰς τοῦ πολέμου τραγῳδίας, προστιθέτω καὶ τὰ τῆς αἰχμαλωσίας δεινὰ, καὶ τὴν παντὸς θανάτου χαλεπωτέραν δουλείαν. 610. Καὶ ταῦτα εἰπὼν κελευέτω τὸν ἵππον ἀναβαίνειν εὐθέως, καὶ τοῦ στρατοπέδου παντὸς ἐκείνου στρατηγεῖν. 611. Ἆρα 10 οἴει πρὸς τὴν διοίκησιν ἐκείνην ἀρκέσειν τὸν μειρακίσκον ἐκεῖνον, ἀλλ' οὐκ ἀπὸ πρώτης ὄψεως εὐθέως ἀφήσειν τὴν ψυχήν; XIII. 612. Καὶ μή με νομίσῃς ἐπαίρειν τὸ πρᾶγμα τῷ λόγῳ· μηδ' ὅτι τῷ σώματι τούτῳ καθάπερ τινὶ δεσμωτηρίῳ κατακλεισθέντες, τῶν ἀοράτων οὐδὲν 15 δυνάμεθα ἰδεῖν, μεγάλα τὰ εἰρημένα εἶναι νόμιζε. πολὺ γὰρ ταύτης τῆς μάχης μείζονα, πολὺ καὶ φρικωδεστέραν εἶδες ἂν, εἰ τοῦ διαβόλου τὴν ζοφωδεστάτην παράταξιν καὶ τὴν μανιώδη συμβολὴν τούτοις τοῖς ὀφθαλμοῖς ἰδεῖν ἠδυνήθης ποτέ. 613. Οὐ γὰρ χαλκὸς ἐκεῖ καὶ σίδηρος, 20 οὐδὲ ἵπποι καὶ ἅρματα καὶ τροχοὶ, οὐδὲ πῦρ καὶ βέλη, ταῦτα τὰ ὁρατά· ἀλλ' ἕτερα πολὺ τούτων φοβερώτερα μηχανήματα. οὐ δεῖ τούτοις τοῖς πολεμίοις θώρακος οὐδὲ

1 αιματων]+ομου yz vulg ‖ 7 δεινα] κακα yz ‖ 11· προς την διηγησιν μονην acfmnpux franc oliv vulg ‖ το μειρακισκιον εκεινο y ‖ 13 μητοι με νομισης x vulg ‖ 16 νομιζε] νομισης vulg ‖ 17 μειζονα και φρικ. yz vulg φρικωδεστερα x ‖ 19 συμβολην] βουλην x ‖ 21 βελη]+ουδε z

2. καταστρωμάτων] 'decks.'
4. ἔνδον] sc. τῆς θαλάσσης. Τοῖς κύμασι, 'by the waves,' goes with περικλυζομένους.
6. τραγῳδίας] 'melancholy events,' 'tragedies': cp. Plat. Legg. 817 B.
XIII. The warfare conducted against us by Satan is so fierce that no mere earthly conflict could give us a true idea of it.

The foregoing description of the difficulties of the bishop's office makes a deep impression upon Basil. He implores his friend to support and assist him in his future labours: and Chrysostom readily undertakes to do so.

13. ἐπαίρειν...τῷ λόγῳ] 'exaggerate.'

ἀσπίδος, οὐδὲ ξιφῶν καὶ δοράτων· ἀλλ' ἀρκεῖ μόνη ἡ
ὄψις τῆς ἐπαράτου στρατιᾶς ἐκείνης παραλῦσαι ψυχὴν,
ἣν μὴ λίαν οὖσα γενναία τύχῃ, καὶ πρὸ τῆς οἰκείας
ἀνδρείας πολλῆς ἀπολαύσῃ τῆς παρὰ τοῦ θεοῦ προνοίας.
5 614. Καὶ εἴ γε ἦν δυνατὸν, τὸ σῶμα ἀποδύντα τοῦτο, ἢ
καὶ μετὰ αὐτοῦ τοῦ σώματος δυνηθῆναι καθαρῶς καὶ
ἀφόβως ἅπασαν τὴν ἐκείνου παράταξιν καὶ τὸν πρὸς
ἡμᾶς πόλεμον ὀφθαλμοφανῶς ἰδεῖν· εἶδες ἂν οὐ χειμάρ-
ρους αἱμάτων, οὐδὲ σώματα νεκρὰ, ἀλλὰ ψυχῶν πτώματα
10 τοσαῦτα, καὶ τραύματα οὕτω χαλεπὰ, ὡς ἅπασαν ἐκείνην
τοῦ πολέμου τὴν ὑπογραφὴν, ἣν ἄρτι διῆλθον πρός σε,
παίδων τινὰ ἀθύρματα εἶναι νομίσαι, καὶ παιδιὰν μᾶλλον
ἢ πόλεμον, τοσοῦτοι οἱ καθ' ἑκάστην πληττόμενοι τὴν
ἡμέραν. 615. Τὰ δὲ τραύματα οὐκ ἴσην ἐργάζεται τὴν
15 νέκρωσιν, ἀλλ' ὅσον ψυχῆς καὶ σώματος τὸ μέσον, τοσοῦ-
τον ἐκείνης καὶ ταύτης τὸ διάφορον. ὅταν γὰρ λάβῃ
τὴν πληγὴν ἡ ψυχὴ καὶ πέσῃ, οὐ κεῖται καθάπερ τὸ
σῶμα ἀνεπαισθήτως, ἀλλὰ βασανίζεται μὲν ἐντεῦθεν ἤδη
τῇ πονηρᾷ συνειδήσει τηκομένη· μετὰ δὲ τὴν ἐνθένδε
20 ἀπαλλαγὴν, κατὰ τὸν τῆς κρίσεως καιρὸν, ἀθανάτῳ παρα-
δίδοται τιμωρίᾳ. εἰ δέ τις ἀναλγήτως ἔχοι πρὸς τὰς τοῦ
διαβόλου πληγὰς, μεῖζον ὑπὸ τῆς ἀναισθησίας ἐκείνῳ
γίνεται τὸ δεινόν. ὁ γὰρ ἐπὶ τῇ προτέρᾳ πληγῇ μὴ
δηχθεὶς εὐκόλως δέξεται καὶ δευτέραν, καὶ μετ' ἐκείνην
25 ἑτέραν. οὐ γὰρ διαλιμπάνει μέχρι τῆς ἐσχάτης ἀναπνοῆς
παίων ὁ μιαρὸς, ὅταν εὕρῃ ψυχὴν ὑπτίαν καὶ τῶν προτέ-
ρων καταφρονοῦσαν πληγῶν. 616. Εἰ δὲ καὶ τῆς συμβο-

6 om αυτου yz || 12 παιδων τινων vulg || και παιγνια x || 22 εκεινης y ||
24 δεχεται x vulg || 25 μεχρι] + και y || 26 ο πονηρος f || 27 ταυτης y

6. δυνηθ.] This is tautologous
after δυνατόν, but no correction of
the text is plausible.
8. ὀφθαλμοφ.] '*clearly*,' '*visibly*.'
9. πτώματα] used in the N.T.
= '*carcases*': hence ψυχῶν πτ. =
'*dead souls*.'

12. παίδων...ἀθύρματα] '*child's
play*.'
18. ἐντεῦθεν ἤδη] '*immediately
afterwards*,' i.e. after the fall: this
is contrasted with the later stage.
μετὰ τὴν ἐνθένδε ἀπαλλαγήν.

λῆς τὸν τρόπον ἐξετάζειν ἐθέλοις, πολὺ ταύτην σφοδροτέραν καὶ ποικιλωτέραν ἴδοις ἄν. οὐδὲ γὰρ κλοπῆς καὶ δόλου τοσαύτας τις οἶδεν ἰδέας, ὅσας ἐκεῖνος ὁ μιαρὸς, ταύτῃ γοῦν τὴν πλείονα κέκτηται δύναμιν· οὔτε ἔχθραν τις οὕτως ἀκήρυκτον δύναιτ' ἂν ἔχειν πρὸς τοὺς ἄγαν πολε- 5 μιωτάτους αὐτῷ, ὅσην πρὸς τὴν ἀνθρωπείαν φύσιν ὁ πονηρός. 617. Καὶ τὴν προθυμίαν δὲ εἴ τις ἐξετάζοι, μεθ' ἧς μάχεται ἐκεῖνος, ἀνθρώπους μὲν ἐνταῦθα καὶ γελοῖον παραβαλεῖν. εἰ δέ τις τὰ ὀργιλώτατα καὶ ἀπηνέστατα τῶν θηρίων ἐκλεξάμενος ἀντιτιθέναι θέλοι τῇ 10 τούτου μανίᾳ, πραότατα ὄντα καὶ ἡμερώτατα εὑρήσει τῇ παραβολῇ· τοσοῦτον οὗτος πνεῖ θυμὸν, ταῖς ἡμετέραις προσβάλλων ψυχαῖς. 618. Καὶ ὁ τῆς μάχης δὲ χρόνος, ἐνταῦθα μὲν βραχὺς, καὶ ἐν τῷ βραχεῖ δὲ αὐτῷ πολλαὶ αἱ ἀνοκωχαί· καὶ γὰρ νὺξ ἐπελθοῦσα, καὶ ὁ τοῦ σφάζειν 15 κάματος, καὶ τροφῆς καιρὸς καὶ πολλὰ ἕτερα διαναπαύειν τὸν στρατιώτην πέφυκεν, ὡς καὶ ἀποδῦναι τὴν παντευχίαν, καὶ ἀναπνεῦσαι μικρὸν, καὶ σίτῳ καὶ ποτῷ καταψῦξαι, καὶ ἑτέροις πολλοῖς τὴν προτέραν ἀνακτήσασθαι δύναμιν. ἐπὶ δὲ τοῦ πονηροῦ οὐκ ἔστι τὰ ὅπλα καταθέσθαι ποτὲ, 20 οὐκ ἔστιν ὕπνον ἄρασθαι τὸν βουλόμενον ἄτρωτον μένειν διαπαντός. ἀνάγκη γὰρ, δυοῖν θάτερον, ἢ πεσεῖν καὶ ἀπολέσθαι γυμνωθέντα, ἢ διαπαντὸς καθωπλισμένον ἑστάναι καὶ ἐγρηγορότα. καὶ γὰρ ἐκεῖνος διαπαντὸς ἔστηκε μετὰ τῆς αὐτοῦ παρατάξεως, τὰς ἡμετέρας ῥᾳθυ- 25

2 ιδοι τις αν x ‖ 3 ο μιαρος]+ δαιμων εκεινος x ο πονηρος δαιμων εκεινος yz vulg ‖ 5 δυνησεται bcfxyz franc δυναται vulg ‖ 8 ανθρωποις yz vulg ‖ 11 εν τη παραβολη z ‖ 16 διαναπνευσαι z ‖ 24 και εγρηγορεναι bo καθωπλ. εστωτα και εγρηγοροτα ειναι x vulg

5. ἀκήρυκτον] 'implacable': properly used of a war in which no herald is admitted by either side. Ἀκήρυκτος ἔχθρα is quoted from Plutarch.
ib. ἄγαν πολεμιωτ.] We might have expected the positive πολεμίους after ἄγαν; but cp. iii 14 φρικωδέστατα (note).
17. παντευχίαν] 'panoply.' Πανοπλίας is found at ii 2.
20. οὐκ ἔστι τὰ ὅπλα κτλ.] 'he who wishes to remain unhurt cannot lay down his arms.'

μίας παρατηρῶν, πλείονά τε εἰσφέρων σπουδὴν εἰς τὴν ἡμετέραν ἀπώλειαν, ἢ εἰς τὴν σωτηρίαν ἡμεῖς τὴν ἑαυτῶν. 619. Καὶ τὸ μὴ ὁρᾶσθαι δὲ αὐτὸν ὑφ' ἡμῶν, καὶ τὸ ἐξαπίνης ἐπιτίθεσθαι, ἃ μάλιστα τῶν μυρίων ἐστὶν αἴτια κακῶν τοῖς οὐκ ἐγρηγορόσι διαπαντός, πολὺ τοῦτον ἀπορώτερον ἐκείνου δείκνυσι τὸν πόλεμον. 620. Ἐνταῦθα οὖν ἡμᾶς ἤθελες στρατηγεῖν τοῖς στρατιώταις τοῦ Χριστοῦ; ἀλλὰ τῷ διαβόλῳ τοῦτο ἦν στρατηγεῖν· ὅταν γὰρ ὁ διατάττειν καὶ διακοσμεῖν τοὺς λοιποὺς ὀφείλων πάντων ἀπειρότατος καὶ ἀσθενέστατος ᾖ, προδοὺς ὑπὸ τῆς ἀπειρίας τοὺς πιστευθέντας, τῷ διαβόλῳ μᾶλλον ἐστρατήγησεν, ἢ τῷ Χριστῷ. 621. Ἀλλὰ τί στένεις; τί δακρύεις; οὐ γὰρ θρήνων ἄξια τὰ κατ' ἐμὲ νῦν, ἀλλ' εὐφροσύνης καὶ χαρᾶς. Ἀλλ' οὐχὶ καὶ τὰ ἐμά, φησιν, ἀλλὰ μυρίων ἄξια ταῦτα κοπετῶν· νῦν γὰρ μόλις ἠδυνήθην συνιδεῖν, οἷ τῶν κακῶν με ἤγαγες. 622. Ἐγὼ μὲν γὰρ εἰσῆλθον πρός σε, ὅ τι ποτὲ ὑπὲρ σοῦ πρὸς τοὺς ἐγκαλοῦντας ἀπολογήσομαι, δεόμενος μαθεῖν· σὺ δέ με ἐκπέμπεις ἑτέραν ἀνθ' ἑτέρας φροντίδα ἐνθείς. οὐ γὰρ ἔτι μοι μέλει, τί πρὸς ἐκείνους ὑπὲρ σοῦ, ἀλλὰ τί πρὸς τὸν θεὸν ὑπὲρ ἐμαυτοῦ καὶ τῶν ἐμῶν ἀπολογήσομαι κακῶν. 623. Ἀλλὰ σοῦ δέομαι καὶ ἀντιβολῶ, εἴ τί σοι μέλει τῶν ἐμῶν, εἴ τις παράκλησις ἐν Χριστῷ, εἴ τι παραμύθιον ἀγάπης, εἴ τινα σπλάγχνα καὶ οἰκτιρμοί. καὶ γὰρ οἶδας, ὅτι με μάλιστα πάντων αὐτὸς εἰς τοῦτον τὸν κίνδυνον ἤγαγες· χεῖρα ὄρεξον καὶ λέγων καὶ πράττων τὰ δυνάμενα ἡμᾶς ἀνορθοῦν, μηδὲ ἀνάσχῃ πρὸς γοῦν τὸ βραχύτατον ἡμᾶς ἀπολιπεῖν, ἀλλὰ νῦν μᾶλλον ἢ πρότερον κοινὰς

16 εις οιον βοθρον κακων με ηγαγες c ‖ 17 ο τι ποτε]+εκεινοις y vulg ‖ 20 πλην αλλα vulg ‖ 24 ει τι σπλαγχνα z ‖ 27 μη δη ανασχη vulg

5. τοῦτον] i.e. warfare between man and Satan: ἐκείνου, that between man and man.
7. στρατ. τοῖς στρ.] 'to lead the soldiers': but τῷ διαβ. στρ. below = 'to act as leader in the cause of the devil.'
14. τὰ κατ' ἐμέ] 'my fortunes.'
23. εἴ τις παράκλησις κτλ.] Phil. ii 1 (after ἀγάπης WH. have εἴ τις κοινωνία πνεύματος, εἴ τις σπλάγχνα καὶ οἰκτιρμοί).

ποιεῖσθαι τὰς διατριβάς. 624. Ἐγὼ δὲ μειδιάσας, Καὶ τί συμβαλέσθαι, ἔφην, τί δέ σε ὀνῆσαι δυνήσομαι πρὸς τοσοῦτον πραγμάτων ὄγκον; ἀλλ᾽ ἐπειδή σοι τοῦτο ἡδύ, θάρρει, ὦ φίλη κεφαλή· τὸν καιρὸν γάρ, καθ᾽ ὃν ἂν ἐξῇ σοι τῶν ἐκεῖθεν φροντίδων ἀναπνεῖν, καὶ παρέσομαι καὶ 5 παρακαλέσω, καὶ τῶν εἰς δύναμιν τὴν ἐμὴν ἐλλείψεται οὐδέν. ἐπὶ τούτοις πλέον ἐκεῖνος δακρύσας ἀνίσταται· ἐγὼ δὲ αὐτῷ περιχυθεὶς, καὶ καταφιλήσας τὴν κεφαλήν, προὔπεμπον, παρακαλῶν γενναίως φέρειν τὸ συμβεβηκός. Πιστεύω γάρ, ἔφην, τῷ καλέσαντί σε Χριστῷ, καὶ τοῖς 10 ἰδίοις ἐπιστήσαντι προβάτοις, ὅτι τοσαύτην ἐκ τῆς διακονίας ταύτης κτήσῃ παρρησίαν, ὡς καὶ ἡμᾶς κατὰ τὴν ἡμέραν ἐκείνην κινδυνεύοντας εἰς τὴν αἰώνιόν σου δέξασθαι σκηνήν.

6 ελλειψει giklrstwz henr ελλειψω xy

4. ὦ φίλη κεφαλή] For this form of salutation cp. *ad Theodorum lapsum* I 11 A, II 42 A : also κεφαλῆς = ' person ' at iii 5 (note).

12. τὴν ἡμέραν ἐκ.] the day of judgment.
13. εἰς τὴν αἰ....σκηνήν] Lk. xvi 9 (εἰς τὰς αἰωνίους σκηνάς WH.).

APPENDIX.

THE BEARING OF THE SCRIPTURAL QUOTATIONS IN THE *DE SACERDOTIO* ON THE TEXTUAL CRITICISM OF THE NEW TESTAMENT.

The quotations in Chrysostom's writings attest the 'Syrian' or 'α' type of text.

It is admitted by all critics of the text of the New Testament that the quotations in the writings of St Chrysostom are derived from a text substantially identical with that represented by the 'Syrian' group of authorities. Dr Hort wrote[1]: "a glance at any tolerably complete *apparatus criticus* of the Acts or Pauline Epistles reveals the striking fact that an overwhelming proportion of the variants common to the great mass of cursive and late uncial Greek MSS. are identical with the readings followed by Chrysostom in the composition of his Homilies. The coincidence furnishes evidence as to place as well as time; for the whole of Chrysostom's life, the last ten years excepted, was spent at Antioch or in its neighbourhood." From the abundant quotations in the voluminous works of St Chrysostom, and in the fragments of Theodore of Antioch and Mopsuestia, and of Diodorus of Antioch and Tarsus[2], Dr Hort concluded that "the fundamental text of late extant Greek MSS. generally is beyond all question identical with the dominant Antiochian or Graeco-Syrian text of the second half of the fourth century[3]."

Quotations in the 'de sacerdotio.'

A study of the quotations in the *de sacerdotio* corroborates the general conclusion of Dr Hort. They are taken from a 'Syrian' type of text, as we might have expected, on *à priori* grounds, in a genuine writing of St Chrysostom.

---

[1] *Introduction to the New Testament*, p. 91.
[2] See *de sac.* i. 1 (notes on φίλοι and διδασκάλοις).
[3] *Introduction to N.T.*, p. 92.

APPENDIX

Most of the biblical references in the *de sacerdotio* (for which see Index II.) merely contain allusions to passages of Scripture without quoting the exact words. They are thus of no value for the purpose of textual criticism. Of the remaining passages the following seem to be the most serviceable for that purpose.

I. Examples of Syrian readings.
1. 2 Cor. xi. 3 (see p. 58, 18 and note).

φοβοῦμαι γάρ, φησιν, μή πως, ὡς ὁ ὄφις Εὗαν ἐξηπάτησεν, οὕτω φθαρῇ τὰ νοήματα ὑμῶν ἀπὸ τῆς ἁπλότητος τῆς εἰς τὸν Χριστόν.

Here we note the following points:

(*a*) The omission of the words ἐν τῇ πανουργίᾳ αὐτοῦ after ἐξηπάτησεν seems peculiar to Chrysostom.

(*b*) οὕτω is a Syrian reading, attested e.g. by K M Thdrt. It is omitted by אBD.

(*c*) ἀπὸ τῆς ἁπλ....Χριστόν is Syrian. It is attested by K M Thdrt, and omitted by אBD.

2. Eph. vi. 12 (see p. 30, 6 and note).

οὐκ ἔστιν ἡμῖν ἡ πάλη πρὸς αἷμα καὶ σάρκα, ἀλλά...πρὸς τοὺς κοσμοκράτορας τοῦ σκότους τοῦ αἰῶνος τούτου.

The addition of τοῦ αἰῶνος is Syrian (K Thdrt). The words are omitted by אBD.

3. 2 Tim. ii. 25 (see p. 36, 1 and note).

μήποτε δῷ αὐτοῖς ὁ θεὸς ἐπίγνωσιν ἀληθείας, καὶ ἀπαλλαγῶσι τῆς τοῦ διαβόλου παγίδος.

The form δῷ is found in K : δώῃ in אACD.

The reading ἐπίγνωσιν ἀληθείας καὶ ἀπαλλαγῶσι κτλ. for μετάνοιαν εἰς ἐπίγνωσιν ἀληθείας καὶ ἀνανήψωσιν ἐκ κτλ. seems to be otherwise unattested.

II. Examples of Western readings.

Jn iii. 5 (see p. 55, 14 and note).

εἰ γὰρ οὐ δύναταί τις εἰσελθεῖν εἰς τὴν βασιλείαν τῶν οὐρανῶν, ἐὰν μὴ δι' ὕδατος καὶ πνεύματος ἀναγεννηθῇ κτλ.

The readings (*a*) τῶν οὐρανῶν for τοῦ θεοῦ, and (*b*) ἀναγεννηθῇ for γεννηθῇ, are Western : see Westcott and Hort *Notes on Select Readings*, p. 75 (in *Introduction to N.T.*).

III. New readings, apparently due to Chrysostom's practice of quoting from memory.

(*a*) Matt. xxiv. 45 (p. 27, 20 and note).

τίς ἄρα ὁ πιστὸς δοῦλος καὶ φρόνιμος ὃν καταστήσει ὁ κύριος αὐτοῦ ἐπὶ τὴν οἰκίαν αὐτοῦ;

ἐπὶ τὴν οἰκίαν is otherwise unattested, though ἐπὶ τῆς οἰκίας is not without authority.

(b) Jn xv. 24 (p. 102, 14 and note).

εἰ μὴ τὰ σημεῖα ἐποίουν ἐν αὐτοῖς ἃ μηδεὶς ἄλλος ἐποίησεν, ἁμαρτίαν οὐκ εἶχον.

There seems to be no other evidence than that of Chrysostom for the reading σημεῖα.

(c) 1 Cor. ii. 11 (p. 31, 23 and note).

οὐδεὶς γὰρ οἶδε τὰ τοῦ ἀνθρώπου, εἰ μὴ τὸ πνεῦμα τοῦ ἀνθρώπου τὸ ἐν αὐτῷ.

If this be a quotation from, and not merely a paraphrase of Scripture, the reading οὐδεὶς γάρ for τίς γάρ must be noted as having no other support.

Evidence on a larger scale from the Homilies of Chrysostom. The number of quotations from the New Testament which are to be found in the *de sacerdotio* and which furnish material for the purpose in hand is thus not large: and to deal fully with the question of Chrysostom's text of the New Testament it would be necessary to travel considerably beyond the present treatise, and to examine his many other writings, especially his Homilies on St Matthew and on the Pauline Epistles. This is, strictly speaking, somewhat beyond the scope of the present *Appendix*; but it may be of interest to refer to the results of the most recent research into the wider question of which this *Appendix* forms a part, viz. the text of the N.T. as it appears in Chrysostom's writings. The evidence has been recently collected by Dr S. K. Gifford[1], and his conclusions may be stated as follows[2]:

1. Chrysostom often has readings which are peculiar to himself.

2. He has several readings common to him and to the most ancient authorities, especially MSS. of the Western type.

3. He knew and approved many readings which are also found in ℵ^c and D^{bc}, and (among later MSS.) KL.

The following observations (a) and (b) refer to (1) and (2) of these conclusions respectively.

---

[1] In a dissertation, published in the *Dissertationes philologicae Halenses*, vol. 16, pt 1 (1902), and entitled, '*Pauli Epistolas qua forma legerit Joannes Chrysostomus.*'

[2] Gifford *op. cit.*, p. 77.

(a) If Chrysostom has readings which are not found elsewhere, the explanation of this may be sought in the fact that Chrysostom, as is natural with a preacher, often quotes from memory, even in his written treatises. See examples from the *de sac.* under III. above.

(b) A more important question is raised by Dr Gifford's second conclusion; viz. the question of the date of the 'Syrian' recension. Dr Chase has said[1]: "Chrysostom's comparative silence on the subject of variations of reading seems to be an indication that he regarded the question of text as authoritatively settled." From this he infers that the Antiochian text was regarded as in a manner final, and that discussion was regarded as needless.

On the other hand Dr Chase also refers to certain survivals of curious pre-Syrian readings, and sometimes of early traditional readings, oftener Western: and we have seen that Dr Gifford has adduced fresh evidence to the same effect. It therefore seems unsafe to conclude that the 'Syrian' recension had already taken place in Chrysostom's lifetime[2]. Dr Gifford seems, according to the evidence which he has himself collected, to be nearer the truth when he places the 'Syrian' recension somewhat later, and certainly not before the end of the fourth century[3].

---

[1] *Chrysostom: a study in the history of biblical interpretation*, p. 83.

[2] As is assumed, for example, by Dr J. O. F. Murray, in Hastings' *DB* (Extra Volume, p. 213): "the Traditional Text was in existence in substantially its present form by the middle of the fourth century." The Traditional Text is the same as that which Dr Hort calls Syrian, and Chrysostom is its best representative (*ibid.*, pp. 212—3).

[3] Gifford *op. cit.*, p. 69: *colligendum est in Oriente, saeculo quarto exeunte, multis locis Novi Testamenti nullo modo certam lectionem fuisse, sed variantes lectiones exstitisse non paucas. Licebat igitur episcopo et doctori qualis erat Chrysostomus ex dubiis ipsi eligere, neque ullum vestigium percipimus auctoritatis certae et constitutae ad quam applicare se oporteat, sed sententia loci solus est discrepantiarum arbiter.* Dr Gifford also refers with approval to Nestle, who remarks (*Einf. N.T.*, p. 121) that the same writer would not always have the same copy of the Bible before him.

INDEX I.

SUBJECTS.

A

Aaron, 100, 7; 101, 13
Abraham, 24, 10
Absolution, sacramental, xxi; 31, 23; 54 sq.
Aegean sea, 60, 15
Amalekites, wars with Israel, 99, 8
Ambition, danger of, 49; 67
Ambrose, St, xxix; 9, 18 (note)
Andrathagius, tutor of Chrysostom, 2, 7
Angels, present at the Eucharist, 147
Anthusa, mother of Chrysostom, 5 sqq.; 152, 24
Antioch, the home of Chrysostom, 3, 2; 32, 14 (note): fondness of its inhabitants for theatres, 4, 14 (note): the wealth of its Church, 45, 3 (note): St Paul in, 121: behaviour of churchgoers in, 128
Aristophanes, imitation of, xxxiii
Arius, 114, 17; 115, 14
Asceticism, 28, 17; 68, 23; 77, 17
Augustine, St, 9, 18 (note); 19, 1 (note)

B

Basil, ix: his identity, xxxiv sqq.: 2, 2; 13, 10 etc.: reproaches Chrysostom, 12 sqq.: his courage and modesty, 41, 8 sqq.: begs Chrysostom to help him in his bishopric, 172
Benedictine editions of Chrysostom, xliii, xlvi
Bengel, J. A., his edition of the *de sac.* described, xliv
Bernard, St, xxix

Bishops, their office and duties, xxiii sqq.: minimum age of appointment, 9, 16 (note): dangers of unworthiness, 65: resignation of sees, 65, 20: unfair deposition, 66: danger of ambition, 67: need for self-repression, 68: danger of a passionate temper, 71: care needful in offering advancement, 76: election, 77, 3 (note): care of widows, 83, 23: care of virgins, 84, 1; 88, 16: judicial duties, 84, 2; 92: charge of finance, 85, 1: hospitality a duty, 88, 1: expected to visit their flocks, 93: right of excommunication vested in, xxvi; 94, 22: ought to be able to speak with authority on points of doctrine, 116: ought not to neglect public opinion, 157: severity of their punishment in case of failure, 160
Bride of Christ (the Church), 58, 11

C

Carterius, tutor of Chrysostom, 2, 7
Chalice given to the laity, 52, 7
Charity, its efficacy, 40
Christ commands Peter to 'feed His sheep,' 26, 12
Christians, 32, 14; 46, 17; 66, 17; 67, 1; 115, 1
Chrysostom, St, his life, ix: relations with Basil, x; 1 sqq.: writes the *de sacerdotio*, xi sqq.: his views on the priestly office, xvii; 51 sq.: on the Holy Eucharist, xviii–xxi; 52: on Penitence, Confession, and Absolution, xxi: on punishment

of heretics, xxii: on the office of the bishop, xxiii sqq.: replies to Basil's reproaches, 17 sqq.: his real reason for avoiding consecration, 44, 6 sqq.: denies the charge of vanity, 49, 14; 60, 7: the faults of his character, 61, 21; 70, 18; 163: promises to help Basil, 173

City of God (the Church), 112, 14

Confession, xxi

Conscience, accusing voice of, 94, 12 (note)

Controversy in the Church, 65, 13

Corinthians, 32, 12

Cottabos, possible allusion to, 3, 9

D

Dathan, 56, 14

Deception, when justifiable, xi; 17, 20; 19, 1 (note)

Demosthenes, the force of his style, xxxiv; 120, 7

de sacerdotio, circumstances which led to writing of, ix sq.: date of, xi sqq.: contents of each book of, xv sq.: quotations from, xvi: references to, xvii: illustrations of Chrysostom's views afforded by, xvii sqq.: its relation to *de fuga* of Greg. Naz., xxx: its style, xxxii sqq.: editions and text of, xxxvi sqq.

Diodorus, tutor of Chrysostom, 2, 7

Dübner, Fr., edits the *de sac.* etc., xlvii

Ducaeus, Fronto, his edition of Chrysostom referred to, xl

E

Egyptians, 24, 13

Eli, 99, 25; 101, 14

Elijah, 24, 4; 53, 4; 146, 22

Epicureans, 121, 17

Erasmus, referred to, xxxvi

Euagrius, friend of Chrysostom, 1, 1 (note)

Eucharist, Holy, xviii sqq.; 52, 5 (note): the giving of the Chalice in, 52, 7 (note): presence of the Holy Spirit in, 53, 12: presence of angels in, 147

Euelpides, D., his edition of the *de sac.*, xlviii

Euripides, alluded to, xxxiii

Euripus, type of human instability, 79, 12

Excommunication, a duty of bishops, xxvi; 94, 22

F

Fasting, 28, 16; 68, 23; 150, 11; 151, 10

Fathers, the, on Pastoral Theology, xxix sqq.

Fraud, pious, xi; 19, 1 (note)

Funeral ceremonies, attended by excesses, 91, 17

G

Genuflexion at the Eucharist, 148, 5

Gnosticism, 113, 17

Greeks, polytheists, 112, 21

Gregory the Great, xxix

H

Hebrews, 29, 11

Heresies, to be combated by preaching, 113

Heretics, persecution of, xxii

High Priest, compared to Christian Priest, 51

Hoeschel, David, referred to, xxxvii

Holy Spirit, invoked at the Eucharist, 53, 12

Homer, quoted or referred to, xxxiii

Hospitality, a duty of bishops, 88, 1

Hughes, J., his edition of the *de sac.* described, xli

Hydra, popular applause likened to, 139, 6

I

Ignorance, cannot be taken as an excuse for failure, 104

Isocrates, the polish of his style, xxxiv; 120, 6

Israelites, 24, 14

J

Jealousies, among fellow-priests, 62, 3

Jerome, St, xxix

Jews, monotheists, 113, 1
Judas Iscariot, 101, 22
Judgment Day, 107, 26

K

King, inferior to priest, 48, 5 (note)

L

Leo, Ae. E., edits the *de sac.* after Bengel, xlvi
Libanius, tutor of Chrysostom, 2, 7
Lomler, F. W., edits the *de sac.* etc., xlvi

M

Manichaeans, 113, 2
Marcion, 113, 18
Martin of Tours, St, 9, 18 (note); 48, 5 (note)
Maximus, friend of Chrysostom, 1, 1 (note)
Medicinal art, use of deceit in, 22 : methods employed in, 109
Meletius, of Antioch, 2, 7
Metaphors, frequent in Chrysostom, xxxiii
Migne's *Patrologia Graeca*, text of the *de sac.* in, xlvii
Miracles, ancient and modern, 111, 6 (note)
Misappropriation of funds, 157, 14
Monasticism, xiii; 77, 17; 150
Monk, contrasted with priest, xiii; 68; 69, 3; 150 sqq.
Monks, settlements round Antioch, 149, 3
Monnica, 8, 10 (note)
Montfaucon, Dom Bernard de, his edition of Chrysostom described, xliii sqq.
Moses, 100; 113, 17; 146, 22

O

Ordinations, forced, 9, 18

P

Passionate temper, dangerous to a bishop, 71
Paul, St, converts the Jews, 23, 16: his character and work, 58; 117 sqq.

Paul of Samosata, 115, 5
Penitence, xxi
Persecution, its expediency denied, 32, 14
Persuasion, better than force, 32, 19; 35, 22
Peter, St, 26, 10; 110, 20
Phinehas, 24, 2
Pirkheimer, Wilibald, referred to, xxxvi
Plato, the sublimity of his style, xxxiv; 120, 8
Popularity, not to be sought in preaching, 136
Prayers for the departed, 146, 20
Preaching, its importance, 110
Priest, dignity of his office, xvii: compared to a shepherd, 26; 60, 5; 85, 12: his responsibilities, 29; his need of gentleness, 32: his need of judgment, 33 : magnitude of his office, 50: the Christian contrasted with the Jewish, 51; 56: compared to a father, 57: compared to a general, 59: to be supported by the contributions of his flock, 59, 6: compared to a navigator, 60: danger from wild beasts (sc. passions), 61, 21: dangers of unworthiness, 64: sets an example to others, 72: motives in selecting, 77: in rejecting, 81: qualities requisite, 83; 111; 127: responsible for the sins of his flock, 141: danger of sensuality, 142
Promised land, denied to Moses, 100, 23
Proverbial expressions, 4, 5 (note)

R

Rejection of candidates for ordination, 81, 20
Rescius, Rutgers, referred to, xxxvii
Resignation of bishops, 65, 20

S

Sabellius, 114, 16; 115, 11
Samuel, 99, 1
Saul, 21, 4; 29, 11; 98, 15
Savile, Sir Henry, his edition of Chrysostom described, xxxviii sqq.

SUBJECTS 181

Secundus (father of Chrysostom), 6, 3 (note)
Self-examination before ordination, 103
Seltmann, C., his edition of the *de sac.*, xlviii
Sensual temptations, 142
Similes, frequent in Chrysostom, xxxiii
Sirens' island, 61, 13
Sophocles, possibly referred to, xxxiii
Stephen, 111, 2
Stoics, 113, 3 (note); 121, 17

T

Theatre, its attraction for the Antiochenes, 4, 14 (cf. 22, 2)
Theodorus, bishop of Mopsuestia, 1, 1 (note)
Thirlby, S., edits the *de sac.* after Hughes, xlii
Thucydides, the dignity of his style, xxxiv; 120, 7
Timothy, admonished not to ordain without examining, 104, 24: admonished to preach carefully, 123, 7
Titus, admonished to preach carefully, 123, 19
Trinity, doctrine of the, 115
Tyrrhenian sea, 60, 15

U

Unction, sacramental, 57, 19
Unworthiness, a bar to the ministry, 49

V

Valentinus, 113, 17
Vergil, possible reference to, xxxiv
Versatility, required in the priest, 111, 16
Verses, found in *de sac.*, 26, 14 (note)
Virgins, bound by vows of chastity, 84, 1: difficulties involved in their oversight, 88 sqq.

W

War, use of deceit in, 19: the life of the Christian compared to, 30, 12; 111, 12; 167 sqq.
Widows, maintained at Church's expense, 83, 23: the bishop responsible for, 84: their faults, 85, 16
Women, their influence in the Church, 62, 18
Word, power of the spoken, 110 sqq.

INDEX II.

SCRIPTURE TEXTS.

GENESIS

xxii.	24, 10
xxvii.	24, 12

EXODUS

iii. 11	100, 15
iv. 10	100, 15
14	100, 16
xi. 2	24, 13
xxxii.	100, 8
xxxiii. 11	101, 16

LEVITICUS

iv. 3	160, 15
14	160, 15
xxi. 9	160, 23

NUMBERS

xi. 15	100, 19
xii. 3	101, 15
xvi.	56, 14
xx. 7–12	100, 20
xxv. 7	24, 2

DEUTERONOMY

xxii. 21	161, 2

I SAMUEL

ix. 2	29, 11
xix. 11–18	21, 4
xx. 5 sqq.	21, 6

PSALMS

xxxvi. 6	116, 12
lxxxvii. 3	112, 14
cvii. 42	46, 17

PROVERBS

xv. 1	70, 20
xviii. 19	16, 14

JEREMIAH

iii. 3	34, 22

EZEKIEL

iii. 17	141, 24
xviii. 23	80, 20
xxxiii. 11	80, 20
xxxiv. 17	161, 12

DANIEL

iii. 27	73, 18

AMOS

ii. 11	160, 11
iii. 2	160, 9

WISDOM

iv. 8, 9	46, 20

ECCLESIASTICUS

iv. 8	86, 8
10	28, 18
ix. 13	16, 8
xviii. 15–17	87, 9

SCRIPTURE TEXTS

MATTHEW
iii. 10	90, 1
v. 11, 12	67, 6
13	148, 21
14	148, 16
19	124, 20
22	70, 8
ix. 16	34, 9
xiii. 22	146, 6
xviii. 6	141, 9
18	54, 10
xxii. 11	148, 14
xxiv. 45	27, 20; 36, 4
51	98, 9
xxv. 24	159, 18
30	108, 13

MARK
ix. 48	98, 9

LUKE
xii. 42	27, 20; 36, 4
xiv. 28	108, 8
xvi. 9	173, 13

JOHN
i. 13	56, 4
18	27, 14
iii. 5	55, 15
16	27, 14
v. 22	54, 20
vi. 53	55, 17
xii. 6	102, 2
xv. 13	42, 3
22, 24	102, 13
xx. 23	54, 18
xxi. 15	26, 11

ACTS
vi. 1–6	111, 2
ix. 15	125, 3
22	120, 18
23	119, 2
29	119, 2; 120, 19
30	120, 20
xiv. 12	121, 22
xvi. 3	23, 16
xvii. 18	121, 16
34	121, 8
xx. 9	121, 10
31	125, 3
xxi. 20	23, 15

ROMANS
viii. 32	27, 14
ix. 3	59, 15; 119, 14
xiii. 10	40, 21
14	55, 23

I CORINTHIANS
ii. 3	58, 21
11	31, 23; 75, 21
vii. 40	7, 3 (n.)
viii. 12	141, 12
ix. 14, 15	59, 4
20	23, 18
22	118, 22
x. 24, 33	59, 7
xii. 26	75, 10
xiii. 3	40, 22
5	59, 7
xiv. 34	63, 8
xv. 31	59, 2; 118, 24

II CORINTHIANS
i. 24	32, 11
ii. 7	94, 26
iii. 10	52, 3
viii. 20	157, 16
x. 5	122, 15
xi. 3	58, 18
16	117, 11
26	118, 21
28	118, 22
29	59, 11; 118, 22
xii. 2	59, 1; 118, 11
20	30, 15
xiii. 3	95, 12

GALATIANS
ii. 11	121, 7
20	142, 13
iii. 27	55, 23
v. 2	23, 17
19	30, 15

EPHESIANS
vi. 12	30, 6

PHILIPPIANS
ii. 4	59, 7
iii. 7	23, 19

COLOSSIANS
i. 24	108, 20
iii. 16	111, 11; 124, 5
iv. 6	124, 8

I TIMOTHY

i. 2	104, 25
19	92, 21
iii. 1	66, 9
2	68, 16; 150, 19
6	46, 22
7	39, 3
iv. 13, 16	123, 8
v. 17	124, 13
22	104, 25

II TIMOTHY

i. 2	104, 25
ii. 24	123, 11
25	36, 1
iii. 14, 15	123, 13
16, 17	123, 15

TITUS

i. 7–9	123, 20
ii. 14	27, 16

HEBREWS

xiii. 17	95, 13; 141, 5

JAMES

v. 14	57, 17

I PETER

iii. 15	110, 22; 124, 10
v. 8	89, 9

INDEX III.

GREEK WORDS.

ἀβασανίστως 131, 3
ἄβυσσος 61, 2; 71, 21; 81, 2; 116, 11; 159, 1
ἀγαθώτατος 21, 13; 97, 23
ἀγανάκτησις 87, 1
ἀγαπητός 37, 18; 67, 18; 71, 19
ἀγγελικός 118, 18; 142, 10
ἀγελαῖος 80, 2
ἀγέλη 10, 13; 27, 4; 31, 2; 37, 1; 48, 15; 78, 15; 88, 18
ἀγιαστεία 53, 3
ἀγιωσύνη 89, 8; 91, 3; 155, 7; 164, 24
ἀγριαίνεσθαι 155, 26
ἀγρυπνία 28, 17; 68, 23; 89, 17; 150, 12
ἀγύμναστος 154, 1
ἀγχίνοια 112, 16
ἀδαμάντινος 73, 12; 138, 4
ἀδέκαστος 83, 3
ἀδιάλειπτος 118, 21
ἀθετεῖν 89, 21
ἀθλητικός 109, 2
ἀθλιότης 162, 13
ἀθρόος 34, 16
ἀθρόως (=suddenly) 5, 3; 17, 1; 22, 6; 34, 1; 81, 22: (=abundantly) 85, 1
ἄθυρμα 170, 12
αἱρετικός 114, 12
ἀκαταγώνιστος 139, 4
ἀκέραιος 7, 18; 20, 15; 91, 2; 109, 9; 155, 9
ἀκήρυκτος 171, 5
ἀκίς 168, 19
ἀκίχητος 158, 20
ἀκλινής 126, 4; 152, 13
ἀκοινώνητος 164, 5
ἀκολασία 163, 20
ἀκολουθία 51, 5
ἀκόρεστος 85, 3
ἄκρατος 22, 9; 23, 2
ἀκριβολογεῖσθαι 50, 19

ἀλαζονεία 144, 22; 156, 3
ἀλαλαγμός 168, 13
ἄλογος (of animals) 29, 13
ἀλουσία 150, 12
ἀλύειν 132, 5
ἀμελετησία 153, 19
ἀμοιρεῖν 151, 9
ἀμυδρός 165, 22
ἀναδύεσθαι 98, 20
ἀναιδεύεσθαι 86, 21 (bis)
ἀναιρεῖν (=to answer) 75, 17
ἀναισχυντεῖν 86, 4, 18; 88, 24
ἀνακεῖσθαι 43, 11
ἀνακόπτειν 17, 9
ἀνακύπτειν 4, 4
ἀναλγησία 34, 19
ἀναλύειν 17, 16
ἀναμαρτήτως 46, 10; 97, 10
ἀνανεύειν 100, 16
ἀναπίπτειν 73, 2
ἀναρριπίζεσθαι 144, 9
ἀνασκησία 153, 25
ἀνασπᾶν 158, 8
ἀνελεύθερος 62, 6
ἀνεξέταστος 35, 8
ἀνεξικακία 81, 3; 85, 14; 134, 6
ἀνεξίκακος 87, 14
ἀνεπαισθήτως 170, 18
ἀνεπίληπτος 130, 15
ἀνεπίπλαστος 143, 19
ἀνεπιτήδειος 50, 10; 78, 11
ἀνερμάτιστος 17, 2
ἀνεύθυνος 18, 1
ἀνήκοος 10, 5
ἀνήμερος 139, 5; 167, 13
ἀνιᾶσθαι 132, 5
ἀνοκωχή 171, 15
ἀντεισάγειν 16, 7
ἀνυπόδητος 70, 4
ἄνω κάτω 63, 5; 71, 6
ἀνωμαλία 135, 10; 151, 10
ἀξιόπιστος 69, 8; 77, 12
ἀοίκητος 119, 2

ἀορασία 168, 8
ἀπαγγελία 120, 11
ἄπαγε 24, 15; 55, 11
ἀπαγχονίζεσθαι 70, 3
ἀπαιδευσία 17, 11
ἀπακριβοῦσθαι 7, 10
ἀπαραίτητος 91, 21; 142, 2
ἀπαρασάλευτος 155, 9
ἀπαριθμεῖν 144, 9
ἀπασχολεῖν 121, 12
ἀπατεών 24, 17
ἀπείρατος 138, 25
ἀπελπίζειν 68, 10
ἀπερίεργος 151, 15
ἀπερυθριᾶν 34, 19
ἀπήνεια 6, 16
ἀπηνής 30, 12; 67, 21; 171, 9
ἄπλαστος 144, 8
ἁπλότης 97, 21
ἁπλῶς 2, 5; 14, 11; 15, 9; 34, 6; 39, 14; 45, 14; 46, 5; 60, 5; 64, 20; 69, 19; 70, 8; 80, 2; 84, 10; 93, 23; 94, 9; 105, 16; 107, 2; 130, 24
ἀπογιγνώσκειν 34, 1; 35, 24
ἀπόγνωσις 35, 3
ἀπόγονος 24, 11
ἀπογυμνοῦν 165, 21
ἀποδεῖν 54, 4; 59, 20; 101, 17
ἀποδοκιμάζειν 81, 16
ἀποδύεσθαι 37, 10; 72, 10; 88, 26; 94, 7
ἀπόκρημνος 35, 16
ἀπολαμβάνειν 115, 8; 164, 10
ἀπονίπτεσθαι 103, 1
ἀπονοία 13, 13; 35, 2; 41, 15; 43, 16; 48, 3, 7; 49, 6, 11; 50, 20; 58, 4, 8; 71, 7; 73, 4; 95, 17; 116, 21; 126, 11; 144, 25; 163, 18
ἀποπηδᾶν 11, 8; 13, 7; 97, 13; 107, 15; 108, 4
ἀπορεῖν 22, 14; 28, 2; 36, 23; 154, 19
ἀποσκέλλειν (not found in present) 143, 12
ἀποστολικός 75, 10; 101, 23; 117, 16; 125, 7
ἀποτίκτειν 5, 4; 131, 13
ἀποτινάσσειν 23, 8
ἀποτομία 33, 16
ἀποτρόπαιος 167, 23
ἀπραγμοσύνη 153, 24
ἀπρόϊτος 164, 4
ἀπροστάτευτος 91, 10; 143, 22
ἄρδην 53, 21

ἀρκεῖσθαι 21, 20; 30, 11; 31, 4; 39, 1, 8; 159, 13
ἀρραγής 3, 1
ἀρρωστεῖν 21, 24; 93, 12
ἀρρωστία 31, 13, 22
ἀρχέτυπος 72, 1
ἀρχικός 83, 2
ἀσινής 61, 15; 112, 18; 142, 24
ἀσκεῖν 36, 5; 91, 8; 119, 25; 138, 16
ἄσκησις 14, 5; 109, 4; 153, 20
ἀσύγγνωστος 93, 4
ἀσυνουσίαστος 164, 5
ἀσχάλλειν 11, 3
ἄσχετος 6, 11
ἀσχημάτιστος 143, 21
ἀσχημονεῖν 84, 13; 137, 4
ἀσχημοσύνη 62, 3
ἀσώματος 139, 1
ἀτονεῖν 137, 2
ἄτοπος 11, 4; 18, 5; 48, 11; 78, 20; 80, 8; 116, 23; 145, 5; 162, 1, 9; 165, 8
ἄτυφος 83, 1
αὐθεντία 66, 10; 116, 20
αὐστηρότης 143, 12
αὐταρκεία 91, 15
αὐτεπάγγελτος 107, 13
αὐτόκλητος 105, 5
αὐτομολεῖν 77, 7
αὐτουργεῖν 151, 12
αὐτουργία 92, 8
αὐχμᾶν 143, 19
ἄφατος 26, 18; 101, 5
ἀφεῖναι κατόπιν 2, 4; 166, 8
ἀφεῖναι (πλοῖον) 17, 3; 18, 14
ἀφεῖναι φωνήν 59, 18; 162, 6
ἀφορμή 91, 15; 95, 1; 108, 11
ἀχανής 165, 10
ἀχλύς 168, 8

βάδισις 143, 6, 20
βασιλεία 48, 5, 9, 18; 55, 14; 98, 13, 18; 99, 26; 142, 9
βασιλικός 88, 18
βασκανία 16, 8; 73, 23; 76, 6, 7; 81, 12; 130, 21; 134, 11; 138, 1; 163, 18
βαφή 143, 8
βελτίωσις 99, 15
βῆμα 147, 18
βιωτικός 4, 5; 8, 16; 49, 22; 79, 19; 106, 21; 145, 20; 149, 1; 154, 23

GREEK WORDS 187

βλακεύειν 72, 19
βραβεῖον 20, 14
βρίθειν 45, 18
βρύειν 41, 2

γάνυσθαι 87, 6; 132, 6
γέεννα 55, 20; 70, 8, 9; 80, 18; 119, 14
γέλως 46, 16
γεύεσθαι 45, 8
γλίχεσθαι 66, 6
γνώρισμα 40, 23
γοητεία 168, 5

δαίμονες 24, 6
δαιμονικός 57, 3
δαιτυμών 148, 15
δαπανᾶν 77, 18
δαψιλῶς 93, 26
δεδίττεσθαι 104, 22
δεῖγμα 26, 9; 42, 14; 48, 23; 152, 1
δεῖνα, ὁ 81, 15; 93, 25; 105, 16
δημόσιον 6, 15
δημοτελής 76, 17
διαβολικός 141, 21
διαγωγή 151, 6
διάζευξις 129, 10
διαθρυλεῖν 158, 16
διάθρυψις 143, 5
διαίρειν στόμα κτλ. 46, 6; 62, 15
διάκλασις 143, 6
διακρούεσθαι 136, 9
διακυβερνᾶν 152, 14
διάλεξις 128, 3
διαπτύειν 12, 2; 45, 3; 48, 11; 56, 23; 154, 16; 158, 3
διάστημα 166, 5
διατιθέναι 70, 17
διαχεῖσθαι 34, 11
διειδής 70, 18
διέπειν 14, 8
διερευνᾶσθαι 35, 9; 39, 17; 67, 17; 74, 1; 83, 20; 104, 5
διερρωγός, τὸ 34, 9
διηνεκής 73, 13; 143, 3
δικαστικός 84, 2
δίκην 33, 11; 148, 16; 157, 2
διορατικός 68, 17
διοχλεῖσθαι 138, 19
διχοτομεῖν 98, 11; 108, 14
δορυφορεῖν 148, 11
δουλοπρεπεία 144, 22
δουλοπρεπής 62, 9
δύναμιν, εἰς 48, 4; 99, 24; 173, 6

δυσάρεστος 21, 23; 88, 12
δυσίατος 155, 25
δυστράπελος 21, 24
δυστυχεῖν (with accus.) 7, 17
δυσχείρωτος 16, 4
δυσχέρεια 84, 2; 158, 21; 164, 10
δυσωπεῖσθαι 9, 10
δωμάτιον 22, 19

ἔγγονος 24, 10
ἐγγυητής 105, 12
ἐγκαλινδεῖσθαι 14, 1
ἐγκαλύπτεσθαι 117, 10
ἐγκεῖσθαι 9, 11; 22, 8
ἐγκώμιον 129, 22; 133, 8; 136, 9
ἐγχειρίζειν 54, 21
εἰλικρινής 133, 21; 142, 21
εἱμαρμένη 113, 3
εἰρωνεύεσθαι 71, 13
εἰσκωμάζειν 79, 17; 88, 20; 138, 15
ἐκβαίνειν 57, 4
ἐκβάλλεσθαι 22, 15
ἔκβασις 119, 9
ἐκβράσσειν 169, 4
ἐκκλησία (=the building) 65, 13
ἔκπληκτος 133, 8
ἐκτραχηλίζειν 62, 5
ἐκτρέπεσθαι 13, 7; 35, 15; 151, 18
ἐκφέρειν, 49, 1; 70, 13; 94, 16
ἐκφορά 91, 17
ἐλάττωμα 153, 22
ἐλλόγιμος 135, 1
ἐμβάλλειν εἰς ἀγοράν 5, 1; 12, 8; 90, 10, 11
ἐμβατεύειν 26, 15
ἐμπρησμός 74, 20
ἐμφορεῖσθαι 22, 10; 23, 8
ἐμφράττειν 85, 5; 110, 16
ἐναγής 56, 14
ἐναντίον, εἰς τὸ 50, 16
ἐνόχλησις 85, 22
ἔντευξις 86, 6; 163, 21
ἐξευμαρίζειν 69, 16
ἕξις 35, 2
ἐξιστάναι 53, 18
ἐξογκοῦσθαι 131, 22; 144, 25
ἐξοκέλλειν 34, 5
ἐξολισθάνειν 89, 10
ἔξωθεν 13, 3; 15, 21; 17, 18; 18, 6; 32, 16; 39, 16; 42, 19; 45, 4; 9; 79, 13; 92, 16; 94, 14; 110, 13; 116, 6; 118, 10; 119, 25; 128, 7; 136, 1, 4; 138, 17; 145, 7; 151, 4; 162, 2

ἑορτή 76, 17
ἐπαγγέλλεσθαι 89, 2
ἔπαθλον 28, 9
ἐπάλληλος 118, 21
ἐπαχθής 26, 1
ἐπεισάγειν 7, 4
ἐπελθόν, τὸ 131, 4
ἐπέραστος 135, 20
ἐπηρεάζειν 121, 5
ἐπηρεία 6, 15; 11, 12; 17, 6; 69, 18; 90, 16; 146, 9; 157, 4
ἐπιβρίθειν 3, 12
ἐπίδεσμος 34, 2
ἐπίδοσις 56, 19; 69, 8; 145, 19
ἐπικουφίζειν 86, 16
ἐπινεύειν 9, 14
ἐπισκήπτειν 41, 12; 123, 1
ἐπισκιάζειν 41, 11; 74, 12
ἐπισκοπή 76, 23; 93, 11; 156, 15
ἐπίσκοπος 82, 2; 91, 23; 123, 19
ἐπισκοτεῖν 133, 20
ἐπιστασία 10, 12; 26, 16; 61, 18; 69, 2; 78, 14
ἐπιστομίζειν 114, 13; 116, 20; 123, 24
ἐπιστρέφειν 6, 13; 34, 14; 131, 19
ἐπιστύφειν 130, 6
ἐπιτιμία 34, 7
ἐπίτριμμα 143, 7
ἐπιφάνεια 146, 8
ἐπιφύεσθαι 14, 9; 134, 8
ἐπῳδή 5, 9
ἐρεσχελία 116, 5
ἐρυθριᾶν 42, 17; 104, 10; 130, 7
εὐαγής 76, 12
εὐαρίθμητος 16, 12; 145, 9
εὐγνωμόνως 19, 6
εὐγνωμοσύνη 40, 10
εὐδιεινός 139, 9
εὐδοκίμησις 8, 1; 9, 7; 163, 19
εὐεξία 108, 23; 109, 2; 150, 16
εὐετηρία 147, 4
εὐημερεῖν 133, 23
εὐημερία 62, 4
εὐθείας, ἐξ 24, 20
εὐθείας, ἐπί 156, 7
εὐθῦναι 18, 1; 92, 4; 93, 22; 95, 8; 107, 26; 110, 10; 141, 3
εὐκαταφρόνητος 129, 12; 138, 25
εὐμαρής 130, 17
εὐοδμία 143, 10
εὐόλισθος 156, 13
εὐπάθεια 151, 5
εὐπρόσιτος 86, 7
εὕρεμα 128, 19

Εὔριπος 79, 12
εὐσωματεῖν 163, 7
εὐτραφής 37, 1
εὐφημία 136, 4, 8
εὐχείρωτος 37, 19; 163, 2
ἐχθρωδῶς 27, 15

ζοφώδης 168, 8
ζυγός 3, 9; 10, 24; 34, 3
ζωγράφος 135, 14

ἧκον, τό γε εἰς ἐμὲ (κτλ.) 16, 2; 64, 7; cp. 142, 21
ἡλιακός 74, 5
ἡμισείας, ἐξ 41, 5
ἠρέμα 34, 13; 81, 23; 97, 21
ἠρεμία 51, 12; 72, 14; 81, 7
ἧττα 121, 2

θαυματοποιός 151, 1
θαυματουργεῖν 118, 9; 121, 2
θεᾶν 158, 25
θεμέλιον 108, 8
θεότης 115, 10, 17
θεράπαινα 88, 22
θεραπευτικός 83, 3
θήρατρον 143, 17
θολοῦν 70, 18
θόρυβος (of mental distress) 12, 1
θρέμματα 26, 20; 31, 4
θυρεός 110, 14
θυσιαστήριον 147, 18; 148, 4
θωπεία 62, 6; 93, 18; 144, 22

ἰδιωτεία 124, 2
ἰδιώτης 117, 11; 119, 23; 120, 1, 3, 5, 14; 121, 20; 123, 3, 23; 135, 3; 150, 6; 160, 16; 161, 2
ἰδιωτικός 72, 12
ἱερᾶσθαι 66, 25
ἱερατικός 79, 6; 93, 2
ἱερωσύνη 9, 16; 38, 26; 48, 8; 51, 1; 63, 16; 64, 4; 70, 2; 76, 12; 78, 18; 98, 14; 99, 26; 107, 2; 150, 4; 160, 25
ἱκετηρία 53, 13; 147, 1
ἰλιγγιᾶν 69, 23; 154, 20
ἵνα = ἐάν 14, 1
ἰουδαΐζειν 121, 7
ἰσοστάσιον 3, 5

καθάπτεσθαι 63, 11
καθαρεύειν 61, 17; 65, 7; 67, 19; 158, 22

GREEK WORDS

καθημερινός 45, 3; 118, 24
καίειν 31, 17; 32, 9; 110, 3
καίριος 17, 15; 73, 15
καίτοι γε 24, 3; 27, 1; 28, 16; 110, 19; 112, 13; 162, 7
κακόνοια 42, 9
καλαμᾶσθαι 45, 21
καλάμη 74, 2
καλαῦροψ 167, 16
καλλωπισμός 120, 10; 144, 6
κάμινος 7, 6; 22, 17; 67, 23
καπηλεία 84, 12
κατὰ μόνας 12, 11
κατακρημνίζειν 34, 3
κατάλληλος 109, 17
καταλλήλως 35, 9; 109, 17
καταμωκᾶσθαι 138, 9
καταπαλαίειν 120, 19
καταπίνειν 89, 9
καταρρυπαίνειν 64, 7
κατασκήπτειν 86, 23
κατασπᾶν 158, 12
κατάστρωμα 169, 2
κατεπείγειν 10, 18; 91, 22; 93, 16
κατήφεια 11, 10; 14, 2
κατόπιν ἀφεῖναι 2, 4; 166, 8
κατορθοῦν 19, 15; 69, 1; 71, 17; 117, 9; 118, 4; 125, 9; 132, 2; 150, 9
κατόρθωμα 19, 12; 74, 11; 97, 17; 119, 7, 13; 129, 14; 131, 2; 133, 27
καύσων 87, 11
κενοδοξεῖν 11, 8
κενοῦν 80, 3
κεφαλή 56, 1 (n.); 173, 4
κεχρῆσθαι=χρῆσθαι 25, 2; 81, 5; 99, 15; 116, 23; 158, 11
κηδεμονία 84, 1; 155, 15
κίδαρις 51, 11
κληματίς 73, 20
κλῆρος 78, 22; 155, 19
κλύδων 4, 5; 6, 9; 159, 13
κοινόν, τὸ 10, 11; 70, 5
κοινός 151, 15
κοινωνικός 83, 2
κοιμίζειν 163, 9
κολακεία 45, 13; 89, 6; 93, 18; 156, 22
κόλαξ 149, 9
κόλασις 44, 1
κορυφαῖος 26, 10
κορυφοῦσθαι 82, 21
κόσμιος 150, 19
κρᾶσις (ἀέρων κτλ.) 110, 2; 151, 9
κροτεῖν 152, 14; 154, 15

κρότος 129, 14; 130, 2; 135, 8; 136, 8
κώδων 51, 10
κώλυμα 82, 26

λειότης 120, 6
λειτουργία 12, 6; 37, 12; 62, 20; 78, 8; 105, 15; 160, 24
λεπτόγεως 35, 16; 137, 13
λήϊον 45, 19
λίθινος 154, 3
λογικός 29, 14, 21
λογισμός 14, 13; 46, 4; 67, 12; 82, 5; 144, 14; 145, 4; 162, 17; 163, 13
λόγον, εἰς (c. gen.) 54, 5; 56, 22
λυμαίνεσθαι 84, 22
λυμεών 85, 11
λύσις 44, 13
λυττᾶν 114, 17; 162, 24

μαγγανεία 168, 4
μαλάσσειν 156, 22
μανικός 166, 13
μανιώδης 115, 16; 157, 24; 169, 19
μαρμαρυγή 167, 8
ματαιοπονία 45, 9
μάχαιρα 110, 14; 151, 2
μεγαλοψυχία 85, 10; 129, 13; 130, 18; 144, 21
μειράκιον 167, 15
μεμψίμοιρος 85, 3; 157, 8
μέσον, τὸ 29, 15; 36, 9; 46, 23; 48, 10; 57, 1; 133, 2; 150, 6; 170, 15
μεταλλικός 155, 18
μεταχειρίζειν 64, 5
μετριάζειν 40, 13; 41, 8; 68, 1; 153, 9
μέχρι(s) 27, 8; 29, 20; 43, 15; 60, 19; 80, 7; 84, 6; 89, 22; 94, 23; 108, 11; 130, 18; 141, 3; 146, 8; 166, 20
μή (for οὐ) 9, 7; 25, 2; 73, 22
μὴ ὅτι 46, 10
μηδ' ὅλως 50, 9
μικροψυχία 40, 3
μισθαρνία 45, 13
μισότεκνος 153, 3
μίτρα 51, 11
μνηστήρ 166, 11
μολυσμός 64, 8; 142, 24
μονάζειν 78, 13
μοναχός 3, 7; 145, 8; 149, 3; 150, 3; 151, 5; 152, 7; 153, 13; 155, 8
μονήρης 154, 12

μονογενής 27, 14
μόνον οὐχί 61, 18
μόνωσις 72, 13; 143, 23; 155, 11
μοχλεύεσθαι 16, 15
μυριαγωγός 60, 13
μυστήριον 148, 9

νᾶμα 31, 19
νάρκη 137, 9
ναυμάχης 111, 20; 167, 3
νεόφυτος 46, 22
νεωτερικός 3, 12
νηστεία 28, 16; 68, 23; 77, 18; 150, 11; 151, 10
νηφάλιος 68, 16; 150, 19
νῆψις 73, 13; 143, 3; 155, 8
νοσοποιός 64, 24
νυστάζειν 117, 18
νωθρός 68, 19
νωθρότης 69, 2

ξενοπαθεῖν 83, 22

ὄγκος (of style) 120, 7
ὀδύνη 89, 15
οἰδαίνειν 72, 4
οἰκίσκος 69, 4; 152, 23; 164, 4
οἰκοδομικός 104, 7
οἰκονομία 23, 23; 25, 3; 26, 5; 66, 25; 85, 9; 92, 13; 102, 2; 108, 18; 111, 3; 154, 4; 155, 3
οἰκονομικός 87, 15
οἶστρος 57, 3
ὀκνηρός 84, 17
ὀλιγότης 145, 12
ὁμιλητικός 164, 8
ὁμογνωμονεῖν 2, 13; 10, 20; 76, 24
ὁμοταγής 67, 11
ὁμόψυχος 15, 22
ὄροφος 152, 23
ὀρφανία 6, 6; 7, 17
οὐ (for μή) 19, 1
οὐσία 115, 14
ὀφθαλμοφανῶς 170, 8

παίγνια 46, 16
παῖδες (in periphrases) 22, 5
παιδοκτονία 24, 10
παιδοτρίβης 109, 3
παλαίειν 152, 20
παλαίστρα 154, 5
παλιγγενεσία 56, 6
παμφάγος 73, 23
παννυχίς 91, 17
παντευχία 171, 17

παρά (because of) 19, 2
παρ' οὐδέν 20, 1
παρὰ τὴν ἀρχήν 42, 18; 46, 6; 57, 13
παράγειν 44, 18; 83, 6; 105, 2, 9; 106, 3, 14
παρακμάζειν 89, 19
παρακνίζειν 152, 10
παρακολουθεῖν 2, 6
παραλλαγή 115, 14
παραλογίζεσθαι 21, 6
παραπαίειν 48, 11; 158, 2
παραπέτασμα 23, 1; 72, 13; 153, 21
παραπλήξ 165, 9
παραπληξία 22, 12; 48, 13; 102, 19
παρατείνειν 76, 11
παρείσδυσις 156, 19
παρευδοκιμεῖν 138, 6
παρευημερεῖσθαι 138, 2
παρθένος (= under vow of chastity) 84, 1; 88, 16, 22, 26; 90, 9; 91, 19; 92, 11
παροινία 100, 6
παροξύνειν 71, 16; 85, 23; 121, 1; 134, 15
παρουσία 122, 10
παρωθεῖν 50, 10
πατήρ (= bishop) 11, 6
πεδᾶν 3, 10; 145, 20
πειρατής 82, 12; 112, 5
περιβάλλεσθαι (mid.) 62, 14; 63, 3; 77, 5; 149, 6
περίβολος 70, 2; 112, 13
περίδακρυς 11, 16
περιέλκω 8, 17
περιεργάζεσθαι 91, 9; 116, 8, 14; 162, 14
περίεργος 120, 10
περικακεῖν 35, 24
περικεῖσθαι 74, 14
περικεφαλαία 167, 8
περινοστεῖν 93, 10
περιουσία 16, 19; 87, 3, 23; 161, 4
περιούσιος 27, 17
περιπείρειν 113, 13
περιπίπτειν 49, 15
περιστοιχίζειν 73, 23; 144, 10; 149, 17
περιτέμνειν 23, 16
περιφράττειν 142, 18
περιχαρής 11, 20
περιωπή 30, 14
πέταλον 51, 11
πηκτίς 167, 16
πίσσα 73, 20
πιστεύεσθαι 29, 5
πλάστιγξ 3, 9

GREEK WORDS

πλέγμα 143, 7
πλέον 16, 22; 164, 3
πλεονάζειν 86, 23; 87, 23; 159, 20
πλεονεκτεῖν 29, 8; 122, 3
πλημμελεῖν 95, 5
πλὴν ἀλλά (=ἀλλά) 4, 9
πνῖγος 23, 8
ποδήρης 51, 11
ποικιλία 109, 16
ποικίλος 75, 15; 86, 22; 111, 13;
  143, 9; 149, 7, 8; 171, 2
πολιά 46, 21; 78, 11
πολιτεία 89, 1; 116, 13; 118, 17;
  125, 17
πολλοστός 146, 12
πολυμήχανος 91, 18
πολυπραγμονεῖν 23, 5
πολυτέλεια 143, 8
πολύτροπος 107, 22
πονεῖσθαι (=πονεῖν) 2, 9; 26, 18;
  132, 19
πονηρεύεσθαι 134, 14
ποριστικός 88, 7
ποσότης 93, 25
πραγματεία 35, 20; 78, 4; 98, 7
πρεσβεῖα 24, 12
προαιρεῖσθαι 44, 1
προαίρεσις 3, 5; 19, 2; 23, 16, 22;
  24, 9; 33, 4; 34, 8; 44, 6; 87,
  25; 108, 3; 119, 10
προαναιρεῖν 158, 15
προβάλλεσθαι 107, 3; 141, 17
προηγούμενος 39, 6
προλαμβάνειν 65, 20; 97, 3
προμηνύειν 141, 21
προξενεῖν 67, 6; 126, 13
πρόξενος 77, 3; 127, 6
προπετής 150, 19
πρόρριζος 158, 8
προσαιτεῖν 86, 20
προσδεῖσθαι 34, 12
προσεδρεύειν 4, 14; 30, 13; 89, 9
προσηλοῦσθαι 5, 1
προσηνής 34, 20; 83, 2; 86, 7; 87, 5
προσίεσθαι 22, 1; 83, 8
προσπαθῶς 65, 8
προστασία 70, 14; 79, 11, 16; 84, 1;
  92, 20; 93, 8, 19; 100, 10, 14;
  153, 13, 19
προστατεύεσθαι 147, 8
προστρίβεσθαι 93, 18; 116, 22
προσωπεῖον 22, 2
πρόσωπον (=ὑπόστασις) 115, 14
προτροπή 99, 15
προῦπτος 60, 4; 104, 15

πτοεῖσθαι 4, 15
πτῶμα 170, 9
πτωχεύειν 120, 12

ῥᾳθυμεῖν 156, 17
ῥαπίζειν 80, 5
ῥάπτειν 42, 8
ῥοῖζος 71, 10
ῥοΐσκος 51, 10
ῥομφαία 142, 3, 5
ῥοπή 7, 7
ῥυθμίζειν 136, 13
ῥύμη 70, 19
ῥυπᾶν 143, 19
ῥυποῦν 143, 2
ῥυτίς 108, 25

σεμνότης 120, 8
σιμικίνθιον 118, 7
σκανδαλίζειν 59, 5; 91, 4; 160, 5
σκηνή 4, 14; 22, 2; 173, 14
σκηνοποιός 45, 1
σκηπτός 80, 18
σκιαμαχία 42, 21
σκιρτᾶν 11, 8; 33, 9
σκληραγωγία 68, 24
σκορπίζειν 87, 24
σπᾶν 23, 7
σπίλος 108, 25
στάδιον 42, 10; 154, 11
στειροῦσθαι 89, 18
στείρωσις 89, 22
στερρός 152, 13
στεφανοῦν 33, 5; 119, 5
στοχάζεσθαι 34, 8
στρατηγία 48, 5; 142, 8
στυππεῖον 73, 21
συγκατάβασις 149, 19
συγκατιέναι 149, 10
συγκροτεῖσθαι 111, 13
συκοφαντεῖν 41, 15; 75, 9; 94, 19
συκοφαντία 17, 5
συλλειτουργεῖν 62, 3; 75, 4
συμπλοκή 116, 3
σύμπτωμα 29, 18; 131, 12
συνείδησις 141, 12; 148, 10, 19;
  164, 16; 170, 19
συνειδός, τὸ 94, 12
σύντονος 28, 17; 73, 12; 150, 11
συσκιάζειν 130, 11
σφαλερός 145, 2
σφριγᾶν 37, 1; 163, 7
σχοινίον 151, 2
σχολῇ 78, 18; 101, 16
σωματοφύλαξ 75, 3

ταμίειον 20, 3
ταπεινοῦσθαι 131, 12
ταπεινοφροσύνη 62, 11
τειχομάχης 111, 20
τέλεον 34, 15; 102, 21
τέμνειν 31, 17; 32, 9; 95, 3; 110, 3
τεράστιος 40, 18; 110, 15; 121, 3
τερατεύεσθαι 61, 13
τερθρεία 119, 25
τιμᾶν 13, 16; 44, 1; 47, 1; 81, 5
τιμωρία 44, 1
τομή 33, 17, 19.
τραγῳδία 169, 6
τρυγᾶν 45, 21
τυφοῦσθαι 48, 20
τυχών, ὁ 15, 13; 40, 4; 49, 2; 64, 8; 72, 23; 92, 12; 109, 5; 131, 1; 134, 1; 138, 4

ὕβρις 17, 6
ὑγιαίνειν 16, 19
υἱοθεσία 56, 7
ὑλακή 164, 3
ὑπερακοντίζειν 28, 14
ὑπερβλύζειν 45, 19
ὑπέρογκος 3, 3; 146, 4
ὑπεροπτικός 86, 1
ὑπερωμία 29, 12
ὑπεύθυνος 106, 8
ὑπογραφή 143, 7; 167, 1; 170, 11
ὑποδοχή 88, 2
ὑποκριτής 149, 9
ὑποκύπτειν 144, 23
ὑπόθεσις 33, 13; 94, 28; 97, 20; 149, 11; 154, 13
ὑπόληψις 12, 4; 106, 8; 121, 5; 133, 16
ὑποπτεύειν 16, 18; 38, 3; 39, 12; 41, 10; 44, 15; 19; 49, 3; 5; 50, 4, 24; 128, 17; 157, 25; 158, 2
ὑπόστασις 116, 1
ὑποσύρειν 71, 11; 156, 4
ὑποτάσσειν 164, 1
ὕπουλος 149, 7
ὕπτιος 73, 3; 170, 26
ὕψος 120, 8

φαιὰ περιβάλλεσθαι 14, 2
φάλαγξ 167, 6
φαντάζεσθαι 49, 8; 51, 6
φαντασία 3, 12; 145, 5
φέρων (with a finite verb) 15, 1; 34, 2
φθάνειν (usual sense) 21, 14; 131, 12; 134, 15; 136, 14

φθάνειν (without idea of 'anticipation') 42, 6
φθορεύς 82, 23
φιλανθρωπία 52, 12; 80, 22; 81, 2; 99, 18
φιλαργυρία 163, 19
φιλάργυρος 76, 9
φιλοδοξία 13, 13; 43, 16; 50, 20; 95, 18
φιλονεικεῖν 2, 4; 40, 9; 151, 13
φιλονεικία 82, 7; 153, 1
φιλοσοφεῖν 126, 16
φιλοσοφία (the monastic life) 3, 8; 78, 1; 89, 1
φιλόστοργος 42, 16
φίλτρον 166, 14
φλεγμαίνειν 110, 5; 162, 11
φλεγμονή 72, 4
φλόξ (of fever) 22, 7
φοινίσκεσθαι 52, 7
φοινίσσειν 42, 17
φοιτᾶν 2, 11
φορτικός 26, 1; 69, 18
φρενοβλάβεια 113, 18
φρικώδης 51, 9; 52, 2; 53, 17; 79, 8; 147, 9
φροῦδος 18, 9
φύρδην 168, 16
φωρᾶν 106, 2

χαμευνία 28, 17; 68, 23; 150, 11
χάρις 51, 9 (n.); 52, 1
χάρισμα 40, 22, 24
χάσκειν (χᾶναι) 11, 13; 46, 5
χασμᾶσθαι 117, 18
χειροτονεῖν 10, 22; 44, 15; 101, 11; 105, 6, 7, 20, 22; 106, 10
χειροτονία 101, 20
χήρα 83, 23; 84, 6; 85, 16; 88, 23; 111, 3
χηρεία 6, 6, 7; 7, 6, 14, 16; 8, 5
χλευασία 17, 5; 108, 11
χορός 78, 12; 88, 19; 101, 23; 110, 21; 148, 16
χρεμετισμός 167, 10
χρησιμεύειν 114, 8
χρησμός 75, 17
χρηστεύεσθαι 81, 1

ψηφίζεσθαι 43, 17
ψῆφον φέρειν 38, 8; 75, 19; 136, 1

ὠδῖνες 6, 5; 55, 22
ὠδίνειν 5, 4, 14
ὡς = ὥστε 18, 8; 38, 12; 69, 23; 107, 11

www.ingramcontent.com/pod-product-compliance
Lightning Source LLC
Chambersburg PA
CBHW071429150426
43191CB00008B/1084